KB149788

지금 **북극**은

What is happening in the Arctic?

제6권 북극, 한국과 급변하는 성장공간

지금 북극은
What is happening in the Arctic
제6권 북극, 한국과 급변하는 성장공간

2024년 1월 31일 초판 1쇄 발행

엮은이 배재대학교 한국-시베리아센터
글쓴이 김정훈 · 이송, 서현교, 배규성, 한종만, 라미경,
　　　예병환, 김정훈 · 이은선, 계용택, 김자영
펴낸이 권혁재

편집 조혜진
출력 성광인쇄
인쇄 성광인쇄

펴낸곳 학연문화사
등록 1988년 2월 26일 제2-501호
주소 서울시 금천구 가산디지털1로 16 가산2차SK V 1AP타워 1415호
전화 02-6223-2301
팩스 02-6223-2303
E-mail hak7891@chol.com

ISBN 978-89-5508-500-6 94960

이 논문 또는 저서는 2022년 대한민국 교육부와 한국연구재단의 지원을 받아 수행된 연구임 (NRF-2022S1A5C2A01092699)
This work was supported by the Ministry of Education of the Republic of Korea and the National Research Foundation of Korea (NRF-2022S1A5C2A01092699)
F-2022S1A5C2A01092699)

지금 **북극**은

What is happening in the Arctic

제6권 북극, 한국과 급변하는 성장공간

학연문화사

발간사

북극이사회(AC, Arctic Circle) 옵서버 자격을 취득한 후 10년이 넘는 시간이 지나갔다. 그 동안 한국의 북극 정책 및 연구 활동에도 많은 변화가 있었다. 옵서버 지위를 획득한 2013년 '지속가능한 북극의 미래를 여는 극지 선도국가'라는 비전하에 '북극정책기본계획'이 발표되었으며, 2021년에는 '극지활동 진흥법' 제정, 2022년에는 '극지는 미래 자원의 보고로 개척해야 할 기회의 공간'으로 인식한 '북극활동 진흥 기본계획'이 수립되었다. 이외에도 2018년 12월 부산에서 개최된 '북극협력주간'을 통해 '극지를 지구 기후와 환경변화의 척도로 인류사회의 미래를 좌우하고 한국의 발전에 기여할 수 있는 중요한 지역'이라는 내용을 담은 '2050 극지비전'이 선언되기도 했다.

북극 공간에도 커다란 변화의 파고가 일렁이고 있다. 지구온난화와 첨단과학의 발달로 접근성이 높아지고, 2021년 수에즈 운하의 에버 기븐호 좌초 등 여러 가지 요인으로 새로운 물류 이동의 대체지로 북극항로 활용에 대한 관심이 고조되고, 풍부한 천연가스와 석유 그리고 여러 천연 자원으로 인해 개척 및 개발에 대한 수요가 증가하고, 급격한 기후변화로 인한 위기 의식의 해결책 모색 등으로 해당 공간에 대한 협력과 공조 분위기 조성의 필요성과 가능성이 확대되고 있다. 반면에, 2022년 2월 발발한 북극권 개발 가능성이 가장 높은 러시아와 우크라이나의 전쟁 그리고 2023년 10월 수에즈 운하 인근에 위치한 이스라엘과 팔레스타인(하마스) 전쟁의 여파는 북극 공간까지 미쳐 부정적인 에너지 및 안보 환경을 조성하며 대립 및 분열의 기운을 첨예화 시켜 나가고 있다. 대표적 사례는, AC 회원국으로 중립국 상태를 유지해 오던 핀란드가 NATO에 가입하고 스웨덴 역시 가입 바로 전 단계까지 도달한 상태에서 AC 회원 8개국이 두 진영으로 양분화(러시아 vs 미국을 비롯한 나머지 7개국)되어 북극권 최대 거버넌스 시스템이라 할 수 있는 AC의 활동을 정체 및 답보 상태로 만들고 있다는 것이다.

이러한 분위기, 즉 한국의 AC 옵서버 자격 획득 10주년의 함의 그리고 북극권 내의 협력과 갈등에 대한 시대적 고민을 담은 국제적 행사 '북극협력주간'이 지난 2023년 12월 부산에서 개최됐다. AC 회원국의 대표 및 각 분야 최고 전문가들이 참여하여 일주일 정도 진행되는 본 행사는 올해로 8회를 맞이하였으며, '대전환의 시대, 북극 협력의 새로운 길'이라는 대주제를 내걸고 북극권 내의 협력과 갈등 그리고 대한민국의 역할 등에 관해 심도 있는 발표와 토론이 이루어졌다. 행사 초기부터 매년 지속적으로 참여해 온 본 연구소 '배재대학교 한국-시베리아 센터'는 예년과 마찬가지로 2023년에도 유일한 인문사회과학 분야의 독립 세션을 개설하고 '북극, 새로운 미래'라는 세션 주제를 통해 북극의 과거, 현재와 미래 그리고 한국의 북극정책과 전략 등에 대한 논의의 장을 마련했다. 이러한 학술의 장은 북극의 현재와 미래를 위해 새로운 협력의 길을 찾아 나가는 아주 중요한 토대 및 나침반이 될 것이라고 생각한다.

본서를 발간하는 배재대학교 한국-시베리아센터는 2019년 한국연구재단의 '인문사회과학연구소지원사업' 선정을 계기로 북극지역의 정치, 경제, 생태, 문화공간으로써의 분야별 연구와 각 공간들 사이의 상관관계에 대한 연구를 진행하고 있으며, 이는 정치, 경제, 사회적 의미에서 국제 사회가 권리를 선점하기 위해 치열한 경쟁을 벌이고 있는 북극지역에 대한 인문사회과학적 이해와 인식의 폭을 넓혀 나가는 것과 4차 산업혁명의 시대의 한국의 성장동력 모색에 있어 새로운 정책 및 전략 수립의 토대를 제공함으로써 장기적으로 정치, 경제 및 국제적 위상의 고양을 확보하는데 기여하는 것을 연구 목표로 하고 있다.

이의 일환으로 본 센터는 지금까지 총서 시리즈 '지금 북극은' 5권을 출간했으며, 이제 '지금 북극은 제6권 북극, 한국과 급변하는 성장공간'을 세상에 내보내고자 한다. 총서 제6권은 총 3개의 파트로 구성되어 있다. 1 파트에서는 두 건의 글을 통해 북극이사회 옵서버 가입 10주년을 맞이한 한국의 북극정책을 분석하고, 2 파트에서는 여섯 개의 소주제의 글을 통해 급변하는 북극공간의 협력과 갈등 상황에 대해 정리했으며, 그리고 3 파트에서는 최근 북극권에 관련된 이슈를 담은 두 건의 글을 담아냈다.

이미 총서 1권의 발간사에서도 언급한 바와 같이, 몇 건의 논문과 글로 구성된 이책 한권으로 지금 북극에서 전개되고 있는 급격한 변화를 모두 설명할 수는 없을 것이다. 그러나 이러한 연구결과물들이 축적되고 축적되어 한반도의 새로운 성장 공간, 미래 인류공동체의 삶의 공간으로써 '북극 공간'을 정확하게 이해할 수 있는 종합적인 지식 결과물이 창출될 것이다.

마지막으로 본서가 탄생하기까지 수고하신 모든 분들께 진심으로 감사를 드린다. 결코 우호적이거나 긍정적이지 못한 열악한 환경 속에서 열정과 의지를 가지고 결과물 도출에 심혈을 기울여 주신 10명의 집필진, 편집과 출판 과정에 땀 흘려 도와준 연구전임 교수님들과 조교들, 출간에 적극적으로 임해 주시고 지원해 주신 학연문화사 권혁재 대표님과 편집진 모두 모두에게 가슴 깊은 곳에서 우러나오는 감사의 마음을 표한다.

2024년 1월 31일

배재대학교 한국-시베리아센터 소장 김정훈

목 차

Part Ⅲ 북극권 이슈

한국의 북극이사회 옵서버 가입 10년의 의미 그리고 아시아권 옵서버 국가들과의 경쟁 및 협력 가능성 모색

김정훈* · 이송**

Ⅰ. 서론

북극권은 열악한 자연환경과 기술력의 부재로 오랫동안 닫힌 공간으로 인식되어 지극히 제한적인 경제활동만이 이루어져 왔으며, 19세기까지는 주로 탐사와 과학적 목적의 대상이 되어 왔다. 이후 북극권은 군사 · 안보적 차원의 가치가 우선시되어 냉전으로 양극화되었던 20세기 중반에는 미 · 소 간 군사 대결의 최전선이 되기도 했다.[1]

냉전이 종식되는 과정에서 소련의 서기장 미하일 고르바초프는 1987년 국제협력 차원에서 북극권의 비핵화, 자원개발의 평화적 협력, 환경보호를 위한 공동의 노력 등이 포함된 '무르만스크 선언'을 발표했다.[2] 이 선언을 통해 북극권이 인류 공동의 유산이라는 명목 하에 국제협력을 제안한 것으로 북극

※ 이 글은 배재대학교 한국 시베리아센터가 발간하는『한국 시베리아연구』제27권 3호에 게재된 논문 "한국의 북극이사회 옵서버 가입 10년의 평가와 과제"를 수정하고 보완한 글임.
 * 배재대학교 한국-시베리아센터 소장
** 한국외국어대학교 국제지역대학원 박사과정

1) 김정훈 · 이송, "러시아 · 우크라이나 전쟁으로 인한 북극권 변화 그리고 한국의 역할 모색," 배재대학교 대한민국-시베리아센터 편,『지금 북극은 제5권 북극, 새로운 도전의 공간』(서울: 학연문화사, 2023), p. 11.
2) Mgimo, "Мурманские инициативы," https://mgimo.ru/upload/iblock/e4e/e4ee3b47adb64169c5912a294a394cac.pdf (검색일: 2023.8.8).

권이 국제사회에 관심이 집중하는 계기가 됐다. 고르바초프의 동 선언 이후 북극권 8개국은 1989년부터 북극해 해양 환경보호를 위한 논의를 시작으로 1996년 9월 캐나다 오타와(Ottawa)에서 회원국, 옵서버, 워킹그룹과 의사 규칙 제정 등 9개 조항을 담은 북극이사회(Arctic Council) 설립선언문(Ottawa Declaration)을 발표했다.[3] 북극이사회는 북극권의 환경 보존, 원주민의 삶 보호와 지속 가능한 발전을 목표로 한 국가 간 포럼 형태로 출범했으며, 연안국 5개국(미국, 러시아, 캐나다, 덴마크, 노르웨이)과 인접국 3개국(핀란드, 아이슬란드, 스웨덴) 총 8개국으로 구성된 회원국 중심의 다소 배타적이고 폐쇄적 운영 방식을 유지해 오고 있다. 2008년, 북극에 구속력 있는 체제를 도입하려는 국제사회의 움직임에 대응하기 위해 북극 연안국 5개국은 외교장관회의를 그린란드 일루리사트(Ilulissat)에서 개최하고, 북극권에서 남극 조약과 같은 새로운 국제법 체제의 도입 반대, 유엔해양법 지지 그리고 북극 해양 환경 보호 등을 주요 골자로 하는 '일루리사트 선언문'을 채택했다.[4]

지구촌의 최대 화두인 지구온난화 현상은 북극해에서도 빠른 속도로 진행되고 있다. 역설적으로 지구온난화로 인한 북극해 해빙은 북극항로의 상용화와 자원개발의 가능성을 증대시키는 동인이 되어, 북극권 개발과 활용 등에 있어 강대국들의 이해관계가 충돌하는 결과를 초래하고 있다. 아울러 2022년 2월에 발발하여 지금까지 지속되고 있는 러시아·우크라이나 전쟁으로 북극권은 미국, 러시아와 중국 등 강대국을 포함한 패권 대결 및 갈등의 장소로

---

3) 진동민·서현교·최선웅, "북극의 관리체제와 국제기구: 북극이사회(Arctic Council)를 중심으로,"『Ocean and Polar Research』제32권 1호 (대한민국해양과학기술원, 2010), pp. 86-87.

4) Arcticportal, "2008 Ilulissat Declaration," https://arcticportal.org/images/stories/pdf/Ilulissat-declaration.pdf (검색일: 2023.8.8).

변모될 가능성이 점차 증폭되고 있으며, 실질적으로 해당 공간에서의 러시아와 중국 vs 미국과 나토의 진영대결은 심화하고 있다. 오랜 기간 중립을 고수해 오던 북극권 국가인 핀란드의 2023년 4월 나토가입[5] 스웨덴의 나토가입 현실화는 북극권 내의 이웃 국가인 러시아를 강하게 자극하는 등 해당 지역의 안보 관련 긴장감을 고조시키고 있다.

군사·안보 의제 논의를 부정하는 '북극 예외주의 (Arctic Exceptionalism)'를 추구하는 북극이사회의 역할이 절대적으로 필요한 상황이지만, 법적 구속력이 없는 상태이기 때문에 북극권 국가들의 자국의 안보를 앞세우며 실행하고 있는 군사훈련을 제지할 수 없는 실정이다. 그러나 현재까지는 북극이사회가 북극권 내에서의 가장 강력한 거버넌스라는 점에는 이론의 여지가 없다.

현실적인 국제 환경 속에서 경제적 포화상태인 한반도의 상황 해결과 국제 사회에서 국격에 준하는 위상 고양을 추구하고 있는 한국은 극지의 중요성을 인식하고 북극이사회 옵서버 자격 획득을 위해 적극적으로 북극 외교를 전개해왔다. 한국의 실질적인 북극 연구는 1999년 한국해양연구소(현 한국해양과학기술원, KIOST) 연구원 2명이 중국의 연구 쇄빙선 설룡호의 북극해 탐사 동행을 기점으로 활성화하기 시작했으며, 2000년대 들어 그 범위와 규모는 본격적으로 확장되고 있다.[6] 2002년 노르웨이령 스발바르 제도에 다산과학기지가 개소됐고, 2004년에는 극지연구소(KOPRI)가 설립됐다. 2009년에는 한국 최초의 연구 쇄빙선인 아라온호를 건조하여 북극권 연구에 박차를 가하고 있다. 2008년부터 한국은 북극이사회 옵서버 가입신청을 한 이후 북극권 연구를

---

5) NATO, "Finland joins NATO as 31st Ally," https://www.nato.int/cps/en/natohq/news_213448.htm (검색일: 2023.8.8).

6) 서현교, "한국의 북극정책 과제 우선순위에 대한 평가와 분석,"『대한민국 시베리아 연구』제23권 1호 (배재대학교 대한민국-시베리아 센터, 2019), p. 48.

진행하면서 북극의 환경보호를 위한 프로젝트에 적극적으로 참여해 왔다. 그 결과 2013년 5월 한국은 북극이사회 옵서버 국가 가입에 성공했고[7], 북극권 국제규범 창출 과정의 회의 참여[8] 등 북극권의 문제해결에 있어 직·간접적으로 의견을 개진할 수 있는 최소한의 요건을 갖추게 됐다.

북극이사회 옵서버 가입은 한국 북극 외교의 최대 성과로 평가받고 있기는 하지만, 비 북극권 국가로서의 한계가 완전히 해결된 것은 아니다. 북극이사회 회원국은 현재까지도 폐쇄적이며 배타적으로 운영되고 있고, 신입 회원국에 옵서버 자격만 부여하고 있다.[9] 한국이 북극이사회에 의견을 개진하기 위해서는 워킹그룹 활동의 참여가 거의 유일한 방법이며, 단독으로 북극 외교를 실행해 나가기 어려운 상황이다.

이러한 한계에도 불구하고 한국 북극 연구자들의 연구 능력 및 성과와 연구 쇄빙선인 아라온호를 통한 북극 연구의 인프라 구축과 워킹그룹의 활동 등은 북극권 국가들과 국제사회 및 북극권 국가들에게 긍정적인 평가를 받고 있다. 한국은 북극이사회 옵서버 자격 취득 이후 북극 전략을 주기적으로 발표하고 있으며, 연구자들의 인적 네트워크도 높은 수준으로 발전하고 있다. 이를 바탕으로 한국은 정보 통신 기술, 5G, 보건·의료, 선박 기술 등 한국만의 북극 외교 전략을 세분화하고 북극이사회, 북극서클, 북극포럼 그리고 북극프론티

---

7) Arctic Council, "REPUBLIC OF KOREA'S COMMITMENT ON THE SUSTAINABLE DEVELOPMENT OF THE ARCTIC," https://oaarchive.arctic-council.org/bitstream/ handle/11374/2682/MMIS12_2021_REYKJAVIK_Observer-Statement_State_ Republic-of-Korea.pdf?sequence=1&isAllowed=y (검색일: 2023.8.8).

8) 윤영미·이동현, "글로벌 시대 한국의 북극정책과 국제협력: 제약점과 과제,"『한국 시베리아 연구』제17권 2호 (배재대학교 대한민국-시베리아 센터, 2013), p. 4.

9) 우양호·이원일·김상구, "북극해(北極海)를 둘러싼 초국경 경쟁과 지역 협력의 거버넌스: 최근의 경과와 시사점,"『지방정부연구』제21권 1호 (대한민국지방정부학회, 2017), p. 98.

어 등 거버넌스 체제와 협력을 견고히 해야 한다. 부존자원이 적고 수출 중심의 경제구조체제인 한국에게 북극은 기회의 공간이며,[10] 새로운 경제 성장의 동력이 될 신흥무대는 북극권이 될 것이다.[11]

한국 북극 외교의 최고 성과라 할 수 있는 북극이사회 옵서버 가입 10주년을 맞이하여, 지금까지의 북극 외교, 전략 및 연구 활동에 대한 분석과 정리가 필요하다고 생각하며, 이는 현재와 미래의 한국이 합리적이고 효율적인 대 북극 접근 방법과 수단 모색에 있어 중요한 토대가 될 것이다. 이와 같은 당위성과 필요성 하에 시도된 본고의 구성은 다음과 같다. 먼저, 서론을 통하여 연구의 필요성 및 목적을 제시했다. 2장에서는 기존의 선행연구 분석을 통한 본 연구의 독창성과 연구 방향성을 고찰하고자 했으며, 본론에 해당하는 3장과 4장에서는 한국의 옵서버 가입과정, 북극정책 및 유사한 입장에 놓여있는 아시아 옵서버 국가들의 북극전략을 분석하고 협력 가능성을 타진해 보았다. 마지막으로 결론에서는 연구 내용을 종합적으로 분석하고 국제사회 협력 가능성에 대한 방안을 제시하고자 했다.

Ⅱ. 선행연구

북극 연구에 관한 국내외 연구 결과물은 다수 존재한다. 우선 국외에서 발

---

10) 서찬교 · 이숙연, "북극이사회(Arctic Council)의 한계와 효과성 분석 레짐이론(Regime Theory)을 중심으로," 『국제정치연구』 제26권 2호 (동아시아 국제정치학회, 2023), p. 205.

11) 김정훈 · 성지승, "한국의 신 북극전략 모색: 미중경쟁에 따른 중견국 외교전략과 북극 5G 거버넌스," 배재대학교 대한민국-시베리아센터 편, 『지금 북극은 제4권 북극, 경쟁과 협력의 공간』(서울: 학연문화사, 2022), p. 22.

표된 북극이사회 활동에 관한 연구 결과물로는 북극이사회의 설립 과정, 북극이사회의 국가적 교류와 북극이사회의 향후 역할을 제시한 토르비욘 페데르센(Torbjørn Pedersen)[12]의 논문이 있다. 파울라 칸칸파 (Paula Kankaanpää)와 오란 영 (Oran R. Young)[13]은 북극이사회 설립 이후 북극이사회의 활동에 대한 견해 및 성과를 평가하고 효율성을 극대화하기 위해 협의체 조정의 필요성을 시사하고 있고, 톰 베리 (Tom Barry) 외 3인[14]은 북극이사회의 효율적 운영 방안 등 북극이사회 설립 이후 북극권의 관심 증가에 따른 효과적인 운영 방안, 기후변화와 지속 가능한 개발과 같은 광범위한 주제를 다루는 북극이사회의 비효율성을 탈피하고 효과적인 운영 방안을 모색하고 있다.

국내의 경우, 북극이사회, 북극 거버넌스, 북극권 기후변화에 관련된 연구 결과물이 존재했다. 진동민 외 2인[15]은 북극의 정의를 시작으로 북극이사회 설립 및 산하 워킹그룹 구성과정, 북극이사회 구조 및 워킹그룹과 북극이사회 옵서버 활동과 한국의 향후 국익 확보를 위한 북극 활동의 방향성을 제시하고 있고, 배영자[16]는 2013년 북극이사회 옵서버 가입과정에 있어 국내외적 요인과 중견국으로 한국 북극 외교의 역할에 대해 분석했다. 유시현[17]은 2023년을

---

12) Torbjørn Pedersen, "Debates over the Role of the Arctic Council," *Ocean Development & International Law* Volume 43, 2012 - Issue 2.

13) Paula Kankaanpää · Oran R. Young, "The effectiveness of the Arctic Council," *Polar Research* Volume 31, 2012 - Issue 1.

14) Tom Barry · Brynhildur Davíðsdóttir · Níels Einarsson · Oran R. Young, "The Arctic Council: an agent of change?," *Global Environmental Change* Volume 63, July 2020.

15) 진동민 · 서현교 · 최선웅, op. cit., pp. 85-95.

16) 배영자, "한국 중견국 외교와 북극: 북극이사회 옵서버 승인과 중견국 지위 형성 연구,"『국가전략』제22권 2호 (세종연구소, 2016), pp. 95-120.

17) 유시현, "북극의 글로벌 거버넌스 분석과 한국의 북극정책,"『인문사회 21』제14권 3호 (인문사회 21, 2023), pp. 3547-3558.

기준으로 북극권에서 벌어지는 북극 글로벌 거버넌스가 다양화되는 과정을 분석하고 북극서클, 북극프론티어의 연계성과 분열적 요인에 대해 고찰하고 있고, 서찬교 외 1인[18]은 증가하는 북극권의 가치에 대해 이해당사국들의 이익이 상충하는 상황이 발생하고 지정학적 경쟁이 강화되는 상황에서 레짐이론을 연구 틀로 제시하여 북극이사회의 한계와 전망을 제시했다. 라미경[19]은 기후변화가 가장 민감하게 반응하는 공간이 북극권임을 밝히고 북극이사회를 조직화, 제도화 그리고 실행 및 프로젝트 평가의 3가지 지표를 바탕으로 지속가능한 발전을 위한 북극이사회의 역할과 과제를 조명했다.

한국의 북극 전략을 비교 분석한 연구 결과물로는 '북극정책기본계획'과 '북극활동진흥기본계획' 간 차이점 분석을 통해 동 계획들의 특징을 검토한 이후 전문가 설문 결과 분석을 통해 한국의 정책 우선순위를 제안하며, 정책 이해관계자의 관점에서 고려해야 할 시사점과 대응 방안의 도출을 시도한 서현교[20]의 논문이 있다. 성지승 · 김정훈[21]의 공동연구는 신흥무대인 북극권에서 한국은 중견국의 선도적 역할과 미 · 중 · 러 중심의 패권 갈등 속에서 중견국의 위상을 고양하고 국익 실현의 중요성을 강조하며, 국제사회가 주목하는 5G 선도국인 한국이 북극권의 5G 전략적 접근을 통해 외교적 과제 모색과 한국의 북극권 전략의 행보를 제안하고 있다. 윤영미 · 이동현[22]의 공동연구는 북극권 국가들이 북극권 항로와 자원개발을 주도하지만, 국경협약이 제대로

---

18) 서찬교 · 이숙연, op. cit., pp. 189-216.
19) 라미경, "북극권의 지속가능개발을 위한 북극이사회의 역할," 『한국과 국제사회』제5권 6호 (한국정치사회연구소, 2021), pp. 169-195.
20) 서현교, op. cit., pp. 43-70.
21) 성지승 · 김정훈, "북극권 미중 경쟁 속 한국의 중견국 외교전략 모색: 북극 5G 거버넌스," 『한국 시베리아연구』제26권 1호 (배재대학교 한국-시베리아 센터, 2022), pp. 34-72.
22) 윤영미 · 이동현, op. cit., pp. 189-226.

체결되지 않은 점에 주목했다. 한국은 북극이사회 옵서버 국가로서 북극항로
의 상용화에 대비하고 재정지원, 자원개발과 환경보호라는 전략적 측면에서
접근하고, 러시아와 협력을 중심으로 한국의 북극권 주요 정책과 글로벌 거버
넌스 차원에서 국제협력 증진 방안 모색을 시도했다.

북극이사회 옵서버 국가에 관한 연구로는 한일 간 북극 전략의 비교를 근간
으로 북극이사회 옵서버 가입 준비가 진행됐던 2008년부터 2017년까지 연구
결과물에 대한 분야별 양적 분석을 통해 한국과 일본의 북극 연구 정책 전개
에 대해 분석하고 차이점을 분석한 김정훈 외 1인[23]의 논문이 있다. 라미경[24]
은 중국이 비 북극권 국가로서 역할을 강화하고 있는 상황에 주목하고 세력전
이론을 활용하여 중국의 북극 정책의 특징을 설명하고 있다. 인도의 북극 정
책에 관한 연구로는 이은선 외 1인[25]의 논문이 존재한다. 인도의 첫 번째 북극
정책을 통해 인도-러시아의 협력 관계를 제시하고 양국의 북극 협력에 따른
한국의 북극 외교 방안을 제시하고 있다.

선행연구의 종합적인 결론은 인문사회 분야에 있어 국제사회의 북극권 연
구는 활성화 단계에 접어들고 있지만, 안타깝게도 국내의 경우는 시작 단계로
매우 빈약한 상태에 머무르고 있다는 것이다. 그러나 물리적으로 짧은 연구기
간에도 불구하고 연구 실적과 결과물은 현저하게 증가하고 있는 추세를 보이
고 있어, 이는 나름 바람직한 현상이라 할 수 있다. 비록 국제사회에 있어 국
내의 연구 활동이 다소 늦게 시작됐고, 상대적으로 열악한 연구환경에 놓여있

---

23) 김정훈 · 백영준, "한국과 일본의 북극 연구 경향 및 전략 비교,"『한국 시베리아연구』
　　제21권 2호 (배재대학교 한국-시베리아 센터, 2017), pp. 111-146.
24) 라미경, "세력전이론 시각에서 본 중국 북극정책의 함의,"『한국 시베리아 연구』제25
　　권 2호 (배재대학교 한국-시베리아 센터, 2021), pp. 1-32.
25) 이은선 · 김정훈, "인도의 북극정책: 러시아와의 협력 가능성과 문제점,"『한국 시베리
　　아 연구』제27권 1호 (배재대학교 한국-시베리아 센터, 2023), pp. 33-65.

지만, 이를 가능한 빠른 시일 안에 극복하기 위해서는 적합한 연구 주제에 대한 접근과 집중성이 더욱 필요하다. 이러한 취지에서 한국 북극 정책의 가시적인 결과라고 할 수 있는 북극이사회 가입 10년에 대한 검토와 분석은 한반도의 대 북극정책과 연구의 현재와 미래에 대해 적지 않은 가치를 지니고 있다고 할 수 있다.

Ⅲ. 한국의 북극이사회 옵서버 가입과 북극정책[26]

우선 한국의 북극이사회 옵서버 가입을 정리해 보면 북극권에 대한 국제사회의 관심 집중과 경제적 가치에 대한 기대감이 증가하기 시작하자, 2008년 한국은 임시 옵서버로서 가입신청을 했다. 그러나 2009년 북극이사회 각료회의에서는 옵서버 가입 승인이 유보되었으며, 2011년에는 가입 기준 수정을 이유로 한 차례 더 연기됐다. 두 번째 북극이사회 옵서버 자격 승인이 연기된 이후 북극 외교의 한계를 보완하기 위해 북극권 국가와의 외교 협력을 강화하기 시작했다. 이를 기반으로 2010년 러시아와 해운협정을 체결과 2011년 노르웨이와 북극 협력 확대와 제19차 북극 과학 최고회의를 성공적으로 개최했다. 이후 2012년에 스발바르 조약에 가입했으며, 이명박 대통령이 덴마크령 그린란드와 노르웨이를 방문하여 북극 협력 MOU를 체결했다. 박근혜 정부는 북극이사회 옵서버 자격 획득을 위해 북극항로 개발 참여를 주요 국정과제로 내세우고, 북극 관련 회의에 적극적이고 지속적인 참여와 북극권 국가 및 원주

---

26) 이송, "북극이사회 옵서버 국가 가입 10주년, 한국의 북극 전략과 전망," 배재대학교 한국-시베리아센터/북극학회『북극연구』No.31 February(대전: 오크나, 2023)의 글을 수정 · 보완한 내용임.

민 대표들과 관계 유지에 힘썼다. 2013년 3월에는 주한 북극이사회 회원국 대사와 해외 전문가들이 참여한 '북극정책국제심포지엄'을 성공적으로 개최하며 북극이사회 회원국 8개국의 폭넓은 지지를 받았다.

북극이사회 옵서버 국가 제도가 마련된 것은 북극환경보호전략(AEPS)을 이어받은 것[27])이고 오타와 선언 제3장[28])에는 옵서버 지위의 자격에 관한 규정을 담고 있다. 현재 북극이사회 옵서버의 권리 및 의무에 관한 규정은 북극이사회 공식 홈페이지에 규정되어 있다.[29] 지구온난화로 북극해의 지정학적, 경제적 가치가 증대함에 따라 중국, 이탈리아, 한국, 인도, 싱가포르와 일본 등이 줄이어 옵서버 가입 신청을 하게 되자, 옵서버의 역할과 승인 기준이 명확해야 한다는 논의가 시작되었다. 2011년 고위급실무자 회의에서는 옵서버의 책임과 역

---

27) 배영자, op. cit., p. 105.

28) 외교부, "오타와선언," https://www.mofa.go.kr/www/brd/m_4048/view.do?seq=361701 (검색일: 2023.8.13.). 북극이사회의 옵서버 자격은 북극이사회가 자신들의 업무에 기여할 수 있다고 결정한 다음과 같은 국가와 기구 및 조직에 개방되어 있다. (a) 비북극 국가, (b) 정부간, 의회간 기구, 글로벌 및 지역적 기구; (c) 비정부기구.

29) 북극이사회가 규정한 북극이사회(Arctic Council) 옵서버(observers)의 역할은 다음과 같다. 우선 알아야 할 사항은 북극이사회의 모든 수준에서의 결정은 북극이사회 회원국 8개국의 배타적인 권리이자 책임이라는 것이다. 옵서버는 다만 여기에 관여만 할 뿐이다. · 옵서버 자격이 부여되면 옵서버는 북극이사회 회의에 초대된다. · 옵서버의 주요 역할은 북극이사회의 업무를 관찰하는 것이지만, 옵서버는 주로 실무그룹 수준에서 북극이사회 참여를 통해 옵서버와 관련된 기여를 계속해야 한다. · 옵서버는 북극이사회(AC) 회원국 또는 원주민 조직인 영구 회원기관(PP, Permanent Participant)을 통해 프로젝트를 제안할 수 있지만, 북극 고위급회의(SAO)가 달리 결정하지 않는 한 특정 프로젝트에 대한 옵서버의 재정적 기부는 북극권 국가의 자금 조달을 초과할 수 없다. · 옵서버가 참석하도록 초대된 북극이사회 보조기관 회의에서 옵서버는 의장의 재량에 따라 북극이사회 회원국 및 영구 회원기관(원주민 조직) 이후에 성명을 발표하고, 서면 성명을 발표하며, 관련 문서를 제출하고, 토론 중인 문제에 대한 견해를 제공할 수 있다. 옵서버는 북극이사회 각료회의에서 서면 성명을 제출할 수도 있다. Arctic Council, "ARCTIC COUNCIL OBSERVERS," https://arctic-council.org/about/observers/ (검색일: 2023.9.12).

할에 관련한 규정이 개정 공표되었으며, 2013년에는 이들 옵서버 국가 6개국의 승인이 결정되고 북극이사회 옵서버 가입에 대한 비 북극권 국가의 관심에 상응하는 북극이사회 관련 의사 규칙(Rules of Procedures)이 개정됐다.[30]

2013년 스웨덴 키루나에서 개최된 북극이사회 각료회의[31]에서는 새로운 옵서버 가입 건에 대한 북극권 국가 8개국의 입장 차이가 있었다. 러시아, 캐나다, 미국은 북극이사회 옵서버 가입안에 대해 반대했으나, 스웨덴, 노르웨이, 핀란드, 덴마크, 아이슬란드는 옵서버 국가 가입안에 대해 찬성했다. 어느 국가를 옵서버 국가로 승인할지도 중요 쟁점이었다. 북극이사회 각료회의에

---

30) Arctic Council, "Rules of Procedure as Revised at the 8th Arctic Council Ministerial Meeting Kiruna," Sweden. (2013). http://www.arctic-council.org/index.php/en/ documentar chive/ategory/425-main-documents-from-kiruna-ministerial-meeting (검색일: 2023.8.9).

31) 2013년 키루나 각료회의에서 북극이사회 옵서버 가입 기준(Criteria for admitting observers)이 공식적으로 채택됐다. 옵서버 국가의 가입조건: 북극이사회 설립 선언에 명시되어 있고 북극이사회 절차규칙이 적용되는 바와 같이, 북극이사회의 옵서버 지위는 이사회가 업무에 기여할 수 있다고 결정한 비북극 국가, 정부 간 및 의회 간 조직, 글로벌 및 지역의 비정부기구들에게 개방되어 있다. 옵서버 자격 신청국의 일반적 적합성을 이사회가 결정할 때 이사회는 특히 옵서버가 다음 사항을 어느 정도까지 고려할 것인지를 고려해야 한다. · 오타와 선언에 정의된 북극이사회의 목표를 수락하고 지지해야 한다. · 북극해에서 북극이사회 회원국의 주권(sovereignty), 주권적 권리(sovereign rights) 및 관할권(jurisdiction)을 인정해야 한다. · 특히 유엔해양법협약을 포함하여 광범위한 법적 체계가 북극해에 적용되며 이 체계가 이 해양의 책임 있는 관리를 위한 견고한 기반을 제공한다는 점을 인식해야 한다. · 북극 원주민과 기타 북극 주민의 가치, 이해관계, 문화 및 전통을 존중해야 한다. · 영구 회원기관(원주민 조직) 및 기타 북극권 원주민의 활동에 기여하려는 정치적 의지와 재정적 능력을 입증해야 한다. · 북극이사회의 업무와 관련하여 북극에 대한 관심과 전문성을 입증해야 한다. 즉, 회원국 및 영구 회원기관(원주민 조직)과의 파트너십을 통해 북극 문제를 글로벌 의사 결정 기관에 전달하는 등 북극이사회의 업무를 지원하는 구체적인 관심과 능력을 보여주어야 한다. Arctic Council, "ARCTIC COUNCIL OBSERVERS," https://arctic-council.org/about/observers/(검색일: 2023.9.12).

서는 안건을 개별적으로 심사하기보다는 일괄 심사로 진행됐고, 중국과 나머지 신청국과의 관계도 주목되면서 최종적으로 국제기구(EU)를 제외한 신청국 모두가 새로운 옵서버 국가로 승인됐다.[32]

2013년 한국은 북극이사회 옵서버 국가 지위를 획득한 이후 여러 북극 정책들이 발표됐다. 이를 2022년 발발한 러시아·우크라이나 전쟁 전과 후로 구별하여 대표적인 한국의 북극 전략을 분석하고 함의를 도출해 보고자 한다. 2013년 외교부, 국토교통부, 해양수산부, 산업통상자원부, 기상청, 환경부, 미래창조과학부 등 7개 부처 합동으로 '북극정책기본계획'을 발표했다. '북극정책기본계획'에 따르면 '지속가능한 북극의 미래를 여는 극지 선도국가'라는 비전하에 3개의 주요 정책 목표, 4개의 전략과제 및 세부 추진과제를 제시했다. 3개의 정책 목표로는 국제사회에 기여하는 북극 파트너십 구축, 인류 공동과제 해결에 기여하는 과학연구 강화와 경제영역의 참여를 통한 북극 新산업 창출이며, '북극정책기본계획'의 4대 전략과 세부 추진과제는 〈표 1〉과 같다.[33]

〈표 1〉 북극정책 기본계획

4대 전략과제	세부추진과제(13~17년)
국제협력 강화	북극이사회 관련 활동 확대, 북극 관련 국제기구 활동 강화, 민간협력 활성화
과학조사 및 연구활동 강화	기지 등 인프라 활용 연구·활동 확대, 연구·활동 기반 확충, 기후변화 연구 강화, 북극 및 북극해 공간정보 구축
북극 비즈니스 발굴·추진	북극항로 개척 등 해운·항만 협력, 자원개발 협력 및 조선·해양플랜트 기술개발, 수산자원 협력
제도기반 확충	극지정책 근거법령 제정, 극지정보센터 구축

출처: 해양수산부, 북극정책 기본계획, p. 2

---

32) 배영자, op. cit., p. 111.
33) 해양수산부, "북극정책 기본계획," https://www.mof.go.kr/doc/ko/office/selectOfficeDoc.do?docSeq=4638&menuSeq=633 (검색일: 2023.9.4).

해당 계획에는 차세대 쇄빙연구선 건조 타당성 검토, 한-노르웨이 간 극지 연구 국제협력 센터 개설 추진, 북극권 연구정보 공유 및 융합연구를 위한 '한 국북극연구컨소시엄(KoARC)' 구성, 기후변화, 북극해 공간정보 구축 등의 과 학연구 강화도 포함됐다.

2018년에는 지구온난화 현상으로 북극권 접근이 가능해짐에 따라 해양수 산부와 관계부처 합동으로 2018-2022년까지 추진전략인 '북극활동진흥기본 계획'이 수립됐다. '북극활동진흥기본계획'에 따르면 극지는 미래 자원의 보고 로 개척해야 할 기회의 공간으로 인식하고 있다. 지구온난화로 인한 북극권 해빙은 북극항로와 북극권 내 매장된 자원개발이 가능해짐에 따라 한국은 북 극항로 이용, 북극 거버넌스 참여 확대를 통한 국가 위상 제고, 북극권 현안 대 응 방안을 제시했다.[34] '북극활동진흥기본계획'의 4대 전략과 13개로 구성된 추진과제는 〈표 2〉와 같다.

〈표 2〉 북극활동진흥기본계획

4대전략	추진과제
북극권과 상생하는 경제협력 성과 창출	북극진출 협력기반 구축, 북극항로 개척 등 해운·물류 협력 에너지·자원개발 협력, 수산 협력
책임있는 옵서버로서 북극파트너십 구축	북극이사회 협력 강화, 국제협의체 참여 확대, 북극 파트너십 구축을 위한 기반 마련
인류 공동과제 해결을 위한 연구활동 강화	북극 환경 관측 활동 강화, 북극 기후분석과 미래 환경 대응 연구·활동 기반 확충
북극정책 추진을 위한 역량 강화	제도적 기반 및 청사진 마련, 전문인력 양성, 북극 홍보 강화

출처: 경제정보센터, https://eiec.kdi.re.kr/policy/materialView.do?num=179137

---

34) 경제정보센터, "극지의 기회를 여는 도전, 「북극활동 진흥 기본계획」 수립," https:// eiec.kdi.re.kr/policy/materialView.do?num=179137 (검색일: 2023.8.29).

해양수산부는 북극활동진흥기본계획을 기반으로 한 장기적인 정책 방향 수립 및 추진이 이뤄져야 한다는 점을 강조하며 2018년 12월 부산에서 개최된 '북극 협력주간'에 '2050 극지비전'을 발표했다. '2050 극지비전' 선언문에는 '극지를 지구 기후와 환경변화의 척도로 인류사회의 미래를 좌우하고 한국의 발전에 기여할 수 있는 중요한 지역'으로 명시했다. 극지에서 발생하는 인류 공동의 현안을 해결하고, 국제교류 및 협력을 증진하는 극지 선도국가로 도약한다는 목표를 제시했다.[35] '2050 극지비전'의 7대 추진전략과 주요 도전과제는 〈표 3〉과 같다.

〈표 3〉 2050 극지비전 주요 내용

7대 추진전략	주요 도전과제
기후변화에 선제적으로 대응하는 극지정책 추진	기후변화 통합관측시스템 구축, 국제공동연구 추진 및 해수면 상승 경보 등 대국민 서비스 제공
극지를 통한 새로운 에너지 · 자원 확보 노력	북극 자원협력을 통한 국가에너지 · 자원 수급 新 구축망 확보
새로운 성장동력으로서 극지 미래신산업 활성화	'환유라시아 물류 이니셔티브' 추진, 극지관광, 수산 진출 등 성장동력 육성
극지연구 혁신 및 실용화 성과 창출	4차 산업혁명 기술의 극지연구 도입, 극지 토목, 바이오신약 개발 및 극한기술 테스트베드 지원
국제사회의 극지환경 보전 노력에 적극 참여	극지의 환경변화 대응과 생태계 보전을 위한 연구 및 국제규범 마련 주도
교류 확대를 통한 북극 진출 교두부 확보	북극권과의 인문 · 사회 교류, 원주민문화 보전 및 생활개선을 위한 사회적 인프라 투자 협력
연구인프라 확충 및 인력 양성 등 정책역량 강화	남극 제3기지, 북극 제2기지, 최첨단 쇄빙연구선 등 연구인프라 확충, 'Polar 100 프로그램' 등 인력양성

출처: 이투데이, https://www.etoday.co.kr/news/view/1697219

2021년 10월 한국은 '극지활동 진흥법'을 시행했다. 총 16조로 구성된 '극지

---

35) 극지e야기, "2050 극지비전", https://www.koreapolarportal.or.kr/ poli/2050PolarVision.do (검색일: 2023.9.4).

활동 진흥법'은 남북극의 지속적인 발전과 체계적인 남북극 활동의 육성 및 지원에 필요한 사항들을 규정했는데[36] 특히 8조부터 15조까지의 조항들이 핵심사업이다. 연구개발 지원, 전문인력 양성 및 지원, 북극권 경제활동 진흥, 극지활동 기반시설 설치 및 운영, 국제협력 촉진, 극지환경의 보호 및 안전관리 등의 내용이 포함되어 있는데, 극지 관련 국제조약을 준수하고 남북극의 평화적 이용과 국제협력을 통해 인류 공동의 문제해결 노력을 국가의 책무로 정했다. 경제활동 진흥에 관한 사항을 명시하고, 남북극의 연구개발 활성화를 위해 대학, 연구기관 협력과 공동연구 비용 지원, 국제협력 촉진, 극지통합시스템 구축, 환경보호, 국민 인식 제고 방안 모색 등을 지향하고 있다. '극지활동 진흥법'의 주요 세부조항과 과제는 〈표 4〉와 같다.

〈표 4〉 극지활동 진흥법 주요 조항과 세부 과제

조 항	세부과제
8조 연구개발 등의 지원	극지 연구 개발 촉진
9조 전문인력 양성	극지 전문인력 양성 및 지원
10조 북극에서의 경제활동 진흥	북극항로 개척에 필요한 대책 마련 및 추진
11조 극지활동 기반시설의 설치 · 운영	극지 과학기지, 쇄빙선, 항공기 등 극지활동에 필요한 설비 및 장비 확보 및 운영
12조 국제협력 촉진	극지활동에 관한 정보교환, 기술협력, 공동조사 · 연구 활동 추진 및 지원
13조 극지통합정보시스템의 구축 · 운영	극지통합시스템 구축 및 운영
14조 극지환경의 보호 및 안전관리	극지 연구자 환경보호 노력, 안전관리 체제 마련
15조 교육 · 홍보	극지활동을 국민들에게 교육 및 홍보 추진

출처:법제처, 국가법령정보센터 https://law.go.kr/%EB%B2%95%EB%A0%B9/%EA%B7%B9%EC%A7%80%ED%99%9C%EB%8F%99%EC%A7%84%ED%9D%A5%EB%B2%95

---

36) 해양수산부, "극지활동 진흥법", https://law.go.kr/%EB%B2%95%EB%A0%B9/%EA%B7%B9%EC%A7%80%ED%99%9C%EB%8F%99%EC%A7%84%ED%9D%A5%EB%B2%95 (검색일: 2023.9.4).

2021년 11월 발표한 '2050 북극활동 전략'에서는 2050 북극 거버넌스 선도 국가 도약이라는 비전 아래 4가지 추진전략과 세부 추진과제를 제시했다.[37] 북극권에서 나타나는 군사·안보 정치적 이슈에 적극적인 개입은 지양하고 북극항로, 자원개발, 친환경에너지, 북극권 협력 모색, 북극 전문인력 양성과 제도 정비방안 마련을 통해 북극권 인프라 구축의 내부 틀을 마련했다.

〈표 5〉 2050 북극활동 전략

추진 전략	세부 추진과제
북극권 현안 해결 기여	기후 위기 대응 역량 강화, 해양환경과 생태계 예측·대응 기술 확보, 북극 원주민 협력 강화
북극 외교 지평 확대	맞춤형 양자협력 활성화, 다지협력 플랫폼 구축 동참
지속가능한 북극 발전 동참	조선·해운 신기술 기반 안전한 북극항로 조성, 친환경 에너지 협력 강화, 지속가능한 북극해 수산업 실현 동참, 북극권 상생 협력 모범과제 발굴·추진
북극 활동 기반 마련	전문인력 양성, 제도정비

출처: 극지정책아카이브, "2050 북극 활동전략," https://polararchive.kr/board_view.php?key_type=b_sub_con&key_word=&pg=4&sn=1&pg2=20&pg1=3&pg4=25&pg3=46&mainCate=1&subCate=3&bo_table=nationalPolicy&idx=40&pn=2&sn=1&returnUrl=./_search_result.php

제1차 극지활동진흥기본계획은 국내 전문가와 미래세대를 대상으로 인식 조사를 실시하고, 전문가 간담회 개최와 관계부처 및 기관 회의 등을 거쳐 입안됐다. 동 계획에는 수립 개요를 비롯해 주요국의 극지 정책 및 투자 동향, 환경 분석 및 시사점, 비전 및 목표, 전략적 추진과제와 단계별 이행 계획이 수

---

37) 극지정책아카이브, "2050 북극 활동전략", https://polararchive.kr/board_view. php?key_type=b_sub_con&key_word=&pg=4&sn=1&pg2=20&pg1=3&pg4=25&pg3=46&mainCate=1&subCate=3&bo_table=nationalPolicy&idx=40&pn=2&sn=1&returnUrl=./_search_result.php (검색일: 2023.9.3).

록됐다. 제1차 극지활동진흥기본계획은 '극지활동 진흥법' 제6조에 의거하며, 남극과 북극을 포괄하는 극지 활동 최상위 법정계획이다.[38]

본 기본계획에는 'Arctic-8 프로젝트'가 포함됐는데 북극권 국가와 양자 협력 방안을 단기와 중장기로 제시하고 중점협력국, 전략적 협력국, 잠재 협력 국가로 분류하여 북극권 국가의 상황에 적합한 전략 도출을 목표로 하고 있다. 'Arctic-8 프로젝트'에는 중점협력국으로 북극이사회 의장국 노르웨이와 차기 의장국인 덴마크, 전략적 협력국에는 미국과 캐나다 그리고 북극권 인접 국가인 아이슬란드, 스웨덴, 핀란드와 러시아를 잠재 협력 국가로 분류했다. 눈에 띄는 부분은 북극권 내 가장 큰 영향력을 행사하고 있고 북극권 개발 가능성이 높은 러시아를 잠재 협력 국가로 분류한 사항이다. 이는 미국과 서방 중심의 대러제재 등 현재 국제사회의 상황을 포함하고 있다는 점에서 한국의 북극 전략 실행에 있어 여러 시사점을 보여 주는 대목이다. 전쟁 이전 러시아는 한국의 북극 정책에 있어 상대적으로 최우선 협력 국가였다. 현재 한국과 러시아의 국가 간 관계는 불편한 상태(한국의 국제사회의 대러제재 동참[39]과 러시아 측의 한국의 비우호국가 지명[40])에 처해 있지만, 러시아를 잠재 협력 국가로 설정된 이유는 북극권 개발에 있어 가장 현실적인 요소를 가지고 있는 동시에 한국과 가장 가까운 북극권 국가로서 체제 전환 이후 30년 이상 지속

---

38) 해양수산부, "제1차 극지활동 진흥 기본계획(2023~2027)," https://www.mof. go.kr/doc/ko/selectDoc.do?menuSeq=1067&bbsSeq=81&docSeq=48185 (검색일: 2023.8.19.)

39) Hankyoreh, "Moon voices regret over Russian invasion of Ukraine, vows to join economic sanctions," https://english.hani.co.kr/arti/english_edition/e_national/1032615.html (검색일: 2023.8.16).

40) Правительство России, "Правительство утвердило перечень недружественных России стран и территорий," http://government.ru/docs/44745/ (검색일: 2023.8.16).

된 양국의 우호적 관계와 현재의 정치적 상황 등이 복합적으로 고려된 상황인 것으로 보인다.

〈표 6〉 Arctic-8 프로젝트 주요 내용

중점협력국	
덴마크	단기: 북극 고위도 육상 연구 협력 네트워크 구축(덴마크령 그린란드) 중·장기: 송어 등 양식·가공 기술, 북극항로 친환경 활용
노르웨이	단기: 다산과학기지 기반 북극권 국제 공동연구, 연어 양식 기술 중·장기: 친환경 선박 기술 개발 및 자율운항, 해양쓰레기 거버넌스
전략적 협력국	
미국	단기: 기후변화 관련 해수부와 해양대기청(NOAA) 협력사업 발굴 중·장기: 해양 환경관리, 북극항로 안전 통항 연구, 원주민 지원
캐나다	단기: 보퍼트해 현장 탐사 연구, 원주민 지식 활용 해양 보호·관리 중·장기: 북극 동토층 대기·환경변화 연구, 친환경 기술 기업 육성
잠재 협력 국가	
아이슬란드	단기: 오로라 등 고층대기 공동연구 과제 발굴, 소형전기 어선 공동개발 중·단기: 수산 식품 클러스터 초청, 정보제공 서비스 협력
스웨덴	단기: 오로라 등 고층대기 공동연구 과제 발굴, 친환경 에너지 개발 등 중·단기: 자율운항 선박, ICT 융합 지능형 선박 개발
핀란드	단기: 오로라 등 고층대기 공동연구 과제 발굴, 친환경 선박 기자재 수출 중·단기: 자율운항 선박·인프라 구축, 해저케이블
러시아	단기: 소형어선 친환경 선박 전화, LNG·암모니아 연료 추진 선박 중·단기: 북극항로·항만 개발, 자율운항 선박

출처: 해양수산부, "제1차 극지 활동 진흥 기본계획," p. 45.

'Arctic-8 프로젝트'는 단기와 중·장기적으로 구별하여 북극권의 각 국가에 적합한 상황 및 실현 가능성 등을 분석해 단계별 협력 방안을 제시하고 있다는 점이 가장 주목받을 부분이라 할 수 있다(〈표 6〉 참조). 북극이사회에서 영향력 제고를 위해 환경 보존, 북극 과학연구 등 북극권 국가들과 양자 협력 활성화 방안 모색은 한국의 북극 정책 실행에 있어 중요한 사안이다. 동 계획이 5개년의 북극 전략임을 고려할 때, 노르웨이(2023-2025)와 덴마크(2025-

2027 예정)가 동 계획 시기의 북극이사회 의장국으로 단기적 협력뿐 아니라 중장기적 협력 방안을 마련한 사안은 긍정적이라 판단된다. 특히 양국은 수산 강국으로 의장국인 노르웨이와 연어 양식 기술협력과 차기 의장국인 덴마크와 양식 및 가공 기술협력은 중장기적 차원에서 북극권의 수산업과 관광산업 협력으로 발전시킬 수 있을 것이라 기대된다.

'북극정책기본계획', '북극활동진흥기본계획', '2050 극지비전', '극지활동 진흥법', '2050 북극활동 전략'은 2013년 한국이 북극이사회 옵서버 자격 획득 이후 발표된 북극 전략으로 2022년 2월 시작된 러시아 · 우크라이나 전쟁의 장기화, 북극이사회 7개국의 러시아 보이콧 선언, 핀란드의 나토가입과 스웨덴의 나토가입 선언 등 변화하는 국제정세, 북극 거버넌스, 미-중-러 3개국의 패권전쟁과 미국과 나토 그리고 러시아와 중국의 진영대결을 반영하지 못하고 있다. 국제협력, 과학조사, 북극 비즈니스 발굴 및 추진과 제도 기반 확충, 북극해 환경 변화 예측이 가능한 기술력 확보와 북극권 전문인력 양성 등은 러시아 · 우크라이나 전쟁 전에 제시한 한국의 주요 북극 전략이라 할 수 있다. 전쟁 전 발표된 한국의 전략 중 가장 큰 성과는 북극권 연구 정보 공유를 위해 출범한 한국북극연구컨소시엄(KoARC) 구성이다. 한국북극연구컨소시엄은 과학분과, 정책분과와 산업 기술 분과로 구별하고 각 분과에 맞은 구체적인 활동을 수행하고 있다.[41]

러시아 · 우크라이나 전쟁 이후 북극 정세가 반영된 한국의 북극 정책은 제1차 극지활동진흥기본계획이다. 현재의 북극 정세를 반영하고 북극권 국가 8개국과 옵서버 국가(중국, 일본)의 최신 투자 동향 제시를 통해 단기적 차원의

---

41) Korea Polar Portal Service, "한국북극연구컨소시엄," https://www.koreapolarportal. or.kr/coop/KOARC.do (검색일:2023.8.30).

협력뿐 아니라 중장기적 협력 방안을 목표로 하고 있다.

이외에도 해양수산부를 중심으로 북극권 관련 국제포럼의 개최(북극협력주간, 2023년 8차 포럼) 등 다양한 활동을 전개해 나가고 있다. 2016년부터 출범하여 2023년 올해 8년차를 맞이한 국제포럼인 '북극협력주간'은 한국의 극지활동 성과를 국내외에 알리고, 국내외 전문가들과의 연구성과 공유 및 인적 네트워크 형성 그리고 북극에 대한 사회적 인식 확대를 강화하는 데 있어 중요한 역할을 수행하고 있다. 제1차 극지활동진흥기본계획에 따르면 민·관 국제협력 다변화를 꾀하고 있는데 '북극 협력 주간'을 세계 3대 북극 포럼으로 위상을 확보하는 방안과 원주민 초청 및 지원사업 확대를 동시에 추진해 나가고 있다. 북극 선진국 대비 국민의 참여와 인식이 부족한 상황에 따라 한국해양수산개발원(KMI)이 비상설 사무국 역할을 해왔던 운영 방식을 상설사무국 설치를 통해 연중 홍보 및 대응할 수 있는 체계를 구축했다. 기존 북극 협력 주간 4일 차에 진행했던 해운의 날 행사를 경제, 산업의 날로 개편하여 기업의 참여를 확대하는 방안을 마련했다. 2026년에는 북극 과학 장관회의를 한국에서 개최하는 방안과 과학연구를 비롯한 의제를 주도하는 북극권 국가와 양자 협력 활성화도 계획 중이다. 북극이사회는 기후환경, 북극 원주민 삶 보호 등 북극권의 다양한 이슈들을 해결하기 위해 설립된 정부 간 협의체지만 회원국 8개국의 지나친 이익 추구 및 북극권 국가 8개국을 제외한 국가들에 옵서버 자격만 부여하는 등 배타적이며 폐쇄적으로 운영되고 있다.[42] 제1차 극지활동 진흥 기본계획에는 사회, 기술, 경제, 환경과 정치 등 다양한 요소들을 제시했는데, 특히 정치적 요소에서 제시된 러시아·우크라이나 전쟁 이후의 국

---

42) 이송·김정훈, "러시아·우크라이나 사태 전후의 북극권 상황 분석과 한국 역할 모색",『중소연구』제46권 3호 (한양대학교 아태지역연구센터, 2022), p. 234.

제정세를 반영하고 정치 및 외교적 입장 마련은 한국이 그동안 제시한 기존의
북극 전략과 차이점이라 할 수 있다.

IV. 북극이사회 아시아 옵서버 국가의 북극 전략과 협력 방안

2013년 북극이사회 옵서버로 가입한 국가는 6개국이며, 이중 이탈리아를
제외한 5개국이 아시아 국가이다. 여기에서는 유럽권인 이탈리아와 북극 전
략을 발표하지 않은 싱가포르를 제외한, 우리와 유사한 환경 혹은 경쟁 상대
에 있는 중국과 일본의 북극 전략과 러시아·우크라이나 전쟁 이후 북극 전략
을 발표하며 북극권의 관심을 표명하고 있는 인도의 북극 정책을 통해 이들
국가와 협력 가능성을 모색하고 한계점을 도출하고자 한다.

북극이사회 회원국 중 연안국 5개국은 2008년 그린란드 일루리사트
(Ilulissat)에 모여 외교장관회의를 개최했다. 회의의 취지는 북극권의 주권과
법적 영역에서 지위 인정을 요구하며 관할권과 주권적 권리를 강조했고 북극
해 보호를 위한 연안국 간 협력을 주장했다. 즉, 연안국들의 권리를 약화할 수
있는 새로운 조약 체결의 불필요성을 천명했다.[43]

북극이사회 옵서버 가입 10년이 지난 현재 가입 전과 후의 크게 변화된 상
황은 없는 것 같다. 하지만 한국 북극 연구자들의 연구 능력 및 성과와 연구
쇄빙선인 아라온호를 통한 북극 연구의 인프라 구축 그리고 워킹그룹을 통한
활동 등은 북극권 국가들과 국제사회에서 긍정적인 평가를 받고 있다. 한국은

---

43) 김민수, "북극 거버넌스와 한국의 북극정책 방향," 『해양정책연구』 제35권 1호 (한국해
양수산개발원, 2020), p. 184.

북극이사회 옵서버 자격 취득 이후 북극 전략을 주기적으로 발표하고 있으며, 연구자들의 인적 네트워크도 높은 수준으로 발전하고 있다. 이러한 긍정적인 부문이 존재하는 반면, 한국과 옵서버 국가들은 북극 외교의 한계가 존재한다. 옵서버 국가들은 한계를 극복하기 위해 북극 거버넌스를 비롯한 북극권 협력을 자국의 북극 정책에 포함하여 북극권 영향력 확대에 힘쓰고 있다. 대부분의 아시아 옵서버 국가들과 유사한 환경과 조건에 있는 한국도 이와 유사한 외교전략을 펼쳐야 하는 상황이기에 아시아 옵서버 국가들과 협력 방안 모색은 필요하다.

2013년 한국은 아시아 옵서버 국가 4개국 중 가장 먼저 북극 전략을 발표했으며, 2년 후인 2015년 일본 그리고 2018년 중국이 정부 차원의 북극 정책을 제시했다. 인도는 러시아 · 우크라이나 전쟁 직후인 2022년 3월 첫 번째 북극 정책을 발표했다. 아시아권의 또 다른 북극이사회 옵서버 국가인 싱가포르는 아직까지는 공식적인 북극 정책을 발표하지 않고 있다.[44]

일본은 2015년 10월 '해양정책기본계획'의 전략과제를 기본으로 한 '북극정책 (Japan's Arctic Policy)'을 발표했으며, 핵심이 되는 7대 과제로 글로벌 환경 이슈, 북극 원주민, 과학기술, 법치주의 보장과 국제협력, 북극항로, 자원개발과 국가안보를 채택하고 있다.[45] 이중 국제협력 부문에서는 북극의 국제적 이슈에 공동으로 대응하고 국제규범 제정 절차 참여를 제시하고 있다. 일본의 북극 정책 중 가장 특이한 점은 북극 원주민이 오랫동안 지켜온 언어, 문화와 전통이 존재하며, 원주민들의 환경변화로 인해 경제활동이 영향을 받는 상

---

44) The Arctic Institute, "Singapore," https://www.thearcticinstitute.org/country-backgrounders/singapore/ (검색일: 2023.8.15).

45) The Headquarters for Ocean Policy, "Japan's Arctic Policy," https://www8.cao.go.jp/ocean/english/arctic/pdf/japans_ap_e.pdf (검색일: 2023.8.13).

황에 주목했다는 것이다. 본 정책을 통해 일본은 북극권의 전통문화와 환경을 보호하면서 원주민들이 혜택을 볼 수 있는 지속 가능한 발전을 위해 어떻게 이바지할 수 있는지에 대한 검토의 필요성을 강조하고 있다.[46]

중국은 북극권에서의 상업적 활동은 국제 무역과 에너지 공급에 영향을 미치고 사회 경제적 변화를 가져오며 원주민을 포함한 북극 거주민의 생태환경에 잠재적인 위협 요소가 될 것이라 주장하고 있다. 2018년 중국은 국가적 차원의 북극 관련 종합 정책을 담아낸 '북극백서'[47]를 발표했다. '백서'에는 중국의 북극 문제에 관한 입장과 5개의 정책 방안(북극 탐험과 이해 심화, 북극의 생태환경 보호 및 기후변화 대응, 합법적이며 합리적인 북극자원 활용, 북극 거버넌스 및 국제협력 참여, 북극권 내 평화와 안정 증진)을 제시했다. 이를 통해 중국은 북극권의 거버넌스 체제에 적극적으로 참여하고 유엔헌장과 유엔해양법 준수를 통해 북극권에 대한 건설적인 역할 수행을 표명하고 있다. 중국은 2013년 아이슬란드와 FTA를 체결했고,[48] 2017년에는 중국 지도부가 직접 핀란드를 방문해 북극항로 개척 협력 합의를 했으며, 2023년에는 모스크바에서 진행된 러-중 정상회담을 통해 북극항로 개발을 위한 양국의 공동기구 창설과 북극항로 상용화를 위한 협력 의지를 확인했다.[49] 이렇듯 중국은

---

46) Ibid., p. 3.

47) The State Council, The People's Republic of China "China's Arctic Policy," http://english.www.gov.cn/archive/white_paper/2018/01/26/content_281476026660336.htm (검색일: 2023.8.13).

48) Government of Iceland, "Free Trade Agreement between Iceland and Chins," https://www.government.is/topics/foreign-affairs/external-trade/free-trade-agreements/free-trade-agreement-between-iceland-and-china/ (검색일: 2023.8.15).

49) Президент России, "Российско-китайские переговоры," http://www.kremlin.ru/events/president/news/70748 (검색일: 2023.8.15).

북극권 국가와 양자 간 협력을 통해 북극 정책을 체계화하기 시작했고, 러시아와 긴밀한 협력을 통해 북극권 자원개발에 적극적으로 개입하며 영향력을 확대해 나가고 있다. 지금까지 진행되고 있는 중국의 북극권 진출 의지는 시진핑 국가주석의 중국몽(Chinese Dream)을 완성할 장기적 계획의 일환으로, 경제 및 군사 강국으로 부상하고 있는 중국의 북극권에 관련된 지정학적 야심(Geopolitical ambition)이 담겨 있다.[50]

2022년 3월 인도는 5대 목표와 6대 기둥으로 구성된 '인도의 북극 정책: 지속 가능한 발전을 위한 파트너십 구축 (India and the Arctic: building a partnership for sustainable development)'[51]을 발표하며 북극권 개발의 적극 참여 의사를 표명했다. 정책의 핵심이 되는 5대 목표는 북극권 협력 증진, 남·북극 제3극(히말라야)의 연구 조화, 북극 원주민의 이해와 노력, 기후변화 및 환경보호 대응을 위한 국제적 노력 강화, 북극에 대한 이해와 역량 강화 증진이다. 정책의 실행 분야와 실천 과제 및 과정에 관련된 6대 기둥은 과학 및 연구, 경제와 인적 자원 개발, 기후 및 자연보호, 운송 및 연결성, 거버넌스와 국제협력, 국가역량 강화 등으로 구성되어 있다. 인도는 '북극 정책'을 통해 북극권의 중요성을 설명하고, 이 지역에서의 연구 활동과 기후변화에 따른 북극권 환경보호를 위한 중요한 행위자가 될 것임을 강조하고 있다. 동시에 국제사회를 향해 북극권에 대한 인도의 관심이 환경적, 경제적, 과학적 그리고 전략적이라 언급하며 국제법을 존중하고 책임감 있는 활동을 이어 나갈 것임을 표명했다.[52] 특히 인도는 북극 원주민의 삶과 문화 보존 문제에 있

---

50) 서현교, "중국과 일본의 북극정책 비교 연구," 『한국 시베리아연구』제22권 1호 (배재대학교 한국-시베리아 센터, 2018), pp. 124-125.

51) Ministy of Earth Sciences, India's Arctic Policy: Building a Partnership for Sustainable Development, (Goverment of India, 2022), pp. 2-25.

어, 북극권과 유사한 자연환경을 가지고 있는 히말라야의 원주민을 거론하며, 지구온난화로 인한 환경변화로 생존 위기에 처한 북극권 원주민과의 유사성을 강조했다. 인도는 사회, 경제, 생태와 직면한 문제를 다뤄온 경험을 통해 북극 원주민들이 직면한 문제해결에 이바지할 수 있는 능력이 있음을 그 이유로 제시하고 있다.[53] 아울러 기후변화에 따른 환경변화 연구의 중요성으로 인도 몬순의 변화와 극지 및 제3극이라 일컫는 히말라야산맥 간의 연관성을 제시했다. 해양의 염분 수준을 낮추고 육지 간 온도 차, 바다 및 고위도의 강우량 증가와 히말라야 빙하의 융해를 가속하는 상황으로 이어져 북극권을 포함한 지구 전체에 영향을 미칠 것으로 예상했다. 인도의 북극 연구 기반은 북극 거버넌스 및 정책연구이며, 2008년 노르웨이 스발바르의 스피츠베르겐(Spitsbergen)에 있는 인도 최초의 북극 연구기지인 히마드리(Himadri)를 설립했다.[54] 이에 따라 인도는 지구온난화 원인에 대한 정확한 분석과 결과 예측을 목표로 한 북극권 해빙과 히말라야산맥 빙하 문제에 관련된 연구를 실현하기 위해 노르웨이 스발바르 제도에 있는 히마드리 연구기지의 활용 방안을 모색하고 있다.[55] 인도는 어느 한 진영에 속하지 않은 중립 외교를 펼쳐왔고 북극 외교 또한 자국의 국익을 최우선시하는 전략을 펼칠 것이라 예상된다. 북극권 환경보호 등 공동으로 추구하는 북극 전략을 비롯해 한국의 보건·의료 및 선박 기술과 인도의 북극 원주민의 삶 보전에 관한 노하우(Know how)

---

52) STATECRAFT, "SUMMARY: India's Arctic Policy 2022," https://www.statecraft. co.in/article/summary-india-s-arctic-policy-2022 (검색일: 2023.8.13).
53) 이은선·김정훈, op. cit., p. 44, p. 55.
54) National centre for polar and ocean research, "Himadri station," https://ncpor.res. in/app/webroot/pages/view/340-himadri-station (검색일: 2023.8.2).
55) Daily news analysis, "Warming up of the Arctic & India's Arctic Policy," https:// www.aspireias.com/current-affairs/22-12-2022 (검색일: 2023.8.20).

공유가 단적인 협력 방안이 될 것이다. 한국은 주변 강대국의 입장을 고려해서 북극 정책을 펼쳐야 하고 미국과 러시아를 자극하는 북극 전략을 지양해야 한다는 점을 고려할 때, 인도와의 북극 협력은 중장기적 관점에서 필요하다고 생각된다.

북극이사회 내 지위 상의 한계를 극복하기 위해 옵서버 국가 4개국(인도, 일본, 중국, 한국)은 워킹그룹 내 다양한 프로젝트에 참여하고 있으며, 주요 사업으로는 〈표 7〉과 같은 프로젝트들이 진행 중이다.

〈표 7〉 북극이사회 워킹 그룹 내 옵서버 국가의 참여 주요 프로젝트

북극이사회 옵서버 국가	주요 프로젝트
한국	북극 생물다양성을 위한 행동 북극 철새 이니셔티브 오염 물질 문제 기후문제: 빙권, 기상학, 생태계 영향 지속가능한 북극 관측 네트워크
인도	북극 생물다양성을 위한 행동 북극 철새 이니셔티브
일본	북극 생물다양성을 위한 행동 북극 철새 이니셔티브 극지방 생물다양성 모니터링 프로그램 기후문제: 빙권, 기상학, 생태계 영향 지속가능한 북극 관측 네트워크
중국	북극 생물다양성을 위한 행동 북극 철새 이니셔티브 지속가능한 북극 관측 네트워크

출처: Arctic Council observers, featured projects (People's Republic of China, Republic of India, Japan, Republic of India) 필자 재구성

이들 주요 프로젝트 중 4개국(인도, 일본, 중국, 한국)이 함께 참여하고 있는 워킹그룹의 프로젝트로 북극권의 생물 다양성 보전과 북극 생물자원의 지

속성을 유지하기 위해 설립된[56] CAFF(CONSERVATION OF ARCTIC FLORA AND FAUNA)의 '북극 생물 다양성을 위한 행동'과 '북극 철새 이니셔티브 프로젝트'가 있다. '북극 생물 다양성을 위한 행동'은 북극 생물 다양성 평가의 권장 사항을 이행하며,[57] '북극 철새 이니셔티브'는 감소하는 북극 철새 개체군의 상태를 개선하고 북극에서 번식하는 조류를 지원하기 위한 철새 이동 경로 협력을 하고 있다.[58] 2021년 11월, 러시아 모스크바에서 진행된 첫 번째 북극이사회 지속가능발전 워킹그룹(SDWG) 회의에 옵서버 국가인 인도, 중국, 일본과 한국이 참석했다. 본 회의에서는 북극 건축 유산 보존, 북극 레질리언스 향상, 영구동토층 해빙의 영향에 관한 북극 레질리언스 측면 검토 사업 등이 승인됐다.[59] 이와는 별개로 한국은 2016년 아시아 북극이사회 옵서버 국가 중 최초로 북극이사회 북극해해양환경보호(PAME) 워킹그룹이 추진한 '북극해양 이용현황도 작성(Arctic Marine Indigenous Use Mapping)'[60]등 다양한 사업에 적극적으로 참여하고 있다. 이는 옵서버 국가로서 북극이사회의 주요 현안인 북극권 환경보호와 지속 가능한 개발 부분에 기여하고 있다는 방증이라 할 수 있다.

---

56) 진동민 · 서현교 · 최선웅, op. cit., p. 89.

57) Arctic Council, "ACTIONS FOR ARCTIC BIODIVERSITY," https://arctic-council. org/projects/actions-for-arctic-biodiversity/ (검색일: 2023. 8. 16).

58) Arctic Council, "ARCTIC MIGRATORY BIRDS INITIATIVE (AMBI)," https://arctic-council. org/projects/arctic-migratory-birds-initiative-ambi/ (검색일: 2023. 8. 16).

59) Arctic Council, "SUSTAINABLE DEVELOPMENT WORKING GROUP MET IN MOSCOW," https://arctic-council. org/news/arctic-council-sustainable-development-working-group-met-in-moscow/ (검색일: 2023. 8. 16).

60) 대한민국 정책브리핑, "아시아 국가 최초 북극이사회 워킹그룹 사업 참여," https://www. korea. kr/briefing/pressReleaseView. do?newsId=156113569 (검색일:2023. 8. 16).

지금까지 2013년 한국과 함께 북극이사회 옵서버 국가로 가입한 주요 아시아 국가인 중국, 일본, 인도의 북극 전략과 국제협력, 환경분야와 워킹그룹 참여 현황에 대해 살펴봤다. 옵서버 국가들의 북극 활동은 서로 다르지만, 그 이전부터 북극 정책을 계획하고 이를 토대로 전략을 실행해 왔다. 대표적인 특징을 간략해 보면, 일본은 일본 총리가 본부장, 내각 장관들이 참여한 '종합해양정책정부'에서 북극정책을 발표했고, 비 북극 국가로서 북극 이슈 해결 기여를 국제협력의 최우선 과제로 삼고 있다. 중국은 한국의 국무총리 격인 국무원에서 '북극백서'를 발표하고, 상호이익을 주장하며 자국을 근 북극국가로 명명하고 북극 이슈 참여에 대한 당위성을 제시하고 있다. 인도는 정부 주도의 북극정책을 발표하면서, 극지와 히말라야산맥 간 연관성 연구와 북극 거버넌스의 참여를 언급하는 동시에 국제법 준수를 통한 북극권 국가와의 협력 방안을 제시하고 있다.

한국을 비롯한 옵서버 국가(일본, 중국, 인도)들은 북극이사회, 국제기구 활동 및 협력과 북극 거버넌스 체제 유치를 위한 국제법 준수 입장은 거의 유사하다. 단지 일본은 국가사업의 일환으로 정부가 직접 북극관련 '컨트롤 타워' 역할을 하고 있다는 점에서, 효율적이고 일관성 있는 정책을 실행할 수 있는 장점이 있다고 할 것이다. 그러나 한국과 마찬가지로 러시아와 중국으로 인한 국제사회의 복잡한 관계 하에 직면해 있으며, 이를 해결 또는 극복할 수 있는 북극 전략을 모색해야 한다는 점은 불리한 상황이라 할 수 있을 것이다. 중국의 북극 정책 또한 국가 주도로 이뤄지고 있다. 일대일로와 빙상실크로드 사업의 일환인 북극 인프라 건설 및 북극 자원개발에 참여하며 러시아와 협력 잠재력을 동원할 수 있는 사항은 긍정적이라 할 수 있으나, 북극 정책이 북극권 내 경제활동 진출을 목표로 한 국제협력 강화를 강조하고 있다는 점에서 러시아에 배타적인 입장인 나머지 북극이사회 국가들, 특히 미국과의 갈등은 부정적인 요인이라 할 수 있다. 중국의 이러한 상황은 인도의 북극 정책에도 적용할 수 있을 것이다. 하지만 인도의 경우, 중국과 일정 부분 대립적 관계를 유지하고 있으며 국제사회에서 미국과 중·러 대립의 중재자 역할을 할 수 있다는 점과 '과학'이라는 특정 분야를 앞세워 북극권에 접근하려는 노력은 적지 않은 장점이라 할 수 있다.

북극권에서 한국과 유사한 입장에 놓여있는 옵서버 국가들과 협력, 연대 및 선의의 경쟁 구도를 활용할 수 있다면 북극권 내에서 영향력을 증대시키고 실익을 취할 수 있을 것이다. 이러한 취지에서 전쟁 이후 열린 북극서클 일본 포럼에서 한국, 일본 그리고 중국이 함께 북극권 협력의 장이 마련된 것[61]은 고무적이라 할 수 있으나 전쟁 이후 한국, 일본과 러시아와의 관계 악화는 양국과 러시아의 북극 협력에 차질이 예상된다. 경쟁적 측면에서 전쟁 이후 러시아와 인도, 중국의 북극권 협력을 지원하고 또 다른 한편으로 견제해야 하지만, 국제사회는 진영대결의 두 축인 미국과 러시아의 관계 악화가 북극권에서도 벌어지고 있어 한국과 일본은 명확한 좌표설정을 할 수 없다는 점이다.

상기 서술한 바와 같이 미국과 러시아의 진영대결에 개입하지 않고 자국의 실리를 최우선시하는 인도를 제외한 동아시아 3개국은 북극권에서 대두되는 진영대결 양상에 민감하다. 동 전쟁 이후 한국과 일본은 미국 중심의 대러제재에 동참하고 있고 러시아는 비우호국가로 지정했다. 인도는 미국과 러시아와 불편한 관계는 아니지만 국익 중심의 대외정책 기조에 맞게 러시아와 북극권 에너지 협력을 모색하고 있다. 가장 대두되는 상황은 러시아와 중국의 북극권 협력이다. 이는 한국을 비롯한 옵서버 국가들이 가장 견제해야 하는 상

---

61) Arctic Circle, "Dialogue on the Arctic: Japan, China and Korea," https://www.arcticcircle.org/forums/arctic-circle-japan-forum (검색일: 2023.8.29).

황이지만 북극 전략이 서로 상이한 상황으로 실질적인 협력은 이뤄지지 않고 있다. 동아시아 3개국이 처한 정치적, 경제적 상황에 따라 차이가 나타나는데 한국은 선박 기술과 쇄빙선 수주 부문, 중국은 북극권을 일대일로의 연장선상 하에서 러시아와 북극권 자원개발 협력, 일본은 쿠릴열도 반환 목적 달성 및 북극항로 개척에 높은 관심을 보이는 실정이다.[62] 한국과 옵서버 국가 간 의견 일치를 도출하고 공동의 의견을 북극이사회에 제시하기까지 시간이 필요해 보인다.

V. 결론

본 연구는 한국의 북극이사회 옵서버 가입 10년의 평가와 과제를 분석하고, 북극 전략의 지향점과 실행 방안을 제시했다. 한국과 함께 북극이사회 옵서버 국가에 함께 가입한 아시아권 옵서버 국가(일본, 중국 및 인도)들의 북극 전략 분석을 통해 경쟁 및 협력 가능성도 모색했다.

한국은 북극이사회 옵서버 가입 이후 본격적으로 북극 전략을 발표해 왔다. 한국의 북극 연구 인프라 구축과 워킹그룹 활동들은 북극권 국가들과 국제사회에 긍정적인 호응을 얻고 있다. 연구자들의 연구 실적과 인적 네트워크도 높은 수준으로 향상되고 있고, 연구 쇄빙선 아라온호 1대로는 증가하는 북극 연구의 수요를 감당하지 못하는 상황이 발생함에 따라 차세대 연구 쇄빙선 건조도 이뤄지고 있다. 한국은 '한국 북극 전문가 네트워크(KAEN)와 '한국 북극

---

62) 이상준, "러시아의 북극 개발과 한국의 참여전략," 『러시아연구』 제31권 1호 (서울대학교 러시아연구소, 2021), pp. 277-278.

연구 컨소시엄(KoARC)'을 설립을 통해 산업체와 MOU 체결 등 협력체제를 구축했다. 북극권의 기후변화에 대응하고 지속 가능한 발전 등 북극해 현안을 해결하기 위해 '한국 북극협력 네트워크(KoNAC)'를 구성하고 협력체제 구축을 통해 의제를 분석하고 대응 전략을 세우고 있다.[63] 특히 한국 북극 연구 컨소시엄은 과학분과, 산업·기술분과 그리고 정책 분과위원회를 통해 북극권에서 발생하는 환경문제, 인프라와 북극 거버넌스 등 북극 연구자 간 협력과 한국의 북극권 진출에 기여하고 있다.[64]

북극이사회 옵서버 국가 가입은 한국 북극 외교에 있어 주목할 만한 성과이기는 하지만, 비 북극권 국가이며 북극이사회에서도 가장 영향력이 적은 옵서버 국가라는 사실에는 변함이 없다. 2023년 현재 북극이사회는 배타적이며 폐쇄적인 운영으로 북극권 국가 외에 회원국 승인을 하지 않고 있고, 동년 9월 러시아는 바렌츠 유럽 북극 위원회(BEAC)에 탈퇴[65]하는 등 러시아·우크라이나 전쟁 이후 러시아와 북극권 국가의 갈등은 지속되고 있다.

북극권 국가들과 러시아의 갈등이 야기된 상황에서 한국과 함께 옵서버 국가로 가입한 중국, 일본과의 북극 협력은 어느 때보다 중요한 상황이지만, 동아시아 3개국(한국, 중국, 일본)의 실질적인 북극 협력은 이뤄지지 않고 있다. 이는 동아시아 3개국이 처한 경제적 및 정치적 상황에 따라 차이가 나타

---

63) 극지e야기, "북극의 미래를 살리는 드림팀 결성! 해수부, 6월 22일 '한국 북극협력 네트워크(KoNAC)'발족," https://www.koreapolarportal.or.kr/coop/KAEN.do (검색일: 2023.8.31).

64) 극지e야기, "한국북극연구컨소시엄(KoARC)," https://www.koreapolarportal.or.kr/coop/KOARC.do (검색일: 2023.8.30).

65) The Barents Observer, "Lavrov formally withdraws Russia from Barents cooperation," https://thebarentsobserver.com/en/life-and-public/2023/09/lavrov-formally-withdraw-russia-barents-cooperation (검색일: 2023.11.24).

나는데 한국은 선박 기술과 쇄빙선 수주 부문, 중국은 북극권을 일대일로의 연장선상 하에서 러시아와 북극권 자원개발 협력, 일본은 쿠릴열도 반환 목적 및 북극항로 개척에 높은 관심을 보이고 있다.[66] 인도는 2008년 노르웨이 스발바르의 스피츠베르겐(Spitsbergen)에 위치한 북극 연구기지인 히마드리(Himadri)를 설립했고[67], 북극이사회 옵서버 국가의 자격으로 한국과 함께 북극이사회 워킹그룹(CAFF)에 함께 참여하고 있다. 인도의 북극정책은 러시아·우크라이나 전쟁 이후 발표하여 북극권 국가들에 주목을 받으며 북극 거버넌스와 정책연구 구축 방안에 중점을 두고 있다. 지금까지 어느 한 진영에 속하지 않는 중립 외교를 펼쳐온 인도는 앞으로도 북극의 외교 정책 또한 자국의 국익을 최우선시하는 전략을 전개해 나갈 것이다. 이를 고려해보면, 한국은 북극권 환경보호 등 인도와 공동으로 협력할 수 있는 북극 전략뿐 아니라 한국의 우수한 보건·의료 및 선박 기술과 인도의 삶 보전에 관한 양국의 노하우(Know how) 공유가 단적인 협력 방안이 될 것이다. 한국은 주변 강대국의 입장도 고려하여 북극 정책을 펼쳐야 하고 미국과 러시아를 자극하는 북극 전략은 가능한 한 지양해 나가야 하기에, 인도와의 북극 협력은 중장기적 관점에서 필요하다고 생각된다.

러시아·우크라이나 전쟁 이후 러시아와 북극이사회 회원국 간의 갈등과 핀란드의 나토가입, 현실화 추세에 있는 스웨덴의 나토 가입 등 북극권에서 벌어지는 국제정세의 변화는 한국 북극 외교에 있어 부정적 기조로 전개되고 있다. 그럼에도 불구하고 경제적으로 포함 상태에 처한 한국은 새로운 성장 공간의 창출과 상승하고 있는 국격에 부합한 국제적 지위를 확보하기 위해 북

---

66) 이상준, op. cit., pp. 277-278.
67) National centre for polar and ocean research, "Himadri station," https://ncpor.res. in/app/webroot/pages/view/340-himadri-station (검색일: 2023.8.2).

극권 이해 당사국으로서 역할 수행을 해야 한다. 이를 위해 현재 상황에서는 북극이사회 회원국들의 직접적인 이해관계 충돌을 초래할 수 있는 부분에 대해 신중하게 접근하고 한국이 국제적으로 경쟁력을 갖춘 부분을 적극적으로 활용하여 기후 및 생태와 원주민의 삶 보존 등 국제사회 전체의 긍정적 평가를 받을 수 있는 분야를 개척하고 선도적으로 이를 활용해야 할 방안을 제시해야 한다. 정보 통신 기술, 5G, 보건·의료, 선박 기술 등 한국만의 가지고 있는 기술력을 북극이사회와 국제사회에 어필하고 북극이사회, 북극서클, 북극 포럼과 북극프론티어와 같은 북극 거버넌스 체제와 협력을 견고히 해야 한다. 지구온난화 현상은 북극해의 해빙으로 이어져 북극권의 접근이 쉬워졌지만, 다른 한편으로 북극항로 상용화 가능성 증대로 북극해 환경오염과 원주민 및 거주민의 삶이 위협받고 있다. 한국은 보건·의료부문에 협력 방안을 모색하여 한국과 원주민 및 거주민과 함께한다는 인식을 각인시킬 필요가 있다.

북극이사회 의장국 노르웨이와의 협력 관계도 견고히 할 필요도 있다. 노르웨이는 북극이사회 의장국(2023년 5월부터 2025년 4월까지)으로서 우선순위 과제로 해양, 기후·환경, 지속 가능한 경제발전, 북극 원주민 부문을 제시했는데[68] 이는 한국이 추구하는 북극 전략과 일맥상통하는 부문이며, 양국의 극지연구소 연구원들의 공동연구 협력도 필요하다.

한국은 옵서버 국가들이 북극 외교의 경쟁국임을 고려할 때, 중국과 인도가 러시아와 북극권 협력 상황을 견제해야 하지만 러시아와의 관계 악화가 발목을 잡고 있다. 한국의 북극 전략은 상당 부분 러시아와 협력을 통해 이뤄져야 하는 부문이 많다. 물론 북극권 국가와 중장기 계획을 세우며 북극권 협력 방

---

68) Arctic Council, "NORWAY'S CHAIRSHIP, 2023-2025," https://arctic-council.org/about/norway-chair-2/ (검색일: 2023.8.20).

안을 모색하고 있지만, 러시아가 북극권에서 행사하는 영향력과 국제사회에서 차지하는 비중을 고려할 때, 러시아와의 협력은 북극권 영향력 확대와 경제 성장의 동인이 될 것임은 자명하다.

한국의 역할은 북극이사회 옵서버 국가로서 지속 가능한 발전과 인류 공동의 이익을 위한 국제사회 협력 공간이 북극이라는 인식 하에 북극 전략을 추진하고 동시에 북극이사회 회원국 및 중국, 일본과 인도 등과 같이 우리와 유사한 입장인 국가들과 경쟁 및 협력 체제를 구축하는 것이다. 이를 위해서는 북극을 포함한 극지 관련 분야에 대한 대통령 산하의 '특별위원회'와 같은 국가 차원의 컨트롤 타워가 필요하다. 현재 북극을 포함한 극지관련 분야를 다루고 있는 정부의 주요 기관으로는 해양수산부(해양정책실의 해양정책과와 해양개발과 등)와 외교부(기후환경과학외교국 등)가 있으며, 대표적 국책연구기관으로는 한국해양수산개발원, 극지연구소, 국립수산과학원 등이 있다. 물론, 이외에도 여러 정부기관과 연구기관 그리고 북극학회와 같은 학술단체 및 극지 관련 산업체 등도 있다. 이들의 역할 및 기능과 역량을 국가 차원에서 종합하여 북극 전략 및 정책의 종합성과 일관성 그리고 지속가능성을 확보해야 한다. 이는 한국이 북극권에 관련된 국제사회에서 협력 가능성을 인정받고 국가역량을 확장 시킬 수 있는 가장 중요한 요소가 될 것이다. 국민의 북극권 인식 제고를 통한 사업 기반 확보와 러시아 · 우크라이나 전쟁 종전 또는 휴전 이후 본격화될 북극권 자원개발과 항로 상용화를 대비한 자본과 인적자원을 확보도 반드시 필요하다.

〈참고문헌〉

[국내문헌]

김정훈 · 이송, "러시아 · 우크라이나 전쟁으로 인한 북극권 변화 그리고 한국의 역할 모색," 배재대학교 한국시베리아센터 편, 『지금 북극은 제5권 북극, 새로운 도전의 공간』(서울: 학연문화사, 2023).

김정훈 · 성지승, "한국의 신 북극전략 모색: 미중경쟁에 따른 중견국 외교전략과 북극 5G 거버넌스," 배재대학교 한국시베리아센터 편, 『지금 북극은 제4권 북극, 경쟁과 협력의 공간』(서울: 학연문화사, 2022).

이송, "북극이사회 옵서버 국가 가입 10주년, 한국의 북극 전략과 전망," 배재대학교 한국-시베리아센터/북극학회 『북극연구』No. 31 February(대전: 오크나, 2023).

[국내학술논문]

김민수, "북극 거버넌스와 한국의 북극정책 방향," 『해양정책연구』제35권 1호 (한국해양수산개발원, 2020).

김정훈 · 백영준, "한국과 일본의 북극 연구 경향 및 전략 비교," 『한국 시베리아연구』제21권 2호 (배재대학교 한국-시베리아 센터, 2017).

라미경, "북극권의 지속가능개발을 위한 북극이사회의 역할," 『한국과 국제사회』제5권 6호 (한국정치사회연구소, 2021).

라미경, "세력전이론 시각에서 본 중국 북극정책의 함의," 『한국 시베리아 연구』제25권 2호 (배재대학교 한국-시베리아 센터, 2021), pp. 1-32.

배영자, "한국 중견국 외교와 북극: 북극이사회 옵서버 승인과 중견국 지위 형성 연구," 『국가전략』제22권 2호 (세종연구소, 2016).

백영준, "한국의 러시아 북극개발 협력 가능성 모색: 일본과 한국의 대러시아 정책 비교분석을 중심으로," 『한국 시베리아 연구』제25권 3호 (배재대학교 한국-시베리아 센터, 2021).

서찬교 · 이숙연, "북극이사회(Arctic Council)의 한계와 효과성 분석 레짐이론(Regime Theory)을 중심으로," 『국제정치연구』제26권 2호 (동아시아 국제정치학회, 2023).

서현교, "중국과 일본의 북극정책 비교 연구," 『한국 시베리아연구』제22권 1호 (배재대학교 한국-시베리아 센터, 2018).

서현교, "한국의 북극정책 과제 우선순위에 대한 평가와 분석," 『한국 시베리아 연구』제23권 1호 (배재대학교 한국-시베리아 센터, 2019).

성지승 · 김정훈, "북극권 미중 경쟁 속 한국의 중견국 외교전략 모색: 북극 5G 거버넌스,"
『한국 시베리아연구』제26권 1호 (배재대학교 한국-시베리아 센터, 2022).

우양호 · 이원일 · 김상구, "북극해(北極海)를 둘러싼 초국경 경쟁과 지역 협력의 거버넌스:
최근의 경과와 시사점,"『지방정부연구』제21권 1호 (한국지방정부학회, 2017).

유시현, "북극의 글로벌 거버넌스 분석과 한국의 북극정책,"『인문사회 21』제14권 3호 (인문
사회 21, 2023).

윤영미 · 이동현, "글로벌 시대 한국의 북극정책과 국제협력: 제약점과 과제,"『한국 시베리아
연구』제17권 2호 (배재대학교 한국-시베리아 센터, 2013).

이상준, "러시아의 북극 개발과 한국의 참여전략,"『러시아연구』제31권 1호 (서울대학교 러시
아연구소, 2021).

이송 · 김정훈, "러시아 · 우크라이나 사태 전후의 북극권 상황 분석과 한국 역할 모색",『중소
연구』제46권 3호 (한양대학교 아태지역연구센터, 2022).

이은선 · 김정훈, "인도의 북극정책 러시아와의 협력 가능성과 문제점,"『한국 시베리아 연구』
제27권 1호 (배재대학교 한국-시베리아 센터, 2023).

진동민 · 서현교 · 최선웅, "북극의 관리체제와 국제기구 : 북극이사회(Arctic Council)를 중
심으로,"『Ocean and Polar Research』제32권 1호 (한국해양과학기술원, 2010).

[국외문헌]

Paula Kankaanpää · Oran R. Young. "The effectiveness of the Arctic Council," Polar
Research Volume 31, 2012 - Issue 1.

Tom Barry · Brynhildur Daviðsdóttir · Níels Einarsson · Oran R. Young. "The Arctic
Council: an agent of change?," Global Environmental Change Volume 63, July 2020.

Torbjørn Pedersen, "Debates over the Role of the Arctic Council," Ocean Development
& International Law Volume 43, 2012 - Issue 2.

[국외 정책보고서]

Ministy of Earth Sciences. India's Arctic Policy: Building a Partnership for Sustainable
Development, Goverment of India, 2022.

The Headquarters for Ocean Policy. Japan's Arctic Policy, 2015.

[인터넷 자료]

경제정보센터, "극지의 기회를 여는 도전,「북극활동 진흥 기본계획」수립," https://eiec.kdi.

re. kr/policy/materialView. do?num=179137 (검색일: 2023. 8. 29).

극지e야기, "2050 극지비전", https://www. koreapolarportal. or. kr/poli/2050PolarVision. do (검색일: 2023. 9. 4).

극지e야기, "북극의 미래를 살리는 드림팀 결성! 해수부, 6월 22일 '한국 북극협력 네트워크 (KoNAC)'발족," https://www. koreapolarportal. or. kr/coop/KAEN. do (검색일: 2023. 8. 31).

극지e야기, "한국북극연구컨소시엄(KoARC)," https://www. koreapolarportal. or. kr/coop/ KOARC. do (검색일: 2023. 8. 30).

극지연구소, "쇄빙연구선 아라온호," https://www. kopri. re. kr/kopri/html/infra/03030101. html (검색일: 2023. 7. 25).

극지정책아카이브, "2050 북극 활동전략", https://polararchive. kr/board_view. php?key_ type=b_sub_con&key_word=&pg=4&sn=1&pg2=20&pg1=3&pg4=25&pg3=46& mainCate=1&subCate=3&bo_table=nationalPolicy&idx=40&pn=2&sn=1&returnU rl=. /_search_result. php (검색일: 2023. 9. 3).

극지정책아카이브, "제1차 극지활동 진흥 기본계획(2023-2027)," https://polararchive. kr/ board_view. php?key_type=b_sub_con&key_word=&pg=4&sn=1&pg1=1&pg2=1 &pg3=6&pg4=5&mainCate=1&subCate=1&bo_table=nationalPolicy&idx=55&pn= 2&sn=1&returnUrl=. /_search_result. php (검색일: 2023. 7. 25).

대한민국 정책브리핑, "아시아 국가 최초 북극이사회 위킹그룹 사업 참여," https://www. korea. kr/briefing/pressReleaseView. do?newsId=156113569 (검색일: 2023. 8. 16).

동아사이언스, "2027년 '아라온호'보다 강한 쇄빙연구선 극지 누빈다," https:// m. dongascience. com/news. php?idx=58013 (검색일: 2023. 7. 25).

법제처, 국가법령정보센터 "극지활동 진흥법," https://law. go. kr/%EB%B2%95%EB%A0%B 9/%EA%B7%B9%EC%A7%80%ED%99%9C%EB%8F%99%EC%A7%84%ED%9D% A5%EB%B2%95 (검색일: 2023. 9. 4).

아산정책연구원, "[이코노미조선] 한 · 인도 수교 50년…인도 · 태평양 전략의 동반자 인도의 재발견," https://www. asaninst. org/contents/%EC%9D%B4%EC%BD%94%EB% 85%B8%EB%AF%B8%EC%A1%B0%EC%84%A0-%ED%95%9C%C2%B7%EC%9D% B8%EB%8F%84-%EC%88%98%EA%B5%90-50%EB%85%84%EC%9D %B8%EB%8F%84%C2%B7%ED%83%9C%ED%8F%89%EC%96%91- %EC%A0%84%EB%9E%B5-2/ (검색일: 2023. 8. 18)

연합뉴스, "북극이사회, 이익에 도움 안 되면 탈퇴할 수 있어," https://www. yna. co. kr/

view/AKR20230512064400096 (검색일: 2023.8.29).

외교부, "오타와선언," https://www.mofa.go.kr/www/brd/m_4048/view.do?seq=361701 (검색일: 2023.8.13).

이투데이, "2050년까지 극지활동 7대 선도국 도약…정부 '2050 극지비전' 선포," https://www.etoday.co.kr/news/view/1697219 (검색일: 2023.9.9).

해양수산부, "극지활동 진흥법", https://law.go.kr/%EB%B2%95%EB%A0%B9/%EA%B7%B9%EC%A7%80%ED%99%9C%EB%8F%99%EC%A7%84%ED%9D%A5%EB%B2%95 (검색일: 2023.9.4).

해양수산부, "북극정책 기본계획," https://www.mof.go.kr/doc/ko/office/selectOfficeDoc.do?docSeq=4638&menuSeq=633 (검색일: 2023.9.4).

해양수산부, "제1차 극지활동 진흥 기본계획(2023~2027)," https://www.mof.go.kr/doc/ko/selectDoc.do?menuSeq=1067&bbsSeq=81&docSeq=48185 (검색일: 2023.8.19).

해양수산부, "차세대 쇄빙연구선으로 북극연구 도약 시작한다," https://www.mof.go.kr/doc/ko/selectDoc.do?docSeq=39245&menuSeq=971&bbsSeq=10 (검색일: 2023.7.25).

Hankyoreh, "Moon voices regret over Russian invasion of Ukraine, vows to join economic sanctions," https://english.hani.co.kr/arti/english_edition/e_national/1032615.html (검색일: 2023.8.16).

Hellodd, "10년의 집념 '제2쇄빙선'.…"바닥 구멍 뚫고 이동식, 북극 독자연구"," https://www.hellodd.com/news/articleView.html?idxno=96707 (검색일: 2023.8.20).

Korea Polar Portal Service, "한국북극연구컨소시엄," https://www.koreapolarportal.or.kr/coop/KOARC.do (검색일: 2023.8.30).

Arctic Circle, "Dialogue on the Arctic: Japan, China and Korea," https://www.arcticcircle.org/forums/arctic-circle-japan-forum (검색일: 2023.8.29).

Arctic Council, " People's Republic of China," https://arctic-council.org/about/observers/peoples-republic-of-china/ (검색일: 2023.9.5).

Arctic Council, "ACTIONS FOR ARCTIC BIODIVERSITY," https://arctic-council.org/projects/actions-for-arctic-biodiversity/ (검색일: 2023.8.16).

Arctic Council, "ARCTIC COUNCIL OBSERVERS, "https://arctic-council.org/about/observers/ (검색일: 2023.9.12).

Arctic Council, "Arctic Council Observers," https://arctic-council.org/about/observers/

(검색일: 2023.8.20).

Arctic Council, "ARCTIC MIGRATORY BIRDS INITIATIVE (AMBI)," https://arctic-council. org/projects/arctic-migratory-birds-initiative-ambi/ (검색일: 2023.8.16).

Arctic Council, "Japan," https://arctic-council. org/about/observers/japan/ (검색일: 2023.9.5).

Arctic Council, "NORWAY'S CHAIRSHIP, 2023-2025," https://arctic-council. org/about/norway-chair-2/ (검색일: 2023.8.20).

Arctic Council, "Republic of India," https://arctic-council. org/about/observers/republic-of-india/ (검색일: 2023.9.5).

Arctic Council, "Republic of Korea," https://arctic-council. org/about/observers/republic-of-korea/ (검색일: 2023.9.5).

Arctic Council, "REPUBLIC OF KOREA'S COMMITMENT ON THE SUSTAINABLE DEVELOPMENT OF THE ARCTIC," https://oaarchive. arctic-council. org/bitstream/handle/11374/2682/MMIS12_2021_REYKJAVIK_Observer-Statement_State_Republic-of-Korea. pdf?sequence=1&isAllowed=y (검색일: 2023.8.8).

Arctic Council, "Rules of Procedure as Revised at the 8th Arctic Council Ministerial Meeting Kiruna," Sweden. (2013). http://www. arctic-council. org/index. php/en/documentarchive/ategory/425-main-documents-from-kiruna-ministerial-meeting (검색일: 2023.8.9).

Arctic Council, "SUSTAINABLE DEVELOPMENT WORKING GROUP MET IN MOSCOW," https://arctic-council. org/news/arctic-council-sustainable-development-working-group-met-in-moscow/ (검색일: 2023.8.16).

Arcticportal, "2008 Ilulissat Declaration," https://arcticportal. org/images/stories/pdf/Ilulissat-declaration. pdf (검색일: 2023.8.8).

Daily news analysis, "Warming up of the Arctic & India's Arctic Policy," https://www. aspireias. com/current-affairs/22-12-2022 (검색일: 2023.8.20).

Government of Iceland, "Free Trade Agreement between Iceland and Chins," https://www. government. is/topics/foreign-affairs/external-trade/free-trade-agreements/free-trade-agreement-between-iceland-and-china/ (검색일: 2023.8.15).

High North News, "US Wants Mike Sfraga as US' First Arctic Ambassador," https://www. highnorthnews. com/en/us-wants-mike-sfraga-us-first-arctic-ambassador (검색

일: 2023. 8. 11).

Mgimo, "Мурманские инициативы", https://mgimo.ru/upload/iblock/e4e/e4ee3b4
7adb64169c5912a294a394cac.pdf (검색일: 2023. 8. 8).

National centre for polar and ocean research, "Himadri statiom," https://ncpor.res.in/
app/webroot/pages/view/340-himadri-station (검색일: 2023. 8. 2).

NATO, "Finland joins NATO as 31st Ally," https://www.nato.int/cps/en/natohq/
news_213448.htm (검색일: 2023. 8. 8).

STATECRAFT, "SUMMARY: India's Arctic Policy 2022," https://www.statecraft.co.in/
article/summary-india-s-arctic-policy-2022 (검색일: 2023. 8. 13).

The Arctic Institute, "Singapore," https://www.thearcticinstitute.org/country-
backgrounders/singapore/ (검색일: 2023. 8. 15.).

The Barents Observer, "Lavrov formally withdraws Russia from Barents cooperation,"
https://thebarentsobserver.com/en/life-and-public/2023/09/lavrov-formally-
withdraw-russia-barents-cooperation (검색일: 2023. 11. 24).

The Headquarters for Ocean Policy, "Japan's Arctic Policy," https://www8.cao.go.jp/
ocean/english/arctic/pdf/japans_ap_e.pdf (검색일: 2023. 8. 13).

The State Council(The People's Republic of China), "China's Arctic Policy," http://english.
www.gov.cn/archive/white_paper/2018/01/26/content_281476026660336.htm
(검색일: 2023. 8. 15).

The State Council, The People's Repubic of China "China's Arctic Policy," http://english.
www.gov.cn/archive/white_paper/2018/01/26/content_281476026660336.htm
(검색일: 2023. 8. 13.).

Правительство России, "Правительство утвердило перечень недружественных России стран
и территорий," http://government.ru/docs/44745/ (검색일: 2023. 8. 16).

Президент России, "Российско-китайские переговоры," http://www.kremlin.ru/events/
president/news/70748 (검색일: 2023. 8. 15).

Риа новости, "Путин прокомментировал поставки оружия Южной Кореей для Украины,"
https://ria.ru/20221027/oruzhie-1827360489.html (검색일: 2023. 8. 13).

ТАСС, "Минвостокразвития заявило, что Индия рассматривает создание контейнерной
линии на СМП," https://tass.ru/ekonomika/17390629 (검색일: 2023. 8. 18).

북극이사회 활동 전망과 우리나라 대응방안

서현교[*]

1. 서론

한국은 지난 2013년 북극이사회(Arctic Council) 정식옵서버 (Observer) 지위 획득을 계기로 북극정책기본계획(2013) 등의 정부 북극정책에 기반하여 북극이사회 활동에 대한 체계적 대응을 하고자 노력하였다. 특히 해양수산부는 '한국 북극전문가 네트워크'(KAEN: Korea Arctic Expert Network)라는 국내 산학연 전문가 그룹을 구성하여 북극이사회 워킹그룹 대응활동을 주도해왔다. 그러다 지난 2022년 북극이사회 협력사업과 기후변화 문제에 더 적극 대응하기 위해 기존의 KAEN을 확대 · 개편하여, '한국 북극협력 네트워크'(KoNAC: Korean Network for the Arctic Cooperation)를 구성하고, 국내 산학연 북극 전문가들을 KoNAC 전문가로 임명했다.[1] 정부는 KoNAC 조직체

※ 본 원고는 서현교, "북극이사회 활동방향과 대응방안-북극연구를 중심으로", 『북극연구』 33호, (배재대 한국-시베리아센터 & 북극학회, 2023, pp. 1.~13.)를 수정 · 보완하고 최근 동향을 추가 반영하여 완성되었음. 본 원고는 북극연구 극지연구소 연구사업 (PE24140)의 지원을 받아 작성되었음.
 * 극지정책 전공, 극지연구소 KOPRI-NPI 극지연구협력센터장(노르웨이 트롬소), 한국 외국어대학교 객원교수.
1) KoNAC 발족 및 활동방향 관련 한국농어촌방송 2022년 6월 21일자 뉴스 참조. (검색일 2023. 8. 4.)
   http://www.newskr.kr/news/articleView.html?idxno=78504

를 통해 북극이사회 6개 워킹그룹의 회의 개최 전부터 논의 의제를 종합분석하고 대응전략을 마련하여 관련 사업에 실질적 참여와 기여를 확대하겠다는 계획을 수립하였다.

그러나 작년 러시아-우크라이나 사태가 발발하면서 북극이사회 회원국들은 러시아가 의장국이던 북극이사회에 대한 활동 중단 선언으로 6개 워킹그룹의 사업 활동도 중단되어, 이에 대응하는 KoNAC 활동에도 어려움이 있었다. 그러다 올해 5월 북극이사회 의장국이 러시아에서 노르웨이로 바뀌면서 러-우크라이나 사태에 따른 북극이사회 활동 중지로 인해 멈춰선 6개 워킹그룹의 100여 개 사업들이 재개 움직임을 보이고 있다. 이에 최근 북극이사회 및 러시아의 동향과 이에 기반한 북극권 미래 전망에 대해 살펴보고, 우리나라의 대응방안을 제안하고자 한다.

2. 북극이사회 최근 동향

현재 노르웨이의 북극이사회 의장국 이전 시기에 러시아가 의장국을 담당하였다. 당시 2021년 5월 20일 아이슬란드 레이캬비크 (Reykjavik)에서 개최된 북극이사회 12차 각료회의에서 북극이사회 의장국이 아이슬란드에서 러시아로 바뀌었다. 그러면서 북극이사회 8개 회원국[2] 각료들은 '북극이사회 2021-2030 전략계획'(Arctic Council Strategic Plan 2021-2030)과 레이캬비크 선언문(Reykjavik Declaration)을 각각 채택하였다. [3]

---

2) 미국, 캐나다, 러시아, 노르웨이, 핀란드, 스웨덴, 덴마크(그린란드), 아이슬란드 등 8개국
3) '북극이사회 2021-2030 전략계획'에 대한 보다 자세한 내용은 아래 웹사이트 참조. (검색일 2023.11.20.)

'2021-2030 전략계획'의 내용을 보면, '2030년을 목표로 북극을 평화와 안정, 건설적인 협력의 지역'으로 유지하고, 원주민을 포함한 거주민들에게는 '활기차고 번영하는 지속가능한 삶의 터전(Home)으로 유지하는 것이 이 전략계획'의 비전으로 제시되어 있다.

동 전략계획은 이러한 비전 하에 다음의 〈표 1〉과 같이 7대 목표(Goals)를 제시하였다. 이 7대 목표는 △북극의 기후(Arctic Climate), △건강하고 회복가능한 북극의 생태계(Health and Resilient Arctic Ecosystems), △건강한 북극 해양환경(Healthy Arctic Marine Environment), △지속가능한 사회개발(Sustainable Social Development), △지속가능한 경제개발(Sustainable Economic Development), △지식과 대화(Knowledge and Communications), △보다 강력한 북극이사회(Stronger Arctic Council)이다.

〈표 1〉 '북극이사회 2021-2030 전략계획' 상의 7대 목표

구분	2030 전략계획 7대 목표	주요 내용
북극 환경보호	북극의 기후	북극의 기후변화 충격 대응
	건강하고 회복가능한 북극의 생태계	북극 생태계 보존
	건강한 북극 해양환경	북극해양환경 지속가능활용
지속가능한 사회 · 경제개발	지속가능한 사회개발	(원)주민 복지, 건강, 안전 등
	지속가능한 경제개발	북극에서 경제 협력 · 개발 촉진
북극이사회 강화	지식과 대화	전통지식 보존, 북극의 이해 강화
	보다 강력한 북극이사회	협력 · 조율을 위한 고위 환북극 협력 포럼으로 지위 강화

또한 〈표 1〉의 7대 목표별 세부 전략플랜은 아래 〈표 2〉와 같이 요약될 수 있다.

---

https://oaarchive.arctic-council.org/bitstream/handle/11374/2601/ac-strategic-plan%20web.pdf?sequence=8&isAllowed=y

<표 2> 북극이사회 2021-2030 전략계획의 세부 전략플랜 (Strategic Plan)[4]

전략계획 7대 목표	전략플랜 (Strategic Plan)
북극의 기후	- 북극의 기후변화 가속화 영향(Accelerating effect)에 대한 정보와 데이터 구축 - 각 사업에서 기후변화에 대한 고려와 생물다양성 관점 상호통합 - 북극심각성 전파를 통한 강력한 글로벌 감축 노력 - 온실가스 및 단주기(Short-lived) 기후인자 배출감축노력 - 북극 커뮤니티의 적응과 회복 강화 - 북극의 기상·기후 이해 강화를 위한 기상관측 및 서비스 - 청정에너지 솔루션과 관련 기술 증진
건강하고 회복가능한 북극의 생태계	- 연약한 북극생태계 보호 - 북극 생물다양성과 생태계 상태 모니터링 - 오염 및 기타 환경이슈 대응하는 글로벌 포럼에서 협력 - 오염물 및 유해·방사능 물질 대응 - 생태계 기반 관리 (EBM) - 북극 생물종에 필수적인 서식지 및 습지 회복 - 자연환경과 생물다양성 보존 노력
건강한 북극 해양환경	- 북극 해양 및 연안지역 대상 협력 - 북극해에 영향을 주는 표준치(Standards) 개발
지속가능한 사회개발	- (원)주민 건강, 안전, 장기적인 복지 - 공중보건 - 전염병, 감염병 및 세계적 유행 대응 - 성평등 및 차별 금지 - 차세대 젊은이들의 참여 - 교육의 질 증진, 북극원주민 존중 - 지역 수준(Local level)의 포함
지속가능한 경제개발	- 북극의 지속가능한 투자를 위한 호의적인 조건 증진 - 활기차고 건강한 북극 커뮤니티 - 생계 보장 및 다양화 - 청정에너지, 혁신과 순환 경제 - 전통 생활방식과 지속가능 경제개발 간 일치 - 친환경 및 문화적으로 건전한 관광 - 물리적이고 디지털적인 연결성(Connectivity)
지식과 대화	- 지식과 이해 증진을 위한 과학적 평가 - 다른 지식 간 협력을 통한 생산(Co-production) - AC '북극과학협력강화협정' 이행 - 가장 유용한 과학도구 사용 - 전략적 대화 도구와 메커니즘 활용

---

4) 북극이사회는 이 전략플랜들을 6개 워킹그룹의 각 사업들과 연계시켜 나간다는 계획임.

보다 강력한 북극이사회	- 북극에서 평화, 안정성, 그리고 건설적 협력 - 작업(Working) 방식, 조직과 구조 검토 - 최선의 전통지식, 과학 등에 기반한 정책권고안 보장 - 북극이사회 활동의 효율적 참여를 위한 영구참여자(PP.) 그룹(북극원주민 6개 단체)의 역량 강화 - 북극이사회 재정 검토 - 건설적이고 균형잡힌 의미있는 옵서버의 참여 증진 - 북극경제이사회, 북극해경포럼을 포함하는 민관협력 강화 - 2025년 동 전략계획의 중기 검토 및 2030년 최종 검토

그리고, 북극이사회 제12차 각료회의에서 채택된 '레이캬비크 선언문'[5]의 원문 61번에는 2021년부터 2023년까지의 북극이사회 산하 6개 워킹그룹[6]의 사업계획이 포함된 'SAO[7] 보고서'를 채택(Adopt)한다고 명시되어 있다. 이는 북극이사회 각료회의가 6개 워킹그룹의 사업계획을 승인한다는 의미로, 이러한 승인 절차에 의해 6개 워킹그룹의 100여 개 사업[8]은 계속 또는 신규로 시

---

5) '레이캬비크 선언문'(Reykjavik Declaration 2021년 5월 20일)에 대한 세부 내용은 아래 웹사이트 참조. (검색일 2023.8.4.)
https://oaarchive.arctic-council.org/bitstream/handle/11374/2600/declaration%20 2021%20web%20EN.pdf?sequence=9&isAllowed=y

6) 북극이사회 6개 워킹그룹(WG)은 △ACAP(Arctic Contaminants Action Program), △ AMAP(Arctic Monitoring Assessment Programme), △CAFF(Conservation of Arctic Flora and Fauna), △EPPR(Emergency Prevention, Preparedness and Response), △PAME(Protection of the Arctic Marine Environment), △SDWG (Sustainable Development Working Group) 등임. 보다 자세한 내용은 북극이사회 워킹그룹 웹사이트 참조. (검색일 2023.8.4.).
https://arctic-council.org/about/working-groups/

7) 북극이사회 SAO (Senior Arctic Officials(SAO)는 북극이사회 회원국 정부 고위급(국과장급) 회의로 6개 워킹그룹 관리를 하고, 각료회의에 6개 워킹그룹을 포함한 활동결과를 보고하는 기능을 함.

8) 북극이사회 6개 워킹그룹의 최신 사업목록은 아래 보고서 및 웹사이트 참조. (검색일 2023.8.7.) 또한 본 논문의 맨 뒤 <부록 1>에 사업목록을 수록함.
"ARCTIC COUNCIL SAO MEETING" 보고서 (2021년 12월 1일~2일, 러시아 살레하르트)
https://oaarchive.arctic-council.org/handle/11374/2763

작되었다. 그러다 2022년 2월 24일 러-우크라이나 사태가 발발하면서, 당시 북극이사회 의장국을 맡고 있는 러시아에 대항하여 나머지 7개 회원국[9]들은 북극이사회 활동 중단 선언을 하였다. 이에 따라 북극이사회 산하 6개 워킹그 룹 사업들도 거의 중단되었다. 그러다 2023년 5월 11일 북극이사회 13차 각료 회의(온라인 회의)를 통해 기존 러시아에서 노르웨이로 북극이사회 의장국이 바뀌었다. 그러면서 회원국들은 러-우크라이나 사태로 중단된 프로젝트 재개 노력을 포함하는 공동성명[10]을 채택하였다. 이 공동성명에서 회원국들은 △ 북극의 안정 및 건설적 협력, △북극 거주민 간 대화를 통한 북극이사회의 역 사적이고 고유한 역할 인식, △북극이사회의 수호와 강화 업무에 대한 제고, △북극 원주민의 권리 및 역할, 국경을 넘어선 공동체간 협력의 중요성에 공 감을 표했다. 그러면서 그 이전인 북극이사회 각료회의에 채택된 '레이캬비크 선언문'(Reykjavik Declaration)과 '2021-2030 북극전략계획'을 상기하면서 이 문서들이 앞으로 노르웨이 의장국 활동 기간(2023-2025) 중의 근간이 될 것이

---

9) 북극이사회 8개 회원국 중 러시아를 제외한 미국, 캐나다, 노르웨이, 덴마크(그린란 드), 핀란드, 스웨덴, 아이슬란드 등 7개국이 북극이사회 활동 중단 선언. 이에 대한 자세한 내용은 아래 웹사이트 참조. (검색일 2023.8.3.)
https://www.thearcticinstitute.org/arctic-council-transition-challenges-perspectives-new-norwegian-chairship/

10) 2년마다 열리는 각료회의는 의장국 임기가 끝나는 국가의 북극권 도시에서 개최되 고, 그 도시의 이름을 딴 선언문(Declaration)이 채택됨. 그러나 러-우크라이나 사태 로 러시아 의장국(2021-2023) 기간 중 북극이사회 활동이 중단되면서, 2023년 각료 회의에서는 러시아 북극권 도시 (당초 살레하르트 개최 예정)의 이름을 딴 선언문 대 신에 회원국 공동성명(Arctic Council Statement on the 13th Meeting of the Arctic Council, 11. May. 2023.)이 채택됨. 이 공동성명의 상세한 내용은 아래 웹사이트 참 조. (검색일 2023.8.4.)
https://oaarchive.arctic-council.org/bitstream/handle/11374/3146/2023%20 statement.pdf?sequence=8&isAllowed=y

라고 밝혔다. 이 레이캬비크 선언문에는 앞서 제시된 바와 같이 2021년부터 2023년까지의 워킹그룹의 사업계획이 포함되어 있다. 따라서 노르웨이 의장국 임기 중 이 레이캬비크 선언문이 근간이 된다는 것은 동 선언문 상에 언급된 워킹그룹의 '2021-2023' 기간 사업들에 대한 재개로 연결될 수 있다.[11]

이후 의장국 노르웨이는 Morten Høglund 북극이사회 SAO의장 주제로 13차 각료회의 1달 후인 6월 13일부터 3일간 북극이사회 사무국이 위치한 트롬소에서 6개 워킹그룹 사무국 및 블랙카본&메탄 전문가그룹(EGBCM: the Expert Group on Black Carbon and Methane) 등의 관계자 30여 명이 참여한 가운데 회의를 개최했다. 이 회의는 6개 워킹그룹의 프로젝트 재개를 위한 워킹그룹별 상황 점검 및 정보 공유에 주요 초점이 맞춰졌다.[12] 이 회의 이후 현재 북극이사회 사무국은 북극이사회 선언문에 기초하여 2021년 시작되어 러-우크라이나 사태로 중단된 6개 워킹그룹의 사업들을 재개한다는 데 기반하여 워킹그룹 사무국별로 개별사업 현황점검을 하였다.

이어 8월 28일에는 북극이사회 워킹그룹/전문가 활동 재개를 위한 가이드라인[13]을 8개 회원국이 합의 하에 발표하였다. 이 가이드라인에 따르면, 북극

---

11) 노르웨이는 북극이사회 의장국이 되면서 의장국 기간 (2023-2025) 중 4대 우선순위 과제를 제시함. 이는 △해양(The Oceans), △기후변화와 환경(Climate and Environment), △지속가능한 경제개발(Sustainable Economic Development), △북극원주민(People in the North) 등임. 4대 우선순위 과제에 대한 보다 자세한 내용은 보고서('NORWAY'S CHAIRSHIP ARCTIC COUNCIL 2023-2025) 링크 참조. (검색일 2023.8.4.)
https://oaarchive.arctic-council.org/bitstream/handle/11374/3147/230508_UD_AC__EN.pdf?sequence=1&isAllowed=y

12) 노르웨이 SAO의장 주제 6개 워킹그룹 및 EGBCM(블랙카본&메탄 전문가그룹) 회의에 대한 세부내용은 북극이사회 웹사이트 참조. (검색일 2023.8.4.)
https://arctic-council.org/news/norwegian-chairship-hosts-first-meeting-with-working-expert-group-chairs-and-secretariats/

13) "Guidelines for the resumption of Working Group / Expert Group work through

이사회 공식 회의와 산하 모든 회의는 SAO가 재개합의를 위한 일종의 형식 (Modality)에 대한 동의를 하기까지는 중지를 유지하고, 기존 옵서버와 외부 전문가는 북극이사회 기존 가이드라인과 절차에 따라 참여 재개를 할 수 있다고 하였다. 또한 워킹그룹이나 다른 산하기구들의 결정은 영구참여자와 협의 및 8개 회원국 전체 합의를 기반으로 서면 절차에 따라 채택될 수 있도록 하였다. 서면 절차는 해당 문서들이 8개 회원국 및 6개 원주민 그룹으로 배포되도록 하는 책임을 가진 관련 워킹그룹 사무국의 지원으로 워킹그룹 의장이 주도를 하도록 하였다. 이어 서면절차에 의거, 결정(Decision)을 포함하는 문서를 받은 후 30일 이내에 문서로 반대의사가 없거나, 의장이 문서에 달리 명시하지 않는 한 해당 제안 문서는 채택되도록 하였다. 또한 워킹그룹 또는 전문가그룹 보고서 및 회람되기 전 보고서에 대한 의견 제출도 이같은 방식이 적용될 수 있도록 하였다. 이같은 프로세스에 따라 북극이사회 산하기구에 채택된 모든 공식 결정은 각 워킹그룹(WG) 의장이 SAO 의장에 전달하도록 하였다.

또한 이 가이드라인은 워킹그룹 사업에 대해서도 명시하였다. 먼저 북극이사회 전체 목표를 달성하기 위해 워킹그룹이나 전문가그룹이 프로젝트 수준의 작업이나 필요한 행정적인 활동을 지속적으로 발전시키도록 권고하고 있다. 즉, 북극이사회 산하기구들은 각 워킹그룹을 포함한 기구들의 프로젝트 현황업데이트를 포함한 프로젝트 포트폴리오(총목록)을 2023년 11월 1일까지 북극이사회 SAO에 제출하도록 요청하였으며, SAO는 2023년 11월 30일까지 이 제출물을 검토하기고 하였다. 그리고 북극이사회 회원국 각 대표와 영구 옵서버 대표는 서면절차를 통해 새로운 프로젝트를 제안할 수 있도록 하

the use of written procedures: (검색일 2023. 11. 20.)
file:///C:/Users/KOPRI/Desktop/SAOXNO201_2023_NORWAY_01-1_Guidelines-for-WG-Resumption_Approved_28.08.2023.pdf

였다. 그래서 레이캬비크 선언문(2021)과 북극이사회 전략계획(2021)과 연계되고 있으며, 기존의 북극이사회 가이드라인과 지침에 부합될 경우, 즉각 효력을 발생(Effective immediately)하도록 하였다. 또한 프로젝트 지원 도구(Project Support Instrument, PSI)[14]에 의존하는 모든 프로젝트들은 추가 가이드라인이 도출될 때까지 재개를 보류하기로 하였다. 그리고 북극이사회 산하기구들은 북극이사회 커뮤니케이션 전략(Arctic Council Communications Strategy, 2020)[15]과 북극이사회 커뮤니케이션 및 아웃리치 가이드라인(Arctic Council Communications and Outreach Guidelines, 2020)[16]에 의거하여 외부 소통(커뮤니케이션) 활동을 허용하였다. 그리고 방대한 포트폴리오와 각 제한된 내용을 포함하는 포트폴리오에 대한 서면절차로 대한 각 대표(HoD)의 추가적인 부담을 감안하여, 사무국이 각 대표에 대한 행정적 지원에 대한 적절한 고려를 할 것을 권고하였다.[17]

---

14) 북극이사회 Project Support Instrument (PSI)에 대한 보다 구체적인 내용은 아래 웹사이트 참조(검색일 2023. 11. 28.)
https://www.ozoneprogram.ru/eng/project_murmansk/organizers_murmansk/arctic_council_psi/

15) Arctic Council Communication Strategy 2020에 대해 보다 자세한 내용은 아래 웹사이트 참조(검색일 2023. 11. 23.)
https://oaarchive.arctic-council.org/server/api/core/bitstreams/14c174ea-7ca4-4912-b802-b197c6736d51/content

16) Arctic Council Communications and Outreach Guidelines 에 대해 보다 자세한 내용은 웹사이트 참조 (검색일 2023. 11. 23.)
https://oaarchive.arctic-council.org/server/api/core/bitstreams/f2db59be-90be-4cdf-8c59-f006ec7f9846/content

17) 일례로 북극이사회 워킹그룹 'SDWG'의 대표사업인 'One Arctic One Health'를 주도하고 있는 미국 알래스카주 페어뱅크스대학의 원헬스연구센터(Center for One health Research)는 현재 연구활동을 하고 있으며, 극지연구소 극지유해미생물 연구팀(연구책임자 이영미 박사)은 올해 내에 원헬스연구센터와 협력방안을 모색하기 위

이처럼 북극이사회에서는 직접적인 사업 재개는 아니지만, 사업 재개를 위한 절차를 마련함으로서 사업 재개를 위한 첫 발을 내딛었다고 평가할 수 있다. 그에 반해 또다른 정부간 포럼인 '바렌츠유로북극이사회(Barents Euro-Arctic Council, BEAC)[18]'에서는 회원국인 러시아가 탈퇴를 하는 일이 발생했다. 바렌츠유로북극이사회는 러시아, 스웨덴, 핀란드, 노르웨이 등 4개국이 2년마다 순회하며 의장국을 맡고 왔고, 그 외 덴마크, EU 및 아이슬란드도 회원국으로 참여하고 있는 '북유럽 바렌츠지역 정부 간 및 지역 간 협의체'로 자리매김해왔다. 그러나 작년 러-우크라이나 사태 직후 BEAC차원의 비판 성명을 함께 주요 회원국인 러시아에 대한 활동 금지(Prohibition) 결정을 내린 바 있다. 이에 대응하여 러시아 외무부는 올해 9월 18일 "BEAC의 잘못으로 조직 활동이 사실상 마비됐고, 특히 의장국 핀란드가 2023년 10월 러시아에 의장직 이양을 할 준비를 하지 않았다"면서 탈퇴 선언을 하였다.[19] 이같은 러시아의 탈퇴에 대해서 BEAC는

해 지난 10월 알래스카 페어뱅크스대학교 원헬스연구센터에서 극지연구소와 첫 양자회의를 하였음. 본 저자는 동 사업의 핵심연구원으로 참여 중이며 이 양자회의에서 우리나라 극지활동진흥기본계획(2022)에서 동 유해미생물 연구의 포함 내용 소개 등 국가정책적 중요성을 발표함. 미국 페어뱅크스대 원헬스연구센터 관련 정보는 아래 웹사이트 참조. (검색일 2023.11.10.) https://www.uaf.edu/onehealth/

18) 바렌츠유로북극이사회(BEAC)는 북유럽 바렌츠지역에 대한 정부간 및 지역간 협력을 통해 국경을 초월하는 바렌츠지역 공동 이슈를 대응하고 협력하기 위해 1993년 창설된 정부간 및 지역간 협력포럼임. 정부간 포럼에서는 핀란드, 노르웨이, 스웨덴, 러시아, 아이슬란드, EU가 회원국이며, 이중 직접적으로 바렌츠지역에 해당하는 핀란드, 노르웨이, 스웨덴, 러시아 등 바렌츠지역 해당 4개국이 2년마다 의장국을 순회하며 맡고 있으며, 그 외 덴마크 아이슬란드, EU가 회원국으로 참여하고 있음. 지역이사회(Barents Regional Council)의 경우 라플란드(Lapland), 오울루(Oulu), 노드랜드(Nordland) 등 북유럽 8개 지역이 회원지역으로 포함되어 있음. 정부간 포럼 및 지역 포럼 모두 개별 워킹그룹을 통해 이슈 대응 및 사업 수행을 하고 있음. 보다 자세한 사항은 웹사이트 참조(검색일 2023.11.21.) https://barents-council.org/barents-euro-arctic-council

19) 러시아의 BEAC 탈퇴 관련 내용은 언론기사 참조(검색일 2023.11.21.)

핀란드의 2023년 10월 31일 의장국 임기 종료 후에 기존 4개국 중심의 의장국 순회 시스템에서, 러시아를 제외한 나머지 3개국(핀란드, 노르웨이, 스웨덴)이 향후 1년 간 잠정적으로 의장국을 2개월씩 순회하며 맡기로 결정하였다.[20]

이러한 BEAC의 사례에서와 같이, 러시아는 바렌츠 지역 이슈 당사자로서 다른 당사국들이 러시아에 대해 배척의 입장을 취할 경우, 해당 국제기구를 탈퇴할 수 있음을 국제사회에 보여주었다.

3. 우리나라 대응방안

우리나라는 해수부를 중심으로 KoNAC을 중심으로 북극이사회 6개 워킹그룹별 사업대응에 착수했다. 한국해양수산개발원(KMI)이 KoNAC 사무국 기능을 하고 있으며, 연간 2-3차례 전문가 회의를 소집하고 있다. 그러나 북극이사회 활동이 러-우크라이나 사태로 사실상 중단되면서 북극이사회 워킹그룹 사업 대응과 글로벌 이슈 해결 기여에 초점을 이룬 KoNAC의 활동은 제약이 따르는 게 사실이다. 그런 가운데 다행히도 노르웨이가 올해 의장국이 되면서 워킹그룹 사업들의 재개를 위해 노력하고 있다. 그 결과물로서 북극이사회 사업 재개를 위한 가이드라인이 2023년 8월에 발표되었고, 같은 해 11월까지 3개월 여 간 해당 사업들에 대한 세부 검토가 이뤄졌다.

이러한 북극이사회 활동을 고려하여, 우리나라는 북극이사회 사업재개에 대

---

https://mobile.newsis.com/view.html?ar_id=NISX20230919_0002455062#_PA

20) BEAC의 핀란드, 노르웨이, 스웨덴 3개 회원국이 향후 1년간 잠정적으로 의장국을 순회하며 맡기로 하였단 내용은 아래 웹사이트 참조(2023. 11. 21.)

https://barents-council.org/barents-euro-arctic-council/chair-state-of-the-beac

비하는 구체적 대응방안이 모색되어야 한다. 현재 국내 북극 관련 산학연관 과학기술 및 인문·사회(정책) 분야에 총 25개 기관 소속 50여 명의 전문가들이 'KoNAC 전문가'로 임명되어 활동하고 있다.[21] 극지연구소, KMI, 선박해양플랜트연구소(KRISO), 국립생태원, 한국환경연구원 등 공공기관은 물론 국립외교원 등 국립연구소, 그리고 배재대, 인천대, 영산대, 인하공전 등을 비롯한 대학 소속 전문가들도 참여하고 있다. 다만 현재 제한된 예산과 준비 기간을 감안하여, 6개 워킹그룹의 100여 개 사업 중 △우리나라 입장에서 우선 대응의 필요성 및 시급성 △기존과제 수행을 통한 해당 과제 참여의 용이성, △기관별 별도 예산확보 가능 여부, △해당 이슈 관련 국내전문가풀 등 KoNAC 이해관계자 간에 다양한 과제추진 우선순위 척도를 개발하고, 전문가-정부 간 협의와 합의를 통해 예산지원 우선순위를 도출해야 할 것이다. 그러한 우선순위를 바탕으로 한정된 예산의 배분이 이뤄지고 추진되면서 그 성과가 철저하게 점검되어야 할 것이다. 그렇지 않고, 일례로 1/N 형태 등의 지원이 이뤄진다면 예산 투입에 따른 성과창출의 효율성이나 효과는 요원해 질 수밖에 없을 것이다.

특히, 2013년 우리나라가 북극이사회 옵서버가 된 후 10년의 기간이 지났다. 이 기간 KAEN 활동 시기에는 북극이사회 과제 참여도 일부 있었으나[22] 주로 워킹그룹 회의 참석을 통한 논의동향 파악이 주를 이뤘다. 그러나 앞으

---

21) 해수부 블로그 "한국 북극협력 네트워크 발족" 소식. (2022.6.22./ 검색일 2023.11.20.) https://blog.naver.com/koreamof/222784365807

22) 대표적으로 극지연구소는 북극이사회 AMAP 보고서(변화하는 북극에 대한 적응조치: 베링-축치-보퍼트지역 개요보고서 한글본 발간. (아래 링크 참조/ 검색일 2023.8.7.), KMI는 북극이사회 AIA (Aleut International Association)와 Arctic Marine Indigenous-Use Mapping 사업, 국립생태원은 CAFF의 북극 이동철새 보호 관련 사업 등의 직접 참여를 하였음. chrome-extension://efaidnbmnnnibpcajpcglclefindmkaj/https://www.amap.no/documents/download/3012/inline

로의 10년은 우리나라가 과제에 대한 실질적 참여와 성과창출에 기반한 해당 사업에 기여가 이뤄져야 한다.

때마침 국내에서는 북극연구 저변도 크게 확대되었다. 국내 산·학·연 북극 연구·활동기관도 그 수가 계속 증가 추세이다.[23] 따라서 이제부터라도 해당 과제 수행에 기반한 워킹그룹 사업 성과창출에 대한 실질적 기여로 국제사회에서 우리나라가 인정을 받아야 할 단계이다. 이러한 성과 창출을 위해, 우리나라가 북극이사회 워킹그룹 내 특정 과제 일몰 후 후속사업이나 신규사업 추진 시 그 설계 단계부터 참여하여, 설계된 과제가 착수될 때 공식 참여국으로 인정받는 선제적인 사업 운영을 추구해야 할 것이다. 그래서 궁극적으로 우리나라가 북극이사회 내에서 책임있는 옵서버로서 제 역할을 다하여 국가 위상 제고와 국익과 연계되는 성과로 이어나가야 할 것이다.

4. 결론

매년 1월에 노르웨이 트롬소에서 열리는 북극 프런티어(Arctic Frontiers) 컨퍼런스에서는 해양, 기후변화(환경), 생태계, 원주민 등 북극의 공동이슈를

---

23) 일례로 국내 과학-산업-정책분야 북극연구기관 간 협력 플랫폼 역할을 하는 한국북극 연구컨소시엄(KoARC) 회원기관 수를 사례로 보면 2015년 출범 초기에 회원기관은 23개 기관에 불과했으나, 2023년 현재 국내 조선 3사를 비롯하여 41개 회원사로 증가 하여 2배 가까이 증가. (검색일 2023.8.7.)
http://www.kookje.co.kr/news2011/asp/newsbody.asp?code=0200&key=20230510.99099003523
chrome-extension://efaidnbmnnnibpcajpcglclefindmkaj/https://repository.kopri.re.kr/bitstream/201206/4331/1/2-88.pdf

다루는 '북극이사회'가 북극의 안보 이슈까지도 다룰 수 있을지에 대한 토론이 벌어진 적이 있다. 북극에서 안보 이슈를 소프트하게 대응하기 위한 구심체로서 북극이사회의 역할 확대를 논의하는 자리였다. 당시 전문가마다 '다룰 수 있다'와 '없다'로 양분되어 나름의 주장과 논의를 이어갔다. 이는 8개국 북극환경 등 공동의 이슈를 협력하는 과정을 근간으로 북극의 긴장 관계를 누그러뜨리기 위한 노력으로 볼 수 있었다.

그런데 막상 북극안보 이슈와 직결되는 러-우크라이나 사태가 일어나자 북극이사회는 나머지 7개 회원국의 활동 중단 선언이라는 초유의 상황으로 치달았다. 즉 북극권국가 간 공통의 이슈에 대한 협력관계가 북극안보 이슈까지도 포용할 수 있다는 논리와는 반대로 간 셈이다. 더욱이 핀란드와 스웨덴이 NATO 가입을 추진하고 실제로 핀란드가 가입하고 스웨덴도 가입이 지속 논의 중이다. 따라서 이러한 나토 가입이 완성될 경우 북극권 8개국은 안보 측면에서 나토 '7개국' vs. '러시아 1개국'라는 7대 1 구도를 형성하게 된다. 이 경우 북극이사회의 기능은 '사실상 대폭 축소된다'와 '여전히 그 기능은 유지된다'라는 상반된 의견이 맞서는 상황이다. 다행히도 현재 상황은 러-우크라이나 사태가 여전히 답보상태에서 노르웨이가 북극이사회 주도권을 잡으면서 활동 재개의 싹이 트고 있다. 이는 북극의 급격한 온난화와 이로 인한 자연환경 및 생태계 변화 등의 지속가능 위기 상황에서 상호협력이 절실하다는 공감대 하에, 러시아를 포용하면서 북극 이슈들을 같이 해결하기 위한 각 워킹그룹 재개 노력의 결과라고 볼 수 있다. 더욱이 노르웨이가 북극경제이사회 의장국(2023-2025)까지 맡으면서 북극 이슈와 북극 경제이슈를 국제사회에서 주도하는 구도를 갖추며, 북극 리더십을 강화하고 있다. 실제로 안토니우 쿠테흐스 (António Guterres) 유엔 사무총장이 올해 7월 세계가 기존 '지구온난화 시대' (Era of Global Warming)가 가고 '지구가 들끓는 시대' (Era of Global

Boiling)'[24]가 되었다고 경고할 정도로 기후안보 위기가 인류를 위협하고 있으며 북극도 예외는 아니다. 그래서 향후 북극이사회를 중심으로 하는 회원국들의 북극 환경이나 생태계, 원주민, 질병 등의 공동이슈 대응 공조는 북극을 공유하는 소위 '환경운명공동체'로서 더욱 절실한 상황을 반영한 셈이다. 또한 경도를 기준으로 북극의 거의 절반을 차지하는 러시아를 배제하고는 북극의 공동목표 달성이 어렵다는 걸 북극권 국가들이 공감한 결과라고 할 수 있다. 다만 러시아는 BEAC의 탈퇴 사례에서 볼 수 있듯이 북극이사회 회원국들이 러시아에 대해 친화적이었던 제스쳐가 바뀐다면, 러시아의 북극이사회 탈퇴도 배제할 수 없는 상황이 올 수 있다. 그래서 앞으로 국제사회와 북극권을 대상으로 하는 국제관계 변화를 주시하면서도, 한편으로 우리나라가 북극권과 협력관계라는 기조 하에 북극이사회 참여 활동을 강화해나는 자세가 필요하다.

특히 북극이사회 워킹그룹 사업재개에 대비하여 앞서 제시된 KoNAC이나 한국북극연구컨소시엄(KoARC) 등 정부 주도의 산·학·연·관 구심체를 기반으로 북극이사회 참여나 사업 협력을 강화함으로써, 각 워킹그룹 사업에 대한 체계적인 대응과 참여를 점진적으로 확대해 나가야 한다. 그래서 북극이슈 대응에 대한 한국의 기여를 통한 국격 제고와 함께 북극의 기후나 환경변화가 한반도에 미치는 영향이나 국내 업계의 북극진출 등 국민이 피부로 느끼는 성과와도 연계시킴으로써, 국민의 이해 제고를 통한 우리나라 북극활동의 정당성을 지속적으로 확보해 나가야 할 것이다.

---

24) 워싱턴포스트 2023년 7월 29일자 "The U.N. warns 'an era of global boiling' has started. What does that mean?" 기사 참조. (검색일 2023.8.10.)
https://www.washingtonpost.com/climate-environment/2023/07/29/un-what-is-global-boiling/

〈참고문헌〉

서현교, "북극이사회 활동방향과 대응방안: 북극이사회 사업을 중심으로", 온라인 저널 『북극연구』 33호, 배재대 한국-시베리아센터 & 북극학회, 2023.

북극이사회 회원국 공동성명(Arctic Council Statement on the 13th Meeting of the Arctic Council, 2023년 5월 11일 / 검색일 2023.8.4.)
https://oaarchive.arctic-council.org/bitstream/handle/11374/3146/2023%20statement.pdf?sequence=8&isAllowed=y

북극이사회 7개 회원국 활동 중단 선언 내용 기고문(Arctic Institute 2023년 6월 13일 / 검색일 2023.8.3.)
https://www.thearcticinstitute.org/arctic-council-transition-challenges-perspectives-new-norwegian-chairship/

북극이사회 6개 워킹그룹 최신 사업목록
"ARCTIC COUNCIL SAO MEETING" 보고서 (2021년 12월 1일~2일, 러시아 살레하르트 / 검색일 2023.8.7.)
https://oaarchive.arctic-council.org/handle/11374/2763

북극이사회 6개 워킹그룹(WG) (검색일 2023.8.4.).
https://arctic-council.org/about/working-groups/

북극이사회 제12차 각료회의 레이캬비크 선언문(Reykjavik Declaration 2021년 5월 20일 / 검색일 2023.8.4.)
https://oaarchive.arctic-council.org/bitstream/handle/11374/2600/declaration%202021%20web%20EN.pdf?sequence=9&isAllowed=y

'북극이사회 2021-2030 전략계획'('Arctic Council Strategic Plan 2021-2030' 2023년 5월 20일 / 검색일 2023.8.4.)
https://oaarchive.arctic-council.org/bitstream/handle/11374/2601/ac-strategic-plan%20web.pdf?sequence=8&isAllowed=y

노르웨이는 북극이사회 의장국 2023-2025 보고서 ('NORWAY'S CHAIRSHIP ARCTIC
COUNCIL 2023-2025 / 검색일 2023.8.4.)

https://oaarchive.arctic-council.org/bitstream/handle/11374/3147/230508_UD_AC__
EN.pdf?sequence=1&isAllowed=y

노르웨이 SAO의장 주제 6개 워킹그룹 및 EGBCM 회의 개최(2023년 6월 15일자 북극이사회
웹사이트 / 검색일 2023.8.4.)

https://arctic-council.org/news/norwegian-chairship-hosts-first-meeting-with-working-
expert-group-chairs-and-secretariats/

한국 북극협력 네트워크(KoNAC) 발족 및 활동방향 기사(한국농어촌방송 2022년 6월 21일
자 뉴스 / 검색일 2023.8.4.)

http://www.newskr.kr/news/articleView.html?idxno=78504

해수부 블로그 "한국 북극협력 네트워크 발족" 소식(2022년 6월 22일자 해수부 자료 / 검색
일 2023.8.9.)

https://blog.naver.com/koreamof/222784365807

극지연구소 북극이사회 AMAP 번역보고서(변화하는 북극에 대한 적응조치: 베링-축치-보퍼
트지역 개요보고서 한글본 / 검색일 2023.8.7.)

chrome-extension://efaidnbmnnnibpcajpcglclefindmkaj/https://www.amap.no/
documents/download/3012/inline

한국북극연구컨소시엄(KoARC) 회원기관 수 증가 기사
:북극경제개발협의체에 아시아국 중 첫 공식 협력창구 마련(국제신문 2023년 5월 10일자 기
사/검색일 2023.8.7.)

http://www.kookje.co.kr/news2011/asp/newsbody.asp?code=0200&key=20230510.99099003523
: 한국북극연구컨소시엄 발족 프리젠테이션 자료(2015년 12월 9일 극지연 자료/ 검색일
2023.8.7.)

chrome-extension://efaidnbmnnnibpcajpcglclefindmkaj/https://repository.kopri.re.kr/
bitstream/201206/4331/1/2-88.pdf

미국 알래스카주 페어뱅크스대 원헬스연구센터 (Center for one health research / 검색일
2023.8.10.)

https://www.uaf.edu/onehealth/

미국 워싱턴포스트 2023년 7월 29일자 "The U.N. warns 'an era of global boiling' has started. What does that mean?" 기사 (검색일 2023.8.10.)
https://www.washingtonpost.com/climate-environment/2023/07/29/un-what-is-global-boiling/

북극이사회 워킹그룹/전문가 활동 재개를 위한 가이드라인 (검색일 2023.11.20.)
file:///C:/Users/KOPRI/Desktop/SAOXNO201_2023_NORWAY_01-1_Guidelines-for-WG-Resumption_Approved_28.08.2023.pdf

북극이사회 Arctic Council Communication Strategy 2020 (검색일 2023.11.23.)
https://oaarchive.arctic-council.org/server/api/core/bitstreams/14c174ea-7ca4-4912-b802-b197c6736d51/content

북극이사회 Arctic Council Communications and Outreach Guidelines (검색일 2023.11.23.)
https://oaarchive.arctic-council.org/server/api/core/bitstreams/f2db59be-90be-4cdf-8c59-f006ec7f9846/content

북극이사회 Project Support Instrument (PSI) (검색일 2023.11.28.)
https://www.ozoneprogram.ru/eng/project_murmansk/organizers_murmansk/arctic_council_psi/

바렌츠유로북극이사회(BEAC) 웹사이트 (검색일 2023.11.21.)
https://barents-council.org/barents-euro-arctic-council

뉴시스 '러시아의 바렌츠유로북극이사회(BEAC) 탈퇴선언' 기사(검색일 2023.11.21.)
https://mobile.newsis.com/view.html?ar_id=NISX20230919_0002455062#_PA

바렌츠유로북극이사회(BEAC)에서 핀란드, 스웨덴, 노르웨이 3개국이 의장국 잠정적으로 공동운영 발표(검색일 2023.11.21.)
https://barents-council.org/barents-euro-arctic-council/chair-state-of-the-beac

〈부록 1〉 북극이사회 6개 워킹그룹 사업목록(2021년 11월 SAO회의 제출자료)[25]

No.	WG	프로젝트명(Initiative Title)	시작	종료
1	ACAP SDWG	Solid Waste Management in Remote Arctic Communities	2020	2023
2	ACAP	AFFF (Aqueous Film Forming Foam) and other PFAS containing Foam Phase Out in The Arctic	2019	2023
3	ACAP	ARCRISK - Mercury Risk Evaluation, Risk Management and Risk Reduction Measures in the Arctic	2019	2023
4	ACAP	Arctic Black Carbon Case Studies Platform (SLCP EG)	2013	계속
5	ACAP	Arctic Green Shipping - SLCP Mitigation	2017	계속
6	ACAP	Circumpolar Local Environmental Observers (CLEO) Network (IPCAP)	2015	계속
7	ACAP	Community-based black carbon and public health assessment (IPCAP)	2016	2023
8	ACAP	Demonstration of management and destruction of 250 tons of PCB in transformers: Phase III (Hazardous Waste EG)	2001	2023
9	ACAP	Dudinka Municipal Waste Land-fill project	2017	2023
10	ACAP	Inventory of uses of POPs and Mercury and their Emission Sources in Murmansk Region	2019	2023
11	ACAP	Kola Waste project	2018	계속
12	ACAP	Phase-out of ozone-depleting substances and fluorinated greenhouse gases (HFC) at fish and seafood processing enterprises (SLCP EG)	2017	계속
13	ACAP	Promotion of decrease of the Barents region pollution by introduction of BAT ("BAT in the Arctic")	2017	2023
14	AMAP CAFF	Understanding climate change impacts on Arctic ecosystems and associated climate feedbacks	2020	계속
15	AMAP	Air Pollution, including SLCFs	2017	계속
16	AMAP	AMAP Trends and Effects Programme	Pre-2000	계속
17	AMAP	Arctic marine microplastics and litter	2018	계속
18	AMAP	Climate Issues: Cryosphere, meteorology, ecosystem impacts	2018	계속
19	AMAP	Contaminant issues: POPs and mercury	2018	계속

---

25) 러-우크라이나 사태 직전인 2021년 11월 북극이사회 SAO(고위급회의)회의에 제출된 6개 워킹그룹 프로젝트 리스트임. 총 128개 프로젝트가 제시되어 있으나 2022년까지 종료과제 및 65번의 Expert 그룹 과제(이상의 해당 제외 과제들은 볼드체 처리)를 제외하면 실제 100여 개 프로젝트임.

No.	WG	프로젝트명(Initiative Title)	시작	종료
20	AMAP	Contaminant issues: Radioactivity	2015	계속
21	AMAP	Human Health and combined effects	2017	계속
22	AMAP	Sustaining Arctic Observing Networks (SAON)	2012	계속
23	AMAP	Unmanned Aircraft Systems (UAS)	2013	계속
24	CAFF PAME	Information Briefs on Arctic environment under change	2021	계속
25	CAFF PAME	Invasive species	2015	계속
26	CAFF	Actions for Arctic Biodiversity: Implementing the recommendations of the Arctic Biodiversity Assessment	2013	2023
27	CAFF	Arctic Biodiversity Data Service (CAFF)	2012	계속
28	CAFF	Arctic Migratory Birds Initiative (AMBI): Implementation	2013	계속
29	CAFF	Arctic Wildland Fire Ecology Mapping and Monitoring Project (ArcticFIRE)	2019	2023
30	CAFF	CAFF IASC Fellowship	2017	계속
31	CAFF	CAFF Youth Engagement Strategy 2021-2026	2014	계속
32	CAFF	CBMP Coastal Biodiversity Monitoring Plan: implementation	2014	계속
33	CAFF	CBMP Freshwater Biodiversity Monitoring group: implementation	2021	계속
34	CAFF	CBMP Indicators	2001	계속
35	CAFF	CBMP Marine Biodiversity Monitoring group: implementation	2009	계속
36	CAFF	CBMP Terrestrial Biodiversity Monitoring group	2011	계속
37	CAFF	Circumpolar Biodiversity Monitoring Program (CBMP) - General	2001	계속
38	CAFF	Climate change impacts on bearded seals	2016	계속
39	CAFF	Community Observation Network for Adaptation and Security (CONAS)	2014	계속
40	CAFF	Conservation of biodiversity in a changing Russian Arctic	2011	계속
41	CAFF	Follow-up on Arctic Council cross-cutting initiatives	2017	계속
42	CAFF	Mainstreaming Arctic Biodiversity	2017	계속
43	CAFF	Nomadic herders: enhancing resilience of pastoral ecosystems and livelihoods	2012	계속
44	CAFF	Salmon People of the Arctic	2013	계속
45	CAFF	Scoping for Resilience and Management of Arctic Wetlands	2017	계속
46	CAFF	Seabird program	2000 이전	계속
47	CAFF	Second Arctic Biodiversity Congress	2021	2023
48	CAFF	Third Arctic Biodiversity Congress		계속

No.	WG	프로젝트명(Initiative Title)	시작	종료
49	CAFF	Traditional Knowledge and CAFF	2016	계속
50	EPPR PAME	Environmental toxicity and fate of light and intermediate fuel when spilled in cold waters	2019	2021
51	EPPR	Analysis of Potential Radiological Consequences of Selected Emergencies Relevant for the Arctic Region	2021	2022
52	EPPR	Arctic Lessons Learned Arena	2020	2021
53	EPPR	Arctic Rescue	2019	계속
54	EPPR	Capability Analysis to respond to a Radiological/Nuclear Emergency in the Arctic	2021	2022
55	EPPR	Circumpolar Fire	2019	계속
56	EPPR	Coordination and practical implementation of the SAR agreement (SAR Expert Group)	2013	계속
57	EPPR	Development of Safety Systems in Implementation of Economic and Infrastructure		계속
58	EPPR	Follow-up on the Framework Plan on Oil Pollution Prevention	2015	계속
59	EPPR	International Cooperation on Aerial Surveillance ICAMS	2021	2022
60	EPPR	Maintain and update the Operational Guidelines, appendix to the Agreement on Cooperation on Marine Oil Pollution Preparedness and Response	2013	계속
61	EPPR	NEPTUNE	2020	2021
62	EPPR	Prevention, Preparedness and Response for Small Communities	2014	계속
63	EPPR	Risks Project (RAD EG)	2020	2021
64	EPPR	Validation of International Maritime Organization Polar Code Survival Time Requirement	2021	계속
65	Expert Group	Expert Group in support of implementation of the Framework for Action on Black Carbon and Methane (EGBCM)	2015	계속
66	PAME CAFF	Arctic Protected and Important Areas	2017	2021
67	PAME CAFF	Marine Invasive Alien Species in Arctic Waters		
68	PAME CAFF	Other Effective Area-based Conservation Measures (OECM) in the Arctic Marine Environment	2021	
69	PAME EPPR	New Low Sulphur Fuels, Fate, and Behaviour in Cold Water Conditions	2019	2023
70	PAME	4th AMSP Implementation Status Report 2021-2023	2015	계속

No.	WG	프로젝트명(Initiative Title)	시작	종료
71	PAME	7th EA Workshop on values and valuation of the cultural, social and economic goods and services produced by the ecosystems (20-22 Feb 2022)	2019	2022
72	PAME	A framework for more systematically engaging with Observers on shipping related	2019	2023
73	PAME	AMSP Implementation Status Report 2019-2021	2019	2021
74	PAME	Arctic Arrangement for Regional Reception Facilities		
75	PAME	Arctic Coastal Cleanup		
76	PAME	Arctic Marine Tourism: Development in the Arctic and enabling real change	2019	2021
77	PAME	Arctic Port Reception Facilities Inventory		
78	PAME	Arctic Ship Traffic Data (ASTD) System	2019	계속
79	PAME	Arctic Shipping Best Practice Information Forum	2017	2023
80	PAME	Arctic Shipping Status Reports	2019	계속
81	PAME	Black Carbon emissions from shipping activity in the Arctic and technology developments for their reduction	2019	2021
82	PAME	Capacity building, information outreach and collaboration	2019	2021
83	PAME	Collaboration with the Arctic Regional Hydrographic Commission (ARHC)	2019	2023
84	PAME	Collect and summarize information on Arctic State safe and low-impact marine corridor initiatives	2019	2021
85	PAME	Collect, report and/or review information about on-shore use by indigenous peoples and local communities of HFO	2019	2021
86	PAME	Concept paper on further cooperation under the Arctic Council on Ecosystem-Based Management (EBM/EA) of Arctic marine ecosystems		
87	PAME	Continue the project on Modelling Arctic Oceanographic Connectivity, with the inclusion of the Central Arctic Ocean, to further develop PAME's Marine Protected Areas Toolbox	2019	2021
88	PAME	Develop additional Information Briefs on the Arctic marine environment under change	2019	2021
89	PAME	Develop an Implementation Plan for the Regional Action Plan on Marine Litter in the Arctic (ML-RAP)		
90	PAME	Develop an overview of Arctic States' and Observer States' interpretation of the Polar	2019	2023
91	PAME	Different Ways of Knowing: Applying Indigenous and Local Knowledge and Scientific Information to Arctic Conservation Planning	2021	2023

No.	WG	프로젝트명(Initiative Title)	시작	종료
92	PAME	Existing Waste Management Practices and Pollution Control for Marine and Coastal		
93	PAME	Expansion and Refinement of the MPA Network Toolbox		
94	PAME	Fishing Practice & Gear Inventory: Enhancing Understanding of Abandoned Lost or otherwise Discarded Fishing Gear (ALDFG)		
95	PAME	Implementation Plan for the ARIAS Strategy and Action Plan	2019	2021
96	PAME	Integrated Ecosystem Assessment (IEA) of the Central Arctic Ocean (WGICA)	2019	계속
97	PAME	Interpretation of the Polar Code		계속
98	PAME	Management of Arctic Marine Oil and Gas Associated Noise		
99	PAME	Marine Litter Communication and Outreach Activities		계속
100	PAME	Meaningful Engagement of Indigenous Peoples and Local Communities in Marine Activities (MEMA): Outreach and Next Steps	2019	2021
101	PAME	Raising awareness in the Arctic Council of the provisions of the 2012 Cape Town Agreement for the safety of fishing vessels	2021	2023
102	PAME	Report on development in defining or setting Ecological objectives	2019	2021
103	PAME	Revise the Ecosystem Approach Framework (EA) and develop a tool for following EA implementation in the Arctic LMEs		
104	PAME	Revisiting the Framework for a Pan-Arctic Network of MPAs (2015) for potential updates		
105	PAME	Synthesis Report on Ecosystem Status, Human Impact and Management Measures in the Central Arctic Ocean (CAO)		
106	PAME	Systematically Strengthening Observer Engagement in PAME's Shipping Work		계속
107	PAME	Targeted update of the Arctic Council Arctic Marine Strategic Plan (AMSP 2015)	2021	
108	PAME	The Arctic Shipping Best Practice Information Forum		계속
109	PAME	Third International Science and Policy Conference on Implementation of the Ecosystem Approach to Management in the Arctic	2019	2021
110	PAME	Underwater Noise in the Arctic - Phase I	2019	2023
111	PAME	Underwater Noise in the Arctic: Understanding Impacts and Defining Management Solutions - Phase II		
112	PAME	Update of PAME's shipping priorities and recommendations	2017	2021
113	PAME	Update the Arctic Offshore Oil and Gas Regulatory Resource (AOOGRR)	2019	2021

No.	WG	프로젝트명(Initiative Title)	시작	종료
114	PAME	Wastewater Discharges from Vessels in the Arctic - A Survey of Current Practices	2021	2023
115	SDWG AMAP	Biosecurity in the Arctic	2021	2023
116	SDWG	Advancing Arctic Resilience: Exploring Aspects of Arctic Resilience connected to the impacts of permafrost thaw	2021	2023
117	SDWG	Arctic Community Perspectives on Covid-19 and Public Health: a Multi-site Case Study	2021	2023
118	SDWG	Arctic Demography Index	2020	2023
119	SDWG	Arctic Food Innovation Cluster (AFIC)	2019	2023
120	SDWG	Arctic Hydrogen Energy Applications and Demonstrations (AHEAD)	2020	2024
121	SDWG	Arctic Indigenous Youth, Climate Change and Food Culture (EALLU) II	2019	2023
122	SDWG	Arctic Remote Energy Networks Academy (ARENA) II	2019	2023
123	SDWG	COVID-19 in the Arctic Assessment Report	2021	2023
124	SDWG	Digitalization of Linguistic and Cultural Heritage of Indigenous Peoples of the Arctic	2020	2024
125	SDWG	Local 2 Global: Circumpolar collaboration for suicide prevention and mental wellness	2019	2023
126	SDWG	One Arctic, One Health	2020	2023
127	SDWG	Preserving ARCtic ARChitectural Heritage (PrARCHeritage)	2021	2023
128	SDWG	Sustainable Development Goals in the Arctic: The Nexus Between Water, Energy, and Food (WEF)	2020	2023

유럽의 북극 정체성과 유럽연합(EU)의 북극 정책의 전환

I. 유럽의 북극 정체성

유럽의 국경이 어디까지 가는지, 더 중요하게는 어디에서 끝나는지는 20세기 내내 논쟁의 주제였다. 유럽연합(EU)은 통합의 심화로 갈지, 외연의 확장으로 갈지의 갈림길에서 확장을 택했다. 북극은 항상 EU의 일부이거나 EU와 가까웠던 것은 아니다. 덴마크(그린란드를 포함한)가 창립 회원국이었던 EU에 스웨덴과 핀란드가 가입한 1995년에 유럽이 정치적 전략적으로 북극에 처음 접근하게 된 것이다. 덴마크는 1973년 EU에 가입한 최초의 북극 국가였다. 1995년 스웨덴과 핀란드가 유럽 연합에 가입했을 때, 북극 회원국은 1개에서 하루 아침에 3개 회원국으로 200% 증가했다. 덴마크는 당시 20년 넘게 회원국이었지만 상대적으로 작은 회원국이었기 때문에 동맹과 공동의 이익이 EU의 의사결정에 영향을 미치는 데 핵심이었다. 스웨덴과 핀란드가 EU에 가입한 후 4년 뒤인 1999년 북극 차원 정책(Northern Dimension policy)이 핀란드 최초 대통령 재임 기간 동안 외교 정책 이니셔티브로 도입되었다. ND(Northern Dimension) 정책[1]은 핀란드가 주도한 유럽연합, 러시아, 노르웨이, 아이슬란드 간의 실질적인 협력을 의미한다. 그 목표는 북유럽, 즉 북

---

* 배재대학교 한국-시베리아센터, 연구교수
1) https://um.fi/northern-dimension (검색일, 2023.12.7.)

극, 바렌츠해, 발트해 지역의 환경, 에너지 및 건강에 대한 협력을 더욱 강화하여 안정, 복지, 경제 발전을 위한 틀을 제공하는 것을 목표로 한다. 2006년에 이 정책이 갱신되었을 때 EU는 2004년에 발트해 연안 국가인 에스토니아, 라트비아, 리투아니아가 모두 EU에 가입하면서 북극 차원의 초점 지역에 새로운 회원국을 확보했다. 2004년 EU 확대 당시 다양한 부문과 정책 분야에서 EU 협력을 심화시키려는 야망이 커졌고, 공동 외교 및 안보 정책(CFSP, common foreign and Security policy) 분야에서도 마찬가지였다. 2006년 갱신 동안 Northern Dimension은 결과적으로 EU, 노르웨이, 아이슬란드 및 러시아 간의 공동 정책 협력(Northern Dimension 1)이 되었다. 불과 2년 후인 2008년에 EU는 첫 번째 EUAP를 발표했고 유럽이 북극 지역의 새로운 행위자로 등장하면서, 북극 지역의 참여가 증가했다.

II. 유럽연합(EU)의 북극 정책

1. 북극 차원 정책(Northern Dimension, 1999)

1995년 핀란드와 스웨덴이 유럽연합에 가입하면서 유럽연합은 북극권을 넘어 러시아와 1,300km의 국경을 확보했다. 결과적으로 다음과 같은 필요성이 발생했다. 즉, EU는 북극 지역을 검토하여 북극에 대한 정책을 정의해야 한다. 북극 차원 정책(Northern Dimension)은 처음으로 EU 의제에 포함되었다.

1997년 12월 룩셈부르크 유럽이사회(European Council)에서는 핀란드가 이 문제에 대한 이니시어티브를 제시했다. 이 이니셔티브를 뒷받침하는 것은 북극 지역의 지속 가능한 개발, 안정, 복지 및 안보를 지원하고, 러시아와 유럽연합 간의 협력을 강화하며 분단을 방지하려는 희망이었다.

핀란드가 유럽연합 의장직을 맡은 1999년 11월 헬싱키에서 제1차 북극 차원 정책 외무장관회의가 개최되어 북극 차원의 구체적인 내용이 정리됐다. 첫 번째 북극 차원 행동 계획(Action Plan)은 이후 2000년 6월 페이라 유럽이사회에서 승인되었다.

제1차 및 제2차 북극 차원 행동 계획은 모두 4가지 우선 분야에 초점을 맞췄다: 환경 문제 관리; 원자력 안전; 조직 범죄와의 싸움; 칼리닌그라드 지역의 특별한 문제.

북극 차원 정책은 2006년 핀란드가 EU 의장직을 맡으면서 개정되었다. EU, 러시아, 노르웨이, 아이슬란드 간에 협상된 새로운 북극 차원 정책 문서는 2007년 초 발효되었으며 현재까지 북극 차원 협력의 기반이 되었다.

2008년 가을 상트페테르부르크에서 열린 개정 후 첫 번째 북극 차원 외무장관 회의에서 북극 차원의 운송 및 물류 파트너십을 구축하고, 문화 및 경제 파트너십에 관한 조사를 시작하기로 결정했다. 북극 차원의 운송 및 물류 파트너십 구축 기본 문서는 2009년 10월에 서명되었고, 마찬가지로 북극 차원의 문화 파트너십 구축과 북극 차원 연구소가 2009년 말에 결정되었다. 북극 차원 비즈니스 협의회(Northern Dimension Business Council)도 준비 중이었다.

북부 차원 정책은 핀란드가 EU 의장직을 맡은 2006년 11월 24일 헬싱키에서 열린 북극 차원 정상회담에서 개정되었다. 새로운 기본 문서는 북극 차원을 모든 파트너가 평등한 EU, 아이슬란드, 노르웨이 및 러시아의 공통 정책으로 정의한다. 프레임워크 문서에는 북극 차원이 4개 부문, 즉 경제 협력(economic cooperation), 자유, 안보 및 정의(freedom, security and justice), 대외적 안보(external security), 연구, 교육 및 문화(research, education and culture)에서 EU/러시아 공통 공간(Common Spaces)의 지역적 표현이라고 명시되어 있다. 이를 바탕으로 북극 차원의 중점분야는 경제협력, 자유, 안보, 정의, 대외안보, 연구, 교육, 문화, 환경, 원자력안전, 자연자원, 사회 복지 및 건강 관리 등이다. 북극 차원의 최고 의사결정기구는 외무장관 회의와 고위관리회의이다. 이들 회의 사이에 활동은 공무원들로 구성된 북극 차원 운영 그룹에 의해 조정된다.

2006년 11월 헬싱키에서 열린 북극 차원 정상회담에서 북극 차원 정책에 관한 정치적 선언과 북극 차원 정책 기본 문서를 승인했다.

한마디로, 북극 차원(Northern Dimension)은 모든 파트너가 평등한 EU, 러시아, 노르웨이, 아이슬란드의 공통 정책이었다

그림 1. Northern Dimension[2]

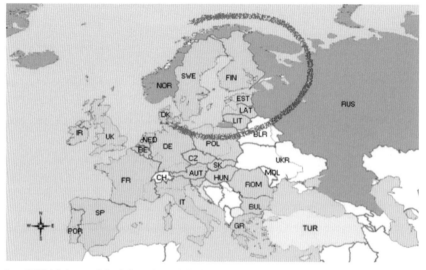

* EU회원국(덴마크, 스웨덴, 핀란드, 에스토니아, 라트비아, 리투아니아), 비회원국(노르웨이, 러시아, 아이슬란드)

---

2) https://www.researchgate.net/figure/Northern-Dimension_fig3_48341965

표 1. 북극 차원의 발전 과정[3]

표 1. 북극 차원의 발전 과정[3]

1997	룩셈부르크 유럽이사회(European Council): Northern Dimension에 대한 핀란드의 이니시어티브 (정치 선언)
1999	핀란드 EU 의장직: 최초의 Northern Dimension 외무장관 회의
2000	페이라 유럽이사회(European Council): 제1차 Northern Dimension 행동계획
2001	Northern Dimension 환경 파트너십
2003	공중 보건 및 사회 복지 분야의 Northern Dimension 파트너십과 두 번째 Northern Dimension 행동계획.
2006	헬싱키에서 열린 Northern Dimension 정상회담
2007	상트페테르부르크에서 열린 Northern Dimension 고위급 회의
2008	상트페테르부르크에서 열린 Northern Dimension 외무장관 회의
2009	스톡홀름 Northern Dimension 고위급 회의. Northern Dimension 운송 및 물류 파트너십, 문화 파트너십, Northern Dimension 연구소, Northern Dimension 비즈니스 협의회.

2. 북극의 행위자로서 유럽연합(EU): 2021 EUAP(EU's Arctic policy)

"유럽연합(EU)은 북극권에 속해 있다. 지정학적 강국으로서 EU는 유럽 북극과 더 넓은 북극 지역 모두에서 전략적, 일상적 이해관계를 갖고 있다."

2021년 유럽연합 집행위원회는 이러한 강력한 성명[4]을 통해 "평화롭고 지속가능하며 번영하는 북극을 위한 EU 참여 강화"(A stronger EU engagement for a peaceful, sustainable and prosperous Arctic)라는 제목으로 새로운 북극정책(EUAP, EU's Arctic policy)을 도입했다.

---

3) https://www.europarl.europa.eu/meetdocs/2009_2014/documents/deea/dv/0209_/0209_05.pdf (검색일, 2023. 12. 3.) p. 2.

4) Joint Communication on a stronger EU engagement for a peaceful, sustainable and prosperous Arctic (13. 10. 2021) EEAS Press Team. https://www.eeas.europa.eu/eeas/joint-communication-stronger-eu-engagement-peaceful-sustainable-and-prosperous-arctic_en

북극은 향후 북극의 정치적 경제적 중요성을 더욱 높일 천연자원이 풍부하다. 막대한 시장 지배력과 기후 정치 분야의 강력한 인지도를 바탕으로 EU가 유럽 북극 지역에서 인지도를 높이려는 것은 당연한 일이다. 2021년 EUAP에서 EU는 북극을 기후 변화의 영향을 늦추고 북극 공동체(Arctic communities)의 이익을 위한 지속 가능한 개발을 지원해야 하는 평화적 협력 지역으로 간주한다.

그러나 러시아의 우크라이나 침공으로 인해 유럽 대륙에서 군사적 갈등이 고조됨에 따라, EU는 유럽 안보 및 국제적 안보에 기여하기 위한 자신의 정책 노선을 변경할 필요가 생겼다. '2022 Strategic Compass'[5]에서 EU는 "EU 시민을 위한 보다 유능한 안보 제공자일 뿐만 아니라 국제 평화와 안보를 위해 일하는 보다 강력한 글로벌 파트너"가 되겠다고 발표했다.

표 2. 유럽연합(EU)의 북극 정책 진화 과정

연도	정책
1999	Northern Dimension
2006	Northern Dimension revised
2008	Communication 'EU and the Arctic Region' * 2009 Council Conclusions, 2011 EP Resolution
2012	Communication 'Progress and Next Steps' * 2009 Council Conclusions, 2011 EP Resolution
2015	'Proposals for the further development of an integrated and coherent Arctic Policy' * 2014 Council Conclusions, 2014 EP Resolution
2016	EU Arctic Policy of 2016
2021	EU Arctic Policy of 2021, "A stronger EU engagement for a peaceful, sustainable and prosperous Arctic"

---

5) Strategic Compass는 EU가 운영되고 있는 전략적 환경과 EU가 직면한 위협 및 과제에 대한 공유된 평가를 제공한다. https://www.eeas.europa.eu/eeas/strategic-compass-security-and-defence-1_en

전 세계적으로 지정학적 혼란이 커지는 상황에서 이 글은 북극의 긴장 고조와 EU의 북극 이해관계에 대해 논의할 것이다. 이러한 논의를 위해 다음과 같은 질문이 제기된다. "EU는 북극에서 어떤 역할을 추구하는가?" 나는 EU가 전통적인 안보의 관점에서 등장하는 지정학적 행위자가 아니라 오히려 EU의 규범과 가치를 대표하면서 포괄적인 안보 틀 내에서 행동하는 행위자라고 주장한다.

Ⅲ. 유럽연합(EU)의 북극 정책의 전환

1. 유럽연합(EU)의 북극 이해관계

재미있게도, 북극권의 경쟁을 촉발한 국가는 바로 북극권[6] 육지면적의 40% 이상과 북극권 해안선의 53%를 차지한 러시아였다. 2007년 8월 2일 핵추진 쇄빙선 로시아(Rossiya)의 쇄빙 지원을 받은 러시아의 해양연구선 아카데믹 표도로프(Akademik Federov)는 북극점 위 해상에서 심해 잠수정 미르(Mir)를 내려 해저 4,300미터의 북극점(the North Pole)에 티타늄으로 만든 러

---

6) 북극에 관심 있는 자연과학자들은 그들의 연구 영역을 경계 지음에 있어 물리적 생물학적 시스템과 관련된 수많은 기준을 제시해왔다. 이러한 것들은 연중 가장 더운 달의 10℃ 등온선(isotherm); 타이가(taiga) 생물군계 또는 한대림(boreal forest) 생물군계로부터 툰드라 생물군계(tundra biome)를 분리시키는 수목한계선(treeline); 지속적인 동토대의 남쪽 한계선; 겨울동안의 계절적 해빙한계선 등이 있다. 이런 기준들 각각은 특정 학문분야의 전문가들에게 그것을 권할 만한 특별한 것들을 가지고 있다. 그러나 이것들은 북극 지역의 남쪽 경계선을 아주 다르게 정의하고 있다. 통상 북극권(the Arctic Circle)은 66° 33′N 이북을 의미한다. Oran R. Young, *Arctic Politics - Conflict and Cooperation in the Circumpolar North* (London: UnⅣ. Press of New England, 1992) pp. 1-2.

시아의 국기를 심었다.[7] 이것은 세계 언론의 폭발적 주목을 이끌었고, 북극권에 대한 경쟁을 도발했다. 러시아가 북극을 탐사하고, 북극점에 러시아 국기를 꽂은 의도는 북극의 자원 확보와 해양 영유권 분쟁에서 선점을 위한 것이었다. 즉, 북극점을 지나는 로마노소프 해령이 러시아의 동시베리아해 대륙붕과 연결되어 있다는 과학적 증거를 찾아, 러시아의 대륙붕 경계를 200해리를 넘어 350해리까지 확장하기 위한 노력의 일환이었다. 군사적 임무는 아니었지만, 이 사건은 북극과 관련된 국가 간 이해관계에 대한 격렬한 재평가를 야기했다.[8] 북극점 해저의 러시아 깃발은 정복된 땅, 나아가 빙상 밑에 있는 석유와 가스 매장량을 상징하는 것으로 인식되었다. 그러나 유엔해양법협약(UNCLOS)에 따르면, 대륙붕은 해안 국가의 연해 기준선에서 200해리까지 확장된다. 이 해양 구역 내에서 국가는 배타적 경제 수역도 보유하고 있다. 즉, 모든 천연자원에 대한 독점적인 이용권(주권적 권리)을 보유한다. 그러나 북극점은 해양 글로벌 공유지(Global Commons)의 일부이므로 모든 국가가 법적으로 접근할 수 있는 자원 영역이다.

한편, 북극이 유럽에 중요한 이유는 전 세계 무역의 80%가 해상 운송으로 이루어지며, 2019년 북극 해역을 통과하는 선박의 15%가 EU 회원국(MS) 깃발을 달고 항해했다는 점이다.[9] 안전한 바다를 유지하는 것이 EU의 새로운

---

7) 2007년 7월 28일 '아카데믹 표도로프호'는 '로시야호'와 무르만스크를 출발했다. 로시야호가 북극해의 얼음을 깨고, 8월 1일 저녁 8시쯤 드디어 북극점에 도착한 표도로프호는 2일 오전 잠수정 미르호를 투하해 북극 해저에 티타늄 러시아 국기를 꽂았다. http://www.ckjorc.org (검색일: 2010.8.13).

8) LCDR Anthony Russell, USCG, "Carpe Diem Seizing Strategic Opportunity in the Arctic," Joint Forces Quarterly p. 51, 4th quarter 2008; Peter Brookes, "Flashpoint: Polar politics: Arctic security heats up," *Armed Forces Journal, November* 2008 http://www.armedforcesjournal.com/2008/11/3754021 (검색일: 2010.05.25) 참조

9) T. Koivurova, Hoel AH, Humpert M, Kirchner S, Raspotnik A, Śmieszek M, Stępień

해양 안보 전략의 핵심이다.[10] 안전한 해상 무역 경로는 EU 경제에 매우 중요하다. 북극과 관련하여 EU의 행동계획에는 강화된 위성 관측을 통해 2025년까지 새로운 북극해 항로의 안보가 보장될 것이라고 명시되어 있다.[11] 따라서 EU는 2014년 EU 해양안보전략의 채택 이후 등장한 새로운 안보 위협과 과제에 적응하고 있다.

지리적으로 북극은 북극해 연안 5개국(A5)인 미국, 캐나다, 노르웨이, 그린란드(덴마크), 러시아와 비연안 3개국 스웨덴, 핀란드, 아이슬란드의 8개국으로 이루어져 있다. 1995년 핀란드와 스웨덴이 유럽연합(EU)에 가입하면서, EU 역시 북극의 행위자가 될 수 있는 잠재력을 갖게 됐다.7) 비록 유럽연합 국가들이 북극해와 직접적으로 연결되어 있지는 않지만, 유럽연합은 여전히 북극 지역에 이해관계를 갖고 있다. 아이슬란드와 노르웨이가 EEA에 속해 있고, EU는 기술적으로 일부 북극 지역에 대해 공개시장 정책을 시행하고 있다. Andreas Raspotnik은 2007년부터 EU가 북극 기후, 환경, 사회 문제, 경제적 기회에 관심을 보여 왔다고 말한다.[12] 2008년부터 EU는 북극 비전에 대한 문

A., *Overview of EU actions in the Arctic and their impact.* European Union (2021)

10) European Commission & High Representative, *Joint communication on the update of the EU Maritime Security Strategy and its Action Plan: An enhanced EU Maritime Security Strategy for evolving maritime threats.* (JOIN (2023) 8 final) (Brussels: European Commission. 2023) https://oceans-and-fisheries.ec.europa.eu/system/files/2023-03/join-2023-8_en.pdf (검색일, 2023.12.1.)

11) European Commission & High Representative, *Annex to Joint communication on the update of the EU Maritime Security Strategy and its Action Plan: An enhanced EU Maritime Security Strategy for evolving maritime threats.* (JOIN(2023) 8 final Annex). (Brussels: European Commission. 2023) https://oceans-and-fisheries.ec.europa.eu/system/files/2023-03/join-2023-8-annex_en.pdf (검색일, 2023.12.1.)

12) A. Raspotnik, *The European Union and the Geopolitics of the Arctic.* (Cheltenham: Edward Elgar Publishing Limited, 2018)

서를 발표하고 공식적으로 북극 이사회(AC)의 옵저버 자격을 신청했다. 그러나 이것은 지금까지도 승인되지 않았다.

러시아의 본격적인 우크라이나 침공 이전에는 유럽연합-러시아 협력은 북극 예외주의(Arctic exceptionalism) 서사의 일부로 볼 수 있었다. 정치적으로 큰 이견이 있지만, 러시아는 2022년 1분기까지 EU의 최대 에너지 상품 공급국이었다.[13)9] 러시아의 EU로의 탄화수소 및 원자재 수출의 상당 부분은 러시아의 북극 지역에서 비롯되었다. 이에 따라 러시아의 미발견 육상 및 해상 에너지 자원은 EU 에너지 안보의 미래에 필수적인 것으로 논의되어 왔다. 이는 EU가 2016년 북극 전략에 따라 기꺼이 위험을 감수한 무역관계이다. 그러나 EU가 우크라이나 전쟁에 대응하여 러시아의 수출에 대한 전례 없는 경제 제재를 강화하면서 상황이 바뀌었다.

북극에 대한 EU의 경제적 이익의 또 다른 중요한 요소는 러시아의 북방항로(Northern Sea Route)이다. Deandreis는 북방항로가 아시아, 유럽, 북미 간 해상 무역의 지름길이 될 것이라고 말한다.[14] 북방항로를 통해 운송 시간을 최대 1/3까지 단축하여 해운 산업 비용을 대폭 줄일 수 있다. 기후 변화는 EU가 UNCLOS에 따라 북극권 국가와 함께 위임하고자 하는 새로운 북극항로를 열어줄 것이다.

지리적 근접성, 증가하는 군사화, 영토 주장 및 자원 경쟁은 모두 EU가 2021년 새로운 북극 정책에서 언급하는 주장들이다. 위에서 언급한 과제는 기

---

13) EuroState, "EU "EU imports of energy products - recent developments," March 2023, https://ec.europa.eu/eurostat/statistics-explained/index.php?title=EU_imports_of_energy_products_-_latest_developments (검색일, 2023.12.1.)

14) Massimo Deandreis, "Frozen out: Why the EU needs a strategy on the Arctic" ECFR publications, 17 November, 2020. https://ecfr.eu/article/frozen-out-why-the-eu-needs-a-strategy-on-the-arctic/

후 변화의 직접적인 결과인 글로벌 환경 안보 위협과 더불어 EU가 왜 북극 행위자가 되어야 하는지에 대한 EU의 주요 참고 사항이다. 유럽 북극은 엄청난 논쟁거리가 되는 주제이다. 이 주제는 러시아와의 갈등 관계로 인해 유럽 안보 및 세계 안보, 외교 정책 연구의 사례 연구로 사용될 수 있다.

그림 2. 북극해 항로들

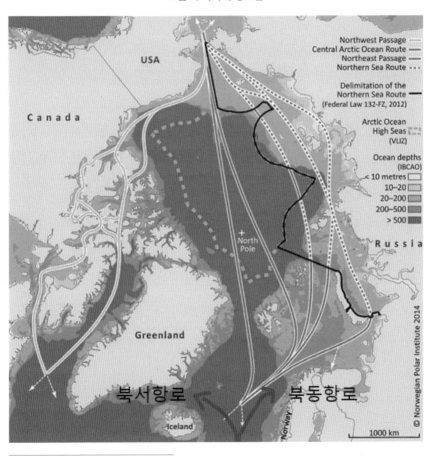

---

15) Sander, Gunnar, et al. "Changes in Arctic Maritime Transport." Chap. 4. In *Strategic Environmental Impact Assessment of Development of the Arctic: An Assessment*

2. 북극의 지정학적 강국으로서의 EU

2019년부터 유럽연합 집행위원장 폰 데어 라이엔(Von der Leyen)은 '지정학적 위원회(geopolitical Commission)'라는 내러티브를 장려해 왔다. [16)] 경제, 사회, 환경 문제와 같은 '하위 정치(low politics)' 문제는 EU의 초국가적 기관에 위임되는 반면, 국가 안보 및 국제 안보와 관련된 "고위 정치(high politics)"는 개별 회원국에 의해 관리된다. 이것이 Aggestam이 외교정책 영역이 매우 섬세하고(delicate), 이 영역이 개별 EU 회원국들이 주권과 가장 가까운 연관성을 느끼는 곳이라고 주장하는 이유이다. 개별 회원국의 주권은 이 영역을 MS의 권한이 가장 적은 EU 영역으로 만든다. [17)] EU MS의 대다수는 NATO 회원이기 때문에 이것이 그들의 하드 파워(hard power)가 위임되는 곳이다. EU의 신속한 배치 역량(Rapid Deployment Capacity), 유럽 평화 시설, 예상되는 스웨덴과 핀란드의 NATO 가입으로 인한 확대로 EU는 자신의 안보 및 국방 지위를 강화하기 위한 주요 조치를 취했다. EU는 고위 정치 문제에 대해 NATO에 의존할 뿐만 아니라 스스로 더 많은 군사적 역량을 다루고자 한다. 따라서 EU는 변화하는 지정학적 맥락을 성공적으로 고려하고 이에 따라 행동하는 것처럼 보인다. 결과적으로 폰데어라이엔의 EU 집행위원회는

Conducted for the European Union, (University of Lapland, Finland: Arctic Centre, 2014.) pp. 35-53.

16) Von der Leyen U. Speech by President-elect von der Leyen in the European Parliament Plenary on the occasion of the presentation of her College of Commissioners and their programme, 27 November, 2019. Strasbourg, https://ec.europa.eu/commission/presscorner/detail/en/speech_19_6408 (검색일, 2023.12.1.)

17) L. Aggestam, "Introduction: Ethical power Europe?" *International Affairs* 84(1) (2008) pp. 1-11.

'지정학적 위원회'라고 불릴 수 있다.

2016년 EU 북극 정책은 북극의 환경 위기에 대한 인식을 높이고 EU가 북극 지역의 기후 변화 영향을 늦추기 위해 어떻게 노력하고 있는지에 더 관심을 두었지만, EUAP는 좀 더 지정학적 서술을 취한다.[18] 스웨덴과 핀란드 정치인들은 북극에서 EU의 더 많은 행동을 촉구했다. 2019년 당시 핀란드 총리인 안티 린네(Antti Rinne)는 북극도 EU에 속해 있듯이 EU도 북극에 속해 있어야 한다고 주장했다.[19] 이 발언은 EU의 가장 최근 2021 북극 정책에 완전히 반영된 것으로 보인다.

북극을 "안전하고 안정적이며 지속가능하고 평화롭고 번영하는(Peaceful, Sustainable and Prosperous Arctic)" 곳으로 유지하고자 하는 것은 이 지역에 대한 EU의 미래 비전을 보여준다. EUAP가 2021년에 발표되었을 당시 러시아의 지정학적 위협은 그만큼 시급하고 지금처럼 직접적이지 않았다. 이것이 바로 전체 정책이 유럽 그린딜(European Green Deal) 내에서 EU의 북극 참여(개입)를 중심으로 구성되는 이유이다. EUAP는 EU가 2050년까지 내부 정책을 개혁하고 탄소 중립(carbon neutrality)을 달성하고자 하는 방법에 대한 행동 계획으로 읽을 수 있다.[20] EU는 북극 지역에서 지속가능한 에너지를 생산하는 방법을 모색하고 지원하는 동시에 석유, 가스, 석탄 사용을 0으로 머물도

---

18) European Commission, *An integrated European Union policy for the Arctic.* (Brussels, Belgium: European Union. 2016)

19) Government Communications Department, Opening speech by Prime Minister Antti Rinne at the Arctic Circle Assembly 10.10.2019, Finnish Government, 10 October, https://valtioneuvosto.fi/en/-/10616/opening-speech-by-prime-minister-antti-rinne-at-the-artic-circle-assembly-10-10-

20) J. Borrell J, "The Arctic, a key region for the EU and global security" *A Window on the World*, 03 February, 2021. https://www.eeas.europa.eu/eeas/arctic-key-region-eu-and-global-security-0_en (검색일, 2023.12.1.)

록 요구한다. 그러나 현재 러시아와의 관계 악화로 인해 EU가 직면하고 있는 에너지 위기 동안 이것이 어떻게 전개될지는 아직 알 수 없다.

EUAP의 주요 주장은 전통적인 국가 관련 군사적 의미의 안보가 아니라 오히려 기후 변화가 지구의 환경 안보에 제기하는 위협이다. 그러나 북극의 기온 상승으로 인해 새로운 자원에 대한 접근성이 높아지고 북극해 항로와 같은 새로운 운송 경로가 개설되어 북극을 이 지역에서 EU의 이익을 침해할 수 있는 "지역적, 지정학적 경쟁의 장"으로 변화시키기 때문에 모든 것이 서로 연결되어 있다.[21] 포괄적인 안보 이론(comprehensive security theory)에 따라 EU는 다양한 안보 측면 간의 상호 작용에 중점을 두고 있으며, 환경 안보 (environmental security)가 가장 시급하고 다음으로 경제, 군사, 사회 및 정치적 안보가 그 뒤를 따른다. EU는 북극에 이해관계가 있지만, 지정학적 강국으로서 이 지역에 대한 개입을 지구적 환경 안보를 보장하는 데 필요한 단계로 보고 있는 것 같다.

3. 우크라이나 전쟁(2022)과 유럽의 기본 Zeitenwende(시대전환)

러시아의 우크라이나 침공은 유럽연합의 다방면적인 북극 정책의 많은 요소에 영향을 미쳤다.[22] 여기에서는 2021년 공동 커뮤니케이션(Joint

---

21) JOINT COMMUNICATION TO THE EUROPEAN PARLIAMENT, THE COUNCIL, THE EUROPEAN ECONOMIC AND SOCIAL COMMITTEE AND THE COMMITTEE OF THE REGIONS A stronger EU engagement for a peaceful, sustainable and prosperous Arctic (JOIN/2021/27 final) https://eur-lex.europa.eu/legal-content/EN/TXT/?uri=JOIN:2021:27:FIN (검색일, 2023.12.1.)
22) Andreas Raspotnik, Adam Stępień and Timo Koivurova, "The European Union's Arctic Policy in the Light of Russia's War against Ukraine" (Apr. 26, 2022) https://

Communication)에서 발표된 EU가 북극 정책을 추구하는 데 있어 주요 과제를 설명한다. 이는 주요 북극 협력 프레임워크에서 러시아를 제거하는 것 이상의 의미를 갖는다. 우크라이나 전쟁의 경제적 낙진은 EU의 기후 목표, 에너지 및 광물 수입에 영향을 미칠 것이다. 중요한 점은 푸틴 정권의 점점 더 권위주의적인 특성이 장기적으로 전쟁 자체보다 북극에서 러시아 행위자들과 EU의 상호 작용에 훨씬 더 파괴적인 것으로 판명될 수 있다는 것이다. 북극(환경) 데이터, 모니터링 또는 연구에 대해 EU가 지원하는 다양한 조치는 북극 지방의 절반(러시아)이 제외됨에 따라 효율성이 떨어질 것은 자명하다. 반대로, 서구 북극권 국가와 지역의 긴밀한 협력을 통해 EU의 역할이 더욱 두드러질 수 있다. 지정학적, 전략적으로 더욱 더 북극을 인식하게 됨에 따라 유럽연합 내부에서도 북극에 대한 접근법의 변화는 나타날 수 있다. 일반적으로 우리는 2021년 정책 성명의 대부분의 EU 북극 정책 목표와 요소가 여전히 타당할 것이라고 믿는다. 왜냐하면 많은 EU 북극 활동이 러시아 파트너와의 협력과 제한적이거나 전혀 연계되어 있지 않기 때문이다.

2022년 2월 24일 목요일은 유럽 역사의 전환점이 되었다. 우크라이나에 대한 러시아의 공격은 우크라이나의 주권에 여전히 예측할 수 없는 결과를 초래하는 끔찍하고 특이한 사건일 뿐만이 아니라 유럽연합과 현재의 가장 지배적인 이웃인 러시아 연방과의 관계에 분수령이 되는 순간이기도 했다. 지난 30년 동안 이 관계는 상호의존성(interdependence)의 증가에서 취약성(vulnerabilities) 관리[23]로 점진적으로 전환되었다. 유럽의 상호 안보 질서를

---

www.thearcticinstitute.org/european-union-arctic-policy-light-russia-war-against-ukraine/ (검색일, 2023.10.25.)
23) K. Raik K. & A. Rácz, (eds.) *Post-Crimea Shift in EU-Russia Relations: From Fostering Interdependence to Managing Vulnerabilities*, (International Centre for

구축하려는 아이디어에 기반한 협력적 접근 방식에서 소위 구식 제로섬 사고 (적어도 한쪽으로부터)의 새로운 시대로 전환되었다.

현재 우리는 우크라이나에 대한 러시아의 공격이 가져올 즉각적인 결과에 초점을 맞추고 있는 반면, 우크라이나 안팎에서 펼쳐지는 사건들은 또 다른 지역인 북극에 큰 변화를 예고하고 있다. 과거와 현재의 다각적인 과제가 있는 북극 지역은 특히 예측할 수 없는 러시아 연방에 의해 재평가된 관심을 받게 될 것이다. 북극 지역은 비록 현재 EU가 러시아와의 관계에 대해 고민해야 하는 공간 중 하나이긴 하지만, 유럽연합(EU)도 관심을 갖고 있는 세계의 일부이다. 입니다.

우크라이나 전쟁 발발 이후 북극에서의 EU의 미래에 대한 타당한 궤적을 고려해 보았다. 러시아의 우크라이나 침공의 결과는 러시아에 대한 유럽연합의 전략적 고려에 어떤 영향을 미치게 될까? 이웃, 파트너, 전략적 적대국으로서 러시아 연방에 대한 인식의 변화가 유럽연합의 북극 정책에 어떤 영향을 미치게 될까?

역사적 전환점은 동시대 사람들 모두에게 항상 인식되지는 않는 경우가 너무 많다.[24] 그러나 오늘날의 관점에서 2022년 2월 24일이 자이텐벤데 (Zeitenwende, 시대전환)[25]가 아니거나 적어도 계속되는 10년의 전환점에서 이미 시대의 필수적인 순간이 아닐 것이라고 상상하기는 어렵다. 그것은 우리가 옳고 그름, 합법적이거나 불법적, 합리적이거나 비합리적이라고 생각하는 것에

Defence and Security: Tallinn. 2019) https://icds.ee/en/post-crimea-shift-in-eu-russia-relations-from-fostering-interdependence-to-managing-vulnerabilities/

24) H. Brands, "Democracy vs Authoritarianism: How Ideology Shapes Great-Power Conflict," *Survival*, 60:5 (2018), pp. 61-114.
25) 독일 총리의 시대전환이란?…새 국가안보전략 본격 협의 (연합뉴스, 2023-01-05) https://www.yna.co.kr/view/AKR20230105004500082

따라 우리를 더욱 결속시키거나 분리시키는 근본적인 사건 중 하나일 수 있다.

한편으로, 우리는 이제 정복 전쟁이 유럽에서 자국의 이익을 추구하기 위한 가능한 수단으로 간주된다는 점을 받아들일 필요가 있다. 다른 한편으로, 우리는 끝없는 상호 피해자에 대한 책임 비난, 그리고 결국 평화주의라고 불리는 한때 고귀한 사상을 포기하는 군비경쟁의 무한 루프에 갇힐 수도 있다. 더욱이, 우리는 러시아 연방이 우크라이나와 전쟁을 벌이고 있다고 비난하지 않는 일부 비유럽 국가들의 '무지'에 '놀라움'으로써 우리 자신의 사고와 주장의 유럽 중심주의(Eurocentrism)를 지나치게 강조할 수도 있다. 결국 우리는 큰 그림을 보지 못하게 될 수도 있다. 러시아의 우크라이나 침공은 그 특이점으로 간주되어서는 안 되며 오히려 지구 기후 변화에서 생물 다양성의 손실, 에너지에서 식량과 물 안보, 사회적 불의에서 증가하는 세계 불평등에 이르기까지 서로 얽혀 있고 강화되는 세계 위기의 한 구성 요소로 간주되어야 한다.[26]

유럽연합의 경우, 이러한 복잡한 패러다임의 변화는 다시 한 번 더 많은 통합, 더 많은 단결, 더 적극적인 행동으로 이어질 수 있다. 우크라이나 전쟁은 지난 15~20년 동안 발생한 긴 위기 목록 중 또 다른 실존적 위기이다. 아마도 이는 유럽 그린딜(European Green Deal)과 NextGenerationEU 또는 REPowerEU와 같은 포스트 코로나, 포스트 24/2/2022 복구 계획에 따른 유럽연합의 과도기적 노력을 가속화할 것이다. 또한 새로운 '존재의 이유(raison d'être)'의 창출로 이어질 수도 있다. 이것은 기후 변화, 에너지 안보 또는 다른 글로벌 강대국과의 관계의 맥락에서 궁극적으로 회원국과 시민의 전략적 지정학적 이익을 보호하기 위한 최초의 '평화와 번영' 사명을 넘어서는 유럽적

---

26) S. Žižek, "From Cold War to Hot Peace," *Project Syndicate*, 25 March 2022. https://www.project-syndicate.org/onpoint/hot-peace-putins-war-as-clash-of-civilization-by-slavoj-zizek-2022-03 (검색일, 2023. 12. 1.)

적법성에 대한 새로운 개념이다. [27] 따라서 초국가적 수준과 회원국 수준 모두에서 유럽연합의 목적에 대한 보다 전략적이고 장기적인 사고로 이어질 수도 있다. [28]

EU는 새롭게 떠오르는 지정학적 역할을 통해 정확히 무엇을 보호해야 하는지 결정하고 해결해야 한다. Floris de Witte의 질문에 따르면, EU의 과제, 목표, 필요 및 열망은 무엇인가? EU는 어떤 종류의 정체성을 전략적으로 보호하고 있는가?[29]

북극의 맥락에서 볼 때, 이러한 패러다임 전환이 유럽연합과 러시아 연방의 향후 북극 관계 및 유럽 연합의 북극 정책 목표에 어떤 의미를 가질 수 있는지 궁금하다.

EU의 2021년 공동 커뮤니케이션은 다양한 요소로 구성된 EU의 북극 정책을 설명해 준다. [30] 그 중 다수는 이미 긴장된 EU-러시아 관계의 붕괴나 전쟁이 유럽에서 가져올 경제적, 정치적 영향에 의해 심각한 영향을 받을 것입니다.

2021년 10월, EU 정책 입안자들은 처음으로 북극의 지정학적 변화를 EU의

---

27) F. de Witte, "Russia's invasion of Ukraine signals new beginnings and new conflicts for the European Union", LSE Blogs, 14 March 2022. https://blogs.lse.ac.uk/europpblog/2022/03/14/russias-invasion-of-ukraine-signals-new-beginnings-and-new-conflicts-for-the-european-union (검색일, 2023.12.1.)

28) A. Raspotnik & A. Østhagen, "The End of an Exceptional History: Re-Thinking the EU-Russia Arctic Relationship" *E-International Relations* (2022). https://www.e-ir.info/2022/03/23/the-end-of-an-exceptional-history-re-thinking-the-eu-russia-arctic-relationship/ (검색일, 2023.12.1.)

29) op. cit. , F. de Witte (2022)

30) A. Raspotnik & A. Stępień, "Oops, they did it again: The European Union's 2021 Arctic Policy Update," The Arctic Institute, 28 October 2021. https://www.thearcticinstitute.org/oops-they-did-it-again-european-union-2021-arctic-policy-update/ (검색일, 2023.12.1.)

지역적 목표와 행동의 중요한 측면으로 공개적으로 강조했다. 이러한 맥락에서 일차적인 초점은 기후 변화의 지정학적 결과와 북극 자원에 대한 수요 증가에 있었지만, 북극 지역의 재군사화를 촉진하는 러시아 연방과의 관계 및 북극에 대한 중국의 이익이 커질 것으로 보였다. 더욱이, 유럽연합은 북극 환경과 그곳에 사는 사람들에게 항상 유익한 것으로 여겨지는 북극에서의 국제 협력에 대한 약속을 많이 강조했다. 또한, 끊임없이 반복되는 군사화와 강대국 경쟁의 서사를 균형 있게 유지하면서 지역의 평화로운 성격을 유지하는 데에도 기여했다. 2021년 공동 커뮤니케이션의 또 다른 중요한 기능은 유럽 그린딜(EGD)의 북극 관련 의미에 대한 성찰이었다. 기후 변화에 대한 EU의 행동은 항상 EU의 북극 의제의 핵심 요소였으며 최신 정책 성명에서는 EU가 북극 기후 변화와 환경 악화를 완화하겠다는 약속을 심각하게 받아들이고 있음을 강조했다.[31]

EU와 러시아는 2014년 이후 경색된 관계 속에서도 선택적 포용 원칙을 바탕으로 다양한 형태의 북극 협력을 지속해 왔다. 여기에는 과학 협력뿐만 아니라 Barents Euro-Arctic cooperation, Northern Dimension policy 또는 다양한 EU 국제 협력 프로그램을 통해 촉진된 사람 대 사람(기업, 원주민) 상호 작용도 포함되었다. EU 북극 정책의 중요한 구성 요소이기도 한 이러한 모든 EU-러시아 상호 작용 프레임워크는 이제 중단되었으며 장기적으로 위협을 받고 있다.

그러나 EU 북극 정책의 지역 협력 목표가 의미가 있으려면 두 가지 질문을 해결해야 한다. 첫째, 향후 러시아와의 협력이 가능하다면 어떤 분야에서 협력이 가능한가? 둘째, 비러시아 북극에 EU 북극 협력 노력을 집중할 수 있는 가능성은 있는가?

---

31) Ibid.

러시아와 더불어 북극의 선택적 참여를 위해 남은 것은 무엇인가? 이미 우크라이나 전쟁 발발 이전에 러시아는 북유럽의 국경 간 협력, 연구 및 북극 관찰과는 별개로 북극 문제에 대해 EU와 특별히 함께 관여할 의향이 없었다.[32] 현재 진행 상황에 따르면, 러시아는 우크라이나 침공으로 인해 더욱 권위주의적이고 고립된 국가(서방뿐만 아니라 국내에서도)로 등장하면서, 서구 기관과 잠재적인 러시아 참가자 모두에게 러시아 파트너와의 협력은 덜 매력적이고 위험해졌다. 2014년 크림 반도 합병 이후 러시아와의 협력을 가로막는 주요 장벽은 국제적 긴장이 아니라 러시아 시민 사회에 대한 탄압, 독립적 언론, 공무원 활동에 대한 더욱 엄격한 정치/안보 조사였다. 러시아 내에서 권위주의가 심화됨에 따라 소규모의 순수 기술 프로젝트들도 유럽과 러시아 기관 모두에게 너무 어렵고 덜 흥미로워질 수 있었다. 장기적으로 볼 때 러시아의 우크라이나 침공으로 인한 서방과 러시아 간의 국제적 긴장보다 러시아 정치 체제의 강화가 전방위적이고 국경을 넘는 협력으로의 복귀에 훨씬 더 큰 도전이 된다는 것을 증명할 수도 있다.

상호 불신이 고조된 분위기 속에서도 몇 가지 측면의 기술 협력은 계속될 가능성이 있다. 예를 들어, 지역적 어업 관리는 법적 구속력이 있는 협정(조약)을 기반으로 하며, 지속적인 협력 부족은 특히 노르웨이-러시아 관계에 영향을 미치는 미래의 긴장으로 이어질 수도 있다. EU와 러시아가 모두 중앙 북극해 어업 협정의 당사국이기 때문에 중앙 북극해 어업에 관한 과학적 협력이 서서히 개선될 수 있다. 보다 광범위하게는 북극과 관련된 UN 산하의 국

---

32) A. Raspotnik & A. Østhagen, "The End of an Exceptional History: Re-Thinking the EU-Russia Arctic Relationship" *E-International Relations* (2022). https://www.e-ir.info/2022/03/23/the-end-of-an-exceptional-history-re-thinking-the-eu-russia-arctic-relationship/ (검색일, 2023.12.1.)

제 프로세스가 EU와 러시아 모두 포함하여 계속될 가능성이 높다. 여기에는 관할권 밖의 지역에서 생물다양성 협정에 관한 협상이나 국제해사기구(International Maritime Organization) 내 논의 등이 포함된다. 일반적으로 조약에 기초하고 법적 구속력이 있는 국제 체제(international frameworks)는 서구-러시아 관계 붕괴의 영향을 덜 받을 것으로 예상된다. 더욱이 북극 모니터링 시스템, 기후 과학, 해양 연구 등의 협력 분야는 러시아 파트너 없이는 어려울 수 있으며 러시아 쪽 북극 지역 및 데이터에 대한 접근도 어려울 수 있다. 구체적인 프로젝트 프레임워크 또는 아주 기술적인 영역의 일부 활동은 가장 빠르게 재개될 수 있지만, 현재 어떤 일정도 예측하기 어렵다.

협력 프레임워크, 특히 사람 대 사람 프레임워크의 붕괴 가능성은 서구 및 러시아 북극권에 거주하는 이누이트, 알류트, 사미족과 국경을 넘어 강력한 유대관계를 구축한 북극 원주민들에게도 특히 우려되는 문제이다. 사미(Saami), 알류트(Aleut) 및 이누이트(Inuit) 공동체의 경우, 현재 러시아와의 관계 붕괴는 1990년대 이전의 최소한의 공동체 간 접촉 수준으로의 복귀를 의미할 수 있다. 러시아북극원주민협회(RAIPON)와의 협력은 특히 어렵다. RAIPON은 다른 러시아 기관 및 조직과 마찬가지로 '특수 군사작전'을 지지하는 성명을 발표한[33] 반면, 반체제 인사들은 이 조직이 러시아가 북극이사회 의장직을 차지할 때까지 몇 년 동안 러시아 정부에 의해 이용되었다고 보고했다.[34] EU가 러시아 원주민과 다른 북극권 원주민 조직과의 상호 작용을 지원

---

33) "Ассоциация КМНСС и ДВ РФ(RAIPON) выступила в поддержку Президента нашей страны В. В. Путина," 1 March 2022. https://raipon.info/press-tsentr/novosti/assotsiatsiya-kmnss-i-dv-rf-vystupila-v-podderzhku-prezidenta-nashey-strany-v-v-putina-/ (검색일, 2023. 12. 1.)

34) T. Nilsen, "Russia removes critical voices ahead of Arctic Council chairmanship, claims Indigenous peoples expert," *The Barents Observer*, 27 November 2019.

할 가능성은 당분간 보기가 매우 어려울 것이다. EU는 또한 북극 정책의 일환으로 북극 원주민 단체와의 대화를 적극적으로 조직해 왔다. 그러나 이것도 이제 더 어려워질 것 같다.

이러한 현 상황을 고려할 때, EU가 비러시아 북극에만 특히 초점을 맞춰 광범위한 북극 정책 목표를 계속해서 추구할 수 있을까?

EU 북극 협력 노력의 일부 영역은 러시아 없이도 계속될 수 있다. Kolarctic과 같은 초국경 협력 프로그램 외에도 Interreg Northern Periphery and Arctic Program(NPA) 또는 Interreg Aurora를 포함하여 대부분의 EU의 북극권 협력 프로그램은 러시아 지역을 핵심 활동 영역으로 포함하지 않는다. 더욱이 NPA 프로젝트에 북미 파트너의 더 큰 참여에 대한 희망이 이미 존재하고 있다. 북극에서의 EU의 존재감의 이러한 중요한 구성 요소가 현재 우크라이나 전쟁의 영향을 받을 가능성은 거의 없다. 북대서양 전역에서 과학 협력이 활발해졌으며, EU 자금 지원은 공동 활동과 네트워킹을 촉진하는 데 중요한 역할을 했다.

북대서양 파트너들과 EU의 관계는 서구 연대라는 새로운 개념으로부터 더욱 많은 이익을 얻을 수 있다. EU는 그린란드(EU 대표부 개설이 예정되어 있는 곳) 및 캐나다(CETA의 임시 시행에 따라)와의 관계를 강화해 왔다. 어업 분쟁, 스발바르 제도의 지위, EEA 협정 이행 문제로 인해 부담을 안고 있는 노르웨이와의 관계도 활성화될 수 있다. 그러나 EU의 관심(및 자원)이 동유럽으로 이동함에 따라, 북극 프로젝트 및 우선순위가 앞으로 몇 달/몇 년 동안 충분한 재정 및 인적 자원과 일치할 것인지에 대한 의문이 남아 있다. 북부 펜노

---

https://thebarentsobserver.com/en/civil-society-and-media/2019/11/russia-makes-ready-arctic-council-chairmanship-removing-critical (검색일, 2023.12.1.)

스칸디아(Northern Fennoscandia)의 일부 행위자들은 북극 유럽과 발트해 연안에 대한 더 강력한 개발 및 인프라 투자가 전반적인 유럽 안보에 기여할 수 있다고 주장할 수도 있다.

2021년 공동 커뮤니케이션을 인용하면, 북극 문제에 대한 EU의 완전한 참여의 지정학적 필요성의 중요한 측면은 그린란드의 핵심 광물부터 북극 해역의 단백질에 이르기까지 북극 자원에 대한 관심 고조와 특히 북극 공급품(자원)을 확보하기 위해 노력하고 있는 중국뿐만 아니라 인도 등과 같은 다른 글로벌 행위자의 공세이다. 풍부한 북극 자원에 대한 접근은 유럽연합이 구상하는 개방형 전략적 자율성(open strategic autonomy)[35], 즉 무역 및 산업 영역에서 더 많은 자율성에 대한 유럽연합의 열망과 지경학적 힘[36]에 대한 전반적인 추구에서 핵심 요소로 간주된다.

우크라이나 전쟁은 이미 유럽 전역의 에너지 가격에 영향을 미쳐 석유와 가스의 높은 가격이 지속될 위험이 있으며 심지어 다음 겨울에는 가스 부족 현상이 발생할 수도 있다. 수십 년 동안 유럽인들은 러시아 탄화수소에 대한 높은 의존도가 상당한 위험을 안고 있음을 알고 있었지만, 문제를 무시하거나 러시아와의 에너지 무역을 순전히 비즈니스 문제로 믿기로 선택했거나, 또는 제1차 세계대전 이전의 맥락, 즉 평화 서사로 이어지는 경제적 통합/상호의존

---

35) L. Molthof, Zandee D. & Cretti G., *Unpacking Open Strategic Autonomy: From Concept to Practice*, Clingendael Report, November 2021. https://www.clingendael.org/publication/unpacking-open-strategic-autonomy (검색일, 2023. 12. 1.)

36) N. Helwig & M. Wigell, *The EU's Quest for Geoeconomic Power: Pursuing Open Strategic Autonomy*, (Finnish Institute of International Affairs (FIIA): Helsinki. 2022) https://www.fiia.fi/en/publication/the-eus-quest-for-geoeconomic-power (검색일, 2023. 12. 1.)

을 따랐다. 결과적으로, EU는 대안을 찾는 데 너무 느리고 안일했다. 앞으로 몇 년 동안 EU는 대체 탄화수소 공급원에 대한 필사적인 탐색, 아마도 원자력 및 일부 석탄 발전소의 활성화를 경험하게 될 것이다. 그러나 결과적으로 러시아 석유, 가스 및 석탄에 대한 EU의 의존도는 점진적으로 감소할 것이다.[37] 러시아에 대한 에너지 의존도를 낮추기 위한 두 가지 동시적이고 다소 모순적인 경로가 형성되는 것으로 보인다. 한편으로는 EU 에너지 전환과 북극 탄화수소에 대한 의존성이 지속되고, 다른 한편으로는 높은 에너지 가격으로 인해 유럽연합의 기후 정책이 약화되고 있다.

이제 EU가 설정한 재생에너지 목표는 EU의 전략적 자율성을 달성하기 위한 방법으로 이전보다 더 많이 인식될 것이다. 높은 에너지 가격은 기후 정책 조정으로 이어질 수 있지만, 이것이 반드시 유럽연합이 북극에 핵심적으로 기여하는 기후 목표를 포기한다는 의미는 아니다. 오히려 EU 전역과 유럽 북극에서는 재생 가능 개발에 대한 압력이 훨씬 더 커질 수 있다. 북극에 대한 유럽연합의 영향력이 가장 눈에 띄는 기후 행동 영역에서와 마찬가지로, 러시아의 침공으로 촉발된 에너지 전환에 대한 강력한 추진은 유럽연합의 북극 목표에 도움이 될 수 있다.

2021년 북극 정책 성명에서 EU 정책 입안자들은 새로 문을 연 채굴 개발지에서 탄화수소를 수입하지 않을 것을 고려하여 '탄소 0' 접근 방식을 발전시켰다. 북극의 절반인 러시아 북극과 이 지역의 탄화수소 매장지로 알려진 대부분의 경우 이 목표는 이제 사실상 현실이 되었다. 유럽인들이 10년 이내에 러

---

37) M. Leonard, Pisani-Ferry J., Shapiro J., Tagliapietra S., & Wolff, G., The Geopolitics of the European Green Deal (Policy Brief), European Council on Foreign Relations: Brussels (2021) https://ecfr.eu/publication/the-geopolitics-of-the-european-green-deal/ (검색일, 2023. 12. 1.)

시아로부터 가스 수입을 중단할 수 있다고 EU 집행위원회가 믿는다면, 유럽연합이 새로운 공급원으로부터 북극 천연가스를 수입하는 것은 현재로서는 상상하기 어렵다. 그러나 이러한 희망은 제한될 수 있다. 부분적으로 탈탄소화를 향한 과도기 연료로 여겨지는 러시아 가스는 노르웨이 바렌츠 해와 같은 북극의 다른 지역에서 추출된 탄화수소로 대체될 수 있다.[38] 석유 및 가스의 높은 가격이 유지될 경우 사실은 반대로 운영 비용과 위험 관리 예산이 남쪽 위도보다 상당히 높은 북극에서의 탐사 및 추출을 장려하는 역할을 할 수도 있다. 이로 인해 일부 생산량이 EU가 아닌 중국이나 인도로 수출됨에도 불구하고 러시아 프로젝트의 수익성이 더 높아질 수도 있다.

높은 에너지 가격은 또한 EU 내에서 기후 정책 행동을 완화하라는 압력을 증가시킬 수 있다. 우크라이나 전쟁이 유럽 경제에 미치는 영향은 아직 알려지지 않았기 때문에 유럽 그린 딜(EGD)이 계획대로 완전히 이행될 것인지 추측하는 것은 불가능하다. 현재 EGD는 EU의 북극 환경 발자국(Arctic environmental footprint)18)에 영향을 미치는 일련의 중요한 조치의 역할을 하고 있으므로 2021년 공동 커뮤니케이션에서 적절하게 소개되었다. 정책 방향의 변화는 높은 에너지 가격이 향후 몇 년간 지속되는 경우에만 가능해 보인다.

더욱이, 러시아 북극은 저탄소 경제로의 전환에 필요한 수많은 핵심 광물의 중요한 공급원이다. 재생 가능 에너지, 전기 운송 및 에너지 효율성으로 인해 이러한 자원에 대한 수요가 증가할 것으로 예상된다. 우크라이나 전쟁이 EU의 이러한 자원 접근에 미치는 영향과 그에 따른 유럽의 친환경, 재생 가능 및

---

38) A. Staalesen, "Amid European despair for natural gas, Norway boosts production," *The Barents Observer*, 21 April 2022. https://thebarentsobserver.com/en/industry-and-energy/2022/04/amid-european-despair-natural-gas-norway-boosts-production (검색일, 2023. 12. 1.)

기후 효율적인 산업 개발에 대한 이러한 자원의 가용성을 평가하는 것은 현재 불가능하다. EU-러시아 무역 제한 가능성과 관련하여 광물은 거의 언급되지 않았다. 그러나 제한된 접근은 저탄소 기술과 관련된 제조에 (가스 시장과 비교할 수는 없지만) 부정적인 영향을 미칠 수 있다. 이러한 중요한 광물 중 다수는 북극의 다른 지역에서도 발견될 수 있다. EU의 2021년 북극 정책 성명에서는 이미 이러한 자원에 대한 접근을 EU의 북극 의제에 최우선 순위로 두었다. 러시아 자원에 대한 접근이 제한됨에 따라 중요한 광물 매장지를 보유하고 있는 많은 북극 공동체와 지역에 채굴 활동을 시작하라는 경제적, 정치적 압력이 가중될 수 있다.[39)]

4. 우크라이나 전쟁 발발 이후 북극에서의 EU-러시아 관계

앞서 논의한 바와 같이 북극은 지정학적 갈등이 존재하지 않는 '예외주의(exceptionalism)' 영역에서 러시아, 미국, EU, 심지어 중국과 같은 강대국의 의제가 되는 분쟁 지역으로 지정학적 전환을 겪고 있다.

2007년부터 현재까지 지속적으로 유럽 대륙의 모든 주요 위기는 EU-러시아 무역 관계에 변화를 가져올 정도의 영향을 미쳤다. 그러나 EU-러시아 관계에 가장 심각한 영향을 미친 것은 2014년 러시아의 크리미아 불법 합병이었다. EU는 EU 전체의 에너지 안보를 보장하기 위해 석유, 가스, 석탄과 같은 러시아 에너지 상품에 의존해 왔다. 러시아는 이러한 유럽의 대 러시아 에너지

---

39) A. Bykova, "Bezos and Gates-Backed Mining Company Prepares to Drill in Greenland," High North News, 29 March 2022. https://www.highnorthnews.com/en/bezos-and-gates-backed-mining-company-prepares-drill-greenland (검색일, 2023. 12. 1.)

의존성을 활용하여 대외 안보 목표를 달성하고 경제를 강화해 왔다. 이는 전략적 자율성, 특히 에너지 부문의 자율(자급)성이 EU 경제에 더욱 중요하다는 것을 보여준다.

주요 강대국은 북극의 경제적 잠재력을 보고, 북극해 해저 밑에 숨어 있는 천연자원을 확보하기 위한 경쟁에 참여하는 북극 행위자가 되려고 한다. 중국과 러시아는 북극의 경제적 잠재력, 특히 새롭게 떠오르는 무역로와 천연자원의 잠재력을 잘 알고 있다. EU도 이에 똑같은 관심을 갖고 있지만, 법치주의에 따른 가치 기반 접근 방식을 요구하고 북극 이사회 및 NATO와의 협력을 시작했다.

우크라이나 전쟁(2022.2.24.-) 발발 이후 EU와 러시아의 무역 관계는 더욱 복잡해졌다. 유럽연합(EU)은 러시아 경제를 약화시키기 위해 러시아 수출입에 전례 없는 제재를 가했다. EU와 러시아의 무역 관계가 붕괴되면서 러시아는 중국과 같은 생각을 가진 파트너와 더욱 협력하게 되었다. 2018년 중국은 북극백서를 발간하여 '근북극 국가'를 선언하고 러시아 북극항로 내에 글로벌 운송 통로를 만들 계획을 준비 중이다.21) 중국은 2030년까지 극지 강대국이 될 계획이며,22) 이는 러시아와의 더욱 더 심화된 협력을 통해 달성할 수 있다. 이는 EU의 외부 및 내부 시장에 영향을 미칠 뿐만 아니라 현재 확립된 모든 글로벌 무역 관계의 패러다임 전환으로 이어질 수도 있다. 현재 미국과 중국 간에 요란하게 진행되고 있는 신냉전, 블록화(가치, 글로벌 공급망 체인), 디커플링, 디리스킹 등의 현상들이 그것들이다.

2021년 EU의 북극 정책은 2016년 EU의 글로벌 전략에 따라 작성되었지만, 2022년 EU의 전략 나침반('2022 Strategic Compass')은 EUAP에서 제기된 지정학 문제를 다루는 데 더 적합한 것으로 보인다. 북극 이사회는 '예외적인' 북극에서 지정학적 문제를 배제하려고 노력하고 있음에도 불구하고, A 7(러시아를 제외한 모든 회원국)은 러시아의 우크라이나에 대한 부당한 공격으로 인해 AC 협력 참가를 중단하기로 결정했다. 러시아와 서방 사이의 경제적, 정치적 관계 악화는 북극이 더 이상 '예외' 지역이 아니라는 것을 보여주었다. 증가하는 군사화, 영토 주장 및 자원 경쟁은 북극 지역의 많은 부담 중 하나이다. 이는 북극권(High North)에 강대국 정치가 복귀하는 것을 명백하게 보여준다.

　A8 간의 협력이 중단되는 동안에도, EU는 여전히 역량에 따라 행동할 수 있다. EU는 북극권 국가와 북극 이해관계자 간의 대화를 촉진할 수 있다. EU는 분쟁 해결에 대한 전문 지식을 통해 중재자 역할을 하여 모든 관련 당사자 간의 협력 정신을 조성할 수 있다. 북극 원주민에 특별한 관심을 기울여야 한다. EU의 그러한 계획 중 하나는 2023년 2월 8~9일 그린란드 누크에서 열린 EU 북극 포럼 및 원주민 대화(EU Arctic Forum and Indigenous Peoples' Dialogue)였다.[40] 덧붙이자면, 덴마크와 스웨덴의 북극 대사인 토마스 윙클러(Thomas Winkler)와 루이스 칼레(Louise Calais)는 최근 다음과 같이 말했다. "우크라이나 전쟁은 북극의 기후 위기를 무색하게 만들었다."[41] 따라서 EU는 지속 가능한 개발과 과학 연구를 통해 기후 변화에 대한 초기 초점을 다시 맞춰야 한다. 전반적으로 EU는 북극 거버넌스 강화에 지속적으로 기여하고 있다. UNCLOS 또는 업데이트된 EU 해양 안보 전략(Maritime security strategy)과 같은 국제 협약의 비준 및 이행을 촉진함으로써 EU는 북극 지역 해양 자원 관리를 위한 법적 틀을 촉진하는 데 건설적인 역할을 할 수 있다.

---

40) T. Jonassen T, "Security Issues Has Taken Over the Arctic Agenda says Swedish and Danish Arctic Ambassadors", High North News, 30 March 2023, https://www.highnorthnews.com/en/security-issues-has-taken-over-arctic-agenda-says-swedish-and-danish-arctic-ambassadors (검색일, 2023. 12. 1.)

41) I. Manners, "The Normative Ethics of the European Union" *International Affairs* 84(1) (2008) pp. 45-60.

위에서 언급한 내용들은 EUAP가 EU가 전통적인 안보 의미에서 지정학적 행위자가 될 수 있는 기반을 마련하는 것이 아니라 오히려 포괄적인 안보 틀 내에서 행동한다는 것을 보여주었다. 이는 세계 정치의 맥락에서 EU의 국제적 역할은 EU를 규범적 강국으로 대표한다는 Ian Manners의 주장과 일치한다.[42]

최근의 사태 진전에 따라 EU가 북극 전략(2021)에 명시된 행동 계획을 얼마나 따를 것인지, 아니면 2022년에 발생한 현재의 지정학적 위협에 이를 적응시켜야 할 것인지는 지켜봐야 한다.

IV. 결론

본 글은 다음과 같은 질문에 답하기 위해 노력했다. 특히 우크라이나 전쟁으로 전 세계적인 지정학적 긴장이 고조되고 있는 상황에서 EU는 북극에서 어떤 역할을 추구하려고 하고 있는가? EU 집행위원장 폰 데어 라이엔(Von der Leyen) 하의 지정학적(으로 편향된) 위원회로서 EU의 부상을 설명하는 것은 EUAP에 대한 지정학적 해석을 이해하는 데 도움이 된다. EUAP는 기후 변화가 지구 환경 안보에 가장 큰 위협이 되었지만, 지금보다 더 안정적인 군사-지정학적 조건 하였던 2021년에 발표되었다. 그러나 2022년 러시아의 우크라이나 침공으로 인해 세계적 지역적 안보 역학이 바뀌었다. 군사, 에너지, 경제 안보는 이제 EU 외교 및 안보 정책의 최우선 과제 중 하나가 되었다. EU는 유럽, 국제 및 글로벌 규모의 포괄적인 안보 제공자로서 우리가 현재 직면하고 있는 모든 유형의 안보 문제에 기여할 수 있다.

---

42) Ibid.

전반적으로, EUAP의 실행 계획(action plan)은 EU 전략적 나침반(Strategic Compass)의 새로운 조정과 함께 EU가 환경, 경제 또는 군사 측면에서 국제 안보 제공자로서의 지위를 높이는 데 적합한 계획인 것 같다. 그러나 유럽과 북극의 지정학적 상황이 더욱 더 불확실성을 나타내기 때문에 이것이 어떻게 전개될지 말하기는 어렵다. 현재 EU는 전략적으로 중요한 지역을 고려하면서 북극 지역에서 건설적이고 책임감 있는 행위자가 되기 위해 노력하고 있다. 이를 위해 기후 변화를 출발점으로 북극 환경을 보호하고, 경제적 이익을 증진하며, 북극 거버넌스를 강화하고, 지역 이해관계자와의 협력을 강화하고, 북극 공동체에의 강력한 참여에 중점을 두고 있다.

러시아의 우크라이나 침공과 러시아-서방 관계의 완전한 붕괴 이후 EU의 북극 정책의 미래에 대한 논의는 다양한 불확실성으로 인해 어려운 일이 되었다. 우리의 간략한 고찰은 장기적 관점에서 북극 협력 체계의 중단보다 EU의 북극 참여가 더 중요한 경제적, 에너지적 영향이 있음을 시사한다. 그러나 EU-북극 에너지 상호작용을 다른 방향으로 끌어당기는 동인 때문에 이러한 결과의 특성을 정의하는 것은 어렵다. 러시아 및 러시아 행위자들과의 초국경 관계와 관련된 많은 요소들은 러시아 내 권위주의 정권의 강화와 관련하여 추가적인 어려움을 겪을 가능성이 높다. 그러나 우리는 관계가 안정되면 일부 기술 협력 프레임워크가 유지되거나 다시 활성화될 것이라고 믿는다. 이는 특히 법적 구속력이 있는 협정에 기반한 협력 프레임워크의 경우에 해당된다. 북극 협력에서 EU의 역할은 주로 다양한 포럼과 네트워크가 언제, 어떤 방식으로 재설정되는지, 그리고 그런 일이 발생하더라도 러시아가 여전히 파트너로 남아 있는지 여부에 달려 있다.

핀란드와 스웨덴의 나토 가입과 안보 레짐의 재편

한종만*

Ⅰ. 머리말

2014년 러시아의 우크라이나 돈바스 개입과 크름반도의 합병으로 서방의 대러시아 제재가 이어지면서 러·중의 전략적 동반자 관계의 심화, 특히 북극 개발 프로젝트에서 중국의 재원과 장비가 대대적으로 투자되고 있다. 2022년 2월 초 베이징 동계올림픽에서 중·러 정상이 반미를 기치로 내걸면서 다극 체제로의 전환과 유럽에서 나토 확장과 대만 독립 반대를 선언했다.

미국과 중국의 패권 경쟁과 더불어 러시아의 우크라이나 침략과 전쟁으로 세계는 서방과 러·중 간 신냉전 혹은 냉전 2.0 시대로 돌입하면서 자유민주주의·인권 등의 보편적 가치를 내건 서방 진영과 권위주의 진영 간 대결은 국방, 정치, 경제, 기술 등 전방위적으로 확산되고 있다. 냉전 종신의 주역이었던 91세 미하일 고르바초프는 2022년 8월 30일 사망하면서 상징적으로 지난 30년 동안 유지해왔던 탈냉전과 글로벌 체제 대신에 신냉전 혹은 탈글로벌화 (Deglobalization)와 탈동조화(Decoupling)체제로 나아가고 있다. 특히 가치 동맹으로 서방의 민주진영 G7, EU, NATO(최근 사이버 나토 출범에서 한국 초

※ 이 글은 한국해양안보포럼이 발간하는 〈한국해양안보논총〉 2023년 7월에 게재된 내용을 수정 보완한 것임.
* 배재대학교 명예교수

청)의 확대와 협력 강화뿐만 아니라 쿼드(Quad: 4자안보대화 미국 · 일본 · 호주 · 인도), AUKUS(호주 · 영국 · 미국), 파이브 아이즈(Five Eyes: 미국 · 캐나다 · 영국 · 호주 · 뉴질랜드), IPEP(인도태평양경제프레임워크), CHIP 4(미국 · 한국 · 일본 · 대만), CPTPP(포괄적 · 점진적환태평양경제동반자협정) 등이 출현되고 있다. 권위 진영은 CSTO(집단안보조약기구), EAEU(유라시아경제연합), SCO(상하이협력기구), BRICS 확대 등이 이루어지고 있다.

2022년 2월 24일 러시아의 우크라이나 침략[1]으로 강도 높은 서방의 제재는 물론 NATO와 서방의 우크라이나의 인도적 및 군사 지원이 대규모로 이루어지고 있다. 이 침략으로 북극권 7개국은 현재 내년 5월까지 의장국 러시아의 북극이사회의 모든 활동과 협력은 중단된 상황이 되면서 지금 '2개의 북극'이 실존하는 상황이다. 또한 러시아와 중국의 팽창주의에 맞서 NATO의 중요성이 부각되면서 오랜 기간 역사적으로 중립국을 유지해왔던 핀란드와 스웨덴이 5월에 NATO 가입을 신청하면서 본격적으로 신냉전 시대의 출현이 가시화하고 있다. 북극권 국가 핀란드와 스웨덴의 NATO 가입은 지금 벌어지고 있는 우크라이나 전선인 흑해뿐만 아니라 향후 발트해와 북극해 전선으로 확산되어 제3차 세계대전 가능성도 배제할 수 없는 상황으로 변모하고 있다.

푸틴의 우크라이나 침공 요인 중 하나는 NATO의 확산을 저지하는 것이었지만 이 침략은 분명히 국제법 위반으로 NATO의 단결과 확대를 유발하면서 역설적 결과로 나타났다. 그 결과 NATO의 동진 확대는 가시화됐으며 인도 · 태

---

1) 러시아는 전면전이 아니라 우크라이나의 탈나치화와 탈군사화를 위해 '특별군사작전'이라 칭하고 있다. 우크라이나 사태의 원인(遠因)은 러시아의 팽창주의 외 다층적, 복합적 요인에 근거하고 있지만 근인(近因)은 러시아의 우크라이나 침공이라는데 이의를 달 수 없다. 물론 미국이 자국의 이익과 패권 유지를 위한 일방적이며 의도적 관점에서 러시아를 자극했다는 점을 부인할 수 없다. 실제로 우크라이나 전쟁으로 가장 큰 편익을 얻는 나라는 미국이란 점도 부인할 수 없다.

평양 국가들과의 군사협력도 확대되면서 'NATO의 세계화'가 이루어지고 있다.

이러한 맥락에서 제2장 'NATO의 동진과 러시아의 군사력 강화와 팽창주의'에서 나토의 동진 과정을 서술하고, 러시아의 북극개발과 군사력 강화에서는 지구온난화로 기후변화로 북극 해빙(海氷)이 녹으면서 북국 제국(帝國) 혹은 북극몽(北極夢)의 실현 과정을 서술한다. 제3장 '핀란드와 스웨덴의 NATO 가입 배경과 절차'를 분석한다. 제4장 '핀란드와 스웨덴의 NATO 가입 이후 안보 레짐의 재편'에서는 발트해와 북극에서 NATO와 러시아 안보 정책의 제도적 재구축 과정과 안보 협력, 갈등, 분규 가능성과 한계점을 분석한다. 제4장 맺음말에서는 세계와 한국에 주는 시사점을 분석한다.

II. NATO의 동진과 러시아의 군사력 강화와 팽창주의

1987년 고르바초프 무르만스크선언, 1991년 핀란드 로마니에미 선언(북극 환경보호전략: AEPS), 1996년 오타와선언(북극이사회)으로 북극은 협력과 평화의 지대로서 기후변화와 환경 협력 등의 공간이었다. 기후변화와 지구온난화로 빠른 해빙 결과 북극의 접근이 가능해지면서 자원개발과 북극항로의 이용 등으로 북극은 새로운 성장동력의 모멘텀을 부여했다. 북극의 거의 반을 보유한 러시아는 국가 안보와 자원개발과 NSR(북부해항로) 개발 프로젝트를 국가정책의 우선순위로 책정하고 있다. 2010년부터 북극에 군사기지의 재구축과 신규 건설을 통해 군사력의 현대화를 달성하고 있으며 일련의 자원개발 프로젝트의 성공과 더불어 NSR 물동량도 급속도로 발전해왔다.

2014년 러시아의 우크라이나 돈바스 개입과 크름반도 합병 이전까지 북극권에 분쟁의 소지는 대륙붕 연장 확정, 해양 국경선과 NSR 관할권 문제에 국한됐다. 5개 북극이사회 회원국이 가입한 NATO도 북극에서 대러시아 대응은 미약했으며, NATO 군사 활동도 쌍무 협력이 주를 이루었다. 안보 문제를 다루지 않는 북극이사회는 환경보호, 구조·피난, 석유유출 방지·제거 등을 위해 해안경비대 협력은 이루어졌다.

서방의 대러시아 제재 이후 북극 개발에 필요한 재원과 기술이 필요한 러시아의 대안은 중국과의 협력이었다. 2000년부터 중국은 북극의 지정·지경학적 가치를 인지한 후 체계적이며 지속적으로 북극권 국가와 협력, 특히 노르딕 국가에서 자원개발 프로젝트와 인프라 시설 매입에 힘을 기울여왔다. 중국은 2013년 북극이사회 옵서버 지위(러시아는 그전까지 중국 가입에 부정적이었음)를 얻으면서 자칭 '근북극국가(near Arctic state)'이며, 러시아 북극권에서 투자 협력 프로젝트를 적극적으로 실행하고 있다. 중국은 2018년 북극백서에서 빙상실크로드를 일대일로 전략에 편입하면서 NSR 이용과 자원개발이라는 지경학적 가치의 실현은 물론 제2 쇄빙선 완성, 핵추진 제3 쇄빙선 건설을 계획하고 있으며, 러시아와 공동 군사훈련을 정례화하고 있다. 중국은 쇄빙선과 상선을 통해 과학연구뿐만 아니라 북극 해도 등의 지형 조사도 병행하고 있다. 러시아의 우크라이나 개입이 중국을 북극 경쟁의 장으로 초대하는 계기가 된 것은 아이러니하다.

국제법을 위반하는 러시아와 중국의 호전적이며 팽창주의적 정책이 북극권 국가들과 발트해 등 구소련에서 독립한 동유럽국가들의 안보에 지대한 관심사로 부상했다. 그럼에도 불구하고 2022년 러시아 침략 이전까지 NATO의 반응은 트럼프 행정부의 미국 우선주의와 코로나 펜데믹 유행 확산 등 문제 때문에 북극 안보 질서의 개입을 자제해왔으며 북극이사회의 활동도 현상 유지 상태로 진행되어왔다. 2019년 12월 프랑스 마크롱 대통령은 미국의 리더십 부재, 터키의 예측 불가능성을 언급하면서 NATO는 뇌사 상태에 빠져 있다고 비판하면서 NATO 회원국 간 이견이 존재했다.[2] 그러나 2022년 2월 러시아의 우크라이나 침공은 우크라이나의 영토보전과 주권뿐만 아니라 전체 유럽 질서와 그 원칙에도 위협이 되고 있다. 서방(EU와 NATO)은 단일 대오하면서 전례 없는 강도 높은 인적 · 물적 러시아 제재는 물론 북극이사회 7국(미국 · 캐나다 · 노르웨이 · 덴마크 · 아이슬란드 · 스웨덴 · 핀란드)은 이사회 의장국 러시아와의 북극 활동과 협력을 중단했다. 미국과 NATO 회원국, 특히 러시아에 인접한 발트 3국과 폴란드는 무기와 모든 부문에서 우크라이나 지원을 실행하고 있다. 이 침공으로 흑해뿐만 아니라 발트해와 북극해 안보에 직간접적 영향을 행사했다. 군사적 힘의 시위는 이제 러시아의 강제 외교의 확고한 수단으로 작용하면서 우크라이나 침공처럼 북극과 발트해 지역에서도 유사한 가능성이 높아졌다. 그 결과 중립국인 북극권 핀란드와 스웨덴은 우크라이나 침공 발생 3개월도 안 된 5월 18일에 NATO 가입을 신청하는 역사적 사건이 발생했다.

이러한 맥락에서 이 장에서는 NATO의 동진을 간략히 개술하고, 러시아의 군사력 강화와 팽창주의 과정을 기술한다.

2.1. NATO의 동진 과정

1949년 창설된 NATO(북대서양조약기구) 회원국은 북미와 서유럽 12개국(미국, 캐나다, 벨기에, 네델란드, 룩셈부르크, 영국, 프랑스, 이탈리아, 포르투갈, 덴마크, 노르웨이, 아이슬란드)으로 출범했다. 제1차 확산은 1952년 그리스와 터키(키프로스 침공으로 1974년 회원국 지위 유예, 1980년 유예 해지), 제2차 확산은 1955년 서독(통일 후 1993년 옐친의 독일 가입 인정), 제3차 확산은 1982년 스페

---

2) Blake Dodge, "National Security Expert Explains Why Trump's Actions Mean 'Putin is Getting Everything He Wants Without Having to Lift a Finger'," *Newsweek*, Dec. 4, 2019.

인, 제4차 확산은 1999년 체코, 헝가리, 폴란드, 제5차 확산은 2004년 에스토니아, 라트비아, 리투아니아, 슬로바키아, 슬로베니아, 불가리아, 루마니아, 제6차 확산은 2009년 크로아티아, 알바니아, 제7차 확산은 몬테네그로, 8차 확산은 북마케도니아로 2020년 기준으로 30개국(<그림 1> 참조)으로 확대됐다.

<그림 1> NATO의 확산 과정

Date	Country	Enlargement
18 February 1952	Greece	First
	Turkey	
9 May 1955	Germany	Second
30 May 1982	Spain	Third
3 October 1990	German reunification	
12 March 1999	Czech Republic	Fourth
	Hungary	
	Poland	
29 March 2004	Bulgaria	Fifth
	Estonia	
	Latvia	
	Lithuania	
	Romania	
	Slovakia	
	Slovenia	
1 April 2009	Albania	Sixth
	Croatia	
5 June 2017	Montenegro	Seventh
27 March 2020	North Macedonia	Eighth

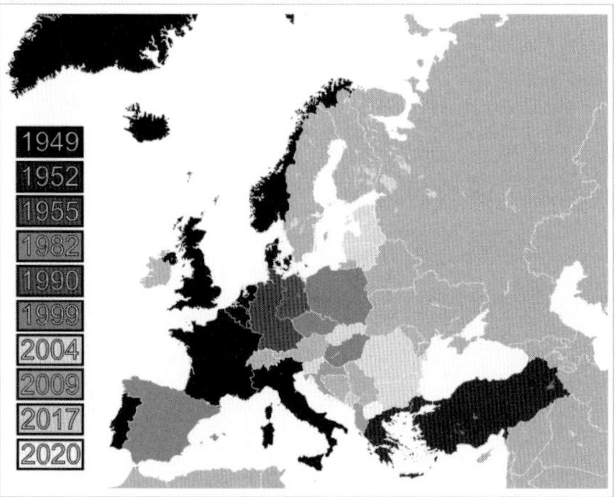

자료: "Enlargement of NATO," From Wikipedia, the free encyclopedia
https://en.wikipedia.org/wiki/Enlargement_of_NATO (검색일: 2022년 2월 18일).

비 NATO국가와 협력하는 '평화파트너십(PfP: Partnership for Peace)'은 스웨덴, 핀란드, 아일랜드, 몰도바, 세르비아, 오스트리아와 스위스 등 20국이다. 몰타는 PfP와 EU 회원국이며 키프로스는 EU 회원국 지위만 갖고 있다.

새로 가입한 NATO 회원국인 발트 3국과 폴란드, 루마니아 등 동·남부 유럽국들과 노르딕 북극권 국가들도 2014년 크림반도 합병 이후 러시아의 소련 몽과 같은 호전적 군사행동에 대한 우려와 두려움으로 각국의 안보 정책 강화뿐만 아니라 NATO와의 군사협력의 강화를 원하고 있다. 유럽 주요 NATO 회원국(독일, 프랑스, 이탈리아 등)의 이견이 존재했지만 러시아의 우크라이나 침략으로 동맹 결속력이 강화됐으며, 영세중립국 스위스도 NATO와의 협력에 전향적 입장을 표명했다. NATO는 9차 확산으로 스웨덴과 핀란드 가입이 승인될 경우 NATO 회원국은 32개국이며, EU 27국 중 非나토국가인 오스트리아, 아일랜드, 몰타, 키프로스도 동참할 가능성도 올라가고 있다.

NATO의 동진과 확산은 러시아와 NATO의 국경선이 흑해, 발트해에서 더욱 늘어났으며, 지정학적으로 1,340km(832마일)의 육지 경계를 공유하는 러시아의 이웃으로 핀란드의 나토 가입은 NATO와 러시아의 국경이 2배로 확대된다는 점이다(<표 1> 참조).

<표 1> 흑해, 발트해, 북해에 이르는 NATO와 러시아/벨로루시의 국경

NATO와 러시아/벨로루시 국경	마일	킬로미터	비고
노르웨이-러시아	136(육상 122, 해상 14)	219(육상196, 해상 23)	1999년까지 러시아와 NATO의 유일한 국경
터키-흑해	해상 826	해상 1,330	흑해 해양국경
폴란드-칼리닌그라드(러) 폴란드-벨로루시	144 248	232 399	1999년 3월 12일부터
리투아니아-벨로루시 리투아니아-칼리닌그라드(러)	422 171	679 275	2004년 3월 29일부터
라트비아-러시아 라트비아-벨로루시	133 107	214	2004년 3월 29일부터
에스토니아-러시아	183	295	2004년 3월 29일부터
루마니아-흑해	171	275	2004년 3월 29일부터
불가리아-흑해	23	37	2004년 3월 29일부터
핀란드-러시아	832	1,340	2022년 5월 NATO 가입 제출
우크라이나-러시아	1,427(육상 1,227, 해상 200)	2,297(육상1,975, 해상322)	2014년 돈바스와 크림반도 합병으로 최소 254마일 통제권 상실
우크라이나-벨로루시	674	1,085	

주: 1마일 =1.61km

자료: Sinéad Baker and Erin Snodgrass, "Map shows how Russia's border with NATO would more than double with Finland and Sweden as members," *Insider*, May 18, 2022.

푸틴이 전쟁을 통해 NATO를 전반적으로 더 매력적으로 만들었다는 사실은 동맹에 가입하려는 여러 국가의 열망으로 이어졌다. 러시아의 해저 인터넷 케이블에 대한 공격 가능성을 우려하는 아일랜드도 군사적 중립을 재고하고 있다. 우크라이나 외에도 보스니아 헤르체고비나와 조지아도 NATO 가입신청서를 제출한 상황이다.[3] 향후 핀란드와 스웨덴의 가입으로 북극이사회 7개국 NATO 동맹의 확산이 러시아의 국제적 고립의 심화와 발트해와 북극에서 활동 반경의 제약이 명약관화다.

2022년 6월 27-30일에 개최된 마드리드 NATO 정상회담에서 채택된 'NATO 2022의 전략 개념'은 지금까지 언급되지 않던 중국의 행보를 NATO의 안보·이익·가치에 대한 도전이며 악의적인 사이버전과 물리적 사보타주를 혼합한 하이브리드 공격과 동맹국의 분열 및 갈등을 조장하는 외교적 수사로 NATO 동맹국들의 안보에 심대한 해를 끼치고 있다며 사실상 적성국으로 지정했다. 또한 NATO는 공식적으로 온난화 북극을 전략 개념에 통합하는 동시에 중국과 러시아를 북극을 포함한 많은 영역에서 경쟁자로 규정했다.[4] 그 결과 NATO의 안보 과제는 북대서양과 북극은 물론 인도·태평양 지역까지 확산됐으며, 'NATO의 세계화'가 이루어지고 있다. 실제로 나토 정상회담에 한국, 일본, 호주, 뉴질랜드 정상이 초청됐다. 미국 주도의 NATO는 쿼드와 AUKUS 군사협력의 활성화와 마드리드에 초청된 4국이 인도·태평양에서 향후 중국을 견제하는 새로운 제도적 틀의 조성을 기대하고 있다.

---

3) Benjamin Reuter, "Nato-Beitritt durch die Hintertür?," *Tagesspiegel*, Oct. 14, 2022.

4) Sean Monaghan, Pierre Morcos, and Colin Wall, "What happened at Madrid 's NATO summit?," *CSIS*, July 1, 2022.

2.2. 러시아의 군사력 강화와 팽창주의

1987년 고르바초프의 '무르만스크 선언' 이후 북극은 '평화와 협력'의 공간 유지(1996년 북극이사회 출범)와 1991년 소연방 해체와 바르샤바조약기구 (WTO)의 해체로 NATO는 '이빨 빠진(Toothless)' 기구로 전락하면서 북극에서 탈냉전이 가시화됐지만 2007년 러시아의 북극점 근처 국기 게양 사건과 북극권 공군 정찰자산이 가동되면서 북극권 국가들도 군사력을 강화하면서 냉전 시대 때 북극의 지정학적 및 지전략적 가치의 실현을 위해 군사력을 강화해 왔다. 소련 시대 때 사용됐던 북극권 섬들과 육상의 공군기지 재가동, 일부 기지는 새롭게 구축하고 있다. NSR을 따라 추코트카자치구(5개), 아나디르-우골니, 프로베디니야, 페벡, 체르스키 기지의 재가동과 새로 건설된 브란겔섬 즈베즈드니 기지와 사하공화국(1개), 노보시비르스크 제도 코텔니 템프 기지, 크라스노야르스크변강주(2개), 노릴스크 근처 알리켈, 세베르나야제믈랴 제도 스레드니 기지와 야말로-네네츠 자치구(2개) 내 새로 건설된 사베타 기지와 나딤 기지, 코미공화국(1개), 보르쿠타 기지, 네네츠자치구(2개), 암데르마와 나리얀-마르 기지와 아르한겔스크주(2개), 프란츠요셉란드 제도 나구르스코예, 노바야제믈랴 남섬 로가체보 등 14개의 공군기지 신축 혹은 재구축했다.

러시아는 2014년 우크라이나 크름반도 합병 이후 서방과의 긴장이 고조되면서 북부 지역의 군사력을 증강해왔다. 무르만스크에서 수천 킬로미터에 걸쳐 추코트카에 흩어져있는 군 자산기능을 보다 효율적이고 신속하게 사용하기 위해 2014년 12월부터 북부함대(본부는 세베로모르스크)를 주축으로 '북부합동전략사령부(Joint Strategic Command North)'가 설립(사령부는 아르한겔스크에 본부)됐으며 사령관은 알렉산드르 모이세예프(Aleksandr Moiseyev)제독이다. 북부함대의 전략적 역할을 위해 2021년 1월 1일부터 출범한 '북부합동전략사령부'는 러시아의 기존 4개 군관구(서부, 남부, 중부, 동부)와 동일한 지위를 획득했다. 군관구 재편으로 코미共, 아르한겔스크주, 무르만스크주, 네네츠자치구 등의 북극권 지역은 북부 합동전략사령부의 일부가 되며 서부 군관구에 배제됐다. 북부함대는 제5 군관구의 지위를 가지면서 유럽러시아(바렌츠해) 북극권과 우랄·시베리아·극동(야말로-네네츠자치구, 크라스노야르스크변강주, 사하共, 추코트카자치구) 북극권 전체 관할권을 갖고 있다.[5]

북부함대는 북극권에서 정규 군사훈련 강화, 고북극 탐사(2019년 5개의 섬 발견), 전함과 잠수함의 현대화, 콜라반도에 2개의 북극여단 창설, 북극권 13개의 공군기지 건설, 10개의 수색구조(SAR)기지 구축은 물론 바렌츠/카라해의 코텔니섬(템프 기지), 알렉산드라랜드(나구르스코예 공군기지), 극동 북극권의 브란겔섬, 케이프 슈미드타, 틱시 등 500개 이상의 군사시설을 구축했으며 업데이트될 예정이다. 또한 ICBM의 재구축, 첨단 수륙 양용 항공기(Be-200)와 전략 폭격기의 배치, 첨단 레이더 기지구축, S-400 방공시스템을 노바야제믈랴 남섬(로가체보 기지)에 배치됐으며, 북극권 주요 군사기지에 배치될 예정이다. 북부함대는 러시아 해군 전력의 3분의 2와 핵 자산의 3분의 2를 보유하고 있으며, 첨단무기를 포함한 무기의 60%를 사용하고 있다. 2020년 10월 20일 기준으로 러시아 해군 4개 함대(카스피해 소함대 포함)는 잠수함 69척, 전함 218척을 보유하고 있다. 해군이 보유한 잠수함 총 69척 중 북부함대가 운영하는 잠수함은 42척으로 전체 잠수함 전력의 61%로 그중 핵잠수함은 32척이며 10척은 디젤 잠수함이다. 2027년경 보레이(Borei)급(제4 세대) 핵

---

5) 북부함대의 재편과 전력자산 현황에 대해서는 다음의 글 참조. 한종만 "러시아의 북극 정책 과정에서 북부함대의 군사력 강화 현황과 배경," 『한국해양안보포럼 e-Journal』(한국해양안보포럼) 2020년 10-11월호, pp. 1-10.

잠수함 10척(5척은 북부함대 배치 예정)과 제5세대 야센(Yasen)급 핵잠수함 5척을 북부함대에 배치될 예정이다. 냉전 이후 건조된 잠수함은 러시아가 만든 최고의 잠수함으로 여겨지며 NATO와 동등한 수준으로 간주되고 있다.[6] 북부함대는 NSR과 베링해협을 통해 태평양함대, 백해-발트운하를 통해 발트함대와 연결, 흑해함대는 아조프해와 돈강과 볼가운하를 통해 카스피해 소함대와 연결된다. 러시아 해군은 2019년과 2020년 8월 '해양방패훈련(Exercise Ocean Shield)'에서 입증된 바와 같이 북부함대, 발트함대, 태평양함대, 흑해함대의 유기적 연계와 통합을 강화하고 있다.[7]

또한 러시아는 발트해와 북극해에서 초크 포인트 돌파와 '접근금지 · 영역거부(A2 · AD: Anti-Access · Area Denial))' 및 '요새' 전략을 강화하고 있다. 냉전 시대 때 NATO의 소련 핵잠수함의 대서양 진입을 막기 위한 GIUK(그린란드 · 아이슬란드 · 영국), GIN(그린란드 · 아이슬란드 · 노르웨이), Bear Gap(노르웨이 스발바르제도부터 노르웨이 북부)의 지정, 지전략적 가치의 중요성이 부상(이 gap은 러시아와 NATO 동맹국에서 접근과 작전 등 자유항행의 핵심적 관문)했다(〈그림 2〉 참조).[8] NATO도 이 gap을 통해 러시아 북부함대의 북대서양 진출 억제와 군사작전에서 연중 모니터링하고 있다. 러시아는 냉전 시대 때 북극의 '요새(Bastion) 방어' 전략[9]을 재정립하고 있으며 '접

---

6) Maren Garberg Bredesen and Karsten Friis, "NATO's Challenges, Old and New Missiles, Vessels and Active Defence: What Potential Threat Do the Russian Armed Forces Represent?," *The RUSI Journal*, Vol. 165, Issue 5-6, 2020, p. 70.

7) 한종만, "러시아연방 해양 독트린의 배경과 내용 그리고 평가: 북극을 중심으로," 『한국해양안보포럼 e-Journal』(한국해양안보포럼), 2021년. 8-9월호, p. 7.

8) 스발바르제도는 북극에서 NATO 방어의 아킬레스건이었다. Уитер, Джеймс К., "СВАЛБАРД ≪АХИЛЛЕСОВА ПЯТА≫ НАТО В АРКТИКЕ," *per Concordiam*, 8 сентября, 2021.

9) 이 전략은 전략 탄도 미사일 잠수함과 관련 기반 시설로 잘 방어된 해양 지역 또는 '요

근금지 · 영역거부(A2 · AD)' 전략은 방어를 위한 개념이지만 충돌 시 확전에 대비하면서 기존 군사 기반 시설과 요새에 배치된 무기체계는 방어에서 공격 작전으로 전환이 가능하다. 모바일 S-350 방공시스템과 S-300 PM 및 S-400은 노보시비르스크제도, 노바야제믈랴, 알렉산드르섬, 브란겔섬 등에 배치, 업그 레이드된 S-500 방공시스템을 배치할 예정이다.

러시아는 이 초크 포인트를 돌파하는 훈련〈NATO의 증원을 지연하거나 방지하기 위해 SLOC(Sea Lines of Communication)를 훼손〉을 실시하고 있 다. 2019년 Umka-21 군사훈련에서 핵잠수함 10척의 북대서양 항행과 2021 년 3월 핵잠수함 3척이 제믈랴이오시파프란츠 제도 주변에 동시 부상과 2대 의 MIG-31 항공기와 지상군과 합류했다. 국제 정세가 더 긴장될수록 요새 전 략은 북극의 하드 안보 계산의 요소로서 더욱 중요하며, 중 · 장거리 방공시스

<그림 2> GIUK와 Bear Gap 전도

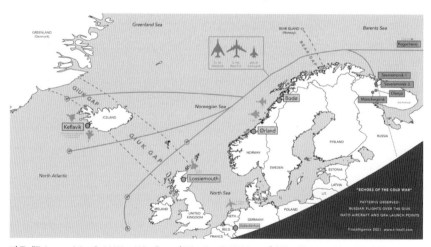

자료: "Echoes of the Cold War: Why 'bears' Like the G.I.U.K gap," *T-Intelligence*, Mar. 30, 2021.

새'에서 생존을 보장하는 것을 목표로 한다. 이것은 지리적 엄폐(예: 빙상)에 의존하는 것 외에도 센서, 기뢰, 해안 및 지대공 미사일, 해상 및 공중 자산 능력을 포함한다.

템의 배치는 러시아의 A2 · AD 능력을 상당히 향상시킬 수 있다. GIUK gap 에서 "러시아의 잠수함 활동은 현재 냉전 수준과 동등하거나 능가하는" 것으 로 평가하고 있다.[10)

러시아군은 '게임체인저'가 될 육해공의 절대무기 혹은 슈퍼무기로 현대 화하고 있다. 2018년 3월 공개된 길이 24m, 100메가톤 급 수중 드론 포세이 돈 핵무기, 일명 '둠스데이(Doomsday)' 무기를 시연했다. 2021년 6월 백해에 서 첫 시운전을 위해 출항한 벨고로드 핵잠수함(K-329)은 이 수중 드론 포세 이돈 핵어뢰를 최대 6대를 탑재할 수 있다. 포세이돈은 수천 킬로미터를 자 율적으로 이동하고 적국 해안에서 폭발하여 쓰나미와 방사능 오염을 통해 몇 년 동안 거주할 수 없도록 만들 수 있는 이 '기적의 무기'는 미국, NATO 미사 일 방공망을 무력화할 수 있다.[11)] 비교를 위해 1961년 노바야제믈랴에서 실 험한 핵무기 < '차르 봄바(Царь Бомба): 황제 폭탄>가 히로시마 핵폭탄 폭발 효과의 약 3,000배인 58메가톤이란 점을 고려할 때 100메가톤의 드론 포세이 돈 핵무기는 사실상 지구 종말의 무기다.[12)] 또한 러시아는 '대륙간순항핵미사 일(nuclear powered intercontinental cruise missile)'과 중거리 탄도미사일인 '마하 20 RS-26 아방가르드', 양날을 가진 단검(Kinzhal)을 뜻하는 공대지 마 하 10 이상의 극초음속 탄도 미사일 '킨잘', 새로운 극초음속 미사일(Zirkon)

---

10) House of Commons Defense Committee, *On Thin Ice: UK Defence in the Arctic*, 2018, p. 20.

11) "NATO intelligence warns allies about possible test of nuclear super torpedo by Russia," European Pravda, Oct. 3, 2022. 나토 사령부는 K-329 벨고로드 핵잠수함이 2022년 10월 초 백해에서 카라해로 향하면 포세이돈 시험 가능성을 경고했다.

12) Michael Paul und Göran Swistek, "Russland in der Arktis: Entwicklungspläne, Militärpotential und Konfliktprävention," *SWP-Studie*, No. 19, Berlin, Oktober 2021, p. 7. 벨고로드 핵잠수함은 기존 오스카-2급 잠수함을 기반으로 1만 7,000톤, 길이 184 미터, 폭 15미터, 최대 수심 520미터, 승무원 110명, 최대 수중작전 120일 가능하다.

을 백해 프릿기함에서 발사 실험, 요격 불가능한 '사르마트(Сармат)' ICBM 미사일로 프랑스 면적 혹은 텍사스를 초토화할 수 있는 무기를 보유하고 있다. 사르마트는 사드(THAAD, 고고도미사일 방어체계) 등 거의 모든 미사일 방어(MD) 체계를 무력화하며 보레이급 핵잠수함(유리 돌고르키, 알렉산드르 네프스키, 블라디미르 모노마흐 함 등) 1척의 화력은 2,000만 톤(20메가톤) 이상으로 웬만한 국가의 야전군 전체 화력을 능가한다.[13)

또한 러시아는 세계 유일의 핵추진 쇄빙선 함대와 디젤 쇄빙선은 순항 미사일과 무장 쇄빙선(이반 파파닌, 일랴 무모레츠 등)은 전자전 시스템 무장할 수 있어 공격 및 방어 능력이 가능하다.[14)

북극에서 러시아 군사력 강화의 배경은 자연 지리적 환경에 기인한다. 기후 변화로 영원한 얼음이 녹으면서 '북극의 지정학적 예외주의'가 상실한다는 점이다. 동·서·남부뿐만 아니라 북부 전선(동쪽으로 베링해, 축치해, 보퍼트해 그리고 서쪽으로 노르웨이해, 바렌츠해)이 열릴 수 있다. 알래스카는 미국의 먼 지역이지만, 시베리아와 북극은 러시아연방의 필수적이고 지정학적이며 경제적으로 중요한 부분을 형성하고 있다. 러시아연방의 육상면적은 1,700만 9,800㎢, 러시아연방 북극공간의 면적은 약 500만㎢, 러시아 전체 해안선의 길이는 3만 7,653km 중 북극 해안선의 길이는 24,140km로 전체 북극 해안선의 53%, 전체 러시아 해안선의 3분의 2를 점유하고 있다. 지구상에 북극점에 가장 가까운 섬은 프란츠요셉랜드 제도로 북극점까지 950km 떨어져 있으며, 이 제도의 루돌프(Rudolf Island)섬의 플리겔리 곶(Cape Fligely)에서 북

---

13) "푸틴이 공개한 러시아의 차세대 '슈퍼 무기' 5종," 『연합뉴스』 2018년 3월 2일.
14) 러시아의 쇄빙선 현황과 건조 계획은 다음의 글 참조. 한종만, "2035년까지 러시아의 북극 쇄빙선 인프라 프로젝트의 필요성, 현황, 평가," 『한국시베리아연구』(배재대학교 한국-시베리아센터) 제24권 2호, 2020년, pp. 1-35.

극점까지 거리는 911km[15]로 러시아는 명실공히 북극 제국이다. 실제로 러시아는 북극과 아북극 지역에서 이미 GDP의 최소 10%와 러시아 수출의 약 20%를 창출하고 있다. 러시아는 북극에서 전체 석유의 17%, 천연가스의 80%, 어류의 약 1/3을 생산하고 있다.

푸틴은 북극의 지정·지경학적 가치의 구현화를 통해 강대국 복귀라는 북극몽을 꿈꾸고 있다. 소련의 해체를 '지정학적 재앙'이라고 언급한 푸틴 대통령은 집권 2기 2000년대 중반부터 '강한 러시아(strong Russia)' 정책을 실행하고 있다. 북극에서 자원개발[16], NSR 이용, 인프라 개발, 북극에서 인구 유출방지 정책의 일환으로 사회경제개발 등의 정책뿐만 아니라 120만㎢에 달하는 북극해 영유권(로모노소프와 멘델레프해령) 확보, NSR 관할권 등 국가 안보를 위한 북극 군 인프라 전략자산의 증강과 제도를 재편〈2020년 3월 '2035 북극 국가정책의 기초', 동년 10월 '2035년까지 러시아연방의 북극지역 개발전략과 국가안전보장'(2035 북극전략) 채택 등〉[17]했다. 2014년 4월 국가안보위원회에서 푸틴은 "북극은 전통적으로 우리의 특별한 관심 영역이며, 군사, 정치, 경제, 기술, 환경, 자원 등 국가 안보의 실질적인 모든 측면이 집중된 곳"이며 "강대국으로 복귀를 가능케 하는 곳"이라고 선언했다.

푸틴은 북극의 신비주의와 북극 정체성의 확대, 애국·민족주의에 호소

---

15) "Russia. Facts and Figures, The Arctic," *The Arctic Institute*, Washington D.C., Jun. 19, 2020.

16) 러시아 북극권 자원(미개발된 광물자원과 석유·가스)의 가치는 35조 달러로 추정하고 있다. Holly Ellyatt, "Russia is dominating the Arctic, but it's not looking to fight over it," *CNBC*, Dec. 27, 2019.

17) 북극전략 2035 기본계획과 2035 전략의 전문과 평가에 대해서는 다음의 글 참조. 한종만, "러시아 2035 북극전략'의 내역과 평가," 한종만, 라미경 외,『지금 북극은 제3권 북극: 지정·지경학적 공간』학연문화사, 2021년 9월 30일, pp. 7-60.

하면서 자신의 정권 유지를 목표로 하고 있다. 2014년 크림반도 합병 이후로 전통주의, 민족주의, 강력한 지도력, 서방과 NATO와의 대결이 러시아 국가 정당화의 중심 서사로 작용하고 있다.[18] '러시아 2035 북극전략'도 제1단계(2020-24년), 제2단계(2025-30년), 제3단계(2031-35년)로 설계된 점은 푸틴이 헌법 개정으로 2036년까지(1단계는 2024년까지 대통령 임기 종료, 제2단계는 5대 대통령 임기 기간과 같으며, 제3단계는 6대 대통령 취임 시기인 2030년부터) 정권 유지를 가능케 하면서 '북극 정체성'(러시아 정신과 관련하여 북극은 신성한 도덕적, 심리적 중요성을 지니며 정치 체제나 시대와 관계없이 러시아의 북극 접근 방식은 연속성이 특징)[19] 제고와 강대국으로 복귀를 통해 권위주의적 권력 유지의 목적이 농후하다. 실제로 2002년 몰도바 트란스드니에스트리아 지역 러시아군 주둔, 2008년 그루지야 전쟁(남오세티아共과 압하지야共 획득), 2013-14년 우크라이나 돈바스(도네츠크 · 루한스크 인민공화국) 개입과 크림반도 합병 등의 러시아군의 빠른 개입과 승리로 푸틴의 국민지지도는 상승했다. 특히 2022년 초 카자흐스탄 시위 진압을 위해 러시아 주축의 CSTO(집단안보조약기구)군 투입과 2121년 가을부터 러시아의 우크라이나 침공 전까지 하이브리드 전략을 병행과 더불어 외교적 해결을 강조했지만 결국 2012년 2월 24일 우크라이나 동부, 북부, 남부로 침략했다. 푸틴의 영토 팽창주의와 호전적 군사행동은 우크라이나에 만족하지 않고 제정러시아의 몰락으로 상실된 러시아의 국토 회복까지 이어질 수 있다는 불안감과 공포감이 폴

---

18) Martin Breum, *Cold Rush. The Astonishing True Story of the New Quest for the Polar North*, Montreal/Kingston: McGill-Queen's University Press, 2018, p. 8. 2012년 MGU(모스크바국립대학교) 학자들은 북극해를 '러시아해'로 명명 제안 등이 그 예로 볼 수 있다.

19) Сергей Суханкин, "Есть ли России арктическая стратегия?," *Riddle*, 08.05.2020.

란드와 발트 3국과 북유럽 국가에서 만연됐다. [20]

Ⅲ. 핀란드와 스웨덴의 NATO 가입 배경과 절차

3.1. 핀란드와 스웨덴의 NATO 가입 배경

전통적으로 모든 북유럽 국가는 국제협력을 매우 중요시하는 전통을 갖고 있다. 지금까지 비동맹 및 중립 대외정책의 전통을 유지해 온 핀란드와 스웨덴은 2014년 크름반도의 합병 이후 러시아 고위 관리는 핀란드의 나토 가입 시 러시아는 제3차 세계대전도 배제할 수 없다는 점을 강조했으며, 푸틴도 2016년에 이미 핀란드의 가입에 대응하여 공동 국경에 러시아군의 배치, 2017년에 스웨덴의 NATO 가입을 러시아에 대한 위협으로 묘사했다. [21]

러시아의 공격적이며 강압적인 물리력과 수사학의 전개로 핀란드와 스웨덴의 안보 불안이 가중됐다. 그럼에도 불구하고 노르딕 중립국은 NATO 가입에 미온적이었지만 우크라이나 침공이 핀란드와 스웨덴의 NATO 가입에 결정적인 계기를 조성했다.

지난 200년 동안 비동맹과 중립의 정체성을 지닌 스웨덴과 20세기 3번의 전쟁(1918년 내전, 1939-40년 겨울 전쟁, 1941년 제2차 세계대전) 경험 그리고 1948년 소련과 '우호협조상호원조협정(FCMA: Treaty of Friendship,

---

20) 러시아제국은 1917년 혁명으로 해체된 후 핀란드, 발트 3국과 폴란드는 독립했다.
21) Corey Charlton, "Will WW3 Start Here? How a tiny 60-Mile stretch of land in Central Europe known as the Suwalki Gap could spark a nuclear apocalypse," *The Sun*, Sep. 25, 2019.

Cooperation and Mutual Assistance)'을 체결하면서 주권이 제한됐던 중립국 핀란드도 우크라이나 침공 발생 3개월도 안 된 5월 18일에 NATO 가입을 신청하는 역사적 사건이 발생했다. [22]

30년이 넘는 기간 동안 NATO는 러시아와 '나토-러시아이사회(NATO-Russia Council)'를 구축하여 공통 관심 분야에서 대화와 실질적인 협력을 발전시켜왔다. 그러나 2010년부터 러시아는 안정적이고 예측 가능한 유럽 안보 질서에 기여한 규범과 원칙을 지속적으로 위반해왔다. 푸틴 정부는 강압, 전복, 침략 및 합병을 통해 구소련 국가의 영향력 확보는 물론 발트해와 NSR 관할권 확보와 통제를 위해 NATO 회원국 및 파트너 국가에 대해 재래식, 사이버 및 하이브리드 수단을 사용해왔다.

냉전 이후 핀란드 대외정책의 최우선 과제는 동맹 중립성과 러시아와의 좋은 관계를 통한 안보 확보였다. 핀란드는 EU, NATO, 북유럽 협력이 보완적인 효과가 있어 지금까지는 NATO 가입이 필요해 보이지 않았다. 러시아의 군사력 강화와 중국과의 긴밀한 협력은 북극의 전략적 균형을 크게 흔들었다. 실제로 냉전 종식 이후 러시아연방이 NATO의 동유럽 및 북유럽 진출에 반대했기 때문에 스웨덴과 노르웨이는 중립국으로서 NATO와 러시아의 안보 이익 사이에 끼인 '망치와 모루'의 전략을 회피해왔다.

크름반도 합병 이후 러시아는 대규모 군사훈련을 확대해왔다. 여기에는 발트

---

22) 핀란드는 1150-1809년 스웨덴왕국에 편입됐으나 1807년 나폴레옹의 대영국 전쟁 동안 러시아 알렉산드르 1세는 스웨덴과 전쟁을 통해 핀란드를 복속했다. 러시아 혁명 정부는 1917년 12월 핀란드 독립을 인정했다. 1992년 소련 붕괴 후 FCMA 조약은 폐기됐으며, 1992년 7월에 '핀란드/러시아 기본관계 조약'을 체결하면서 대등한 주권국가로 관계로 재설정됐다. Suvi Kansika, "Dismantling the Soviet Security System. Soviet-Finnish Negotiations on Ending Their Friendship Agreement, 1989-91," *The International History Review*, Vol. 41, Issue 1, 2019, pp. 83-104.

해, 흑해뿐만 아니라 북부 시베리아와 러시아 북극 군도에서의 군사화, 핵전쟁, 극초음속 무기 훈련이 포함된다. 미국과 NATO도 공군력 과시를 비롯한 대규모 군사훈련을 정례적으로 해오고 있다. 2018년부터 북극에서 러시아와 NATO 간 긴장이 고조되어왔다. 2018년 10월 노르웨이는 1990년 냉전 종식 이후 NATO 해군과의 대규모의 공동 군사 활동은 러시아와 중국에 보낸 경고라고 생각된다.[23] 핀란드의 2017년 국방백서는 위기에 대한 조기 경보 기간이 단축되고 무력 사용의 문턱이 낮아진 발트해의 군사 활동 및 긴장이 증가하고 콜라반도에 기반을 둔 러시아 전략무기가 이러한 긴장 증가의 주요 요인이라고 지적했다.

핀란드에서 'NATO 옵션'은 오랫동안 안보 정책의 필수적인 부분이었으며, 최근 설문조사에 따르면 핀란드와 스웨덴의 대다수 응답자가 처음으로 우크라이나 전쟁이 시작된 후 가입에 동의했다. 핀란드의 나토 옵션은 스웨덴과 공동보조를 중요시했다. 단독으로 진행하면 핀란드의 NATO 옵션이 희석되어 핀란드가 러시아의 '완충 지대'에서 유일한 중립국이 될 수 있기 때문이다. 2022년 2월 15일 모스크바에서 열린 푸틴 대통령과 공동 기자 회견에서 본인 임기 동안 나토가 동쪽으로 확장하지 않을 것이라는 올라프 숄츠 독일 총리의 발언에 대해 핀란드 정계는 독일이 러시아에 양보하면서 핀란드의 NATO 가입을 차단한다는 의미로 해석하면서 매우 민감한 반응을 보였다.[24]

스웨덴과 핀란드는 NATO 회원국은 아니지만 NATO 동맹의 긴밀한 파트너로서 훈련 및 임무에 참여해왔다. 스웨덴과 핀란드 군은 NATO 표준에 맞게

23) Jean-Michel Valantin, "Arctic China: Towards new Oil Wars in the Warming Arctic?," *The Red Team Analysis Society*, Sep. 14, 2020.
24) Minna Ålander und Michael Paul, "Finnland und Schweden rücken näher an die NATO. Auswirkungen der russischen Kriegspolitik im Hohen Norden," *SIRIUS*, Vol. 6, No. 2, 2022, p. 203.

조정하고 상호운용성을 강조해왔다. 550만 명 인구를 가진 핀란드는 러시아와 1,340km의 국경을 공유하고 있으며, 해상 무역에 의존하는 강소국으로 러시아와의 안정적인 관계와 범유럽적 안정을 결정하는 중요한 지정학적 공간이다. 또한 핀란드는 유럽 안보 및 협력에 관한 협정에 크게 관여했다. 그 예로 1975년 8월 '유럽안보협력회의(Conference on Security and Cooperation in Europe, CSCE) 협정'이 헬싱키에서 서명됐다. 핀란드는 러시아와 가까운 지정학적 위치 때문에 EU 및 NATO 회원국과는 달리 일반 징집을 폐지한 적이 없으며 강력한 국방력을 유지해왔다.

스웨덴의 외교 정책 노선은 '정치적 자아에 깊은 뿌리를 둔 중립 정치 정책'에 기반을 두고 있다.[25] 스톡홀름은 가능한 한 NATO에 가깝게 협력하는 실용주의 안보 정책을 추구하고 있지만 가입은 말하지 않았다. 2010년 스웨덴의 북극전략 문서는 북극의 도전이 군사적 성격이 아니라고 명시했지만 2020년 10월 스웨덴의 새 북극전략은 안보 정책에 더 높은 우선순위를 부여하고 있다. 새 전략문서는 또한 평화와 안정의 필요성 강조와 '북극의 새로운 군사적 역동성'을 점검하고 있다. 이 문서는 북극이 오랫동안 국제협력에 유리한 조건과 함께 긴장이 낮은 지역이었지만 북극에서 기후변화와 중국의 적극적 북극 개입과 러시아의 군사력 강화로 변화된 지정학적 상황은 새로운 도전에 직면하면서 북극에서 일어나는 변화에 적응이 필요성을 강조했다.[26]

2015년 스웨덴 국방전략도 발트해 지역의 항공 및 해상 항로의 보호를 강

---

25) Bernd Henningsen, *Die Welt des Nordens. Zwischen Ragnarök und Wohlfahrtsutopie: Eine kulturhistorische Dekonstruktion*, (Berlin: Berliner Wissenschafts-Verlag), 2021, p. 149.

26) Nima Khorrami, "Sweden's New Arctic Strategy: Change and Continuity in the Face of Rising Global Uncertainty," *The Arctic Institute*, May 4, 2021.

조하는 전시 시나리오 계획이 주안점이었다. 2020년 12월 스톡홀름 의회는 'NATO 옵션'에 대해 투표가 다수결로 통과시켰다. 스웨덴은 전쟁 발생 시 전략적 깊이를 제공하는 핀란드의 가장 중요한 파트너다. 2000년 초반부터 군축으로 인해 여러 군사력이 약화 된 스웨덴의 경우 핀란드와의 국방 협력이 필수 불가결한 상태다. 실제로 핀란드와 스웨덴은 이미 좁은 의미의 중립에 해당하지 않을 정도로 국방정책을 NATO에 맞게 조정해왔다. 2014년 크름반도 합병 이후 시작된 스웨덴과 핀란드는 상륙작전부대(SFATU), 해군 태스크그룹(SFNTG)을 위한 여단 규모의 공동훈련을 실시해왔다. 그 후 스웨덴과 핀란드는 방위협력 양해각서(2018년), 훈련개최국의 군사활동 지원(2022년), 국방협력 심화를 위한 군사전략 구상(2019년) 등 많은 방위 협정을 체결했다. 2022년 6월 5일 핀란드와 스웨덴은 NATO 14개국과 발트해에서 역사상 가장 대규모로 이루어진 'BALTOPS 22' 공동 훈련에 참여했다. 이 훈련에는 45척 군함, 75대 전투기, 7,500명 병력이 참여했다.[27]

2020년 스웨덴군은 미군과 함께한 육군 특수부대 훈련이 너무 비밀로 유지되어 어떤 병사가 참가했는지 아무도 알 수 없었다. 또한 육군과 공군은 새로운 무기 시스템을 도입하고 충돌 시 러시아의 침공이 예상되는 고틀란드(Gotland)섬의 방어 전략을 수립했다. 냉전 때 소련은 고틀란드의 침공을 계획했으며, 지금도 러시아는 역외 지역 칼리닌그라드 안보와 발트해 통제를 원하고 있어 스웨덴은 이 섬이 '새로운 크름'으로 진전되는 것을 두려워했다. 스웨덴 군부는 고틀란드와 발트해 군도에서 구호품이 도착할 때까지 3개월 동안 전쟁을 지탱할 수 있도록 민방위 체계를 부활시킬 예정이다. 스웨덴이 미

---

27) "BALTOPS 22 Multinational Exercise Kicks Off In The Baltic Sea," *U. S. Navy press release*, Jun. 6, 2022.

국 주도의 유럽 특수작전사령부와 공동으로 실행한 발트해 군도 비밀 군사훈련도 고틀란드 방위와 연계되어 있다.[28]

스웨덴은 200여 년 전 나폴레옹의 군대와 마지막으로 전쟁에 참전했다. 제 1차 세계 대전에서 중립을 유지했고 제2차 세계 대전에서도 독립을 유지했다. 그들은 EU에 속해 있을 수 있지만 스웨덴인들은 스스로 불안정한 세상의 한가운데에 있는 일종의 고요한 섬으로 중립을 생각한다. 러시아 잠수함이 때때로 스웨덴 해안에서 나타나고 러시아 전투기가 핀란드와 스웨덴 영공을 반복적으로 침범하고 있다. 그럼에도 불구하고 서방 군사 동맹에 대한 스웨덴의 NATO 가입은 핀란드만큼 크지 않았다. 많은 스웨덴 사람들은 관습적으로 중립을 고수하면 더 안전하게 살 수 있다고 여전히 확신하고 있었다. 우크라이나 침공 이전까지 인구의 56%는 이전에 비동맹이었던 스웨덴이 NATO에 가입하는 것을 생각할 수 없었다.

우크라이나에 대한 러시아의 잔혹하고 불법적인 침략은 평화를 깨뜨리고 북유럽 안보 환경을 심각하게 변화시켰다. 이러한 배경에서 우크라이나 침공 3일 만에 2022년 2월 27일 스웨덴이 우크라이나에 무기를 인도하기로 한 결정도 신속하게 이루어졌다. 러시아의 압력과 팽창 정책이 핀란드와 스웨덴을 그 어느 때보다 NATO와 더 긴밀한 관계를 모색하고 있다는 역설적인 효과를 가져왔다. 핀란드와 스웨덴의 정책결정자는 우크라이나 전쟁에서 나타난 러시아의 군사적 취약성과 그에 따른 푸틴의 정치적 약화가 NATO 동맹에 가입할 수 있는 절호의 기회였다고 판단했다. 핀란드와 스웨덴의 NATO 9차 확산은 소련 붕괴 이후 장기간에 걸쳐 동유럽, 발트해, 흑해 연안 국가들이 큰 반대

---

28) Helen Warral, "Sweden's navy chief hails big increase in defence spending," *Financial Times*, Dec. 21, 2020; Michael M. Phillips and James Marson, "Russia's Neighbors Rebuild Defenses," *Wall Street Journal*, Jan 6, 2020.

없이 NATO 회원국이 될 수 있었던 상황과 유사하다.

3.2. 핀란드와 스웨덴의 NATO 가입 과정

2022년 1월 핀란드 나토 가입의 설문조사는 찬성 28%, 반대 42%였지만 러시아의 침공 이후 2022년 3월 분위기가 바뀌었고 5월까지 지지율이 70%를 넘어섰다. [29) 스웨덴에서도 NATO 가입에 대한 지지가 높아졌다. 2022년 5월까지 스웨덴인의 거의 60%가 나토 가입에 찬성했으며 7월에는 거의 응답자의 3분의 2가 나토 가입 결정을 지지했다. [30) 2022년 9월 갤럽 설문조사에 따르면 핀란드인의 81%와 스웨덴인의 74%가 NATO의 리더십을 지지하는 반면 러시아 리더십에 대한 견해는 핀란드의 경우 6%, 스웨덴의 경우 2%로 저조했다. [31)

핀란드와 스웨덴의 정치 엘리트들은 NATO와의 기존 협력을 정회원국으로 전환할 정치적 순간을 오랫동안 기다려왔으며, 우크라이나 침공에 대한 서방의 일방적인 보도로 촉발된 NATO 가입에 대한 빠른 여론의 전환은 신의 선물이었고 신속하게 그것을 이용했다. 이 가입 결정을 둘러싼 공개 토론과 투명성의 부족, 그리고 나토 가입 결정의 추진 속도도 빨랐다. 스웨덴 정부는 나토 가입을 신속하게 처리하기 위해 국민투표를 거론하지 않았다. [32) 핀란드가 러시아의 우크라이나 공격에 대응하여 신속하고 거의 완전한 NATO 가입에 대한 정치적

---

29) Michael Paul, "Arctic repercussions of Russia's invasion: council on pause, research on ice and Russia frozen out," *SWP Comment*, No. 39, June 2022.

30) "Do you think Sweden should join the military alliance NATO," *Statista Research Department*, Sep 5, 2022.

31) Natalie Liu, "Finns, Swedes Overwhelmingly Back NATO, Poll Shows," *Voice of America*, Sep. 16, 2022.

32) "Schwedens jahrhundertealte Neutralität geht zu Ende," *Kurier*, May 15, 2022.

합의에 도달한 반면, 스웨덴은 NATO 동맹에 대해 엇갈린 감정을 드러냈다. 스웨덴의 여론조사는 여전히 NATO 가입에 찬성하는 다수를 보여주지만, 사회는 여전히 정치 영역에 영향을 미치는 강력한 반(反)나토 및 반미 감정이 만연되고 있다. 독일과 마찬가지로 스웨덴도 평화주의 공동체, 공적 영역에서 러시아 동조자들의 강력한 존재, 군비 축소를 주장하는 그룹들이 존재하고 있다. [33]

2004년 NATO 5차 확산으로 발트해 연안 국가들이 나토에 가입하는 동안 핀란드는 중립을 유지했으며 '러시아 곰을 자극하지 마시오' 분위기가 지배적이었다. 알렉산더 스톱 핀란드 전 총리는 "1949년 이래로 9차 NATO 확대에 대해 푸틴 대통령에게 감사를 드리며 우크라이나 공격이 없었다면 절대 일어나지 않았을 것"이라고 말했다. [34]

핀란드와 스웨덴은 2022년 5월 18일에 공식적으로 나토에 가입신청서를 제출했다. 통상적으로 가입신청서를 검토하는데 2주 정도의 시간이 걸리며, 그 후 회원국 전원의 동의를 얻는데 8-12개월 정도의 시간이 소요된다. 회원국들이 국회 비준을 동의한 프로토콜을 NATO 문서를 보유하고 있는 미국 정부에 제출하는 즉시 동맹 회원 자격이 발효된다. 나토 사무총장은 두 중립국의 가입을 '역사적 사건'이라고 칭하면서 더욱 신속하게 처리하겠다고 약속했다. NATO 정회원국의 가입조건인 회원국(30개국)의 국회 비준도 빠른 속도로 진행되어 3개월 만에 28개국에서 통과됐다. 그러나 헝가리와 튀르키예 정부는 이해관계와 국익을 고려하면서 두 중립국의 가입 비준을 유보하고 있다.

헝가리의 비준 보류는 오르반 정부의 친 튀르키예 국가로 튀르키예와의 공

---

33) Stefan Hedlund, "NATO's Nordic bloc: Big promise, lurking problems," *GIS Reports Online*, Sep. 27, 2022.

34) Ingrid Steiner-Gashi, "Finnland: Den 'russischen Bären nicht zu reizen', reicht nicht mehr," *Kurier*, May 15, 2022.

동 보조, EU의 보조금 지원과 러시아산 가스의 지속적 구입을 위해 가입 유보를 지렛대 도구로 사용하는 데 기인한다. 핀란드와 스웨덴의 NATO 가입 비준을 유보한 튀르키예의 경우는 헝가리보다 더 복잡한 양상을 띠고 있다. 튀르키예 대통령 에르도안은 일찍이 자신의 나라가 스웨덴과 핀란드의 가입 의정서를 비준하는 것을 조건부로 하고 핀란드와 스웨덴이 조건을 충족할 때까지 나토 가입을 차단할 것이라고 대중에게 알렸다. 튀르키예는 '테러조직'으로 지명된 쿠르드노동자당(PPK)을 지원하는 활동 금지와 테러 혐의가 있는 핀란드와 스웨덴 망명 튀르키예인과 쿠르드 야당 구성원의 인도될 경우에만 스웨덴과 핀란드의 나토 가입을 찬성하겠다고 강조하고 있다. 양국이 PKK 조직원들을 엄격하게 단속한다는 조건을 달아 가입을 찬성키로 했으나 에르도안 대통령은 약속 위반 시 언제든 가입 반대로 선회할 것이라고 경고했다. 튀르키예에 따르면, 스웨덴은 70명 이상의 테러리스트를 인도하겠다고 약속했지만 스톡홀름에서는 스웨덴 시민은 인도될 수 없으며 비 스웨덴 시민은 다른 국가의 요청에 따라 인도될 수 있지만 이것이 스웨덴 법과 유럽인권협약과 양립할 수 있는 경우에만 가능하다.[35] 핀란드는 그나마 약속을 지키려고 성의를 보인 반면 스웨덴은 미약하다고 판단한 에르도안은 핀란드의 가입은 가능하지만 스웨덴의 경우 보류할 의사를 발표했다. 10월 초 취임한 울프 크리스테르손(Ulf Kristersson) 스웨덴 총리와 함께 산나 마린 핀란드 총리는 "핀란드와 스웨덴이 동시에 NATO에 가입하는 것은 우리에게 매우 중요하다"고 말했다.[36] 또한 핀란드와 스웨덴은 빠른 시간 내 가입을 원하고 있다. NATO의 집

---

35) "Nato-Beitritt von Finnland und Schweden: Erdogan droht erneut mit Blockade des Nato-Beitritts von Schweden," *NZZ-Redaktion*, Okt. 7, 2022.

36) Joshua Posaner, "'Hand-in-hand': Finland, Sweden pledge to join NATO together," *Politico*, Oct. 29, 2022.

단적 안보 보장(제5조)은 정회원 자격이 부여된 후에만 적용된다. 회원 가입 신청부터 NATO 공식 회원국이 될 때까지 비준이 길어지면 안보 위험에 노출될 수 있다. 덴마크, 프랑스, 아이슬란드, 네덜란드, 노르웨이, 폴란드, 영국 등은 NATO 가입을 기다리는 동안 핀란드와 스웨덴의 안보 보장을 약속했다. 그러나 산나 마린 핀란드 총리는 "비준 절차를 최대한 짧게 하는 것이 관건이며 최고의 안보 보장"이라고 말했다. 37)

그러나 부다페스트는 올해 말까지 공식적으로 비준한다고 말했지만 튀르키예는 아직 움직이지 않고 있다. 11월 초순 나토 사무총장과 스웨덴 총리의 이스탄불 방문에서 튀르키예의 요구조건 이행을 확인했다. 스웨덴 의회는 11월 16일 테러방지법의 헌법 개정안을 표결할 예정이다. 38)

NATO와 러시아 사이의 균형 정책을 줄타기하는 튀르키예는 NATO의 9차 확산을 지원하는 것이 국익에 도움을 주는지 등 전략적 이해관계로 복잡하다. 39) 튀르키예는 미국 F-16 전투기 구매를 희망하고 있어 미국의 무기 판매를 승인하도록 압력을 가하는 방법으로 가입 비준을 이용하고 있다. "튀르키예는 우크라이나와 러시아 사이에서 정전 협상, 포로 교환, 곡물 수출 협상 등을 조율하며 국제 사회에서 존재감을 발휘하는 중이다. 스웨덴과 핀란드의 나토 가입을 찬성해 러시아의 반감을 사면 튀르키예의 지분이 줄어들 수도 있다."40) 또한 튀르키예는 러시아 천연가스의 제2 수입국으로 2021년 가스 수입

---

37) "Keeping Any NATO Ratification Period Short Is Key to Finland, Says PM," *Reuters*, May 4, 2022,

38) David Mac Dougall and Rita Palfi, "Despite diplomacy, Hungary & Turkey still blocking Sweden and Finland from NATO," *Euro News*, Nov. 11, 2022.

39) David Mac Dougall & Rita Palfi, "Hungary and Turkey are the last two roadblocks to NATO membership for Finland and Sweden," *Euronews*, Oct. 7, 2022.

40) 신은별, "몸값 튀기는 튀르키예… 스웨덴·핀란드 나토 가입 승인 저울질," 『한국일

이 63% 증가했다.[41] 최근 인도와 튀르키예가 미국 등 서방의 대러시아 제재 동참 압박에도 불구하고 러시아산 석유 구매를 계속하고, 러시아산 천연가스를 구매할 때 러시아 루블화 거래 비율을 높이겠다고 공언했다.[42] 또한 2018년 발생한 무르만스크 쇄빙선 부두 손상 복구에 대한 로스아톰(Rosatom)사의 국제 입찰 과정에서 2021년 6월에 49억 루블(5,500만 유로)로 낙찰받은 튀르키예 쿠제이스타(KuzeyStar)사는 새로운 거대한 수상 부두를 인도할 예정이다.[43] 튀르키예는 가입 비준을 지렛대로 삼아 실리를 챙기려 하고 있다.

헝가리의 올해 말까지 비준 결정으로 튀르키예가 끝까지 비준을 거부하긴 부담스러운 상황임으로 올해 말까지 튀르키예의 비준 가능성도 있지만 차기 대선과 총선이 실시되는 내년 6월까지 비준안을 보류할 가능성도 있다.

IV. 핀란드와 스웨덴의 NATO 가입 의미와 안보 레짐의 변화

4.1. 핀란드와 스웨덴의 NATO 가입 의미

핀란드와 스웨덴은 안정적이며 발전된 북유럽 민주주의 서방 국가이며 대부분의 NATO 회원국보다 국방에 더 많은 투자를 하고 있어 유럽에서 군사적,

---

보』2022년 11월 7일.

41) Alte Staalesen, "As Moscow Prepared for War, State company Gazprom sold Arctic gas worth almost 140 \$billion", *The Independent Barents Observer*, May 3, 2022.

42) 신동윤, "인도 · 튀르키예 '마이웨이'…'러 석유 계속 구매', 가스 구매 시 루블화 결제 확대," 『헤럴드경제』2022년 11월 9일.

43) Polina L. Bronder, "Turkish yard wins bid to build nuclear icebreaker dock," *The Independent Barents Observer*, June 13, 2021.

핀란드와 스웨덴의 나토 가입과 안보 레짐의 재편   131

외교적, 지리적 관점에서 NATO 동맹의 강화, 특히 북극과 발트해 지역의 안보 강화와 NATO의 북부 안보 아키텍처를 완성하는 큰 기여가 가능하다. 결과론적으로 우크라이나 침공으로 촉발된 핀란드와 스웨덴의 NATO 가입으로 푸틴의 우크라이나 침공이 중대한 전략적 실패라는 사실이 입증된다.[44]

핀란드와 스웨덴의 나토 가입은 NATO에 상당한 군사 자산을 추가하면서 NATO 군사력 강화에 기여한다(〈표 2〉 참조). 핀란드 정부는 독립 후 보편적 징집과 더불어 사회 전체를 포괄하는 경제 및 군사 동원 계획을 수립해왔다. 현역 군인은 1989년 3만 9,000명에서 현재 2만 3,000명으로 감소했다. 인구 550만 명에 불과한 핀란드는 약 2만 명의 현역 병력을 포함하여 비상시 즉시 23만 8,000명의 군인과 90만 명의 예비군을 동원할 수 있다. 전쟁이 일어나면 전체 인구의 10% 이상의 예비 병력을 동원할 수 있어 핀란드는 국가 전체가 총력전 준비 태세를 갖추고 있다.[45]

〈표 2〉 핀란드와 스웨덴의 전력 자산(2021년 11월 기준)

국가	병력	예비군	전차	대포	전투기	잠수함	순찰 및 해안 선박
핀란드	19,250명	238,000명	312대	672대	107대	0	20척
스웨덴	14,600명	10,000명	531대	369대	96대	5	150척

자료: Jonathan Masters, "How NATO Will Change: If Finland and Sweden Become Members," *Council on Foreign Relations*, Jun 29, 2022.

스웨덴도 소련 붕괴 후 대부분의 유럽 국가와 마찬가지로 군사력을 축소하

---

44) Thibault Muzergues and Kenneth M. Pollack, "A Stronger But Less Ambitious NATO," *Helsinki Times*, Oct. 3, 2022.
45) Gunnar Köhne, Helga Schmidt, Klaus Remme, Gunnar Köhne, "Schweden und Finnland auf dem Weg in die NATO," *Deutschlandfunk*, Jul. 8, 2022.

여 1994년에 약 3만 7,000명의 징집 군인이 급격히 감소하면서 2007년 4,730명으로 최저치를 기록했다. 결국 스웨덴은 2010년 징병제를 폐지하고 작지만 전문 직업군으로 전환했다. 2018년 부분 징집제가 도입되어 현 병력은 1만 5,000명, 예비 병력은 1만 명에 불과하다. 온라인 통계 플랫폼인 Statista에 따르면 2021년 기준으로 스웨덴 병력은 약 2만 4,600명이며 그중 9천여 명은 장교와 부사관, 여성 비율은 22%로 구성되어 있다. 상대적으로 낮은 병력에도 불구하고 2022년 글로벌 화력 순위에서 스웨덴군은 세계 25위(총 142개 중), 핀란드는 53위다. [46)]

국가 안보를 자체 재원에 의존해 온 핀란드의 국방비는 지난 50년 동안 놀라울 정도로 안정적이었다. 핀란드는 신뢰할 수 있는 독립적인 군사 억지력을 유지하기 위해 징집을 포기하지 않았다. 2008년 글로벌 금융위기로 핀란드 경제와 정부 재정에 심각한 악영향을 미쳤음에도 불구하고 상대적으로 강력하고 독립적인 징집 방위군에 대한 지원은 지속적으로 유지해왔다. 핀란드의 정치적 스펙트럼에서 공유되는 의무 징집은 일반적으로 경제적(안보 비용의 효율성), 역사적(핀란드는 지난 세기에 러시아와 두 차례 전쟁) 및 지리적(러시아와 긴 국경을 공유) 근거에 바탕을 두고 있다.

2022년 핀란드의 국방예산은 약 60억 달러, 스웨덴은 80억 달러다. 핀란드 정부는 국방비의 규모가 내년에 GDP의 2.2%, 스웨덴도 2028년까지 GDP 국방비 2%의 달성 목표를 제시했다. 러시아의 우크라이나 침공 이후 2022년 5월 핀란드는 11억 유로 국방비 추가 증액과 2023-26년 재정 계획은 22억 유로로 방위군의 운영비 및 조달 지출에 대해 연간 4억 3,100만 달러-7억 8,800만 유로의 연간 증가액을 할당했다. 2022년 3월 스웨덴 정부는 올해 국방비를 약

---

46) "Swedish Armed Forces - Statistics & Facts," *Statista*, Jun. 30, 2022.

30억 스웨덴 크로네(3억 2천만 달러) 증액하며, 2025년까지 40%(약 120억 달러) 증액을 계획하고 있다.[47] 스웨덴 국방부는 두 척의 군함과 잠수함 1척을 추가로 배치할 계획이며, 700만 명을 보호할 수 있는 비상 벙커 네트워크를 보수하고 있다고 밝혔다. 현재 약 65,000개의 벙커가 있으며 대부분이 민간 소유다.[48]

양국은 모두 미국과 방위 협정을 체결했으며 상호운용성이 높은 NATO 회원국과 지속적으로 일관되게 훈련해왔다. 양국은 1997년 'NATO의 평화파트너십 프로그램'에 가입하면서 아프가니스탄, 이라크, 발칸반도, 아프리카 지역에서 미국 주도의 NATO, EU, UN의 군사 활동을 전개해왔다.

스웨덴 군은 크고 정교한 방위 산업의 지원을 받아 비교적 광범위하게 잘 발달 된 군사 능력을 보유하고 있다. 스웨덴 공군은 유럽과 세계에서 가장 강력한 공군 중 하나다. 스웨덴 해군은 세 군대 중 가장 적지만 세계에서 가장 현대적인 잠수함함대 보유국이다. 또한 스웨덴은 공격적인 사이버 능력을 추구하는 몇 안 되는 유럽 국가 중 하나다. 스웨덴군 사령부 사이버 부대는 2025년까지 스웨덴의 사이버 역량을 대폭 강화하는 것을 목표로 하고 있다.

핀란드와 스웨덴의 나토 가입은 러시아는 물론 중국의 위협, 특히 사이버 공격에 대응에 기여할 것이다. 스웨덴과 핀란드는 2020년 중국 통신 회사인 화웨이와 ZTE의 5G 네트워크를 금지한 후 특히 표적이 되었다. 2022년 3월

---

47) Robin Forsberg, Aku Kähkönen and Janna Öberg, "Implications of a Finnish and Swedish NATO Membership for Security in the Baltic Sea Region," *Wilson Center*, Jun. 29, 2022.

48) 핀란드와 스웨덴의 안보 정책에 대해서는 다음의 글 참조. Janne Kuusela, "A View from Finland: Security and Defense in the Arctic," Defense News, May 12, 2020; Nima Khorrami, "Sweden's New Arctic Strategy: Change and Continuity in the Face of Rising Global Uncertainty," *The Arctic Institute*, May 4, 2021.

핀란드 의회를 겨냥한 사이버 공격은 중국 정부와 연계된 사이버 그룹이 배후라고 밝혀졌다. 5G 출시를 위해 중국 통신 회사의 주요 경쟁자 중 두 곳은 Nokia(핀란드)와 Ericsson(스웨덴)사다. 안전한 차세대 네트워크의 중요성으로 2020년 미국은 노르딕 통신업체 지배지분의 구입을 고려했다. 차세대 네트워크 외에도 핀란드와 스웨덴은 중국의 북극 인프라 투자도 마찬가지로 경계하고 있다. 예를 들어, 2018년에 핀란드 당국은 보안상의 이유로 중국 극지연구소가 북극권 북쪽에 있는 케미야르비(Kemijärvi) 마을에 있는 작은 공항을 인수하거나 임대하려는 시도를 차단했다.[49]

1,340km의 육지 경계를 공유하는 러시아의 이웃인 핀란드는 100년 이상의 동부 국경 활동에 대한 귀중한 군사 경험과 정보를 축적하고 있다. 북극이사회 회원국인 핀란드와 스웨덴은 길고 추운 북쪽의 눈 덮인 혹한의 아북극 기후에서 군 운영 경험과 유용한 실용적인 통찰력을 가지고 있다. 20년 이상 NATO의 긴밀한 파트너로서 함께 군사훈련을 자주 수행한 경험이 있는 핀란드와 스웨덴의 전력자산은 NATO와 호환되고 상호운용이 가능하다는 점이다. 그 예로써 방한전 경험과 고도로 전문화된 스웨덴 노를란드(Norrland) 여단과 핀란드 제거(Jaeger) 여단은 노르웨이군과 공동협력을 통해 공통의 표준화 시스템과 상호유용성 측면에서 엄청난 이점을 제공할 수 있어 노르웨이의 핀마르크 북극지역 방어에 기여할 수 있다. 또한 핀란드는 유럽에서 가장 강력한 포병 부대를 운영하고 있다. 핀란드 육군은 700문의 곡사포, 700문의 중박격포 및 100문의 다연장 로켓 발사기를 갖고 있어 러시아의 침공의 강력한 억지력을 조성해왔다.[50]

---

49) Jari Tanner, "Finland IDs Hackers Linked to Parliament Spying attack," *Reuters*, Mar. 18, 2022.

50) Olympia Iliopoulou, "The Road to Alignment: Prospects of Finnish and Swedish

스웨덴과 핀란드의 NATO 편입으로 최북단 유럽의 합동 노르딕 공군 능력은 매우 강력해진다. NATO에 스웨덴과 핀란드 공군을 추가하면 현재 NATO의 북유럽 회원국이 배치할 계획인 5세대 전투기의 수를 두 배 이상 늘릴 수 있다. 작년에 핀란드는 노후된 Hornet 함대를 대체하기 위해 64대의 F-35를 구매할 계획을 발표했으며, 스웨덴 공군은 최소 60대의 그리펜(Gripen E/F) 전투기를 주문했다.[51] 새로운 북유럽 블록의 주요 자산이 될 연합 공군으로 4국의 노르딕 국가들은 239대의 차세대 전투기를 구성한다. 전투기 인도가 완료되면 덴마크(27대), 노르웨이(52대) 및 핀란드(64대) 총 143대의 F-35 스텔스 전투기를 보유한다. 스웨덴 공군은 96대의 그리펜(Saab JAS Gripen) 전투기를 운영하고 있다. 주문된 52대의 FA-35 중 34대를 받은 노르웨이는 남쪽의 외를란데 공군기지에 배치되고 있지만 일부는 북극권 Evenes 공군기지에서 NATO의 '신속반응경보(QRA: Quick Reaction Alert)' 임무를 수행하고 있다. 2022년 2월에 체결된 핀란드의 F-35 62대 구매계약의 규모는 84억 유로이며, 2026년에서 2030년에 인도될 예정이다.[52] 핀란드는 콜라반도의 러시아 북부 함대 기지에서 400km 미만의 거리에 소재한 북극권 로바니에미 공군기지에 최초의 신형 F-35 전투기를 배치할 예정이다. 최근 몇 년 동안 핀란드와 스웨

NATO Memberships," *Info Flash, Finabel*, May 18, 2022, p. 4.

51) 북유럽의 방산 협력에 대한 전망도 스웨덴과 이웃 국가 간의 우호적이지 않은 관계로 인해 흐려지고 있다. 스웨덴 정부는 북유럽의 방산 협력의 향상을 위해 노르웨이와 핀란드가 그리펜 전투기를 선택하기를 희망했다. 하지만 결국 두 나라가 미국 F-35를 선택하면서 스웨덴 측에 악플이 많았다. 아처(Archer) 자주포 건설과 새로운 헬리콥터의 공동 조달에 관한 스웨덴과 노르웨이의 방산 협력도 실패했다. Stefan Hedlund, "NATO's Nordic bloc: Big promise, lurking problems," *GIS Reports Online*, Sep. 27, 2022.

52) Thomas Nilsen, "Three Nations - One Mission. The New NATO in the North," *The Independent Barents Observer*, Jun. 3, 2022.

덴 공군은 수많은 전술 훈련뿐만 아니라 스웨덴과 핀란드 북부에서 NATO 전투기와 함께 훈련 경험을 보유하고 있다. 스웨덴과 핀란드 공군은 스웨덴의 첨단 Erieye 조기경보 및 방어시스템의 지원을 받으며 러시아의 콜라반도 북부함대의 본거지의 가까운 공군기지에서 운영되고 있다. 노르웨이 공군참모총장은 스웨덴과 핀란드가 NATO에 가입하면 '노르딕 공군 작전 센터'의 설립을 제안했다.[53]

지정학적 강점 외에도 핀란드와 스웨덴은 5G 기술 및 사이버 보안 분야의 선도적인 기술을 가진 국가들이다. 장래 NATO 회원국으로서 방위, 항공우주 및 보안 분야의 첨단 솔루션을 보유한 핀란드 및 스웨덴 국내 중소기업은 NATO의 국가군수이사회(CNAD)에서 국가 조달 프로세스에 대한 우선적 접근을 강화할 수 있다. 스웨덴 방위 시장은 Saab, BAE Hägglunds 및 BAE Bofors와 같은 방산업체뿐만 아니라 중소기업이 국제 파트너와 함께 서비스를 제공할 가능성이 높다.[54] 스웨덴의 무기 산업은 핀란드보다 훨씬 크고 수출 지향적이며 세계 제13위 무기 수출국이다. 스웨덴은 국제적으로 운영되는 첨단 항공우주 제조 산업을 보유하고 있으며 전투기 시스템, 통신 솔루션 및 해군 함정을 생산하고 있다. 2012년 스웨덴은 전투기(60대 Saab Gripen 제트기)를 주문했으며, 2021년에는 비 NATO 국가가 미국에서 제조한 패트리어트(Patriot) 방공시스템을 배치하고 조달 프로세스를 시작했다. 2022년에 스웨덴은 고틀란드섬에 병력 배치와 방어 능력의 향상을 위해 아처(Archer)

---

53) Valerie Insinna, "Norwegian Air Chief Wants 'Nordic Air Operations Center' if Sweden, Finland Join NATO," *Breaking Defense*, July 8, 2022.

54) 스웨덴의 방산업체에 대해서는 다음의 글을 참조. Peter Nordlund, "Sweden and Swedish Defence - Introduction to the Special Issue," *Defence and Peace Economics*, Vol. 33, 2022, pp. 387-398.

155mm 곡사포를 추가 구매를 결정했다. 핀란드 회사는 해군 함정, 쇄빙선을 포함한 해상 특수선박 기술, 장갑차, 위성 및 통신, 사이버 보안 솔루션을 위한 제조 기술이 발전되어 있다.

발트해 연안은 독일과 폴란드를 포함한 발트 3국(에스토니아, 라트비아, 리투아니아)과 노르딕 3국(덴마크, 스웨덴, 핀란드) 등 발트해 연안 8개국은 EU와 NATO 회원국이며 인구는 약 8,500만 명으로 EU GDP의 5분의 1을 점유하는 유럽의 정치와 경제의 핵심 지역이다. 러시아는 동(東)발트해와 역외 지역(enclave) 칼리닌그라드에서 발트함대를 운영하고 있다. 발트 3국과 폴란드의 NATO 가입으로 러시아는 칼리닌그라드의 연결을 위한 '수왈키 회랑(Suwalki gap: 벨라루스-리투아니아 65km)'의 전략적 중요성을 재인식했다. NATO 회원국 발트 3국은 지리적으로 다른 구성원들과 분리되어 있었다. 공격적이고 적대적인 러시아, 친 러시아 벨라루스, 또는 중립국인 핀란드와 스웨덴 국경을 접하고 있어 수왈키 회랑과 발트해는 NATO의 '아킬레스건'이었다.[55]

러시아의 우크라이나 침공 이후 리투아니아가 칼리닌그라드행 화물열차를 막자 양국 간 긴장이 높아졌던 수왈키 회랑은 '제2 크름반도'화 될 수 있었다(<그림 3> 참조). 발트해 연안 칼리닌그라드의 '접근금지 · 영역거부(A2 · AD)' 전략은 발트해에서 NATO 군의 이동에 엄청난 위협이었다. 발트해 중앙에 전략적으로 중요한 비무장화된 스웨덴 고틀란드섬의 러시아 점령 가능성이라는 잠재적 위협도 실존했다. 두 북유럽 국가가 중립적일 때 러시아 발트함대는 상트페테르부르크 외곽의 크론슈타트와 칼리닌그라드 지역의 발티스크 해군 기지에서 거의 제약 없이 작전을 수행할 수 있었다.

---

55) Olympia Iliopoulou, "The Road To Alignment: ··· op. cit., p. 3.

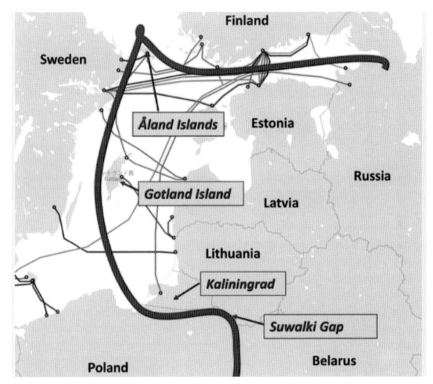

〈그림 3〉 발트해 전략 요충지

자료: "Submarine
Cable Map," Tele Geography, May 20, 2022. 재인용: Jun Nagashima, "What Membership for Finland
and Sweden Would Mean for NATO's Evolution," *International Information Network Analysis* (The
Sasakawa Peace Foundation), Jun. 24, 2022.

　2014년 러시아의 크름반도 병합 이후 발트해 지역 국가들은 안보에 대한 공약
을 확고히 강화했다. 핀란드와 스웨덴은 군사력 증강을 지원할 재정적 능력이 있
다. 핀란드의 국방 지출은 2000년대 초반에 가장 낮은 수준(GDP의 약 1.2%)이
었지만 현재 2%를 초과했다. 발트 3국과 스웨덴과 핀란드의 총군사비는 2014년
100억 달러에서 2021년 150억 달러로 증가했다. 동 기간 라트비아와 리투아니아
는 국방예산을 두 배로 늘려 각각의 GDP의 2% 이상을 초과한 상황이다.

핀란드와 스웨덴의 NATO 가입은 지정학과 지전략적으로 중요한 핀란드의 자치 비무장지대인 올란드(Åland) 제도(6,000여 개 암석 중, 200개는 거주 가능, 인구 3만 명)와 발트해에서 가장 큰 섬인 스웨덴의 고틀란드(Gotland)는 경제 및 군사 허브로 NATO와 공동으로 운영을 가능케 하며, 발트해 지역의 역동성과 방어력 강화에 기여할 것이다. 또한 핀란드 헬싱키항부터 에스토니아 탈린항까지 거리가 87km에 불과하다는 점을 감안할 때 양국의 해안 포대는 러시아 발트함대 기선의 항행을 허가하거나 봉쇄시킬 수 있다.

핀란드는 제2차 세계 대전 이후 잠수함을 개발할 수 없었지만(1947년 파리 평화협정으로 금지, 1990년 이후 선택) 스웨덴 해군은 발트해 연안에서 잠수함을 운영한 오랜 전통을 가지고 있다. 러시아의 칼리닌그라드 요새와 접근금지 · 영역거부(A2 · AD) 전략은 덴마크 발트해 보른홀름섬의 미사일 방공망과 공군기지, 발트함대의 기선을 정찰하는 스웨덴 미사일 탑재 코르벳함, 고틀란드에 배치된 패트리어트 방공체계에 이르는 스웨덴의 확고한 전력자산으로 대응할 수 있다.

지금까지 전략적으로 중요한 NATO 공군기지가 있는 덴마크의 보른홀름(Bornholm)섬과 더불어 핀란드와 스웨덴의 NATO 가입으로 발트해는 'NATO 호수'로 발전될 수 있다는 점이다(<그림 3> 참조). 두 국가의 가입은 폴란드나 독일보다 짧은 항공과 해상을 통해 발트해 연안 해역에 추가 공급망의 조성이 이루어져 이 지역에서 절대적으로 지배적인 해군의 지위를 가질 수 있다. 이는 스웨덴왕국이 발트해 연안의 대부분을 지배했던 17세기 중반과 유사한 환경이다. 지난 300년 동안 발트해에서 러시아의 침략을 억제하거나 대응하기 위해 동맹국 또는 파트너와 협력은 스웨덴의 국방목표였다.[56] 발트해

---

56) Mike Winnerstig, "From Isolationist Neutrality to Allied Solidarity: The Swedish

는 더 이상 회색 안보 수역이 아니며 핀란드와 러시아의 국경은 북쪽의 NATO를 위협할 수 있는 육상 침공 가능성을 억제할 수 있다.

핀란드와 러시아의 긴 국경은 무르만스크에서 상트페테르부르크 주변까지 숲이 우거진 인구 밀도가 희박한 지역을 따라 1,340km에 걸쳐 이어진다. NATO의 발트해와 북쪽 확장은 NATO의 동쪽 국경을 러시아의 제2 도시이며 유럽의 창 역할을 담당하는 상트페테르부르크와 핵전력과 핵잠수함이 배치된 북부함대의 중요한 군기지인 무르만스크 지역과 인접한 새로운 방어선으로 대공 능력과 조기 경보 탐지가 가능하기 때문에 북유럽의 안보에 기여한다.[57]

전략적으로 러시아의 경우 상트페테르부르크와 칼리닌그라드를 연결하는 해상수송로인 발트해가 중요함에도 불구하고 핵공격 부대가 주둔하고 있는 무르만스크 해안이 발트해보다 계속 우선권을 갖게 될 것으로 예상된다. NATO의 북유럽 군대는 북부함대의 본거지이자 핵전력의 중요한 구성 요소인 콜라반도의 러시아 기지에 강력한 위협을 부가하면서 전쟁 억지력이 향상될 것이다. 또한 러시아를 제외한 모든 북극 국가가 NATO 동맹이 되면서 북극에서 더욱 일관된 통합 전략을 추구하면서 안보 효율성 증대에 기여할 것으로 판단된다. 러시아가 상업 및 군사 기반 시설에 막대한 투자 지역인 북극에서 전쟁 억제 능력을 강화할 수 있다.

핀란드와 스웨덴 정부는 장기적 안보 이익의 파급효과와 영향력을 고려하여 러시아를 과도하게 자극하지 않는 안보 정책을 추구할 것으로 생각된다. 푸틴 대통령은 핀란드와 스웨덴의 NATO 가입이 "러시아에 직접적인 위협은 없다"고 말했지만, 그는 두 나라에 NATO 군대나 장비의 기지가 되는 것에 대

Road to NATO Membership," *RKK ICDS*, Sep. 26, 2022.

57) Robin Forsberg, Aku Kähkönen and Janna Öberg, "Implications of a Finnish and Swedish … op. cit.

해 경고했다.[58] 그러나 두 국가의 나토 가입은 모스크바에 심각한 정치적, 심리적 결과를 초래하고 있다.[59] 스웨덴 지도부는 이미 NATO 기지 제공과 전력 자산의 수용은 불필요하다고 판단하고 있으나 핀란드는 아직 구체적으로 언급하지 않고 있다. NATO와 강력한 군사 통합을 성공적으로 결합한 노르웨이가 모범이 될 수 있다. 노르웨이는 NATO 훈련에 자국의 영토 접근은 허용하지만 영구 기지나 핵무기 반입을 허용하지 않고 있다. 덴마크와 노르웨이가 NATO에 가입할 때 핵 자산의 배치를 유보한다는 원칙이 핀란드와 스웨덴에서도 적용될 가능성이 있다. 그러나 핀란드 외무장관이 2022년 7월 헬싱키의 신청이 받아들여진다면 핵무기의 '제한이나 국가적 유보'를 추구하지 않을 것이라고 NATO에 '약속'했다고 말했다.[60]

그러나 발트해와 북극에서 새로운 안보 위협은 러시아의 군사적 대응으로 이어지면서 이 지역의 지정학적 위험성은 더욱 높아질 가능성도 병존하고 있다.

4.2. 핀란드와 스웨덴의 NATO 가입 이후 안보 레짐의 변화

러시아와 중국의 호전적이고 물리력에 의한 영토 확장은 NATO의 실존 중요성과 활동 반경의 증대를 동반했다. 2022년 6월 NATO 정상회담에서 채택

---

58) Jonathan Masters, "How NATO Will Change If Finland and Sweden Become Members," … op. cit.

59) René Nyberg, "Russian Collateral Damage: Finland and Sweden's Accession to NATO," *Carnegie Endowment for International Peace*, Oct. 6, 2022.

60) James Bickerton, "Finland Will Allow NATO to Place Nuclear Weapons on Border With Russia," *Newsweek*, Oct. 26, 2022. 핵 억제력의 중요성은 지난 6월 마드리드 정상회의에서 동맹이 채택한 NATO의 2022 전략 개념에서 확인되었다. 폴란드 대통령(Andrzej Duda)도 폴란드가 '핵 공유'에 참여할 '잠재적 기회'가 있다고 말했다.

된 2022 전략문서에서 처음으로 중국을 전략적 및 조직적 위협국가로 규정하면서 'NATO의 세계화'가 구현되고 있다. NATO 해군이 인도 태평양 지역에서 AUKUS와 같은 지역 군사 동맹과 NATO와 더욱 긴밀한 협력은 아시아태평양과 북극과 남극을 포괄하는 전 대양에서 신냉전 혹은 냉전 2.0시대로 진입을 의미한다.[61] 그 결과 탈냉전 이후 유지해왔던 평화 시대의 마감과 더불어 NATO와 러시아 혹은 중국 등 모든 국가는 군비 경쟁을 가속할 것으로 예상된다. 특히 우크라이나 사태 이후 자유민주 가치를 중요시하는 NATO 진영[62](러시아가 비우호국으로 지정한 48개국)과 권위주의 체제진영[63] 간 경쟁, 갈등, 대립의 가시화와 안보 정책의 재편도 예상된다.

NATO의 30개 회원국은 약 10억 명으로 세계 GDP의 절반, 세계 10대 경제대국 중 6개국을 보유하고 있다. 핀란드와 스웨덴이 가입하면 NATO 공식 회원국은 32개국이 되며, 총 GDP는 45조 6,000억 달러인 반면 러시아와 벨로루시의 총 GDP는 1조 8,000억 달러로 NATO의 4% 수준에 불과하다.[64] SIPRI에 따르면 2021년 세계 총군사비 지출은 실질 기준으로 전년 대비 0.7% 증가한 2조 1,130억 달러다. 미국, 중국, 인도, 영국, 러시아 5개국의 국방비는 세계 62%를 차지한다. 미국의 국방비는 GDP의 3.5%이며 전년 대비 1.4% 감소

---

61) Mehmet A. Kanci, "ANALYSIS - Globalizing NATO for 2nd cold war: We are entering a period of 'Cold War II' that will encompass Asia-Pacific, even polar regions," *AA*, Jul. 3, 2022.

62) "러시아, 한국·미국·EU 등 비우호국가 지정,"『한국일보』2022년 3월 7일. 러시아의 우크라이나 침공 후 러시아 제재에 동참한 국가 48개국을 러시아는 비우호국가로 지정했다.

63) 고일환, "유엔 총회, '우크라 침공' 러시아에 배상 책임 결의안 채택,"『연합뉴스』2022년 11월 15일. UN 총회에서 배상 책임 결의안이 찬성 94표, 반대 14표로 채택되었는데 반대표를 던진 14개국은 권위주의 진영으로 간주된다.

64) Kevin J. McNamara, "Europe's New Military Frontline," *CEPA*, Oct. 17, 2022.

한 8,010억 달러로 세계 국방비의 약 40%를 차지하고 있다. NATO(핀란드와 스웨덴 포함) 국방비는 세계 국방비의 4분의 3 이상을 차지한다. 2021년 러시아의 국방비는 전년 대비 2.9% 증가한 659억 달러(GDP 대비 4.1%)로 중국 (2,930억 달러), 인도(766억 달러), 영국에 이어 5위를 기록했다.[65] NATO의 경제력과 국방력은 세계 최대이며 지속적으로 증가한 러시아 국방비는 미국의 12배, 중국의 4배 이상이나 적은 수치다. 또한 러시아와 중국의 국방비 총계도 3,589억 달러로 세계 국방비의 17%를 차지하고 있지만 미국 국방비의 2분의 1에도 못 미치는 수치이다. 물론 이 국방비는 군병력의 인건비와 숨겨진 국방예산과 구매력 평가 등을 고려할 때 절대적 비교의 한계는 있다.

NATO의 확산과 동진은 방어적 개념이라고 NATO 당국은 말하고 있지만 러시아는 NATO의 공격적 팽창성을 우려하고 있다. NATO의 9차 확산으로 국경 길이가 증가했지만 그 국경선은 광대한 러시아 국경의 6%에 불과하다. 그러나 94%에 이르는 러시아의 북부, 동부, 시베리아 남부 국경선도 중요하지만 러시아 정치, 경제, 행정, 군사, 사회문화의 핵심 지역인 서부(유럽 북극해, 발트해, 흑해 연안 지역) 국경선만큼 우선순위는 아니다.

제2장에서 언급한 것처럼 러시아는 군사적 관점에서 접근금지/지역거부 (A2/AD) 조치를 취함으로써 NSR과 러시아 북극 지역의 통제가 우선순위다. 러시아 지도부의 핵심 이익은 어떤 상황에서도 미사일 탑재 잠수함과 필요할 때 사용이 보장되는 장거리 항공기 형태의 전략적 타격 능력을 유지하는 것이다. 러시아의 북부함대는 NATO와 서부 국경에서 위기 발생 시 발트함대의 지원과 북태평양(베링해, 오호츠크해, 동해)에서 위기 발생 시 태평양함대와 상

---

65) SIPRI, "World military expenditure passes $2 trillion for first time," *SIPRI(Stockholm International Peace Research Institute)*, Apr. 25, 2022.

호운용에 주안점을 두고 있다. 실제로 푸틴은 우크라이나 전쟁 중 7월 31일 해군의 날에서 새로운 '해양 독트린 2022'를 업데이트했다. 새 독트린은 2015년 해양 독트린과 우크라이나 전쟁에서 나타난 러시아 해군의 취약성과 문제점을 보완하고 있다. 새 독트린은 러시아 해상 가까운 지역에서 NATO 활동의 대응, NSR에 대한 러시아의 통제를 주요 과제로 설정하고 있다. 그 결과 러시아 해군 활동의 지역 우선순위는 2015년 해양독트린과 비교하여 대서양(발트함대와 흑해함대)이 1위에서 3위로 밀렸다. 우선순위 1위는 이제 북극이며, 이 지역의 위협에 대응하여 태평양함대(2순위)에 대한 역량 강화를 목표로 하고 있다.[66] 제1 순위 북극도 시베리아와 극동 북극권보다 유럽북극권, 특히 콜라반도와 바렌츠해의 안보가 최우선순위다. 바렌츠해는 세계 대양에 접근할 수 있는 통로이기 때문에 바렌츠해 수호는 북부함대 선박의 안전한 입출항과 북극항로에 진입하는 선박의 차단을 의미한다.

우크라이나 전쟁은 러시아 해군 능력의 진정한 힘과 해양독트린을 뒷받침할 잠재력에 대해 혼합된 메시지를 제공했다. 흑해함대 기함 모스크바호의 침몰 운명은 현대 해상 전투의 요구 사항에 부합하지 않는 오래된 소비에트 시대 플랫폼으로 구성되어 있음을 시의적절하게 상기시켰다. 우크라이나 전쟁으로 소모된 재래식 무기 소진과 러시아 전력의 취약성에 불구하고 제2장에서 언급한 것처럼 핵 자산의 3분의 2를 보유한 콜라반도의 북부함대의 전력을 과소평가할 수 없다고 생각된다. 핀란드와 스웨덴의 NATO 가입으로 'NATO 발트해'와 나토의 북극 확장 등을 고려할 때 푸틴의 2022 해양독트린 채택은 합리적 선택이라고 생각된다.

---

66) Nick Childs, "Russia's new maritime doctrine: a drift from reality?," *IISS*, Sep. 2, 2022.

러시아는 세계 2위 혹은 프랑스에 이어 3위로 연간 150억 달러 상당의 무기 수출국이지만 우크라이나의 전장에서 러시아 재래식 무기의 재고가 급격하게 줄어들고 있을 뿐만 아니라 러시아 무기보다 서방의 무기가 더 유용적이며 효율성이 좋은 사실이 입증되고 있다. 러시아는 서방의 제재로 방산에 필수적인 반도체 등 첨단 부품 접근에 어려움을 겪고 있다. 우크라이나에서 추락한 러시아 순항 미사일에 대한 최근 조사에 따르면 미사일을 목표물로 유도하는 데 도움이 되는 미국산 회로 기판을 포함하여 중요한 부품의 상당 부분이 해외에서 제조된 것으로 나타났다. 첨단 부품의 러시아의 수입대체는 단기적으로 거의 불가능한 상황이다.[67] 그 반면에 북유럽 국가의 상당한 방산 능력은 러시아보다 상당한 기술적 우위를 가지고 있다. 일부 대기업은 이미 우크라이나 방산 지원에 지대한 기여를 했다. 방산업체들은 유럽 방산시장의 호황을 대비해 R&D 개발에 많은 투자가 예상된다. 또한 노르딕 국가들의 통합된 향상된 군사력은 북유럽 블록이 발트해 연안에서 NATO의 항공 정찰 임무의 상당한 부분을 책임질 수 있게 되며, 북유럽 공동 사령부 출범도 예상된다. 러시아는 현대적인 기지를 건설하고 2개의 북극여단을 설치뿐만 아니라 이 지역의 군사력 강화에 막대한 투자를 하고 있다. 그러나 러시아의 군자산 중 상당 부분이 이제 우크라이나에서 소비되었기 때문에 북극의 합동사령부는 미국과 영국의 지원 없이 북극에서 GIUK gap(〈그림 2〉참조)과 발트해로부터 러시아의 북대서양 진출을 통제할 가능성이 올라갔다.

핀란드와 스웨덴의 NATO 가입으로 북유럽 블록의 협력적 외교 및 안보 정책 통합의 강화가 실현될 수 있다. 2차 세계대전 이후 북유럽 방위동맹에 대

---

67) Mark Green, "Russian Weapon Exports," *Wilson Center*, May 17, 2022. 인도가 최근 러시아 헬기를 구매하기 위한 10억 달러 계약을 취소함에 따라 러시아의 전통적인 방산 고객들은 외국 경쟁자나 자체 생산으로 눈을 돌리고 있다.

한 논의가 있었지만 덴마크와 노르웨이는 NATO에 가입했고 핀란드와 스웨덴은 중립을 선택하여 아무 소용이 없었다. 노르딕 4개국이 현재 NATO 내부에서 더 긴밀한 협력에 대한 강력한 힘이 될 수 있는 근거를 조성했다. 아이슬란드(군대가 없음)를 포함한 북유럽 국가의 인구는 2,700만 명이 조금 넘고 국내 총생산은 1조 3,700억 달러로 세계 12위의 경제 규모다.[68] 예를 들어, 북유럽 노르딕 블록은 NATO 내부와 우크라이나의 재건을 지원하기 위해 함께 해야 할 더 넓은 커뮤니티 모두에서 강력한 목소리를 낼 수 있다. 무엇보다도, 그것은 전후 러시아를 다루는 데 있어 추가적인 결의를 제공할 수 있다.

러시아의 우크라이나 침공이 세계에 입증한 것처럼 블라디미르 푸틴 대통령은 불법적인 침략과 국제법 위반에 대해 낯설지 않다. 러시아는 분명히 북극 지역에서 군사적 우위를 가지고 있으며 푸틴은 이미 유럽에서 영토를 장악하려는 의지를 보여주었다. 우크라이나 전쟁의 즉각적인 효과는 핀란드와 스웨덴의 나토 가입으로 발트해와 북극에서 NATO의 존재와 역할이 강화된다. 물론 NATO는 우크라이나 전쟁의 확산 방지와 억지력 정책을 실시하고 있지만 북극에서 전략적 긴장 관계는 고조될 것으로 예상된다.[69]

핀란드와 스웨덴이 NATO에 합류함에 따라 러시아와 NATO의 물리적 국경은 북부 노르웨이, 핀란드 및 발트해 연안 국가에 걸쳐 있는 우크라이나 전쟁 이전보다 약 2배 증가했다. 캐나다는 북부 지역에서 작전을 수행한 경험과 전문 지식을 보유한 NATO 전투 그룹을 라트비아에 배치하고 있다. 러시아가 북유럽을 침공할 가능성은 캐나다 엘즈미어섬이나 북극 군도를 침략하는 것보

---

[68] 노르딕 5국의 정치, 경제, 사회, 문화에 대한 자세한 내용은 다음의 글 참조 바람. 한종만, "노르딕 북극권의 지정, 지경, 지문화적 역동성에 관한 연구,"『한국 시베리아연구』제21권 2호, 2017년, pp. 1-50.

[69] Jean-Michel Valantin, "War in Ukraine in the Warming Arctic . ⋯ op.cit.

다 몇 배나 더 크다. 또 다른 문제는 핵 억지력이다. 핵전쟁은 여전히 가능성이 희박하지만 의심할 여지 없이 1년 전보다 높다. 러시아 ICBM과 폭격기가 북미로 가는 최단 경로는 북극권이다. Norad(북미 항공우주방위사령부)는 대륙 방어뿐만 아니라 미국의 글로벌 핵 억지 능력에도 중요하다.[70]

캐나다 등 북극권 국가의 반대로 지금까지 NATO의 통합된 북극의 안보 정책은 존재하지 않았으며 미국도 지리적 원격성과 기후변화 등 환경보호 차원에서 북극 개입의 수동적 스탠스를 취해왔다. 그러나 미국과 NATO는 북극해의 항행과 항공의 자유롭고 개방된 상태의 유지가 최선의 목표였다.[71] 북극은 동북아와 북미와 유럽 간의 중요한 무역 및 통신을 연결하는 북대서양과 북태평양의 관문으로서 NATO에게 중요한 지정 및 전략적 요충지다. 북극 상공은 ICBM이나 전략 폭격기의 최적 경로이며 위성이나 정찰기는 잠수함과 빙상 아래에서의 활동을 거의 감지할 수 없어 잠수함의 스텔스 성능과 생존 능력이 크게 향상된다. 특히 러시아의 북극 군사력 강화와 중국의 북극 진출 가속화로 미국 정부도 북극에서 군사력 강화와 2014년 이후 NATO와 공동으로 Cold Response, Arctic Edge, Polar Bear, Arctic Challenge 및 Northern Edge와 같은 북극 지역에서 일련의 합동 군사훈련을 정례화했다. 2014년부터 지속된 러시아와 우크라이나와의 갈등 결과 미국과 나토는 북극권 진출의 절호 기회를 포착했으며, 미국은 북극 관련 기구와 제도를 재편해왔다.

미 해군은 2018년에 북대서양과 북극해 및 해안을 따라 전투 임무를 수행할 2함대를 재건했으며, 2020년에 NATO는 미 해군 노퍽(Norfolk) 기지에 북극

---

70) Heather Exner-Pirot and Robert Murray, "NATO needs to play a bigger role in the Arctic," *National Post*, Sep. 20, 2022.

71) "Chair of the NATO Military Committee highlights strategic importance of the Arctic," *NATO*, Oct. 14, 2022.

사령부를 창설[72]했으며, 2021년 1월 미 해군 문서는 "미국 북동부 뉴잉글랜드 가장 북쪽에 소재한 북대서양의 메인(Maine)주 해안에서 북극해를 가로질러 북태평양의 베링해협과 알래스카를 거쳐 알류샨 열도 사슬의 남쪽 끝까지 뻗어 있는 지역"을 북극으로 새롭게 정의하면서 미 해군의 활동 영역이란 점을 강조했다.[73]

2019년 4월 미 해안경비대의 북극전략, 2019년 6월 국방부의 북극전략, 2020년 7월 공군의 북극전략이 채택됐다.[74] 또한 2022년 8월 26일 바이든 행정부는 트럼프 시대에 조성된 북극 지역 조정관을 북극 대사로 격상했으며, 9월 27일 국방부는 '북극전략 및 글로벌복원실'을 구성한다고 발표하고 관련 업무를 담당할 국방부 차관보를 임명했다. 2022년 10월 7일 발표된 북극전략 문서는 안보, 기후변화 및 환경보호, 지속 가능한 경제개발, 국제협력 등 미국이 향후 10년 동안 북극 지역에서 추구할 4개의 기둥을 제시했다. 2022 북극전략은 2013년 북극전략보다 더욱 구체적으로 북극의 진출과 개입을 담고 있다. 실제로 NATO가 북극 지역에 배치한 부대는 주로 미군이다. 북극 주둔 미군은 인도태평양사령부 산하 알래스카 사령부가 지휘하며, 알래스카에는 25보병사단 1여단과 4여단으로 구성된 약 11,600명의 육군이 주둔하고 있다. 북극에 주둔하고 있는 미 공군은 100대 가까운 차세대 F-22, F-35 전투기를 보유한 11항공부대로 구성돼 있으며, 향후 150대로 증원할 예정이다.[75]

---

72) Levon Sevuts, "NATO's new Atlantic command to keep watch over the European Arctic," *The Independent Barents Observer*, Sep. 18, 2020.

73) US Department of the Navy, "A Blue Arctic," January 2021.

74) David Auerswald, "NATO in the Arctic: Keep Its Role Limited, For Now," *War on the Rocks*, Oct. 12, 2020.

75) Li Wei, "Why does NATO step up deployment in Arctic?," *China Military Online*, Oct. 13, 2022.

러시아의 우크라이나 침공 이후 강화된 북미 항공우주방위사령부 (NORAD)와 조기경보 시스템 현대화가 진행되고 있다. 이 시스템은 알래스카에서 북부 퀘벡까지 거의 50개의 단거리 및 장거리 레이더 스테이션이 현대적인 미사일 위협에 대응할 수 없는 노후화된 냉전 시대의 북쪽 경고 시스템을 대체할 것이다. 2022년 3월에 캐나다 정부는 노후된 전투기를 대체하기 위해 미국산 F-35 스텔스 전투기 88대를 구매할 계획을 발표했다. 그들의 주요 역할은 극북 정찰에 사용된다.[76] 이는 지금까지 북극에서 NATO 개입에 미온적인 입장에서 다른 캐나다 북극정책의 획기적 변화다.

실용적인 관점에서 볼 때, 핀란드와 스웨덴이 모두 NATO 회원국이 되었을 때 통합된 북극 정책을 개발하고 시행할 수밖에 없을 것이다. NATO는 북극의 새로운 기회와 도전에 대한 대응책에 집중하면서 북극에서 러시아와 중국의 적극적인 북극 활동을 저지하는 데 초점을 맞출 것이다.

러시아의 높은 유럽의 에너지 수출의존도와 우크라이나 사태 이후 서방의 강도 높은 제재를 고려할 때 아시아 파트너(주로 중국, 인도, 일부 아세안 및 중동 국가)와 협력과 교류가 러시아의 실행 가능한 대안이라는 데 의심의 여지 없다. 푸틴은 크름반도 합병 이후 서방의 제재와 팬데믹으로 타격을 입은 국가 경제를 개선하기 위해 북극과 시베리아 · 극동의 국제 협력과 개발을 강조했다. 이러한 계획의 핵심은 석유 · 가스 프로젝트를 개발하고, NSR을 중국의 재정 및 물류 지원을 받아 '북극 실크로드'로 만드는 것이었다.[77] 그러나 우

---

76) "Canada Announces New Arctic Air, Missile Defenses With US," *The Defense Post*, Jun. 21, 2022.

77) 2018년 중국은 '빙상실크로드'를 만드는 것이 핵심 전략 포인트인 북극정책 백서를 발간했으며 중국의 14차 5개년 개발 계획에서도 북극의 잠재력을 강조했다. 북극 인프라 프로젝트 참여와 NSR 해운(유조선과 LNG선)의 증가가 북대서양에 도달하여 중국을 북대서양 경제 강국으로 만드는 데 일조했다. Andrey Gubin, "Military Aspects of

크라이나 사태로 모스크바와 세계 경제 연결이 단절되면서 NSR의 미래는 이제 불투명해졌다. NSR과 북극 프로젝트의 안정적이고 중단 없는 운영을 보장하기 위한 가장 중요한 재정, 기술 및 물류 문제는 아직 해결되지 않은 상황이며 서방의 강도 높은 제재와 어려움에 직면하고 있다. 서방의 제재로 투자 및 기술 교류와 협력이 중단된 점을 고려할 때 러시아 북극의 주요 운송, 에너지 및 인프라 프로젝트를 재검토해야 한다.[78] 러시아 2035 북극전략에서 제시된 NSR 물동량과 북극 프로젝트는 지연되거나 유보 가능성이 높다.

러시아의 우크라이나 침공 이후 7개 서방권의 북극국가들은 현재 북극이사회(AC) 의장국인 러시아와 AC와 그 부속기관의 모든 업무를 중단했다. 현재 북극은 '2개의 북극'으로 실존하고 있어 AC의 존속 운명은 불확실한 상황이다.

북극이사회는 지난 26년 동안 경성(hard)안보는 배제하면서 연성(soft)안보(인간, 과학, 환경, 기후, 보건, 거버넌스 등) 이슈에 지대한 역할을 담당했으며 2015년에 해안경비대포럼(ACGF) 창설 등 북극 거버넌스 구조에서 경성안보 문제에 대한 국제적 대화를 위한 적절한 메커니즘의 부족을 인식했다. 북극안보군원탁회의(ASFR: Arctic Security Forces Roundtable, 2011년)와 북극참모총장회의(ACHOD: Arctic Chiefs of Defense, 2012년) 등의 군사 포럼은 창설됐지만 러시아의 크름반도 합병 이후 러시아의 참여는 배제됐다. 현재 북극을 특별히 겨냥한 포괄적인 안보 대화를 위한 포럼은 없다. 러시아는 2021-23년 북극이사회와 ACGF의 의장국으로 북극권 국가들과 경성·연성안보 부문에서 협력할 수 있는 기회는 존재했지만 우크라이나 사태

Russia's Stance in the Arctic," *Modern Diplomacy*, Sep. 29, 2022.

78) Marc Lanteigne, "Arctic Security and the Russia-Ukraine War: The View from Norway," *The Polar Connection*, Mar. 4, 2022.

로 중단됐다. 기존의 국제기구〈북극이사회(AC), UN 안전보장이사회, 바렌츠-유럽북극이사회(BAEC), 발트해연안국이사회(CBSS), 노르딕방위협력기구(NORDFECO), 노르딕이사회(NC), 노르딕그룹(NG), G7, G20, 러시아·NATO대화, 유럽안보협력기구(OSCE) 등〉의 활동은 러시아의 우크라이나 침공으로 중단 혹은 새로운 질서 재편을 모색하고 있다. 안보의 가장 중요한 목표는 '저 긴장'과 이해당사자 간의 의사소통 수준을 높이며 공통 관심사와 실용주의가 핵심이다. 그 예로써 북극 관련 모든 당사국 간의 공동 '핫라인'과 잠재적 해상사고(INCSEA) 협정을 포함한 양자 및 다자 협상과 더불어 군사훈련 참관, 상호 접촉의 필요성이 대두되며, 위험을 방지하기 위해 러시아와 군사 대화를 다시 활성화하고 투명성과 신뢰성을 높여야 한다. 평시에 합법적이고 수용 가능한 군사 관행을 정의하는데 도움을 줄 수 있는 '북극 군사행동 코드(AMCC: Arctic Military Code of Conduct)' 적용은 예측 가능성과 투명성을 통해 오판 및 긴장 위험을 줄일 수 있다. [79]

V. 맺음말

냉전 시대 때 NATO와 소련과 바르샤바조약기구(WTO) 간 국경선은 노르웨이 바렌츠해부터 서독의 발트해와 동독에 인접한 '풀다 회랑(Fulda gap)'과 흑해와 지중해와 연결되는 이탈리아 아드리아해까지 펼쳐졌다. WTO와 소련의 해체와 더불어 NATO의 동진으로 흑해는 '소련의 호수'에서 튀르키에, 루마

---

79) Mathieu Boulègue, "New military security architecture needed in the Arctic," *Chatham House*, May 4, 2021.

니아, 불가리아 NATO 가입과 우크라이나의 독립으로 러시아 흑해함대의 위상이 약화됐다. 큰 이변이 없는 한 핀란드와 스웨덴의 NATO 가입은 올해 말 혹은 내년 상반기까지 이루어질 것으로 판단된다. 핀란드와 스웨덴이 NATO에 가입한다면 발트해는 'NATO의 호수'로 변모하여 러시아 발트함대의 취약성은 명약관화다. 특히 우크라이나 전쟁과 핀란드의 NATO 가입으로 러시아와 NATO의 국경선은 2배 이상으로 확대되면서 러시아 전체 국경선의 6%가 대치 및 긴장 상태로 돌입했다.

우크라이나 전쟁 발발의 동인은 복합적이며 다층적 요인 등에 기인했지만 우크라이나 침공은 국제법의 위배이며 정당화될 수 없다. 우크라이나 전쟁은 벌써 만 9개월이 지났으며 전장은 진퇴양난과 교착 상태에서 러시아의 약세로 나타나고 있다. 물론 푸틴의 작품인 이 전쟁의 종결을 위한 출구전략이 절대적으로 필요하다. 여러 차례 종전 협상은 진행됐지만 양국의 견해 차이로 무산됐다. 그러나 전쟁 피로감과 양국의 소모전으로 국력 하락과 세계 경제의 심각성 등으로 휴전 및 종전 협상이 이루어질 것으로 예상된다. 그러나 휴전 및 종전을 위한 외교적 수단이 수사학적 장관(壯觀)이나 혹은 NATO(Not Action, Talk Only)가 되어서는 안 될 것이다. 물론 러시아는 돈바스와 크름반도의 남부 회랑 확보(실제로 돈바스와 자포리자주와 헤르손주를 공식적으로 러시아의 합병 절차 완료)의 연결 거점의 확보로 종결을 원하지만 우크라이나는 절대 항전의 의지를 밝히면서 전쟁은 한국동란처럼 지루한 휴전 협상으로 진행될 가능성이 높다고 생각된다. 또한 전쟁 종결 이후에도 양국의 상흔 해결과 재건에는 오랜 시간(한 세대 이상)과 천문학적 비용이 요구된다.[80]

---

80) 한종만, "우크라이나 전쟁: 세계질서의 재편과 퍼펙트 스톰(perfect storm)의 징조," 『북극연구 The Journal of Arctic』, No. 28, May 2022, p. 3.

우크라이나 전쟁과 더불어 심화된 미·중 패권 전쟁은 에너지·식량안보와 인플레이션 문제, 공급망 재편 등 세계 경제·안보 질서에 심각한 도전을 제기하고 있다. 기후변화로 촉발된 북극의 지정 및 지경학적 편익의 구체화 과정에서 북극은 강대국, 특히 러시아·중국·미국의 북극 이용과 자원 쟁탈전의 가속화가 예상된다. 그러나 우크라이나 전쟁으로 북극이사회의 업무와 활동은 중단되면서 현재 '2개의 북극'으로 양분된 상황이다. 북극이사회의 존속도 불투명하다. 2023년 5월 AC 의장국 러시아에서 노르웨이로 옮겨가는 순환 의장국의 지위도 불투명하다. 러시아가 없는 AC는 상상할 수도 없지만 그 가능성도 배제할 수 없다. 그러나 AC NATO 7개국은 기후변화 등 글로벌 이슈와 문제에 대응하기 위해 북극에서 러시아와 협력을 배제할 수 없다고 생각된다. 지정학적 상황과 관계없이 북극 지역에서 환경 및 기후 문제, 지속 가능한 개발, 원주민의 지위 향상 문제는 협력의 핵심 주제로 남을 것이다. NATO 북극권 7개국은 핵 억지력 강화뿐만 아니라 자유로운 북극 항행과 항공 정책, 중국의 대담한 북극 진출과 투자에는 선별적으로 제한하는 정책을 통합적으로 실행할 것으로 예상된다. 그 결과 일대일로의 일환으로 빙상실크로드의 중국의 북극 진출은 지연되거나 한계에 직면하며, 러·중의 북극 자원·인프라 개발 프로젝트도 중단 혹은 유예될 수 있다.

서방의 제재가 풀리지 않으면 러시아가 새로운 무기를 도입하거나 기존 재고를 업그레이드하는 것은 물론 전쟁 전 재래식 군사 능력의 재건은 불가능하거나 상당한 시간이 필요하다고 전망된다. 이는 NATO가 상당한 우위를 점하면서 새로운 안보 레짐의 주도권을 잡을 가능성이 높다는 것을 의미한다. 그럼에도 불구하고 러시아는 제2장에서 언급한 것처럼 여전히 강력한 핵 자산뿐만 아니라 게임체인저가 될 가공할 절대무기를 보유하고 있다는 점을 무시할 수 없는 상황이다. 우크라이나 전쟁이 종료되면 NATO가 핵무기로 무장한 약화 된 러시아를 억제하기 위한 장기적인 도전(핵전쟁 등)에 직면할 가능성이 높으며, 이 해결에는 상당한 시간이 소요될 것으로 생각된다. 우크라이나 전쟁이 종료 후에도 전쟁 재발 가능성도 배제할 수 없어 서방의 러시아 제재와 양 진영의 긴장 고조는 계속 이어질 것으로 예상된다.

러시아의 국가·국민 정체성, 특히 푸틴의 '강한 국가'와 think big에 대한 열렬한 향수의 반추 개념은 톨스토이 단편 '사람에겐 얼마만큼의 땅이 필요할까'의 교훈을 얻어 희석되어야 한다. 러시아의 비대칭적이며 게임체인저가 가능한 절대무기를 보유한 만큼 NATO 혹은 중국(?)이 러시아 영토의 침략 가능성은 매우 희박하다고 생각된다. 역사적으로 러시아는 모든 외부의 침략으로 상당한 피해를 입었지만 결과론적으로 항상 승리했다는 사실이 입증한다. 경제보다 안보를 중시하는 러시아의 전통적인 사고의 패러다임의 변화를 통해 평화 번영의 러시아 발전 잠재력은 실현될 수 있다. 현시점에서 러시아의 패러다임 사고의 변화는 포스트 푸틴 시대에 가능하다고 생각되지만 강력한 힘을 지닌 푸틴의 의지만 있다면 달성될 수 있다고 생각된다.

양 진영 간 대결 과정과 각 진영 간 협력 과정에서 경쟁, 갈등, 분규, 전쟁에 관련된(될) 심도 있는 분석이 필요한 시기다. 미·중 패권 전쟁과 우크라이나 사태로 촉발된 진영 대결 과정에서 가시화되고 있는 북·중·러와 한·미·일 동맹 시나리오는 한국의 국익에 도움이 안 된다고 생각된다. 쿼드에서 인도, ICEP 대만 배제, 한일 갈등뿐만 아니라 민주 진영에서도 국익을 위해 갈등이 존재하는 것처럼 권위 진영에서도 러시아와 중국의 패권과 경쟁 등 틈새가 있다. 핀란드와 스웨덴의 중립국 혹은 한국의 줄타기 입장의 설 자리는 상대적으로 사라지고 있다. 한국은 자강을 바탕으로 국익과 상식과 보편적 가치를 바탕으로 사안별로 레버러지와 지렛대 이용을 가능케 하는 단단한 스마트 외교가 필요하다고 생각된다. 끝으로 시대정신(Zeitgeist) 가치로 세계는

'사회적 상식'(인류애, 자유, 공정, 연대 등)이 통하는 사회를 지향해야 한다. 절대적인 경제력과 군사력을 가진 NATO 진영은 권위 진영을 악마 혹은 적으로 규정할 것이 아니라 모든 진영의 공통분모인 '평화와 번영' 그리고 '공동체'와 '연대'라는 세계 공공재 역할을 수행해야 한다. '마의 산' 장편소설 작가 토마스 만은 인류가 존재하는 한 지성인의 덕목을 더불어 함께 잘사는 순수한 의미를 가진 '사회주의적 가치'라고 기술했다. 이 가치를 부정할 수는 없을 것이다.

〈참고문헌〉

고일환, "유엔 총회, '우크라 침공' 러시아에 배상 책임 결의안 채택,"『연합뉴스』2022년 11월 15일.

"러시아, 한국·미국·EU 등 비우호국가 지정,"『한국일보』2022년 3월 7일.

신동윤, "인도·튀르키예 '마이웨이'…러 석유 계속 구매, 가스 구매 시 루블화 결제 확대,"『헤럴드경제』2022년 11월 9일.

신은별, "몸값 튀기는 튀르키예… 스웨덴·핀란드 나토 가입 승인 저울질,"『한국일보』2022년 11월 7일.

"푸틴이 공개한 러시아의 차세대 '슈퍼 무기' 5종,"『연합뉴스』2018년 3월 2일.

한종만 외,『러시아의 지리』대우학술총서 535 (서울: 아카넷, 2002년).

_____, "노르딕 북극권의 지정, 지경, 지문화적 역동성에 관한 연구,"『한국시베리아연구』(배재대학교 한국-시베리아센터) 제21권 2호, 2017년, pp. 1-50.

_____, "2035년까지 러시아의 북극 쇄빙선 인프라 프로젝트의 필요성, 현황, 평가,"『한국시베리아연구』(배재대학교 한국-시베리아센터) 제24권 2호, 2020년, pp. 1-35.

_____, "러시아의 북극정책 과정에서 북부함대의 군사력 강화 현황과 배경,"『한국해양안보포럼 e-Journal』(한국해양안보포럼) 2020년 10-11월호.

_____, "북부해항로(NSR)와 러시아의 해양 안보: 현황과 이슈,"『해양안보논총』(한국해양안보포럼), 제3권 제2호(통권 제6호), 2020년 12월, pp. 123-155.

_____, "'러시아 2035 북극전략'의 내역과 평가," 한종만, 라미경 외,『지금 북극은 제3권 북극: 지정·지경학적 공간』학연문화사, 2021년 9월 30일, pp. 7-60.

_____, "러시아연방 해양 독트린의 배경과 내용 그리고 평가: 북극을 중심으로,"『한국해양안보포럼 E-저널』(한국해양안보포럼), 제52호(8-9월호, 2021년).

_____, "북극에서 신냉전: 러시아와 NATO를 중심으로,"『북극연구 The Journal of Arctic』, No. 27, Feb. 2022, pp. 1-15.

_____, "우크라이나 전쟁: 세계질서의 재편과 퍼펙트 스톰(perfect storm)의 징조,"『북극연구 The Journal of Arctic』, No. 28, May 2022, pp. 1-5.

Ålander, Minna und Michael Paul, "Finnland und Schweden rücken näher an die NATO. Auswirkungen der russischen Kriegspolitik im Hohen Norden," *SIRIUS*, Vol. 6, No. 2, 2022.

Auerswald, David, "NATO in the Arctic: Keep Its Role Limited, For Now," *War on the Rocks*, Oct. 12, 2020.

Baker, Sinéad and Erin Snodgrass, "Map shows how Russia's border with NATO would more than double with Finland and Sweden as members," *Insider*, May 18, 2022.

"BALTOPS 22 Multinational Exercise Kicks Off In The Baltic Sea," *U.S. Navy press release*, Jun. 6, 2022.

Bickerton, James, "Finland Will Allow NATO to Place Nuclear Weapons on Border with Russia," *Newsweek*, Oct. 26, 2022.

Boulègue, Mathieu, "New military security architecture needed in the Arctic," *Chatham House*, May 4, 2021.

Bredesen, Maren Garberg and Karsten Friis, "NATO's Challenges, Old and New Missiles, Vessels and Active Defence: What Potential Threat Do the Russian Armed Forces Represent?," *The RUSI Journal*, Vol.165, Issue 5-6, 2020.

Breum, Martin, *Cold Rush. The Astonishing True Story of the New Quest for the Polar North*, Montreal/Kingston: McGill-Queen's University Press, 2018.

Bronder, Polina L., "Turkish yard wins bid to build nuclear icebreaker dock," *The Independent Barents Observer*, June 13, 2021.

"Canada Announces New Arctic Air, Missile Defenses With US," *The Defense Post*, Jun. 21, 2022.

"Chair of the NATO Military Committee highlights strategic importance of the Arctic," *NATO*, Oct. 14, 2022.

Charlton, Corey, "Will WW3 Start Here? How a tiny 60-Mile stretch of land in Central Europe known as the Suwalki Gap could spark a nuclear apocalypse," *The Sun*, Sep. 25, 2019.

Childs, Nick, "Russia's new maritime doctrine: a drift from reality?," *IISS*, Sep. 2, 2022.

"Do you think Sweden should join the military alliance NATO," *Statista Research Department*, Sep 5, 2022.

Dodge, Blake, "National Security Expert Explains Why Trump's Actions Mean 'Putin is Getting Everything He Wants Without Having to Lift a Finger," *Newsweek*, Dec. 4, 2019.

Dougall, David Mac and Rita Palfi, "Despite diplomacy, Hungary & Turkey still blocking Sweden and Finland from NATO," *Euro News*, Nov. 11, 2022.

"Echoes of the Cold War: Why 'bears' Like the G.I.U.K gap," *T-Intelligence*, Mar. 30, 2021.

Ellyatt, Holly, "Russia is dominating the Arctic, but it's not looking to fight over it," *CNBC*, Dec. 27, 2019.

"Enlargement of NATO," From Wikipedia, the free free encyclopedia.

https://en.wikipedia.org/wiki/Enlargement_of_NATO (검색일: 2022년 2월 18일).

Exner-Pirot, Heather and Robert Murray, "NATO needs to play a bigger role in the Arctic," *National Post*, Sep. 20, 2022.

Forsberg, Robin, Aku Kähkönen and Janna Öberg, "Implications of a Finnish and Swedish NATO Membership for Security in the Baltic Sea Region," *Wilson Center*, Jun. 29, 2022.

Gubin, Andrey, "Military Aspects of Russia's Stance in the Arctic," *Modern Diplomacy*, Sep. 29, 2022.

Hedlund, Stefan, "NATO's Nordic bloc: Big promise, lurking problems," Sep. 27, *GIS Reports Online*, Sep. 27, 2022.

Henningsen, Bernd, *Die Welt des Nordens. Zwischen Ragnarök und Wohlfahrtsutopie: Eine kulturhistorische Dekonstruktion*, (Berlin: Berliner Wissenschafts-Verlag, 2021).

House of Commons Defense Committee, *On Thin Ice: UK Defence in the Arctic*, 2018.

Iliopoulou, Olympia, "The Road to Alignment: Prospects of Finnish and Swedish NATO Memberships," *Info Flash, Finabel*, May 18, 2022.

Insinna, Valerie, "Norwegian Air Chief Wants 'Nordic Air Operations Center' if Sweden, Finland Join NATO," *Breaking Defense*, July 08, 2022.

Kanci, Mehmet A., "ANALYSIS - Globalizing NATO for 2nd cold war: We are entering a period of 'Cold War II' that will encompass Asia-Pacific, even polar regions," *AA*, Jul. 3, 2022.

Kansika, Suvi, "Dismantling the Soviet Security System. Soviet-Finnish Negotiations on Ending Their Friendship Agreement, 1989-91," *The International History Review*, Vol. 41, Issue 1, 2019, pp. 83-104.

"Keeping Any NATO Ratification Period Short Is Key to Finland, Says PM," *Reuters*, May 4, 2022.

Khorrami, Nima, "Sweden's New Arctic Strategy: Change and Continuity in the Face of

Rising Global Uncertainty," *The Arctic Institute*, May 4, 2021.

Köhne, Gunnar, Helga Schmidt, Klaus Remme, Gunnar Köhne, "Schweden und Finnland auf dem Weg in die NATO," *Deutschlandfunk*, Jul. 8, 2022.

Kuusela, Janne, "A View from Finland: Security and Defense in the Arctic," *Defense News*, May 12, 2020.

Lanteigne, Marc, "Arctic Security and the Russia-Ukraine War: The View from Norway," *The Polar Connection*, Mar. 4, 2022.

Liu, Natalie, "Finns, Swedes Overwhelmingly Back NATO, Poll Shows," *Voice of America*, Sep. 16, 2022.

Masters, Jonathan, "How NATO Will Change: If Finland and Sweden Become Members," *Council on Foreign Relations*, Jun 29, 2022.

McNamara, Kevin J., "Europe's New Military Frontline," *CEPA*, Oct. 17, 2022.

Monaghan, Sean, Pierre Morcos, and Colin Wall, "What happened at Madrid's NATO Summit?," *CSIS*, July 1, 2022.

Muzergues, Thibault and Kenneth M. Pollack, "A Stronger But Less Ambitious NATO," *Helsinki Times*, Oct. 3, 2022.

Nagashima, Jun, "What Membership for Finland and Sweden Would Mean for NATO's Evolution," *International Information Network Analysis* (The Sasakawa Peace Foundation), Jun. 24, 2022.

"Nato-Beitritt von Finnland und Schweden: Erdogan droht erneut mit Blockade des Nato-Beitritts von Schweden," *NZZ-Redaktion*, Okt. 7, 2022.

"NATO intelligence warns allies about possible test of nuclear super torpedo by Russia," *European Pravda*, Oct. 3, 2022.

Nilsen, Thomas, "Three Nations - One Mission. The New NATO in the North," *The Independent Barents Observer*, Jun. 3, 2022.

Nordlund, Peter, "Sweden and Swedish Defence - Introduction to the Special Issue," *Defence and Peace Economics*, Vol. 33, 2022, pp. 387-398.

Nyberg, René, "Russian Collateral Damage: Finland and Sweden's Accession to NATO," *Carnegie Endowment for International Peace*, Oct. 6, 2022.

Paul, Michael, "Arctic repercussions of Russia's invasion: council on pause, research on ice and Russia frozen out," *SWP Comment*, No. 39, June 2022.

Paul, Michael und Göran Swistek, "Russland in der Arktis: Entwicklungspläne,

Militärpotential und Konfliktprävention," *SWP-Studie*, No.19, Berlin, Oktober 2021

Phillips, Michael M. and James Marson, "Russia's Neighbors Rebuild Defenses," *Wall Street Journal*, 6.1.2020.

Posaner, Joshua, "'Hand-in-hand': Finland, Sweden pledge to join NATO together," *Politico*, Oct. 29, 2022.

Reuter, Benjamin, "Nato-Beitritt durch die Hintertür?," *Tagesspiegel*, Okt. 14, 2022.

"Russia. Facts and Figures, *The Arctic*," The Arctic Institute, Washington D.C., Jun. 19, 2020.

"Schwedens jahrhundertealte Neutralität geht zu Ende," *Kurier*, May 15, 2022.

"Swedish Armed Forces - Statistics & Facts," *Statista*, Jun. 30, 2022.

Sevuts, Levon, "NATO's new Atlantic command to keep watch over the European Arctic," *The Independent Barents Observer*, Sep. 18, 2020.

SIPRI, "World military expenditure passes $2 trillion for first time," *SIPRI*(Stockholm International Peace Research Institute), Apr. 25, 2022.

Staalesen, Alte, "As Moscow Prepared for War, State company Gazprom sold Arctic gas worth almost 140 $billion," *The Independent Barents Observer*, May 3, 2022.

Steiner-Gashi, Ingrid, "Finnland: Den 'russischen Bären nicht zu reizen', reicht nicht mehr," *Kurier*, May 15, 2022.

"Submarine Cable Map," *Tele Geography*, May 20, 2022

Tanner, Jari, "Finland IDs Hackers Linked to Parliament Spying attack," *Reuters*, Mar. 18, 2022.

Warral, Helen, "Sweden's navy chief hails big increase in defence spending," *Financial Times*, Dec. 21, 2020.

Wei, Li, "Why does NATO step up deployment in Arctic?," *China Military Online*, Oct. 13, 2022.

US Department of the Navy, "A Blue Arctic," January 2021.

Valantin, Jean-Michel, "Arctic China: Towards new Oil Wars in the Warming Arctic?," *The Red Team Analysis Society*, Sep. 14, 2020.

Winnerstig, Mike, "From Isolationist Neutrality to Allied Solidarity: The Swedish Road to NATO Membership," *RKK ICDS*, Sep. 26, 2022.

Суханкин, Сергей, "Есть ли России арктическая стратегия?," *Riddle*, 08. 05. 2020.

Уитер, Джеймс К., "СВАЛБАРД ≪АХИЛЛЕСОВА ПЯТА≫ НАТО В АРКТИКЕ," *per Concordiam*, 8 сентября, 2021.

북극해 영유권을 둘러싼 캐나다-미국 간 갈등의 국제정치

라미경*

Ⅰ. 머리말

지구온난화 현상으로 기후변화는 전 세계 곳곳에 영향을 미치고 있다. 특히 북극해의 해빙이 가속화되면서 북극해에서의 갈등 양상은 더욱 심화되고 있다. 북극해를 둘러싸고 가장 첨예하게 국가간 대립이 나타나고 있는 부문은 북극해양 영토확보 경쟁이다. 특히 북극해 지역에서 대륙붕 외연 확장으로 국가 간 경제수역 충돌이 일어나고 있다.

1982년에 발효한 유엔해양법협약(United Nations Conference on the Law of the Sea: UNCLOS)[1]이 정하는 해양주권경제 획정에 있어 북극해에서 심각한 문제가 노출되었다. 2007년 러시아는 심해 잠수정을 이용해 북극해 해저를 탐사한 후 자국의 영토임을 주장하며 해저 바닥에 러시아 국기를 꽂자 주변국들의 반발을 사기도 하였다.[2] UN 해양법협약에 따르면 국가별 해안선

※ 이 논문은『한국해양안보논총』제3권 1호에 게재된 논문을 수정 보완한 것임.
* 서원대학교 휴머니티교양대학 교수
1) 20세기 중반기까지 해양에서의 국가간 갈등이 계속되고 있었으나, 이를 조정할 수 있는 국제법적 기분이 마련되지 못하다가 20세기 중반부터 국가간 해양관할권 문제를 논의하기 시작했고 그 결과 탄생한 것이 UN 해양법협약이다.
2) 2007년 8월 러시아 심해 탐사 잠수정 미르 1,2호가 북극해 로마노소프 해령 심해저 4,261m와 4,302m 지점을 탐사하고 자국 국기를 꽂고 그곳이 자국영토임을 주장했으

200해리까지의 해저자원에 대한 배타적 경제수역(EEZ)을 인정하고 있으니, 그 이상 대륙붕이 자연 연장됨을 증명하면 350해리까지 해저자원에 권리를 인정한다는 것이다. 유엔해양법협약 비준 후 10년 이내 각국(덴마크, 러시아, 캐나다, 미국)은 대륙붕의 연장에 대한 자신의 주장을 제기하기 위해 대륙붕한계위원회(UN Commission on the Limits of the Continental Shelf: CLCS)에 서류를 제출해야 한다. 대륙붕한계위원회는 이 제출물을 심의하기 위해 창설된 기구이다. 이에 북극권 국가들, 특히 러시아는 로모소노프 해저산맥(Lomonosov Ridge)을 따라 북극점까지 연장하여 해저자원 권리를 주장하고 있으나 캐나다 등 주변국은 강력히 반대하고 나섰다. 이외에도 북극해를 둘러싼 국가간의 영유권 갈등은 미국, 캐나다간 뷰포트(Beaufort)해 경계분쟁, 합의된 노르웨이와 러시아 바렌츠 해 경계획정 등이 있다.

유엔해양법협약은 북극을 아우르는 유일한 국제적 통치 기구이다. 땅으로 이루어진 남극과 달리 바다로 이루어진 북극에 대해서는 다양한 국가의 존재(presence)를 조정하는 협약이 존재하지 않는다. 유엔해양법협약은 국가들이 어떻게 상호 작용하는지, 대륙붕을 넘어서는 주장들이 어떻게 구성이 되는지, 법적 주장과 영토분쟁에 대한 기초를 어떻게 갖게 되는지를 규정하는 강력한 국제적 체제이다. 이와 같은 역할을 하는 그 밖의 자료, 조약, 혹은 틀이 부재하기에 유엔해양법협약이 갖는 중요성은 크다.

하지만 국제정치에서 국가이익을 위한 강대국의 행위는 핵심적 국익을 선정하는 과정에서 어디에 중점을 두어 추진할 것인가에 의해 달라진다. 북극권의 갈등은 국가간 고위정치(high politics)의 전통적 대립관계를 보여주고

며, 이 해령은 자국 동시베리아지역 추코트카반도와 대륙붕으로 연결되었기 때문에 러시아의 대륙붕이라고 주장하고 있다.

있으나 북극해를 둘러싼 항로개척, 환경문제, 원주민 인권, 생태문제 등 저위정치(low politics)의 국가간 협력 양상이 동시에 나타나고 있다(이민룡 2020, 80).

캐나다의 대외관계에서 가장 중요한 나라를 꼽으라면 단연 미국이다. 무역의 75%를 차지하는 대미 수출량과 북대서양조약기구(NATO)로 맺어진 동맹 등 캐나다에 미국은 경제적으로도 안보적으로도 필수불가결한 존재다. 하지만 미국과 긴밀한 관계를 유지해야 하는 캐나다에도 끝내 양보할 수 없는 것이 바로 북극해 일부인 뷰퍼트 해상의 경계선이다. 자국에 유리하게 정하려는 미국과의 갈등이 심화되고 있다. 여기에서 주지해야 할 것은 미국 국회가 유엔해양법협약을 비준하고 있지 않다는 것이다(김예동 외 1 2013, 69-70).

본 연구에서는 21세기 이후 국제정치적 갈등 양상 중에서 강대국 갈등의 핵심 문제이자 전통안보의 바탕을 이루는 영유권 문제에 주목하고 있다. 특히 캐나다-미국 간의 뷰퍼트 해를 둘러싼 경계분쟁 갈등에 대해 분석해 보고자 하는데 이는 해양관할권 문제를 둘러싼 갈등과 대립의 전형을 이루고 있다.

II. 북극해 영유권의 이론적 논의

1. 북극해의 개념

북극권은 북극해를 포함한 북위 66.56° 이북 지역을 지칭한다. 면적은 약 2,100만㎢로 지구 표면의 약 6%를 차지한다. 북극해는 대부분 얼음으로 덮여 있는 오대양 중 가장 작은 바다로 전 세계 바다의 3%를 차지하고 있다. 북극 해안 지역의 평균기온은 겨울에 영하 20℃에서 30℃, 여름에 영상 4℃에서 8℃

정도를 유지한다. 북극 지역은 수목한계선과 영구동토(Permafrost)의 한계선과 일치한다(김세원 외 2019). 북극해의 지리적 좌표는 그린란드 인근 북위 67° 이상, 베링해 인근 북위 60° 이상에 있는 북극권의 바다이다. 즉 북극해는 '북극권(Arctic Circle)'의 바다 지역이면서도 대개 유라시아 대륙, 북미대륙, 그린란드 등으로 둘러싸인 모양을 나타낸다. 북극해는 5대양의 하나로, 지중해 크기의 4배에 달하는 대양이기도 하다. 해양학(Oceanography)에서는 북극해를 대서양 일부로 보기도 하는데, 실제 그 넓이는 약 1,400만㎢로 다섯 대양 중에서는 가장 작다. 넓은 지역이 만년 해빙(海氷)으로 덮여있으며, 매서운 추위로 인간의 발걸음을 쉽게 허락하지 않는 자연환경으로 둘러싸여 있다(정보라, 2014; 최한별 · 최석범 · 리신강, 2014).

북극해 권역은 지구 면적의 약 6%를 차지하며, 총 2,100만㎢의 면적 중 800만㎢는 대륙, 700만㎢는 수심 500m 이하의 대륙붕으로 이루어져 있다. 북극해는 수심 1,000㎞를 넘는 해역이 무려 70%에 달하며, 나머지 30%는 육지 연안의 광대한 대륙붕으로 이루어져 있다. 북극해의 해수는 그린란드와 노르웨이 사이의 해역을 통해 대서양과 연결되며, 그린란드 동쪽에 있는 프람해협을 통해 북극해 해수와 해빙이 대서양으로 유출된다. 또한 캐나다의 메켄지강, 시베리아의 오비강 및 예니세이강, 레나강 등을 통해 민물들이 북극해로 유입되고 있다(김수암 · 강수경, 2014; 이재영 · 나희승, 2015).

2. 북극해의 법적 지위

북극해는 유엔해양법협약과 북극곰조약[3], 기타 양자협약에 근거하여 적용

---

3) The Agreement on the Conservation of Polar Bears(1974), 이 조약은 북극곰의 서식

된다. 북극해의 내수, 영해, 접속수역, 배타적 경제수역, 공해, 대륙붕, 심해저 등 모든 해양수역의 법적 지위는 해양법협약에 따라 결정되며, 대륙붕 한계설정, 결빙해역(ice-covered areas)을 포함한 해양환경의 보호, 항해의 자유, 선박의 해협통과, 해양과학연구, 기타 해양이용에 대한 권리와 의무 등이 해양법협약에 규제받는다. 대륙붕 수역의 중복문제는 대륙붕한계위원회의 이하 심사와 권고 절차를 통해 해결하게 된다.

현재 북극 영유권 경쟁이 치열하게 벌어지고 있는데, 경계획정 지역은 미국-러시아간 베링해와 북극해, 러시아-노르웨이간 바렌츠해, 캐나다-덴마크간 한스섬을 제외한 배핀만, 덴마크(그린란드)-노르웨이간 북극해로 이들 지역은 모두 양자간 협정에 의해 해양경계가 획정돼 있다. 반면 미국-캐나다간 뷰퍼트해, 러시아-캐나다간 북극해, 캐나다-덴마크(그린란드)간 북극해, 러시아-노르웨이간 북극해 일부는 해양경계가 획정되지 않은 상황으로 더넓은 영토확보를 위한 국가간 경쟁이 치열하게 전개되고 있다(김승섭 2015, 78). <그림 1>에 나타나듯이 북극해양경계는 해양경계획정 지역과 미획정·분쟁 지역으로 나누어졌다.

해양에 관한 기존 성문법과 국제관계법 그리고 일반적인 국가 관행을 포괄하여 성문화된 유엔해양법협약은 새로운 해양법 질서의 수립을 의미한다. 특히 국제적으로 해양의 중요성이 증대되고 있는 오늘날에 있어서 종합적이며 다양한 해양 쟁점을 다루고 있는 본 협약이 더한층 중요한 의미를 지닌다. 해양법협약의 성립은 대부분 연안국이 영해·배타적 경제수역·대륙붕 등 종전보다 확장된 해양 영역에 대한 국가이익, 즉 연안 방어와 해양자원 보호는 물

지를 보호하고 사냥을 제한하는 등 북극곰을 보호, 관리하기 위해 캐나다, 덴마크, 노르웨이, 러시아, 미국 사이에 체결되었다.

〈그림 1〉 북극해 주변 영유권 갈등지역

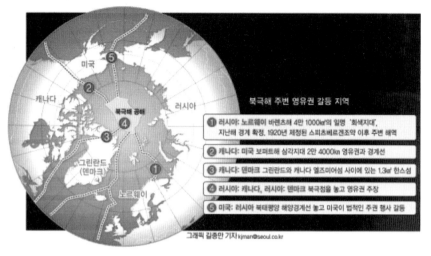

출처: 서울신문 2013. 9. 27.

론 해양자원을 활용한 국가 경제발전에 역점을 두게 되는 계기가 되었다(이영
형 외1 2010).

　북극권 국가는 북극해의 배타적 경제수역에서 해저의 자연자원과 에너지
생산 등 모든 경제적 자원에 대해 연안국으로서 주권적 권리를 행사하며, 인
공섬, 시설 및 구조물의 설치와 이용 등에 대해 관할권을 행사한다. (제56조)
대륙붕에 대해서는 대륙붕을 탐사하고 그 자연자원을 개발할 수 있는 주권적
권리를 행사한다. 다만 대륙붕의 상부수역이나 상공 법적지위는 대륙붕과 별
개로서, 대륙붕에 대한 연안국의 권리는 이에 대해 영향을 미치지 않는다. 현
행 국제법상 북극점이 특정 국가에 의해 소유될 수 없다는 데 이견이 없다. 오
펜하임(Oppenheim)이 지적한 바와 같이 북극점은 육지가 아닌 바다이기 때
문에 점유될 수 없으며(J. Peter, A. Bernhardt 1975.30), 특정 국가에 의한 소
유권의 대상이 될 수 없다.

3. 북극권 국가의 영유권 및 해양관할권

북극권 국가의 영유권 및 해양관할권은 유엔해양법협약 제76조에 의거한다. 1958년 대륙붕협약은 대륙붕의 법적 체계를 최초로 명문화하였으나, 대륙붕의 정의에 개발 가능성의 개념을 도입함으로써 그 기준이 모호하고 분쟁의 소지가 많다는 비판을 받았다. 대륙붕협약 제1조는 "대륙붕은 (a) 영해 밖의 해안에 인접한 수심 200m까지 또는 상수부역의 수심이 자연자원의 개발을 허용하는 수심 200m 이상의 해저지역의 해저와 지하; (b) 섬의 연안에 인접한 해저지역의 해저와 지하를 말한다"고 규정하고 있다.

이에 대해 해양법협약은 대륙붕이 육지의 자연적 연장이라는 개념을 바탕으로, 해저의 지질학적, 지형학적 특성에 근거하여 대륙붕의 범위를 새로이 정의하고 있다. 유엔해양법협약 제76조 1항에 따르면 연안국의 대륙붕은 (i) 영해 밖으로 영토의 자연적 연장에 따라 대륙변계(continental margin)의 외측한계까지, 또는 (ii) 대륙변계의 외측한계가 200해리에 미치지 않는 경우 영해기준선으로부터 200해리까지의 해저지역의 해저와 하층토로 이루어진다. 여기에서 대륙붕은 대륙변계의 외측한계까지로 정의되고 있는데, 이것은 과학적 정의가 아닌 법적 정의에 해당되는 것이다. 대륙변계는 대륙붕, 대륙사면, 대륙대의 해저와 하층토로 이루어지며, 해양산맥을 포함한 심해대양저나 그 하층토를 포함하지 않는다. (제76조 3항)

제76조의 대륙붕 한계설정방식은 매우 복잡하게 규정되어있다. 대륙붕 한계설정을 위해서는 외측한계의 산출 적용방식에 결정적인 기본 용어에 관한 상세한 규정이 필요하다. 그러나 해양법협약에서 이를 정의하지 않고 있어, CLCS와 각 당사국이 개별적인 사안에 관련 규정을 직접 적용해야 하는 문제가 발생하고 있다. 과학기술지침이 이를 명확하게 하려고 지침을 제시하고 있

지만 이러한 문제는 아직 해결되지 않고 있다(Nele Matz-Lueck 2009).

해양법협약 제76조 4항-7항까지의 조건이 충족된 경우 연안국은 영해기준선으로부터 200해리를 넘는 대륙붕의 한계에 관한 정보를 CLCS에 제출하게 되어 있다.(제76조 8항) CLCS는 해양법협약에 따른 200해리 이원의 대륙붕 한계설정의 이행을 촉진하기 위해 설립된 특별기구로, 공평한 지리적 배분의 원칙에 따라 해양법협약 제2 부속서에 따라 설립되었다. CLCS는 대륙붕 한계설정과 관련하여 연안국이 제출한 정보 및 자료를 심사하고,(해양법협약 제II부속서 제3조), 해양법협약 제76조 8항에 따라 200해리 이원의 대륙붕 한계설정에 관하여 연안국에 권고를 하는 것을 주요 임무로 하고 있다. CLCS의 권고를 기초로 연안국이 확정한 대륙붕의 한계는 최종적이며 구속력(final and binding)을 가진다.(제76조 8항) 대륙붕 한계는 원칙적으로 연안국에 의해 확정되는 것이지만, CLCS의 권고에 기초한 한계만이 최종적이고 구속력을 갖게 된다는 것이다.

이러한 법적근거 하에 캐나다와 미국과의 북극 영유권 분쟁에 대해 분석하기로 한다.

III. 양국의 북극정책

1. 캐나다의 북극정책

1) 캐나다의 북극영토

북미대륙의 북쪽에 있는 캐나다는 러시아에 이서 두 번째로 큰 국토 면적을 보유했으며, 동과 서로 그린란드와 알래스카, 남으로는 미국과 국경을 마주하고 있다. 행정구역상으로 10개의 주(州, province)와 3개의 준주(準州,

territory)로 구성되어 있다. 〈그림 2〉 나타나듯이 캐나다의 북극지역 영토로 간주하는 곳은 3개의 준주(유콘, 나누부트, 노스웨스트)와 퀘벡 및 뉴펀들랜드 레브라도의 북부 일부 지역이다. 3개 준주는 다른 지역에 비해 인구밀도가 낮은데 최근 매우 빠른 인구증가 속도를 보여주고 있다. 3개 준주는 캐나다 전체 면적의 약 39%를 차지하고 2020년 현재를 기준으로 캐나다 전체 인구의 약 0.33%가 넘는 주민이 거주하고 있다.

캐나다 북부 3개 준주 지역이 공통으로 높은 인구의 증가속도를 보여주는 이유는 최근 들어 정부가 이들 지역에 대해 전략적 관심을 갖고 집중적인 투자를 진행하고 있다는 점과 기후온난화의 영향이 결합된 것으로 추측할 수 있다(박상신 2019).

〈그림 2〉 캐나다의 북극 영토

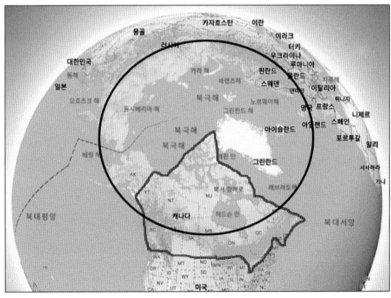

출처: 박상신(2019), p. 3.

2) 캐나다의 북극정책

캐나다는 2000년대 들어선 이후부터 북극의 전략적 중요성을 인식하고 종합적 계획을 마련하여 북극에 대한 관리를 진행하고 있다. 최근 캐나다 정부가 2030년까지 시행하는 캐나다 북극과 북부지역에 대한 정책을 발표했다 (2019. 9. 10)[4]. 발표된 신 북극정책은 2016년부터 수립에 착수하여 연방정부 외 3개 자치정부, 25개 이상의 원주민단체, 3개 지방정부 등이 공동으로 수립했으며, 다음과 같이 8개 목표가 도출됐다.

- · 지속 가능하고 다양한 포용적인 지역 경제발전 도모
- · 복원력 있고 건강한 캐나다 북극 및 북부 원주민 사회
- · 안전하고 잘 방비되어 있는 캐나다 북극 및 북부 지역과 사람들
- · 타 캐나다 지역의 인프라 수준과 괴리가 없도록 인프라 강화
- · 북극의 새로운 도전과제와 기회에 효과적으로 대응하는 규칙 기반의 국제질서
- · 지식과 이해에 기반을 둔 의사결정
- · 건강하고, 복원력 있는 캐나다 북극과 북부지역 생태계
- · 원주민과 비원주민 사회 간 존중 기반 관계를 형성하고 민족자결권을 지원하는 화해

향후 캐나다 정부와 파트너들은 북극정책을 공동이행 방안을 마련하기 위해 첫째, 정보 공유 및 프레임워크 이행 성과 평가를 위한 거버넌스 메커니즘 수립, 둘째, 새로운 투자와 기타 경제 및 규제 수단이 어떻게 프레임워크 이행

---

[4] https://www.rcaanc-cirnac.gc.ca/eng/1562782976772/1562783551358(검색일: 2019. 11. 1)

에 기여할 수 있는지를 기술한 이행계획 수립을 추진할 계획이다.

한편, 캐나다 총선 캠페인이 시작되기 하루 전, 현재 여당인 진보정권이 오랜 기간 공들여 준비한 신 북방정책을 발표하였다. 하지만 몇몇 캐나다 언론은 신 북방정책의 첫 구절이 이전 보수 정권의 2009 북방정책과 2010 캐나다 북극외교정책 성명서와 논조가 비슷한 점을 지적하였다. 캐나다 학계에서는 이번 북방정책이 지난 2017년 주정부 군사정책과 같이 명확한 부서별 책무와 예산소요를 포함하고 있을 것으로 기대하였지만 이전 내용과 크게 달라진 것이 없는 상황에서 총선 캠페인이 시작되기 직전에 발표한 것에 대한 의도를 의심하고 있다. 캐나다 정부는 신 북방정책은 로드맵(Road Map) 체계를 갖추고 있으며 이번에 제시된 북극정책 가이드라인을 기반으로 알맞은 실행계획을 만들어 운영할 것이라고 발표하였다.

이번 북극정책에서 나타난 특징은 다음과 같다.

첫째, 2019년 캐나다 정부는 누나부트 케임브리지 만에 북극연구기지(CHARS: Canadian High Arctic Research Station)를 공식 개소했다. 연구기지는 중앙연구동, 현장연구관리동, 방문과학자들을 위한 숙소 2개 건물 등 총 3개 모듈로 구성되었고 정부는 이를 건설하는데 총 2억 400만 달러를 투자한다. 정부-원주민 관계장관은 "북극연구기지(CHARS)가 북극과학, 연구 및 혁신, 원주민 지식에 대한 존중 등의 분야에서 캐나다의 리더십을 강화할 것"이라 강조하고 있다.

둘째, 영유권과 관련해서 캐나다는 대륙붕 연장신청서를 유엔 대륙붕한계위원회(UN CLCS) 제출했다. 캐나다 정부는 북극점을 포함한 46만 제곱마일 크기의 북극 대륙붕을 확장하기[5) 위해 이를 뒷받침할 과학적 근거가 포함된 2

---

5) https://www.arctictoday.com/like-denmark-and-russia-canada-says-its-extended-

천 페이지가 넘는 대륙붕 연장신청서를 유엔 대륙붕한계위원회(CLCS)에 제출했다. 유엔해양법협약에 따라 연안국은 대륙붕이 200해리를 넘어서 자연적으로 계속 이어진다고 과학적으로 증명할 수 있으면 관할권을 인정받을 수 있게 되었다. 캐나다 신청서에 포함된 로모노소프 해령은 이전 러시아와 덴마크가 제출한 CLCS 신청서에도 포함된 곳으로, 이처럼 국가 간 중첩되는 부분이 있는 경우 통상적으로 CLCS가 고려조차 하지 않지만, 이번 경우에는 3개국 모두 권리를 침해하지 않는 선에서 CLCS가 모든 신청서를 검토하고 권고를 결정해 달라고 요청했다. 캐나다는 신청서를 제출하기 위한 작업을 10여 년 전 시작했으며, CLCS가 각국의 신청서를 검토하는데 10여 년이 더 소요될 것으로 예상한다. 하지만, 전문가들은 북극점 주변에는 환경변화에 따라 개발될 수 있는 천연자원이 분포되어 있지 않으리라고 추정하고 있으며, 북극 연안국들의 북극 대륙붕 확장을 위한 노력은 "상징적"인 것에 더 가깝다고 평가하고 있다.

셋째, 캐나다는 미국과 함께 북극해상에서의 석유채굴을 5년간 금지했으며, 캐나다 정부는 북극의 자원개발이 환경을 고려하고 과학에 기반을 둔 결정으로 원주민들의 목소리도 반영될 수 있도록 하는 데 필요한 조건이라고 강조했다. 미 트럼프행정부 하에 알래스카 석유개발을 재추진하면서 캐나다 내에서도 논쟁이 일어나고 있다. 캐나다 석유생산기업협회(CANN)관계자는 노르웨이와 러시아와 같은 국가들이 북극 석유개발을 지속하는데도 불구하고 캐나다의 개발 금지조치는 시장에 불확실성을 조성하고 캐나다가 북극 석유개발이나 관련 연구에 투자유치 경쟁을 할 수 없다는 것을 의미한다. 캐나다의 북극해 석유개발 금지조치는 2021년 재검토될 예정이다.

---

continental-shelf- includes-the-north-pole/(검색일: 2020. 5. 12)

2. 미국의 북극정책

1) 미국의 북극영토

미국의 북극 연안국으로 불릴 수 있는 곳은 알래스카지역이다. 루스카야 아메리카(Русская Америка)로 불린 이 지역은 러시아의 식민지였다. 1867년 러시아는 미국과 체결한 조약을 기점으로 이 식민지를 완전히 포기했다. 그 조약으로 미국이 얻은 영토가 바로 지금의 알래스카다.[6] 당시 러시아는 서쪽지역 크림반도 전쟁에서 패배한 후, 아시아태평양 지역으로의 활동반경 확대를 추구하던 미국에 알래스카 대륙을 매각했다.

현재 알래스카에서 상당한 규모의 금광, 탄광, 유전이 잇달아 발견되면서 알래스카의 경제적 가치가 재평가된 것이다. 하지만 알래스카의 진정한 가치는 매장된 지하자원보다도 훨씬 더 컸다. 미국이 본격적으로 대외팽창에 나서고 제2차 세계대전 후 소련과의 대결 구도가 본격적으로 나타나면서 알래스카는 소련을 견제하는 미국의 전진기지 역할을 하기에 적합했다(나지원 2017). 지리정치와 전략의 관점에서 보더라도 미국의 알래스카 구입은 소련에 대한 우위를 가능케 하고 국가안보를 증진한 '신의 한 수'였던 것이다.

알래스카는 미국의 국가안보에 있어서 몇 가지의 이유로 중요하다. 먼저 알래스카에는 아시아에서 날아오는 미사일을 요격할 수 있는 미사일 기지가 있다. 또한 항공기가 연료를 충전할 수 있는 작전 기지가 존재한다. 나아가 알래

---

6) 하지만 당시 조약 체결을 주도했던 국무장관 윌리엄 수어드(William Henry Seward)는 언론과 대중, 지식인을 막론하고 상당한 비판과 조롱을 받았던 것으로 유명하다. 현재 화폐가치로 2조 원에 달하는 금액을 주고 얼음뿐인 불모지를 산다는 것은 많은 이들이 보기에 국고의 낭비이자 미친 짓에 불과하였다. 알래스카가 "수어드의 얼음상자"(Seward's Icebox)라는 조롱기 있는 별명으로 불렸다는 일화는 이러한 반대여론을 바로 보여준다.

스카는 미국과 아시아 사이의 대권항로를 제공하며 하며 환태평양지역에 파병할 수 있는 미군부대의 전진 작전기지이자 중간기착지의 역할을 한다.

2) 미국의 북극정책

미국의 북극정책은 닉슨 대통령(1971년)을 필두로 하여 레이건(1983년), 클린턴(1994년) 대통령까지 약 10여 년을 주기로 발표한 북극강령은 형식이나 그 내용 구성에서 실질적인 정책 추진보다는 선언적인 성격이 강했다. 이후 조지 부시(2009년)대통령부터는 이슈별 구체적인 실행안을 제시하는 등 북극정책의 체계화 작업이 본격화 되었다(서현교 2016, 184- 165). 오바마 대통령은 북극지역 국가전략(2013년) 및 세부적인 실행계획(2014년) 그리고 실적 보고서(2015년)를 연차적으로 발표하면서 북극정책의 추진체계를 완성하였다. 북극 정책강령의 핵심 세 가지를 제시하였다. 첫째, 안보이익 증진(Advance United States Security Interests), 둘째, 책임 있는 북극지역 관리 추구(Pursue Responsible Arctic Region Stewardship), 셋째, 국제협력 강화(Strengthen International Cooperation)이다.

미국의 북극정책은 닉슨 대통령(1971년)을 필두로 하여 레이건(1983년), 클린턴(1994년) 대통령까지 약 10여 년을 주기로 발표한 북극강령은 형식이나 그 내용 구성에서 실질적인 정책 추진보다는 선언적인 성격이 강했다. 이후 조지 부시(2009년)대통령부터는 이슈별 구체적인 실행안을 제시하는 등 북극정책의 체계화 작업이 본격화 되었다(서현교 2016, 184-165). 오바마 대통령은 북극지역 국가전략(2013년) 및 세부적인 실행계획(2014년) 그리고 실적 보고서(2015년)를 연차적으로 발표하면서 북극정책의 추진체계를 완성하였다. 북극 정책강령의 핵심 세 가지를 제시하였다. 첫째, 안보이익 증진(Advance United States Security Interests), 둘째, 책임 있는 북극지역 관리 추구(Pursue Responsible Arctic Region Stewardship), 셋째, 국제협력 강화 (Strengthen International Cooperation)이다.

이후 2019년 미국 국방부가 신북극전략 발표했는데,[7] 미국 연안 경비대의 「북극지역 비전」은 연안경비대가 북극과 관련하여 발간한 두 번째의 정책 문서이다. 2013년 1차 북극전략이 미국의 북극이사회 의장국 수임(2015-2017)을 앞두고 북극 이슈에 대한 국내 인식 제고를 지원하는 것을 목적으로 한 것과 달리, 2019년 전략은 ① 미국의 북극 이해관계에 대한 도전요인, ② 심각한 자원-능력 격차의 부상이라는 두 가지 요소에 중점을 두고 있으며, 오늘날 북극에서의 현상 유지에 대해보다 일반적으로 서술하고 있다(해양수산부 2020). 보고서는 주권 수호와 북극지역에서의 규범에 기초한 질서 수호에 대해 강경한 어조로 서술하고 있는데 이는 북극에서의 중국과 러시아의 행동을 겨냥한 것으로, 이는 중국과 러시아가 북극에 대한 장기적인 전략적 투자와 개입을 하게 되면서 미국이 장기적으로 취약한 처지에 놓이게 되었기 때문이다.

결론적으로 미연안 경비대의 북극 비전은 북극에서의 미국이 당면한 부분적인 능력 문제에 대한 명백한 해결방안을 제시하고, 미국이 북극에서 처한 도전과제를 다루기 위해 어떤 행동도 취하지 않으면 미국이 직면할 수 있는 중대한 지정학적 상황에 대한 경고를 보내는 것으로 볼 수 있다.

미국은 북극 방위 투자 중 감시 시스템을 향상하기 위한 인프라 현대화 노력을 우선순위로 두겠다고 밝혔다. 현재 미국과 캐나다는 러시아 순항미사일 (AGM) 등의 위협에 대응하기 위해 북미지역을 대상으로 감시 시스템 현대화를 중심으로 한 솔루션을 검토하고 있다고 언급하고 있다. 이 보고서에 따르

---

7) https://www.urdupoint.com/en/world/us-may-modernize-arctic-sensor-coverage-to-co-639366.html (검색일: 2019. 9. 12)

면 미국은 영국, 노르웨이 등과 협력하여 GIUK Gap(그린란드, 아이슬란드, 영국 사이의 대서양 요충지)과 대서양 해역의 감시 시스템을 향상시킬 예정이다. 또한 미 국방부의 신 북극전략 목적이 중국과 러시아가 전략적 목표의 달성을 위해 북극 진출을 확대하는 것을 제한하는 데 있다고 언급하고 있다.

트럼프 정부의 북극 자원개발에 대한 기본적 입장은 폼페이오 국무장관 2019년 5월 핀란드 로바니에미에서 열린 북극이사회 각료회의 기조연설 메시지에서 엿볼 수 있다. 러시아에 대해서는 북동항로(NSR)에 대해 국제법에 어긋나는 국내규정을 근거로 통제를 추진하고, 북극항로에서 항행의 자유 침해, 군사기지 재가동 등 북극지역의 군사화 활동을 지적하고 있다. 중국에 대해서는 '근북극 국가'로 지칭하는 데 대한 강한 거부감 표현, 북극권 인프라 건설에 대한 불투명한 투자로 북극해를 남중국해처럼 군사화하려 한다는 등 경고성 연설문을 발표했다. 캐나다에 대해서는 북서항로(NWP)에 대한 내수로서의 권리 주장이 국제적으로 불법이라고 발언하고 있으며 각국의 이러한 움직임에 대응하기 위해 미국은 군사훈련 실시, 병력 주둔 강화, 쇄빙선단 구축, 해안경비대 확대 등을 추진할 것임을 언급했다(김민수외 다수 2019, 8-9).

미국의 핵심적인 에너지 확보정책 중 하나는 국내 에너지 자원생산 증대와 신재생에너지 개발을 통한 에너지안보 증진과 에너지 효율을 개선하고자 한다. 특히 북극지역 자원개발의 필요성을 주장하는 정책결정자들은 계속 증대되는 해외 에너지 의존도 문제를 국내 에너지 자원개발 및 생산증대를 통해서 해결하려고 한다(이성규 2010, 37-38).

최근 미국 트럼프행정부가 현재 신북극 안보전략을 수립 중이며, 중국과의 경쟁에 대해 중심적 다루고 있다. 신북극 안보전략은 미국의 국익을 가장 잘 수호하고 북극의 안보와 안정을 지원할 방안을 제시할 것이며, 2018년 대테러 작전 중심에서 러시아 및 중국의 "강대국 경쟁" 중심으로의 변화를 강조한 미 국가안보전략과 같은 맥락에서 수립하고 있다. 미 국방부 관계자들은 북극지역에 대한 관심이 높아지고 있으며, 최근 수십 년 만에 처음으로 북극권 한계선 위쪽으로 항공모함을 보냈으며, 알래스카에 전투기를 추가 배치하고 아이슬란드에 미 해군 P-8 포세이돈과 대잠초계기를 배치할 계획을 하고 있다. 결국 미국은 북극지역에서의 자국의 이익을 최대화 할 수 있는 전략을 구가할 것이다.

미국은 2022년 10월 북극지역에 대한 국가전략을 발표했는데, 이 전략은 오바마 행정부가 발표한 2013년 북극지역 국가전략을 대체하고 있다. 이는 기후위기를 더욱 시급하게 다루고 북극 원주민들의 생계를 개선하는 동시에 환경을 보전하기 위한 지속가능한 개발에 집중하고 있다. 또한 2013년 이후 러시아 우크라이나 전쟁으로 인해 북극에 전략적 경쟁이 심화되고 있음을 인정하고 미국이 효과적으로 경쟁하고 긴장을 관리할 수 있는 입지를 구축하고자 한다. 국가전략은 북극지역의 평화, 안정, 번영, 협력하는 비전을 실현하기 위해 2022년부터 2032년까지 향후 10년간 미국의 적극적인 어젠다를 명시하고 있다.

4가지의 새로운 북극전략은 안보, 기후변화 및 환경보호, 지속가능한 경제발전, 국제협력 및 거버넌스 등이다.[8] 첫째, 안보: "우리는 북극에서 우리의 이익을 방어하는 데 필요한 역량을 강화하여 미국 본토와 동맹국에 대한 위협을 억제하는 동시에 동맹국 및 파트너와 공동 접근법을 조정하고 의도하지 않은 확전의 위험을 완화할 것이다. 우리는 미국 국민을 보호하고 우리의 주권 영토를 방어하기 위해 필요한 경우 북극 지역에서 미국 정부의 주둔을 행사할 것이다".

둘째, 기후변화 및 환경보호: 미국 정부는 알래스카 지역사회 및 알래스카주와 협력하여 기후 변화의 영향에 대한 복원력을 구축하는 한편, 광범위한

---

8) www.whitehouse.gov/wp-content/uploads/2022/10/National-Strategy-for-the-Arctic-Region.pdf

글로벌 완화 노력의 일환으로 북극 배출량을 줄이고 과학적 이해를 개선하며 북극 생태계를 보전하기 위해 노력할 것이다.

셋째, 알래스카 인프라 투자 및 지속가능한 경제 개발: 인프라에 투자하고, 서비스에 대한 접근성을 개선하고, 성장하는 경제 부문을 지원함으로써 알래스카 원주민 커뮤니티를 포함한 알래스카의 지속 가능한 개발을 추구하고 생계를 개선할 것이다. 동맹국 및 파트너와 협력하여 북극 지역 전체에 걸쳐 높은 수준의 투자와 지속 가능한 개발을 확대할 것이다.

넷째, 국제협력 및 거버넌스: 러시아의 우크라이나 침략으로 인한 북극 협력에 대한 도전에도 불구하고, 미국은 북극이사회를 포함한 북극 협력을 위한 기관을 유지하고 이러한 기관이 역내 활동 증가에 따른 영향을 관리할 수 있도록 노력할 것이다.

북극전략을 이행할 5가지 원칙은 ① 알래스카 원주민과 지역사회와의 상담, 조율 및 공동관리, ② 동맹국 및 파트너와의 관계 강화, ③ 장기 투자 계획 수립, ④ 다양한 분야 연합 및 혁신 아이디어 육성, ⑤ 범정부적 증거 기반 접근 방식에 대한 약속 등이다.

최근의 북극정책은 러시아와 중국 위협론이 대두되면서, 북극해에서의 활동 증가에 따른 인프라 확보와 안보위협 대비에 주안점을 두고 있다. 미국의 북극 정책은 국가 안보, 환경보호 및 경제적 이익에 중점을 두고 있다. 알래스카주를 통한 북극 국가인 미국은 이 지역의 전략적 중요성을 인식하고 우선순위와 국제협력의 균형을 맞추는 것을 목표로 하고 있다. 미국 북극정책의 일부 핵심 요소는 다음과 같다.

첫째, 국가 안보로 미국은 자국의 안보 이익을 보호하기 위해 북극에서 강력한 주둔군을 유지하는 것이 중요하다는 점을 강조하고 있다. 여기에는 군사 활동을 감시하고 해당 지역에서 신뢰할 수 있는 방어 태세를 유지하는 것이 포함된다.

둘째, 자원 관리로 미국은 석유 및 가스 매장량을 포함하여 북극 자원을 지속가능하게 관리하는 것을 목표로 하고 있다. 북극의 기후 변화가 환경에 미치는 영향을 이해하고 해결하기 위한 과학적 연구를 지원한다.

셋째, 북극이사회 회원국으로 참여하고 있다. 미국은 북극 국가와 원주민 공동체를 위한 정부간 포럼인 북극이사회의 회원이다. 환경보호 및 지속 가능한 개발과 같은 문제를 해결하기 위해 협의회 내에서 외교 협력에 참여하고 있다.

넷째, 항행의 자유(freedom of navigation)로 미국은 특히 북서항로와 같은 신흥 해상 항로와 관련하여 북극 내 항행의 자유와 상공 비행권을 지지하고 이러한 경로는 국제 배송을 위해 계속 열려 있어야 한다고 주장하고 있다.

다섯째, 환경 관리로 미국은 북극의 환경보호와 기후 변화 완화에 대한 의지를 보이고 있고 온실가스 배출을 줄이고 영구 동토층 해빙의 영향을 해결하려는 조처를 했다.

여섯째, 북극에 대한 인프라 및 투자를 지속적으로 하고 있다. 미국은 이 지역에서 강력한 존재감과 역량을 보장하기 위해 쇄빙선을 포함한 북극 인프라에 투자했다. 이는 경제적, 안보적 이익을 모두 지원하기 위해 투자가 이루어지는 것이다.

IV. 캐나다와 미국의 갈등

1. 캐나다-미국: 북서항로의 관할권 경쟁

북극해의 국제항로는 크게 2개인데, 하나는 캐나다 북부 해역을 통한 '북서항로(Northwest Passage)'와 시베리아 북부해안을 통한 '북동항로(Northeast Passage)'가 있다. 이에 북극항로의 연안국인 캐나다 쪽의 북서항로 및 러시아 쪽의 북동항로는 자국의 해안을 지나는 북극항로에 관할권을 적용하고 있다. 그런데 미국, 유럽연합(EU), 중국과 우리나라 등을 포함한 동아시아 주요 사용국들은 항로의 완전한 개방과 자유로운 운항을 주장하여 서로 갈등을 겪고 있다. 따라서 북극해에는 1994년 유엔해양법협약 발효를 통한 국제적 항행 규범의 형성기를 통해 현재 환경변화에 따른 경제적 이용이 증대되고 경쟁이 본격화되는 변화기에 있다고 볼 수 있다(Young, 2005; Lunde. Yang & Stensdal, 2016)

북서항로(NWP)는 캐나다 북쪽의 아키펠라고 섬들을 관통하여 대서양에서 태평양으로 가는 해상 루트를 말한다. 북서항로는 1905년 노르웨이의 아문센 (Ronald Amundsen)이 처음 항해한 후 두꺼운 얼음 때문에 정규 항로로 이용되지 못하다가, 최근 얼음이 감소함에 따라 새로운 항로로 각광 받고 있다. 만약 여름 동안 북서항로가 상시로 얼음이 없게 된다면, 이 항로를 지나가는 선박들은 파나마 운하를 거치는 기존의 항로와 비교할 때 상당한 양의 시간, 연료, 돈을 절약할 수 있게 된다(배규성 2010, 496). 북서항로는 7개의 항로가 있으나 모두가 항해에 적합한 것은 아니고 이 중 2개가 항해할 수 있는 주요 항로이며, 캐나다와 그린란드의 사이에 있는 다비스(Davi)s 해협과 배핀(Baffin) 만에서 베링해(Bering) 해협까지 연결되어 있다(우양호 외2인 2017, 92).

북서항로의 법적 지위를 놓고 캐나다와 미국은 상반된 태도를 보인다. 캐나다는 북서항로가 경유하는 캐나다 북극군도수역이 해양법협약상의 역사적 내수(historic internal waters)라고 주장하고 있다. 캐나다는 이 수역이 자국의 내수라는 법적 근거로 ① 역사적 권리[9], 그리고 ② 1985년 북극군도 전

---

9) Inuit족은 이 수역이 오래전부터 자신들이 살아온 역사적 수역임을 강조하고 있으며,

체 주위를 그은 직선기선(Oude Elferink, Donald Rothwell 2001, 76)[10]의 육지쪽에 있다는 사실을 들고 있다. 따라서 캐나다 정부는 북서항로에 대해 국내법을 이행하고 외국선박의 활동을 통제할 수 있으며, 외국 선박은 이 수역에서 국제법상 항해권을 누리지 못한다는 것이다. 이에 대해 미국은 북서항로에 대한 캐나다의 주권을 인정하지 않으며, 이 수역에 있는 해협은 국제항해에 이용되는 해협으로서 외국선박이 통과 통행권을 누린다고 주장하고 있다 (Parliamentary Information and Research Service 2020).[11] 통과통항권이 인정되는 경우 모든 선박은 선박기인 오염을 막기 위해 일반적으로 수락된 국제법규와 절차 등을 준수할 의무를 부담하지만 방해받지 않고 계속 신속하게 해협을 통과할 수 있으며, 캐나다 정부의 승인이나 통보를 필요로 하지 않는다. (해양법협약 제38, 39조)

1969년 미국의 유조선 SS 맨해튼(Manhattan)이 캐나다군도 수역을 통과한 것을 계기로 캐나다 정부는 이 수역에 대한 주권을 공식적으로 선언하였다. 캐나다는 영해를 확대하고 1970년 북극수역오염방지법(Arctic Waters Pollution Prevention Act: AWPPA)을 제정하였다. 또한 1985년 Order(영해의 지리적 좌표 명령)와 1996년 Oceans Act에 따라 캐나다군도 수역이 직선

1993년 Nunavut Land Claims Agreement(NLCA)은 Inuit족의 이용과 점유에 기초한 북극군도수역에 대한 캐나다의 주권을 확인하고 있다. Natalia Loukacheva, *supra note* 11.

10) 캐나다는 1985년 9월 10일 공포된 Territorial Sea Geographic Coordinates Order에 의해 영해와 배타적 경제수역을 설정하고, 캐나다 북극 군도를 둘러싸는 139개의 선분으로 이루어진 직선기선제도 설정하였다.

11) http://www.parl.gc.ca/information/library/PRBpubs/prb0805-e.htm(검색일: 2020. 3. 10); 2009년 1월 공표된 미국의 신북극지역지침(New Arctic Region Directive/NSPD-66)은 북서항로와 북동항로가 다 같이 국제항해에 이용되는 해협으로서, 통과통행제도가 적용되어야 한다고 선포하고 있다.

기준선 안측에 위치한 내수로서 캐나다 일부를 구성한다고 명시하는 등 입법을 강화하였다. 캐나다는 이러한 입장을 정당화하기 위해 해양법협약 제234조를 원용하고 있다. 이 조항은 "배타적 경제수역 내의 결빙해역"에서 연안국이 선박기인 오염을 방지, 감소, 통제하기 위해 비차별적인 법규를 제정, 집행하도록 규정하고 있다. 그러나 이를 근거로 캐나다가 북서항로에서 유조선을 포함한 선박의 항해를 금지하는 것에 대해서는 비판의 소지가 있다. 이 규정은 결빙해역에서 선박기인 오염을 막기 위해 비차별적 법규를 제정, 집행할 권리를 인정하는 것이지, 항해 자체를 통제하는 것은 아니기 때문이다(Currie 2007).

해양법협약상 해협은 지리적 요소와 기능적인 요소가 있다. 즉 지리적으로는 공해나 배타적 경제수역의 한 부분과 공해나 배타적 경제수역의 다른 부분을 잇는 좁은 해협을 의미하며, 기능적으로는 국제항행에 이용되는 항로일 것을 요구한다(해양법협약 제37조).[12] 따라서 북서항로가 미국이 주장하는 바와 같이 국제해협이라고 보기 위해서는 이 두 가지 요건이 충족되어야 할 것이다. 북서항로는 캐나다의 배타적 경제수역 범위 내에 포함되기 때문에 지리적 요건을 충족하는 것으로 보는 견해가 상당한 비중을 얻고 있다. 그러나 국제항행에 이용되는 항로라는 조건은 아직 충족시키기 어렵다. 북서항로는 2007년 8월 처음으로 쇄빙선 없이 항로를 열었고, 2008년 8월에도 다시 항로가 열렸으나, 아직은 쇄빙선의 도움 없이는 항해하기가 어렵다. 앞으로 기후변화로 인한 얼음 감소가 계속되면 북서항로는 정기적으로

---

12) Corfu Channel Case에 대한 판결에서 ICJ는 국제해협의 결정적 기준은 공해의 두 부분을 연결하는 지리적 상황과 국제항해로 이용된다는 사실이라고 판시하였다. Corfu Channel Case, (United Kingdom v. Albania) ICJ Judgement of 9 April 1949, Merits, p. 28.

열릴 수 있을 것으로 예상하며, 기능적인 요건도 충족시킬 수 있을 것으로 본다. 이러한 요건을 모두 충족시킬 때 북서항로는 국제해협으로 지위를 확보하게 되며, 국제사회에서도 캐나다의 과도한 권한행사를 억제할 수 있을 것이다.[13]

그러나 2005년 미국의 핵잠수함이 캐나다에 사전 통보 없이 북극수역을 항해한 사실이 뒤늦게 알려져 양국간에 긴장이 초래되기도 하였다(김남일 외 2인 2011, 28).

2. 캐나다-미국: Beaufort해

캐나다의 대외관계에서 가장 중요한 나라를 꼽으라면 단연 미국이다. 무역의 75%를 차지하는 대미 수출량과 북대서양조약기구(NATO)로 맺어진 동맹 등 캐나다에 미국은 경제적으로도 안보적으로도 필수불가결한 존재다. 그러나 이렇듯 미국과 긴밀한 관계를 유지해야 하는 캐나다에도 끝내 양보할 수 없는 것이 있다. 북극해 일부인 뷰퍼트 해상의 경계선을 자국에 유리하게 정하려는 미국과의 분쟁이다. 뷰퍼트 해는 캐나다군도수역 서쪽, 알래스카 주 북쪽 연안에 위치한 수역이다. 뷰퍼트 해의 해저에는 미국의 석유비

---

13) 북동항로에도 동일한 원칙이 적용된다. 최근 지구온난화의 영향으로 북동항로의 이용이 가능해졌으며, 새로운 무역항로로서 해운업계의 관심을 끌고 있다. 2009년 7월 23일 우리나라의 울산항에서 화물을 선적한 두 대의 독일 화물선이 쇄빙선의 도움 없이 북동항로를 거쳐 네덜란드로 항해를 하였으며, 항해기간이 기존의 항로보다 10일 이상 단축되었다. 미국은 북동항로도 해양법협약의 규제를 받는 국제해협이라고 주장을 하고 있다. 러시아는 비차별적 기초 위에 어떤 국적의 국가도 북동항로를 항해할 수 있다는 태도를 보이지만, 국내법을 통해 외국선박의 항해를 규제하고 있다. 북동항로가 국제해협의 지위를 갖기 위해서는 북서항로와 마찬가지로 잦은 이용을 통해 "internationality"를 확보해야 할 것이다.

축량의 절반이 매장된 것으로 알려져 있으며, 알래스카 대륙붕 광구는 이미 개발 중에 있다.

〈그림 3〉에 나타나듯이 캐나다와 미국은 뷰퍼트 해의 쐐기 모양의 해역에 대해 분쟁을 벌이고 있다. 캐나다는 이 해역의 해양경계선이 알래스카와 유콘 (Yukon) 사이의 경계를 획정한 1825년 영-러 조약에 따라 "결빙한 바다까지 (as far as the frozen ocean)" 서경 141도 자오선을 따라 200해리까지 획정될 것을 주장하고 있다. 이것은 해양경계선을 조약에서 획정된 육지경계선에 따라 결정하자는 것이다. 이에 대해 미국은 양국의 해안으로부터 등거리 선을 따라 해양경계를 획정해야 한다는 입장이다. 1825년 조약은 육지 경계선만을 규율하고 있으며 이를 해양에까지 적용할 수는 없다는 것이다. 양국 간의 입

〈그림 3〉 캐나다-미국의 뷰포트해 갈등지역

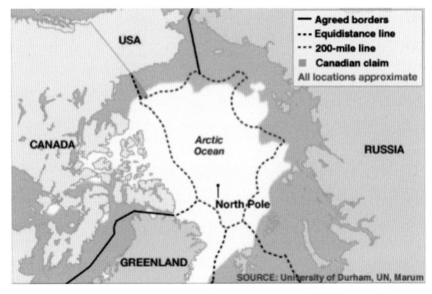

출처: https://arcticecon.wordpress.com/2011/01/10/beaufort-sea-dispute(검색일: 2020. 5.1)

장 차이로 7,000㎢의 해역이 중복되고 있는데, 이곳에 상당량의 석유가 매장되어 있어서 분쟁해결이 더욱 어려워지고 있다. 양국 모두 이 해역에 석유개발권을 보유하고 있다(김기순 2009, 32).

캐나다 정부는 2006년 이 해역의 대륙붕 지도를 작성하는 프로젝트를 발주하여 자국에 유리한 증거를 찾고 있다. 캐나다 측은 프로젝트 연구 결과 뷰퍼트 해의 해저 전체가 수백 m 두께의 퇴적암과 침적토로 덮여있고, 이것이 메케니즈(Mackenzie) 강으로부터 연결되어 있다는 과학적 사실을 확보한 것으로 알려져 있다. 유엔해양법협약은 퇴적암의 존재를 육지의 자연적 연장을 인정하는 주요한 증거로 인정하고 있어서, 캐나다는 자국이 더욱 유리한 입장에 있는 것으로 판단하고 있다.

이처럼 양국이 뷰퍼트 해의 경계선에 집착하는 건, 해저에 매장돼 있을 것으로 추정되는 자원 때문이다. 캐나다국가에너지위원회(CNEB)에 따르면 미국과 캐나다가 분쟁하는 쐐기꼴 면적 아래에는 캐나다가 20년 동안 소비할 수 있는 양인 1조7,000억 리터의 천연가스와 63억 배럴의 석유가 매장돼 있는 것으로 추정됐다. 2004년 미국이 뷰퍼트 해 지하자원 탐사에 나섰을 때 캐나다가 강력 반발한 이유다(한국일보 2019).

2010년 캐나다 수도 오타와에서는 이 해양경계선을 두고 미국과 캐나다 간 협상이 벌어지기도 했다. 하지만 결국 접점을 찾지 못해 분쟁지역으로 남았다. 이와 관련 양국 모두 분쟁을 신속하게 해결하기보다는 시간을 두고 지켜보겠다는 입장이다. 완전한 해결까지는 시간이 걸릴 수밖에 없는 상황이다. 아직까지 국제사법재판소(ICJ)에 중재도 요구하지 않은 상태로, 최근에는 뷰퍼트 해 환경 보존을 위한 조치에만 두 나라가 전략적으로 협력하고 있다.

2019년 11월 핼리팩스 국제안보포럼(Halifax International Security

Forum)[14]의 주요 의제는 신흥 강대국인 중국에 대한 열띤 논쟁이 진행됐다. 중국과 러시아의 지배력 향상은 각 국가의 북극 정책 문서에 명기되어 있듯 그들의 북극 이슈의 단호함은 양국 특유의 장기적 시각과 직접적인 연관성이 있다. 또한 최근 발표한 캐나다 신 북극정책과 비교하며 캐나다의 북극정책은 마치 목적들을 단순히 길게 나열한 목록일 뿐이라며 캐나다는 여전히 북극권 강국이 되는 것에 대해 심각하게 고려하고 있지 않다고 평가하고 있다.

협력 노력 또한 쉽지 않다. 왜냐하면 어떤 국가도 일관성 있는 정책은 말할 필요도 없고 북극 문제에 대한 명백한 정책결정과정조차 없기 때문이다. 그럼에도 불구하고, 북극이 스스로 북극권 모든 국가의 정책결정자들의 관심의 대상이 되고 있다는 사실을 변화시킬 수 없다(배규성 2010, 464). 환경적으로 민감한 지역에서 인간활동이 늘어남에 따라 상호 이익을 증진할 뿐만 아니라 상호손실을 회피하기 위해 인간활동을 조정할 필요가 있다. 따라서 이런 상황에서 북극은 앞으로 국제협력의 새로운 접근의 장을 제공할 운명이다.

V. 결론

이상과 같이 국제정치적 갈등 양상을 보이는 미국-캐나다 간의 뷰퍼트 해를 영유권 및 해양관할권을 근간으로 분석해 보았다. 이는 21세기 이후 해양관할

---

14) 핼리팩스 국제안보포럼(Halifax International Security Forum)은 미국 워싱턴에 본사를 둔 독립적인 비정당, 비영리 단체로 국제정부 및 군 관련 공무원, 학술전문가, 작가 및 기업가들의 네트워크를 위한 포럼으로 국제 안보이슈에 대하여 논의하는 장소이다.

권 문제를 둘러싼 갈등과 대립의 전형으로 강대국 갈등의 핵심 문제이자 전통안보의 근간을 이루는 영유권 문제이다.

오늘날 북극해가 처해 있는 현실은 이른바 "해양의 영토화"를 추구하는 연안국의 해양관할권 확대 경향의 한 단면으로, 북극해의 전략적, 정치적, 경제적 이익을 극대화하기 위해 관련국들의 경쟁이 더욱 가열되어 가는 양상을 보여주고 있다. 이로 인해 북극점을 포함한 북극해는 분할의 위기에 처해 있고 인류의 공동유산인 심해저는 대폭 축소되고 있으며 자원개발로 환경오염과 생태계 훼손이 초래될 것으로 우려되고 있다.

뷰퍼트 해를 중심으로 일어나고 있는 캐나다와 미국의 갈등은 경계선 획정에 관한 각국의 입장을 내세울 뿐 물리적인 충돌로 이어지지 않고 있다. 오히려 양국은 환경문제나 해안선 구조 수색문제는 공동으로 대처하고 있고 북극권 개발에 적극성을 보이는 중국과 러시아에 대한 견제의 목소리를 내고 있다.

하지만 뷰퍼트 해를 둘러싼 양국의 해결방안을 모색해 본다면, 캐나다와 미국과의 북극분쟁에 대한 즉각적인 해결책은 아직 명료하지는 않다. 하지만 확실한 것은 해양활동이 급격히 증가함에 따라 그 어느 때보다 해결책을 찾는 것이 시급하다는 것이다. 지구온난화가 지속됨에 따라 북극자원 및 운송차선에 대한 수요가 급격히 증가할 것이며 이 수요에 대한 책임 있는 관리는 미국과 캐나다의 합의가 없으면 매우 어려울 것이다.

문제는 앞으로 해결해야 할 과제들이 훨씬 더 복잡하고 논쟁적이며 이해 상충의 소지가 크다는 점이다. 무엇보다 북극 영해에 대한 영유권 분쟁은 이제막 시작 단계에 불과하다. 평의회가 출범한 지 20년이나 지났음에도 여태까지 영유권 문제가 상대적으로 잠잠했던 것은 재난관리나 인명구조 등과 같이 협력이 필수적이며 용이한 분야만을 집중적으로 논의해왔고 대체로 여러 나라의 학자들이 주도하고 이를 각국 정부들이 추인하고 지원하는 형태로 협상과 협력이 진행되었기 때문이었다. 물론 재난관리 분야에서의 협력은 앞으로 더욱 그 수요와 중요성이 커질 것이다. 결빙해역이 줄어들면서 이른바 북극항로로 통칭되는 북서항로(Northwest Passage), 북동항로(Northeast passage), 북방항로(Northern Sea Route)가 열리기 시작하고 이에 따라 더 많은 배가 이 항로를 따라 운항할 것으로 예상하기 때문이다.

여태까지는 극소수의 상선이 사실상 시험 운항의 형식으로 이 항로를 활용했지만, 이 항로의 상업성이 확보되었다고 판단되면 정기여객선이 취항할 가능성도 없지 않다. 하지만 이를 위해서는 안전성을 사전에 확보하고 검증받는 것이 필수적이다. 지난 9월 크루즈 크리스털 세레니티(Crystal Serenity)호가 캐나다 북부해안을 따라 앵커리지에서 뉴욕까지 무사히 항해를 마치고 사상 최초로 북극항로-정확히는 북서항로(Northwest Passage)를 따라 운항한 여객선이 될 수 있었던 것도 미국과 캐나다 간 수색구조(Search and Rescue, SAR) 공조 체계가 잘 갖춰져 있기에 가능한 일이었다. 그러나 다양한 협력 논의와 법적 성과에 비해 아직 실제로 북극 지역 수색구조에 투입되는 자원은 턱없이 부족하다는 것이 랜드 연구소(RAND Corporation)의 지적이다.

이러한 상황은 경제나 문화, 민간교류와 같은 이른바 하위정치(low politics)에서의 협력이 군사, 안보, 영토 문제 등의 상위정치(high politics)에서의 협력을 촉진한다는 파급효과(spillover effect)도 아니고 반대로 상위정치에서의 갈등이 하위정치에서의 협력을 압도하는 상황도 아닌 사안별 병행(parallel) 또는 분리(division) 구도로 볼 수 있다(나지원 2017, 5). 그리고 이러한 사안별 대처는 현실주의적 요소(패권국의 존재, 강력한 동맹의 견제)가 규범적 요소(국제법)를 뒷받침하고 있기에 가능하다는 것이 미국싱

크탱크들의 북극 문제 분석에 깔린 공통된 전제라고 볼 수 있다. 즉, 미국이 북극지역에서 군사적, 경제적, 정치적 우위를 확보하고 강화하기 위해서는 우선 지금보다 더 많은 물리적, 군사적, 인적 자원을 투입하는 동시에 기존 규범을 준수함으로써 정당성을 획득하고 이를 바탕으로 (경제적) 이익 창출에 유리한 새로운 규범을 주도적으로 만들어나가는 선순환을 일으켜야 한다는 것이다.

〈참고문헌〉

1. 국내문헌

김남일 외2, 2011, "북극해 항로개발의 자원개발 및 에너지 안보적 시사점," 에너지경제연구
    원 수시연구보고서(11-02).

김민수 외 다수, 2019, "새로운 도전에 직면한 북극이사회와 우리나라 북극협력 방향,"『KMI
    동향분석』Vol. 120.

김기순, 2009, "북극해의 분쟁과 해양경계획정에 관한 연구,"『국제법학회논총』54권 3호.

김세원, 김영석, 2019, "북극권 자원 개발사업의 환경영향평가(EAI)를 위한 정보 구축 방안,"
    『한국지반신소재학회논문집』제18권 4호.

김수암, 2014, "북극해 수산자원의 활용전망과 연구방향,"『해양정책연구』29권 2호.

김승섭, 2015, "북극해 둘러싼 국가간 경쟁과 대립,"『해양한국』9월호.

박상신, 2019, "캐나다의 북극정책 개관," 한국 시베리아센터 3차 콜로키움 발표자료.

김예동, 서원상, 2013. "북극권 석유자원 현황 및 개발 전망,"『Petroleum Journal』제89호,
    한국석유공사.

나지원, 2017, "각국의 한반도 인식-미국 얼음속에 숨은 북극의 가치, 미국의 미래를 좌우할
    수도," 여시재,『ISSUE BRIEF』.

배규성, 2010, "북극권 쟁점과 북극해 거버넌스,"『21세기 정치학회보』제20권 3호.

서현교, 2006, "미국의 북극정책 역사 고찰과 한국의 북극정책 방향,"『한국 시베리아연구』
    제20권 1호.

우양호 외2, 2017, "북극해를 둘러싼 초국경 경쟁과 지역협력의 거버넌스,"『지방정부연구』
    제21권 1호.

이민룡, 2020,『국가안보론 해설: 글로벌 환경에서의 인간과 국가』, 서울: e퍼플.

이성규, 2010, "북극지역 자원개발 현황 및 전망,"『수시연구보고서 10-03』, 에너지경제연구
    원.

이영형 외1, 2010, "북극해의 갈등 구조와 해양 지정학적 의미,"『세계지역연구논총』제28집
    3호.

이재영, 나희승, 2015, 북극권 개발을 위한 시베리아 북극회랑 연구, 아시아문화연구, 39.

정보라, 2014, "신지정학과 북극해 레짐: 한국과 노르웨이의 협력을 중심으로,"『글로벌정치
    연구』제7권 2호.

최한별 외2, 2014, "한국의 북극항로 이용에 따른 국제물류네트워크의 재편성에 관한연구",

『해운물류연구』81권.

해양수산부, 2020, 『2019년 북극정책동향백서』

2. 외국문헌

Carlson Jon D. & Kellen Minter, supra note 38.

Elferink Alex G. Oude, Donald Rothwell, 2011, *The Law of the Sea and Polar Maritime Delimitation and Jurisdiction*, Martinus Nijhoff Publishers.

Natalia Loukacheva, *supra note* 11.

Nele Matz-Lueck, 2009, "Planting the Flag in Arctic Waters: Russia's Claim to the North Pole", *Göttingen Journal of International Law*, 1.

Peter J. A. Bernhardt, 1975, "Sovereignty in Antarctica", *California Western International Law Journal*, V. 5.

White House News, 2009, *National Security Presidential Directive and Homeland Security Presidential Directive*, January 18.

3. 기타자료(인터넷, 보도 등)

한국일보 2019. 1. 11일자.

북극해의 항해의 자유: 문제와 쟁점

배규성*

I. 기후변화와 고조된 북극해 항로의 가능성

그림 1. 북극 빙하(해빙 최소 범위)의 예상 변화[1]

2010 - 2030	2040 - 2060	2070 - 2090

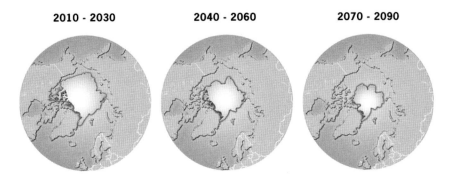

※ 이 글은 한국 시베리아연구 27권 2호(2023. 06. 30. pp. 1-34)에 게재되었던 "북극해의 항해의 자유: 문제와 쟁점"을 수정 보완한 글임.
* 배재대학교 한국-시베리아센터, 연구교수

1) 북극 해빙 범위(영구빙)에 대한 북극기후영향평가(ACIA, Arctic Climate Impact Assessment)의 시나리오들 중의 평균이 이 지도에 표시되어 있으며, 여기에 따르면, 2090년까지 얼음이 연속적으로 감소한다. 이 예측은 IPCC 3차 평가 보고서(IPCC TAR)의 모델을 기반으로 했다. Hugo Ahlenius, UNEP/GRID-Arendal ACIA, *Impacts of Warming Arctic: Arctic Climate Impact Assessment*. (Cambridge, UK: Cambridge University Press. 2004) http://maps.grida.no/go/graphic/projected-changes-inarctic-pack-ice-sea-ice-minimum-extent

대부분이 인위적인 요인에 의한 결과라고 밝혀진 기후변화와 지구 온난화(기온 상승)는 북극해의 얼음 면적을 감소시켜 왔다. 2000년 이전에는 800~630만㎢를 차지했지만 2005-2010년에는 540~430만㎢에 불과했다. 21세기 첫 10년 동안의 기록적인 결과는 2007년에 430만㎢에 달하는 기록을 남겼다. 더 많은 얼음이 사라진 2012년에는 340만㎢로 줄어들었다.[2]

북극에서 얼음이 녹는 결과는 다양하게 나타난다. 우선은 해양 환경에 많은 변화가 나타났다. 북극해 연근해에서는 석유 및 가스 자원 및 광물 개발을 위한 새로운 기회가 창출되었다. 얼음이 없는 넓은 해양 지역은 어업과 낚시를 위한 새로운 기회를 열고, 재생 가능한 동식물 자원에 대한 손쉬운 접근을 제공했다. 동시에 그것은 생물종 다양성과 생태 및 자연환경에 위험을 초래했다. 북극의 기후변화는 또한 이 지역의 국제 해운 발전을 위한 새로운 기회를 창출했다. 북극을 통과하는 쇄빙 운송(ice shipping) 경로는 유럽과 아시아 및 북미 사이의 항해를 결정적으로 단축시킬 가능성이 높아졌다. 이것은 상당한 연료 절약과 대기로의 온실가스 배출 감소를 가능하게 하는 장점이 있다. 얇은 1년생 바다 얼음은 쇄빙선의 도움 없이도 내빙 선박의 항해에 더 많은 기회를 제공한다. 북극해의 크루즈 관광을 포함해 북극해의 관광 개발에 대한 가능성과 전망이 증가하고 있다. 전 세계적으로 적어도 일부 지역이 식수에 대한 제한된 접근으로 고통을 받는 상황에서 북극은 거대한 식수 저장고로 이 문제를 해결하는 데 도움을 줄 수 있다. 컴퓨터 시뮬레이션에 따르면, 빙산을 아프리카와 유럽으로 운송하고 유조선이 부족한 지역으로 식수를 운송하는 것이 이미 실현 가능하고 비용면에서 효율적이라는 것을 보여주었다.

---

2) Arctic Snow and Ice Data Center, Arctic Sea Ice News & Analysis, 2010, 2011, 2012;

그림 2. 예상되는 북극의 최단 항로[3]

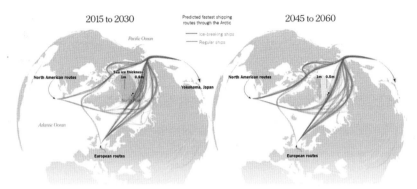

* 2015-2030: 지구 온난화가 계속됨에 따라 2030년에는 최대 4피트 두께의 얼음에서도 운항할 수 있는 쇄빙 화물선들을 위한 북극을 통과하는 항로가 열릴 수 있다.
** 2045-2060: 2045년부터 2060년까지 적당한 온난화로 인해 북극 해빙이 감소하면, 일반 화물선조차도 북극점을 지나 항해할 수 있다.

　모든 북극권 국가들은 그린란드 주변 해역, 북미 해안 및 러시아-노르웨이 바렌츠해 연안 해운(coastal shipping)에 개입되어 있다. 그러나 이들 해역에서의 연안 해운에는 다양한 위협이 따른다. 우선은 선박에 의한 환경오염의 위험을 수반한다. 게다가 그것은 소음의 수준을 높여 북극권 동물계의 번식을 방해하고, 해양 포유류의 자연적인 이동 경로를 방해하며, 또한 원주민의 전통적인 경제 활동과 생활 방식을 위태롭게 한다. 이러한 위협들을 진지하게 고려하고, 이를 방지하거나 적어도 줄이기 위한 조치를 취해야 한다는 것은 의심의 여지가 없고, 당연히 국제적인 이슈로 제기되고 있다.

　3개의 항로가 북극해를 횡단하고 대서양과 태평양 사이를 연결할 수 있다. 첫째, 캐나다 북극해 아치펠라고를 통과하는 북서항로(North-West

---

3) Jugal K. Patel and Henry Fountain, "As Arctic Ice Vanishes, New Shipping Routes Open" The New York Times, (May 3, 2017) https://www.nytimes.com/interactive/2017/05/03/science/earth/arctic-shipping.html (검색일, 2023.12.1.)

그림 3. 북극해 항로들[4]

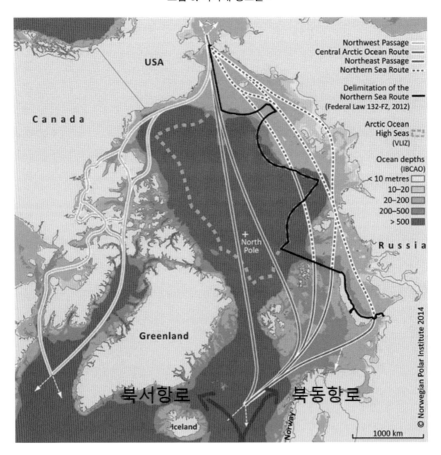

Passage)[5], 둘째, 북방항로(Northern Sea Route)라고도 불리는 시베리아 해

---

4) Sander, Gunnar, et al. "Changes in Arctic Maritime Transport." Chap. 4. In *Strategic Environmental Impact Assessment of Development of the Arctic: An Assessment Conducted for the European Union*, (University of Lapland, Finland: Arctic Centre, 2014.) pp. 35-53.
5) 북서항로(North-West Passage)와 북동항로(North-East Passage)의 개념 정의는 유럽과 아시아를 연결하는 북극해 항로의 탐험이 유럽에서 시작되었기 때문에, 유럽(대서

안을 따라 연결된 북동 항로(North-East Passage), 마지막으로 북극점(North Pole)을 통과하는 북극점 횡단 항로(trans-polar passage)가 있다. 이러한 항로 연결은 파나마 운하 또는 수에즈 운하를 통과하는 전통적인 해상 경로와 비교하여 유럽과 북미(미국과 캐나다), 유럽과 아시아 사이의, 아직은 쇄빙선에 의존하는, 경로를 허용하고 실질적으로 운항 시간과 비용을 단축 또는 절감시켜 준다.[6)

이 세 항로의 조건을 비교해 보면, 북방항로(Northern Sea Route)가 국제항행(international navigation), 특히 유럽과 아시아 사이의 통과(transit)에서 가장 편리하다는 명제를 도출할 수 있다.[7) 북서항로(Northwest Passage)가 여름에만 그리고 주로 북부 지역에서 캐나다와 미국 해안경비대 선박에 의해 항행에 산발적으로 이용되는 반면, 북방항로는 러시아 선박에 의해 이미 일년내내 사용되고 있다. 러시아는 세계 최대의 쇄빙선단을 보유하고 있으며[8),

양)을 기점으로 서쪽으로 향하는 항로를 북서항로(North-West Passage), 동쪽으로 향하는 항로를 북동항로(North-East Passage)라 한다.

6) 상하이에서 로테르담까지의 해운 총 길이는 파나마 운하를 통해 25,588km, 수에즈 운하를 통해 19,530km, 북서항로를 통해 16,100km, 북방항로를 통해 15,793km, 북극점 통과 13,630km이다.

7) W. Østreng, K. Eger, B. Fløistad, A. Jørgensen-Dahl, L. Lothe, M. Mejlæder-Larsen, T. Wergeland, Shipping In Arctic Waters. A Comparison of the Northeast, Northwest and Trans Polar Passages (Berlin/Heidelberg: Springer/Praxis, 2013).

8) 현재 러시아 함대에는 7만 5천 마력의 강력한 원자로 2개를 장착한 4척의 원자력 추진 쇄빙선, '로시아 Rossiya', '소비에츠키 소유즈 Sovetsky Soyuz', '야말 Yamal', '피지샷 리에트 포베디 50 Let Pobedy'와 4만 마력의 단일 원자로를 장착한 2척의 원자력 추진 쇄빙선, '타이미르 Taymir', '바이가흐 Vaygach' 그리고 세계 유일의 원자력 추진 쇄빙 경량 화물선(atomic lighter carrier) '세이모르푸찌 Sevmorput'가 있다. 원자력 추진 쇄빙선단은 1959년부터 북방항로를 따라 러시아 및 외국 화물을 정기적으로 운송해 왔다. 2019년에도 쇄빙선은 일 년 내내 일했다. 총 17개의 쇄빙선이 지원에 사용되었다. 총 231번의 항해 또는 위치 변경을 수행했으며, 대부분(156회)은 겨울 항행 기간에, 나

1991년 이래 국제 항행을 위해 이 통로를 열었다. 기상 및 수문 서비스도 이미 제공되고 있으며, 훨씬 더 열악하게 해도가 그려진 캐나다 아치펠라고의 미로와 비교하여 훨씬 더 용이하게 항행이 가능하다.

북극권 국가들은, 특히 북극해 연안국들은 대륙붕과 배타적 경제수역(EEZ) 및 대륙붕의 외연 확장과 같은 문제에 대해서뿐만 아니라 이 해역의 항해에 관한 문제는 1982년 유엔 해양법 협약(UNCLOS)의 조항에 따라 처리되어야 한다고 반복해서 강조해 왔다.[9] 미국을 제외하고 나머지 모든 북극권 국가들은 이 협약의 당사국들이다. 이 협약은 해운(shipping)을 규제하고, 이것이 수행되는 해역에 따라 연안국과 국제 사회의 상호 권리와 의무를 정의하고 있다. 이러한 관점에서 내수(internal waters), 영해(territorial sea), 국제 항해에 이용되는 해협(straits), 배타적 경제수역(exclusive economic zone), 공해(high sea)에 주의를 기울여야 한다.[10] 유엔 해양법 협약(UNCLOS)의 항행에

머지(75회)는 여름 기간에 이루어졌다. 핵 쇄빙선이 가장 많은 일을 했다. 2018년과 마찬가지로 '카피탄 바비체프 Kaptain Babichev', '카피탄 보로드킨 Kaptain Borodkin' 및 '카피탄 에브도키모프 Kaptain Evdokimov'라는 3개의 강 쇄빙선이 시베리아 강과 강으로 접근하는 항로를 열었다. Gazprom Neft가 의뢰한 차세대 쇄빙선 "안드레이 빌키츠키 Andrey Vilkitskiy"와 "알렉산드르 산니코프 Alexander Sannikov"가 2019년 북극에서 작업을 시작했다. 그들의 주요 작업은 북극 게이트 터미널에 대한 접근이었다. 이들은 2019년에 운영 중인 쇄빙선 중 가장 최신형이고 가장 오래된 쇄빙선은 '토르 Tor'(1964년 건조)다. 북방항로청, 쇄빙선 지원. https://arctic-lio.com/nsr-shipping-traffic-icebreaker-support-in-2019/ (검색일, 2022. 1. 8.)

9) 예를 들면, The Ilulissat Declaration, Arctic Ocean Conference, Ilulissat, Greenland, 27-29 May, 2008.

10) 내수(internal waters)의 경우 연안 국가는 항해를 규제할 완전한 권리를 가진다. 유엔 해양법 협약(UNCLOS) 제3장에 따라 모든 국가의 선박이 무해통항권(innocent passage)을 누리는 영해(territorial sea)의 상황은 다소 다르다. 통항은 연안국의 평화, 질서 또는 안보에 해를 끼칠 수 없다. 무해 통항과 관련된 법규의 가능성도 세부적으로 규제된다. 유엔 해양법 협약(UNCLOS)은 또한 영해의 내부 경계인 영해 기선

관한 규정의 해석은 분쟁과 논란의 대상이 되었다. 특히 제234조의 의미와 해석의 차이는 분쟁과 논란의 대상이 되고 있다.

Ⅱ. 항해의 자유와 해양법의 발전

세계의 바다는 누구에 의해 소유되고 지배되는가의 문제는 인간 문명의 역사와 과학기술 및 항해술의 발전과 더불어 오랜 논쟁의 대상이 되어 왔다. 바다란 그 특성상 그리고 전통적으로 자유로운 세계를 의미했고, 대개 어떤 국가의 주권이나 관할권에도 종속되지 않는 세계를 의미했다. 대륙과는 달리 과학기술과 항해술의 발전이 뒷받침되지 않고는 주장할 수 없는 영역이었기 때문이다. 그러나 이런 자유로운 세계였던 해양도 문명의 발전과 더불어 변화하기 시작했다. 해양의 역사는 해양을 지배하고 분할하고자 한 수 세기에 걸친 국제정치적 법적 투쟁을 거쳐야 했다.

15세기 대해양의 시대를 거쳐 17세기 초까지도 자유로운 세계인 바다와 관련된 국제적 쟁점은 없었다. 유럽 대륙의 영토가 패권을 위한 투쟁 과정을 거

을 결정하는 방법에 관한 조항을 포함하고 있다. 또한 이 협약에는 선박이 통과 통항(transit passage) 권리를 향유하는 국제 항해에 이용되는 해협에 관한 조항도 포함되어 있다. 통과 중인 선박은 지체없이 해협을 통과하고 위협이나 무력 사용 및 항해와 관련이 없는 기타 활동을 자제해야 하며 일반적으로 인정되는 해양 안전 및 오염 방지에 관한 국제 규정을 준수해야 한다. 해협에 접해 있는 국가는 통과 항로에 장애물을 두어서는 안 된다. 해협과 접해 있는 국가에서 채택한 법률과 규정은 통과 통항의 권리를 박탈하거나 방해하거나 침해해서는 안 된다. 배타적 경제수역(EEZ)에서는 항해의 자유가 공해(high seas)에서와 같은 방식으로 적용된다. 이것은 유엔 해양법 협약(UNCLOS) 제58조에 의해 명백히 확인되며, 배타적 경제수역은 협약 제5부와 일치하지 않는 한 (공해의 지위를 규정한) 제80조에서 제115조까지의 조항을 적용한다.

처 민족 또는 국가 영역으로 분할된 반면, 바다는 여전히 분할되지 않은 주인이 없는 자유로운 세계였다. 해안선을 따라 3해리까지 펄럭이는 가는 선들만이 연안 바다에 대한 국가들의 주권 주장을 보여줄 뿐이었다. 이 전통적인 3해리 영해는 18세기 당시 과학기술로 만들어진 대포의 착탄거리가 그 정도였기 때문이라는 설이 있다.[11] 그러나 20세기 중반에 접어들자, 바다에 대한 권리주장이 갑자기 해안에서부터 해양 쪽으로 확대되기 시작했다. 해안선의 저조점에서 12해리까지 영해, 24해리까지 접속수역, 200해리까지의 대륙붕과 배타적 경제수역 등으로 전 세계 바다의 약 40%가 연안국을 대표하는 다양한 영역으로 주장되었다. 이 마지막 주장으로 나타난 모습이 오늘날 우리가 마주하는 해양이다.

'항해의 자유'는 통상 네덜란드의 법학자인 그로티우스(Hugo Grotius)의 책, Mare Liberum (Free Seas, 바다의 자유)(1609)를 그 시작으로 본다. 그로티우스는 당시 네덜란드가 포루투갈에 의해 주권이 주장된 바다를 거쳐 네덜란드 동인도 회사(Dutch East India Company)에 선박을 파견할 권리를 주장한 것을 지지했다. 그로티우스는 바다는 너무나 광대하여 몇몇 국가들에 의해 점령될 수 없고, 무한한 자원은 그 소유권을 무의미하게 만든다고 주장했다.[12]

비록 Mare Liberum이 정확하게 '항해의 자유'의 시대를 열었다고 말할 수는

---

11) 근대 영해의 범위를 설정하는 방식에는 6마일설(Bodin, Selden, Pacius), 2일간 항해거리 수역설(Hieronymus), 육지에서 관찰 가능한 시계범위설(스페인왕 Phillip Ⅱ세), 무기 사정거리설(Bynkershoek) 등이 있었으나, "영토의 권력은 병기의 힘이 그치는 곳에서 그친다"는 이론에 기초한 빈커쇼크의 착탄거리설이 다수국가에 의해 조약과 관행으로 채용되었고, 영국과 미국, 일본도 이를 지지하였다. 조기성, 국제법, 이화여자대학출판부, 2001. p.172.

12) Jon L. Jacobson, Alison Rieser, "The Evolution of Ocean Law" *Scientific American Digital Presents*, 1998. pp. 100-105.

없지만, 이 책이 담고 있는 주장은 새로이 발견된 지리상 지역을 식민화하고 이윤을 추구했던 유럽 국가들에 의해 일반적으로 수용되었다. 17세기 중반까지 해양 선진국들이 어업과 선박 항해를 위해 공개된 해양을 자유로이 이용하는 것이 일반적인 공통 관행이 되었다. [13]

'항해의 자유' 원칙에 유일하게 인정된 예외는 해안을 경계로 하는 국가의 관할권에 속하는 좁은 해안벨트인 '영해'(territorial sea)와 관련되어 있다. 18세기까지 영해의 최대 폭이 3해리(약 5km) 선으로 정착되기 시작했다. 비록 이 수치가 때때로 해안에 장착된 포가 포탄을 발사할 수 있는 최대거리를 의미하기도 하지만, 아마 이것은 영국의 길이 단위인 리그(league)에 기초했을 것이다. [14] 영해 내에서, 연안국은 생물자원과 광물자원을 포함하여 모든 바다와 해저 그리고 그 상공에 대한 거의 완전한 주권적 권리(authority)를 가졌다. 해수면의 외국 선박은 연안국의 평화와 안전을 위협하지 않는 이동인 무해통항권(right of innocent passage)을 가진다. 영해 밖에서 선박과 잠수함은 자유롭게 '공해'(high seas)를 항해한다.

그로티우스의 '바다의 자유(*Mare Liberum*)' [15]에 의해 시작된 '항해의 자유'

---

13) 배규성, "이승만 라인(평화선)의 재고찰 - 해양법 발전에서의 의의와 독도 문제에서의 의미" 일본문화연구 제47집, 2013. p. 218.

14) Jacobson, Rieser, op. cit. pp. 100-105.

15) 메리엄-웹스터 사전에 따르면, 바다의 자유(Freedom of the Seas)는 평화시나 전쟁 시에도 영해를 제외한 모든 수역을 항해할 수 있는 상선의 권리이다. 즉, 바다의 자유는 영해가 아닌 수역에 관한 국제법적 개념이다. 이는 선박이 한 항구에서 다른 항구로 이동하는 데 아무런 제한 없이 자유롭게 바다를 항해할 수 있게 해준다. 또한 이 개념은 원산지에 관계없이 모든 선박이 어업, 탐험, 과학 연구 수행, 무역, 파이프라인 부설 등을 수행할 수 있도록 허용한다. https://www.merriam-webster.com/dictionary/freedom%20of%20the%20seas 한편, 항해의 자유(freedom of navigation)는 특히 하나 또는 모든 국가의 선박이 둘 이상의 국가를 통과하는 하천/해양을 항해할 수 있도록 국제법에서 인정하는 권리이다. https://www.merriam-

는 두 차례의 세계전쟁에서 살아남았고, 세 차례에 걸친 UN의 해양법 회의[16]를 거쳤다.

Ⅲ. 북극해의 항해의 자유에 대한 쟁점

1. 유엔 해양법 협약(UNCLOS) 제234조 적용에 관한 논란

얼음이 항상 얼어 있는 특정 상황과 한번 오염되면 회복하기 거의 불가능하거나 오랜 세월이 걸리는 북극 해양 환경의 민감도를 고려한 유엔 해양법 협약(UNCLOS)의 유일한 조항은 '북극해 조항(the Arctic)' 또는 '캐나다 예외 조항(the Canadian exclusion)'이라고 불리는 제234조이다. 이 조항은 캐나다, 소련, 미국이 협상을 했고, 이들 정부들에 의해 승인되었다. 비록 제안된 조항이 여러 해양 국가들에 의해 유보를 받았지만, 냉전 기간 동안 두 초강대국의 힘에 의한 지원으로 최종 승인을 받았다.

이 조항은 1970년 캐나다 의회가 선박으로부터의 해상 오염을 방지하기 위해 해안에서 최대 100마일까지 확장되는 해역의 항해를 규제하기 위해 캐나다 관할권(jurisdiction)을 인정했을 때 캐나다가 그 이전에 취한 일방적 조치의 법적 근거를 마련했다. 캐나다에 의해 채택된 북극해 오염 방지법(Arctic Waters Pollution Act)은 이 해역에서 선박의 기름 배출과 폐기물 방류를 금지

---

webster.com/dictionary/freedom%20of%20navigation

16) 제1차 해양법 회의(1958), 제2차 해양법 회의(1960), 제3차 해양법 회의(1982). 자세한 내용은 배규성, "이승만 라인(평화선)의 재고찰 - 해양법 발전에서의 의의와 독도 문제에서의 의미" 일본문화연구 제47집, 2013. pp. 217-221. 참조.

한다. 배타적 경제수역(EEZ)이라는 유엔 해양법 협약(UNCLOS)의 개념을 수용하기 전에 100해리 수역 관할권을 확장하는 것은 당시 논란이 되었다.[17]

제234조(결빙해역, Ice-covered areas)는 다음과 같다:

> 연안국은 특별히 가혹한 기후조건과 연중 대부분 그 지역을 덮고 있는 얼음의 존재가 항해에 대한 장애나 특별한 위험이 되고 해양환경오염이 생태학적 균형에 중대한 피해를 초래하거나 돌이킬 수 없는 혼란을 가져올 수 있는 경우, 배타적 경제수역에 있는 결빙해역에서 선박으로부터의 해양오염을 방지, 경감 및 통제하기 위한 차별없는 법령을 제정하고 집행할 권리를 가진다. 이러한 법령은 항행과 이용 가능한 최선의 과학적 증거에 근거하여 해양환경의 보호와 보존을 적절하게 고려한다.

제234조의 문구에 대한 상세한 분석은 이 조항이 연안국에 부여하는 권리와 범위에 관한 많은 모호함을 식별할 수 있게 한다. 우선은 얼음의 존재가 항해를 방해하는 지역을 정의하는 방법에 대한 의문이 있다. 다음으로 불분명한 문제는 얼음의 분포(coverage) 정도 또는 얼음의 발생(occurrence) 문제이다. 결빙해역(ice-covered areas)은 '연중 대부분의 시기 동안(for most of the year)' 얼음으로 덮인 지역을 의미한다. 연안국의 규제는 6개월 이상 빙상이 밀집된 경우(compact ice cover)에만 정당화될 수 있는가, 아니면 1년 내내 산발적이고 주기적으로 얼음이 나타나면 충분한가? 배타적 경제수역(EEZ) 전

---

17) B.K. Carnahan, "The Canadian Arctic Water Pollution Act: An Analysis", Louisiana Law Review, vol. 31, no 4 (June 1971): 631. 채택된 법안은 특히 미국으로부터 항의를 받았으며, 미국은 이를 캐나다의 해양 지역에 대한 영토 주장 시도로 인식했다. "U.S. Opposes Unilateral Extension by Canada of High Seas Jurisdiction", 62 Deparment of State Bulletin (1970): 610-611.

체에 대한 특별법의 채택은 배타적 경제수역의 일부만 얼음으로 덮여 있을 때에도 정당화되는가? 모든 북극권 국가가 특별법 및 특별 규정의 채택에 필요한 요건으로 연중 대부분의 시기 동안의 얼음의 존재를 충족하는 것은 아니라는 것을 알 수 있다. 이는 아이슬란드, 스웨덴, 핀란드에 적용된다. [18] 심지어 노르웨이의 경우에도 연중 대부분의 시기 동안 연속적인 얼음(continuous ice cover)의 발생과 바렌츠해 일부의 해운에 대한 예외적인 위험에 관한 의문이 제기될 수 있다.

"항해에 대한 장애나 특별한 위험이 되고(creating obstructions or exceptional hazards to navigation)"라는 문구는 무엇을 의미하는가? 이것이 얼음, 특히 얇은 1년생 얼음의 발생으로 실제 위험하지 않은 극지 등급(high polar class) 선박과 쇄빙선에 관한 특별 규정을 정당화시켜주는가? 군함(warships)에 대해서도 특별법을 적용할 수 있는가?

이 특별 규정이 선박으로부터의 오염 가능성을 제한하거나 배제하는 것에만 관련이 있는지 아니면 선박의 안전, 건조, 장비 및 선원(safety of ships, their construction, equipment and crewing)에 관한 요구 사항을 부과할 수 있는지의 여부에 대해 더 많은 의문들이 있다. [19] 제234조의 조항이 무해 통행(innocent passage)의 영해(territorial sea)에서보다 배타적 경제수역에

---

18) 해양 및 연안 오염 방지에 관한 2004년 법안에서 아이슬란드는 유엔 해양법 협약(UNCLOS) 제234조에 따른 특별 권한을 언급하지 않았고, 이 법안은 MARPOL 조항과 일치한다. 노르웨이는 제234조의 이행을 제공하는 특정 법률이 없다. (Iceland) Act No. 33/2004 on marine and coastal antipollution measures, https://www.icetra.is/media/english/Act_33_2004-on-Marine-And-Coastal-Anti-pollution-Measures.pdf (검색일, 2023.6.11.)

19) European Commission, Legal aspects of Arctic shipping, Summary Report (European Union: Publication Office of the European Union, 2010), 13.

서 연안국에 더 넓은 범위의 권리를 부여하는지에 대해서도 명확하지 않다. 이 조항은 또한 연안국의 법과 규정은 입수 가능한 최상의 과학적 증거에 기초해야 하며 항해를 마땅히 고려해야 함을 강조한다. 이러한 유보 조항들(reservations)을 현실에서는 어떻게 이해해야 하는가? 그러한 평가를 할 자격은 국가 기관에 주어지는가 아니면 국제기구에 주어지는가? 항해를 고려해야 함은 어떤 의미인가? 그것들의 수용에 대한 국제해사기구(IMO, International Maritime Organization)의 명시적 요건도 없이 배타적 경제수역에서의 항해에 관한 법률 및 규정을 일방적으로 채택할 가능성은 국제 항해와 관련된 요구 사항 및 표준의 통일성을 훼손하는 것으로 이어진다.

2010년 6월, 캐나다는 항해에 관한 필수 정보를 제공하도록 하는 선박에 대한 요구 사항을 구현하는 의무 시스템, NORDREG(The Northern Canada Vessel Traffic Services Zone Regulations)를 시작했다. 캐나다 해역을 항해하는 총톤수 300톤 이상의 선박에 대해서 일일 항해 계획 및 선박 위치 보고서를 포함하는 통지 의무가 주어졌다. 외국 선박이 사전 등록 없이 해당 해역으로 진입하면 첫 번째 항구에 구금된다. 벌금은 최대 1인당 또는 선박당 $100,000까지 그리고/또는 최대 1년 징역에 처해질 수 있다.[20]

특히 미국, 독일, 싱가포르 및 유럽 연합과 같은 많은 국가들이 외교 노트를 통해서나 IMO의 해양 안전 위원회(Maritime Safety Committee) 세션 동안 NORDREG의 의무적 성격에 즉시 이의를 제기했다. 북극 해양 환경 보호를 목표로 하는 캐나다 정책을 긍정적으로 평가하면서도, 이들 국가들은 캐나

---

20) M. Bennett, "New Canadian Arctic Shipping rules may contravene international law", http://arctic.foreignpolicy.blogs.com/2010/07/09/new-canadian-arctic-shipping-rules (검색일, 2022. 1. 8.)

다가 취한 일방적 조치를 단호하게 비판했다.[21] 캐나다는 이에 대한 대응에서 NORDREG 시스템에 선박을 의무적으로 등록하면 북극해 해역에서 등록된 선박의 위치를 알면 수색과 구조(search and rescue)가 훨씬 더 용이해질 것이기 때문에 선박, 승무원, 승객의 안전이 향상될 것이라고 강조했다.[22]

NORDREG 시스템의 의무 보고에 대한 반대는 국가들뿐만 아니라 해운사에서도 공식화되었다. 선주들의 2/3를 대표하는 발트해 및 국제 해사 위원회(BIMCO, Baltic and International Maritime Council)는 캐나다 당국에 이러한 의무 규정에 대한 반대를 선언하고, 이것이 항해의 자유(freedom of navigation)를 침해한다고 주장하는 서신을 보냈다. BIMCO는 이 규정이 발효되기 전에 캐나다가 IMO로부터 승인을 받아야 한다고 주장했다.

캐나다는 IMO 승인 없이 북극해 해역에 대한 진입 정보, 일일 항해 계획 보고서, 이탈 및 위치에 대한 필수 정보 시스템을 부과한 유일한 북극권 국가이다. 캐나다 법률은 배타적 경제수역에서의 해운에 관한 주권적 권리(sovereign rights)의 행사로 간주 될 수 있으며, 이는 유엔 해양법 협약(UNCLOS)의 조항 준수에 대해 심각한 의문을 제기한다. 이러한 맥락에서 2012년 11월 IMO 해양안전위원회 제91차 세션은 노르웨이와 러시아가 제안한 바렌츠 해역에서의 새로운 의무 선박 보고 시스템(Ship Reporting System)을 채택했다. 이 시스템은 2013년 6월 1일에 발효되었다. 총톤수 5,000톤 이

---

21) A. Raspotnik, "Positive Unilateralism—An Effective Strategy to Protect the Canadian Arctic Environment or a Subtle Approach to Establish Sovereignty?", The Arctic Institute, Center for Circumpolar Security Studies, Friday, December 23 (2011), www.thearcticcircumpolarinstitute.org/2011/12/92743-positive-unilateralism-effective.htm (검색일, 2022.1.8.)

22) "Vessel Traffic Reporting Arctic Canada Traffic Zone" (NORDREG), Canadian Coast Guard, www.ccg-gcc.gc.ca (검색일, 2022.1.8.)

상의 모든 선박, 모든 유조선, 위험 화물을 운반하는 모든 선박 및 조종 능력이
제한된 모든 선박은 이 시스템에 참여해야 한다.

2. 의무적인 폴라 코드의 채택

북극해를 운항하는 선박은 특별하고 예외적인 위험에 노출되어 있다. 기
상 조건, 안개와 폭풍, 지도 부족, 라디오 및 위성 통신에 대한 심각한 제한, 북
극의 인프라 부족 등으로 인해 선원들은 극심한 도전에 직면한다. 저온은 온
보드 장비의 서리를 유발하고 빈번한 고장에 노출시키며 작동 효율을 제한
한다. 선박, 승무원 및 승객의 안전을 보장하는 것을 목표로 하는 해양법에
는 많은 구속력이 있는 규범들이 있다. 또한 상당한 수의 규칙(codes), 지침
(guidelines) 및 권장 사항(recommendations)이 있지만, 북극해의 운송에 특
화되어 채택되지는 않았다. 물론 이러한 일반 규범과 표준을 준수하는 것은
이 지역의 운송 안전을 높이는 데 긍정적인 영향을 미친다.[23]

폴라 코드 이전까지 북극해에 직접 적용되는 유일한 문서는 얼음으로 뒤
덮인 북극 해역에서 운항하는 선박에 대한 법적 구속력이 없는 IMO 가이드
라인이다.[24] 이 가이드 라인은 IMO의 두 기관, 즉 해양안전위원회(Maritime

---

23) 우선 해상 생명 안전에 관한 국제협약(SOLAS, International Convention for the
Safety of Life at Sea, 1974)과 두 개의 의정서(1978 및 1988), 및 해상 충돌 방지 국제
규정 협약 (COLREGS, Convention on the International Regulations for Preventing
Collisions at Sea, 1972), 해양 수색 및 구조에 관한 국제협약(SAR, International
Convention on Maritime Search and Rescue, 1979)과 화물선 국제협약(International
Convention on Load Lines, 1966)을 언급할 수 있다. 모든 북극권 국가들은 이들 규
정에 구속된다는 점에 유의할 필요가 있다.
24) International Maritime Organization, "Guidelines for Ship Operating in Arctic Ice
covered Waters", MSC/Circ.1056, MEPC/Circ.399 (December 2002): 23.

Safety Committee)와 해양환경보호위원회(Marine Environment Protection Committee)에 의해 2002년 10월과 12월에 채택되었다. 양 위원회는 극지 환경이 IMO의 기존 요건을 넘어 북극해 해역에서 운항 중인 선박에 추가적인 요건을 부과할 필요가 있다는 사실을 인정하는 가이드 라인을 채택했다. 이 가이드 라인은 총톤수 500톤 이상의 여객선 및 선박을 포함하여 SOLAS 협약 (Convention for the Safety of Life at Sea, 1974)의 적용을 받는 선박에 적용된다. 아이슬란드 해역은 가이드 라인의 규정에 포함되지 않는다. 가이드 라인의 서문(P-1.2)은 가이드 라인이 얼음으로 뒤덮인 북극해 해역의 기후 조건을 고려하기 위해 SOLAS 협약의 기존 요건을 넘어서 고려할 필요가 있다고 간주되는 추가 조항을 다루기 위한 것이라고 설명한다. 그러나 가이드 라인은 구속력이 없으며 권장 사항으로 해석되어야 한다. 가이드 라인의 목표는 항해의 안전을 증진하고, 북극해에서 선박으로부터의 오염을 방지하는 것이다. 가이드 라인은 다음과 같은 문제를 제기하는 네 부분으로 나뉜다. a) 선박의 건조; b) 장비; c) 작동, d) 환경 보호 및 피해 관리.[25]

폴라 클래스 선박을 통일시키자는 제안을 언급할 필요가 있다. 가이드 라인은 국제선급협회(International Association of Classification Societies)가 제안한 극지 선박에 대한 통합요건(Unified Requirements for Polar Ships)을 참조한다. 채택되고 제안된 내용은 선박을 서로 다른 얼음 상태에서의 운송에 따라 PC 1에서 PC 7까지 7등급으로 나눈다.[26]

---

25) 가이드 라인에 대한 자세한 설명은 다음을 참조. Ø. Jensen, "The Imo Guidelines For Ships Operating", in Arctic Ice-Covered Waters, From Voluntary To Moderatory Tool For Navigation Safety And Environmental Protection?, FNI Report 2/2007. Lysaker, FNI, 2007.
26) PC 5까지의 극지 등급(Polar Classes) 선박은 모든 북극해 해역에서 그러나 서로 다른 얼음 상태에서 연중 운항할 수 있어야 한다. 최고 극지 등급 선박 PC 1은 얼음으로

IMO가 채택한 가이드 라인은 부족함과 모호함으로 인해 비판을 받았다.[27] 극지 파일럿(polar pilots)의 준비, 필요한 경험 및 실습에 대한 세부 사항과 선박 장비의 얼음 제거에 사용되는 스프레이 및 화학 물질의 활용에 대한 세부 사항의 부족이 지적되었다. 가이드 라인은 북극해뿐만 아니라 해운의 유사성으로 인해 남극도 포함해야 한다는 점이 지적되었다.

2004년 남극조약협의회(ATCM, Antarctic Treaty Consultative Meeting)에서 공식화하고 IMO에 제출한 요청에 따라 북극과 남극에서 운항하는 선박에 대한 가이드 라인을 준비하기 위해[28], IMO는 2008년에 문서 작업을 시작했다. 2009년 12월, IMO는 북극해와 남극을 포함하는 극지방에서 운항하는 선박에 대한 가이드라인을 채택했다.[29] 이 가이드라인은 2011년 1월 1일에 발

덮인 모든 북극해 해역에서 연중 운항할 수 있는 능력을 가지고 있다. 극지 등급 선박 PC 2는 온건한 다년생 얼음 조건에서 연중 운항할 수 있어야 하며, 극지 등급 선박 PC 3는 다년생 얼음이 포함된 2년생 얼음 조건에서 연중 운항할 수 있어야 한다. 극지 등급 선박 PC 4는 오래된 얼음이 포함될 수 있는 두꺼운 1년생 얼음 조건에서 연중 운항할 수 있어야 한다. 극지 등급 선박 PC 5는 오래된 얼음이 포함될 수 있는 중간 경도의 1년생 얼음 조건에서 연중 운항할 수 있어야 한다. 극지 등급 선박 PC 6는 오래된 얼음이 포함될 수 있는 중간 경도의 1년생 얼음 조건에서 여름/가을 운항할 수 있어야 하며, 극지 등급 선박 PC 7은 오래된 얼음이 포함될 수 있는 얇은 1년생 얼음 조건에서 여름/가을 운항할 수 있어야 한다. 모든 Polar Class 선박은 얼음으로 인한 손상과 코팅 파손에 견딜 수 있는 구조적 배열을 갖추어야 한다. 오염 위험이 있는 물질은 손상 위험에 노출된 선박의 이러한 부분에 적재할 수 없다. 모든 선박은 북극해 오염의 위험을 최소화하는 장비와 설비를 갖추어야 한다. 항해, 통신 및 구조 장비는 북극해 조건을 고려해야 한다. 극지 파일럿를 선상에 배치하는 생각은 주목할 가치가 있다. https://en.wikipedia.org/wiki/Polar_Class (검색일, 2023.6.12.)

27) Arctic Council, Arctic Marine Shipping Assessment Governance of Arctic Shipping (2009), AMSA Executive Summary and Recommendations, 57.

28) ATCM Decision 4, "Guidelines for Ships Operating in Arctic and Antarctic Ice-covered Waters" (2004).

29) A 26/Res.1024, Adopted on 2 December 2009, Agenda Item 10, 18 January 2010.

효되었다.

극지 운항 선박 가이드라인(Guidelines for Ships Operating in Polar Areas)의 초안을 작성하는 동안 해양 국가들은 남극조약협의위원회(Antarctic Treaty Consultative Committee)[30] 회의에 참여한 국가와 함께 2009년의 권고적 가이드라인을 대체할 법적으로 구속력이 있는 강제적인 가이드라인의 정교화 및 채택을 강력하게 지원했다. 2010년 2월, IMO는 북극해와 남극을 모두 포괄하는 폴라 코드(Polar Code) 프로젝트의 정교화를 시작했다. 초안 작성은 3년 동안 지속될 것으로 예상되었다. 이제 2014년은 초안 작성 완료일로 언급된다.

폴라 코드 작업을 수행한 기관은 IMO 선박 설계 및 장비 소위원회(Sub-committee of Ship Design and Equipment)와 대응 그룹(Correspondence Group)이다.[31] 폴라 코드는 선박 설계, 선박 건조 및 장비, 운영 측면, 승무원 준비, 수색 및 구조와 관련된 문제는 물론 특이한 해양 환경 보호 및 극지 생태계 시스템 보호에 대한 사항을 다룬다. 소위원회는 IMO의 다른 소위원회와 위원회, 특히 해양환경보호위원회와 해양안전위원회에 그들의 작업을 보여주었다. 이 두 위원회는 특별 결의안에서 폴라 코드가 IMO 협약의 관련 부분에 통합될 것이라고 밝혔다.[32]

이러한 복잡한 과정의 논의와 협상을 거쳐 2014년 폴라 코드는 IMO에 의해

---

30) Resolution 8 (2009), ATCM XXXII-CEP XII, Baltimore. Antarctic Shipping Code. Adopted 17/04/2009.

31) DE 55(12)1. "Development of a Mandatory Code for Ships Operating in Polar Waters", Report of the Correspondence Group, 17 December 2010.

32) The subsequent reports: Sub-Committee on Ship Design and Equipment (DE) 53rd session, 22-26 February 2010; 54th session, 25-29 October 2010; 56th session, 13-17 February 2012, 57th session, 18-22 March 2013.

채택되었고, 2017년 1월 1일 발효되었다.

2017년 1월에 Polar Code가 발효되자, 캐나다는 북극해 항해 안전 및 오염 방지 규정(ASSPPR, Arctic Shipping Safety and Pollution Prevention Regulations)을 채택했다. ASSPPR는 기존 보호 수준을 유지하거나 증가시키기 위해 Polar Code를 그 내용에 통합했다. 결과적으로 ASSPPR에서는 부분적으로는 폴라 코드를 기반으로 하고 부분적으로는 유엔 해양법 협약 제234조와 같은 대체 관할권 기반을 기반으로 하는 균형 조치가 실행된다. [33]

3. 북방항로의 법적 지위

러시아와 중국 간의 직접적인 해상 연결을 구축하기 위한 해로(항로)를 찾는 아이디어는 16세기에 처음으로 이러한 가능성에 주목한 러시아 외교관 게라시모프(R. Gerasimov)와 관련이 있다. [34] 이 루트의 서쪽에서 동쪽으로의 최초의 완전한 통행은 19세기에 나타났다.

1917년 러시아의 10월 혁명은 북방항로 이용의 새로운 가능성 또는 필요성을 창출했다. 서구 세력에 의한 반혁명 전선의 일환으로 소비에트 러시아의 봉쇄와 고립으로 인해 이 루트를 이용하는 것이 필수적인 것이 되었다.

---

33) Kristin Bartenstein, "Between the Polar Code and Article 234: The Balance in Canada's Arctic Shipping Safety and Pollution Prevention Regulations" *Ocean Development & International Law* (Volume 50, 2019) Issue 4https://www.tandfonline.com/doi/full/10.1080/00908320.2019.1617932?scroll=top&needAccess=true&role=tab&aria-labelledby=full-article (검색일, 2023.5.25.)
34) Northern Sea Route, Wikipedia, http://en.wikipedia.org/wiki/Northern_Sea_Route ; Northern Sea Route, VisWiki, http://www.viswiki.com/en/Northern_Sea_Route (검색일, 2022.1.8.)

이 루트는 광대한 영토(시베리아)의 서부와 극동 지역 사이의 최단 교통선일 뿐 아니라 완전하게 소비에트 관할 하에 있는 유일한 항로였다.[35] 북방항로(Northern Sea Route)의 이름은 이전 항로인 북동항로(North-East Passage)를 대체했다. 1933년에 북방항로가 공식적으로 개방되었고, 1935년 상업적 이용이 시작되었다.

1990년에 채택된 북방항로 항해규칙(rules of navigation on the seaways of the Northern Sea Route)은 1991년 7월 1일 발효되었다.[36] 1995년 러시아는 북방항로 해운에 관한 가이드라인과 함께 이 항로를 이용하는 선박의 건조 및 장비에 관한 규정을 채택했다. 첫 번째 부분에서 북방항로 항해규칙은 북방항로가 내수, 영해 및 배타적 경제수역 내에 위치한 국가적 운송 경로라고 설명한다. 따라서 북방항로는 내수, 영해 및 배타적 경제수역에 관한 1998년의 러시아 연방법 및 배타적 경제수역에 관한 법 상의 국가적 운송 경로로 지정되었다. 이 규칙은 북방항로가 모든 국가의 선박에 대해 비차별적인 기준으로 항해에 개방되어 있다고 명시하고 있다. 이 규칙은 북극해 지역에 존재하는 혹독한 기후 조건과 연중 대부분 시기 동안 얼음 존재가 항해를 방해하고 위험을 증가시키기 때문에 안전한 항해를 보장하고 선박으로부터의 해양 환경 오염을 예방, 감소 및 통제하는 것을 목표로 한다.

북방항로를 항해하고자 하는 선박의 선주 또는 선장은 양식과 마감일에 따

---

35) 볼셰비키는 처음부터 북방항로 개발의 필요성을 인식했다. 1921년 소비에트 러시아(RSFSR)의 북극 해안의 강과 섬에 대한 연구를 수행하기 위해 연구소 설립에 대한 결정이 내려졌다. Chief Directorate of the Northern Sea Route, https://en.wikipedia.org/wiki/Chief_Directorate_of_the_Northern_Sea_Route (검색일, 2023.6.11.)
36) 이들 규정들은 1990년 6월 1일과 1990년 9월 14일 소련 내각 결정(USSR Council of Ministers Decision) No.565에 따라 이루어졌다. https://arcticreview.no/index.php/arctic/article/view/41/41 (검색일, 2023.6.11.)

라 120일 이전 또는 선박의 북방항로 해역 도착 예정일 15 근무일 이전에 북방항로청에 통보하고 북방항로 안내 요청서를 제출해야 한다.[37] 북방항로청은 서류 접수 후 10 근무일 이내에 신청을 검토한다. 북방항로청은 또한 통행 수락 조건으로 선박 검사를 요구할 수도 있다. 선박 검사는 무르만스크, 나홋트카, 프로비제니야 또는 선박 소유권에 적합한 다른 항구에서 실시할 수 있다. 북방항로를 통한 선박의 안내는 항해 기간 동안 수행되며, 시작과 끝은 북방항로청이 결정한다.

조건에 따라 선박은 다음 유형의 안내 중 하나를 이용할 수 있다. 1) 해안에서 권장 항로를 따라 특정 지리적 지점까지 안내; 2) 비행기 또는 헬리콥터 안내; 3) 재래식 도선; 4) 쇄빙선 안내; 5) 기존의 선박 도선과 결합된 쇄빙선 안내. 선박은 호송을 받거나 개별적으로 운영할 수 있다.

규정에 명시된 바와 같이 불리한 항해 상황과 얼음 상태로 인해 그리고 안전한 항해를 보장하기 위해 빌키츠키 해협, 쇼칼스키 해협, 드미트리 랍체프 해협 및 산니코프 해협에서 강제적인 쇄빙선 안내가 설정되어 있다. 다른 해역에서는 북방항로청이 어떤 종류의 지원을 할지를 결정한다. 불리한 얼음, 항해, 수로 및 생태학적 위협이 되는 경우, 북방항로청 대표는 선박이 북방항로를 항해하는 동안 선박에 대한 검사를 수행할 수 있다. 이러한 조치를 취한 상황이 지속되는 기간 동안 북방항로청은 북방항로의 특정 부분에서 선박의 항해를 중단할 수 있다. 선박이 규정의 조항을 위반하면 선박은 항로에서 제거될 수 있다. 북방항로를 항해하는 선박의 선장은 선박에 의해 영향을 받거나 선박에 의해 감지된 모든 종류의 오염에 대해 당국에 알려야 할 의무가 있다.

---

37) Northern Sea Route Information Office, "How to Get Permit", http://www.arctic-lio.com/nsr_howtogetpermit (검색일, 2022.1.8.)

1990년대의 러시아 규칙은 관광 목적으로 북방항로를 사용하는 문제뿐만 아니라 면책 특권이 있는 군함(warships)과 국영 선박(State ships)에 대한 문제를 언급하지 않았다. 선박으로부터의 오염과 관련된 요구 사항은 선박오염방지협약(MARPOL, Convention for the Prevention of the Pollution of Ships)에서 제공하는 요구 사항보다 더 까다롭다. 사용에 관계없이 부과되는 쇄빙선 지원에 대한 강제 요금은 의문을 제기한다. 또한 전체 요금에 대해서도 의문이 제기된다. 요금 인하가 이 경로의 경쟁력과 매력을 높이는 데 긍정적인 영향을 미칠 것이라는 데는 의심의 여지가 없다.

1990년대 초에 채택된 북방항로 항해규칙은 기존의 갭을 수정하고 제거해야 했다. 20세기 말 국가두마가 착수한 이 노선의 법적 지위에 관한 새로운 법률의 정교화는 매우 오랜 시간 동안 지속되었으며[38], 마침내 2012년 6월 연방법 No. 132 채택과 7월 28일 푸틴 대통령의 서명으로 끝이 났다.[39] 이 연방법은 기존 솔루션의 대부분을 유지하면서 이 경로의 항해를 규제하는 이전 규칙에 대한 개정안을 도입했으며, 몇 가지 문제에서만 이전 규범을 변경하여, 이 경로의 해상 교통량 증가에 더 잘 적응했다.

---

38) 1999년 러시아 과학 아카데미 아카데믹인 A.G. Granberg와 A.N. Czilingarow가 이끄는 워킹 그룹에 의해 시작된 프로젝트는 핵 또는 기타 본질적으로 위험한 물질 또는 유해 물질을 운반하는 원자력 추진 선박과 일반 선박 뿐만 아니라 군함의 통항에 대한 승인권을 획득했다. A.L. Kolodkin, V.N. Gutsuliak, V. Bobrowa, The World Ocean: International Legal Regime, trans. W.E. Buttler (The Hague: International Publishing Eleven, 2010). 프로젝트 작업의 연장은 전함 및 특수 선박(유조선, 원자력 추진 선박 및 핵 또는 기타 본질적으로 위험하거나 유해한 물질을 운반하는 선박)의 항해의 자유 제한 문제에 대한 기존의 내부적 의견 차이를 나타낸다.

39) "Vladimir Putin sign law on the Northern Sea Route", arctic info, 30 July 2012, http://www.arctic.info.com/News/Page/vladimirputin-signs-law-on-the-northern-sea-route (검색일, 2022.1.8.)

새로운 연방법은 북방항로가 역사적으로 등장한 러시아 연방의 국가 수송로(national transportation route)로 차별 없이 모든 국적 선박에 개방되었음을 확인했다. 북방항로는 내수, 영해, 접속수역 및 배타적 경제수역으로 구성된 러시아 북부 해안에 인접한 수역을 포함한다. 그것은 베링 해협과 러시아 해안의 동쪽 끝에서 서쪽의 노바야 제믈랴 군도까지 이어진다. 무르만스크가 있는 바렌츠해는 해당 지역에서 제외되었다. 중요한 변화는 모스크바에 본부를 둔 하나의 북방항로청이 창설되었다는 것과 두 개의 해양 운용 본부를 제거한 것이었다. 북방항로청은 2013년 운송 시즌부터 활동을 시작했다.

선박 소유권의 책임 하에 항로 항해 중 선박에 의해 발생하는 환경적 손해의 책임에 대한 엄격한 규정이 있다. 적절한 보험 및 재정적 보장의 보유를 확인하는 적절한 문서가 없으면 선박은 항해 허가를 받지 못한다. 매우 중요한 변화는 쇄빙선 지원, 얼음 도선(ice pilotage) 및 선박 취급에 대한 요금이 실제로 제공되는 서비스의 양을 기반으로 한다는 분명한 언급이다. 이것은 이전에 공식화된 요구사항을 충족하는 것이었다.

2013년 2월 20일 푸틴 대통령이 승인한 북극 지역 개발 전략은 북방항로를 포함한다.[40] 이 전략은 항로 관리와 관련된 특히 서비스에 대한 요금과 강제적 보험 시스템에 관한 법적 근거의 추가적 개선 필요성을 분명히 확인했다.

우크라이나 전쟁이 한창 진행 중이던 2022년 하반기 북방항로에 관한 러시아 법률이 여전히 규제하지 않았던 군함 및 특별한 특성을 가진 선박들(유조선, 핵추진 선박, 핵 또는 기타 본질적으로 위험하거나 유해한 물질을 운반하는 선박 등)의 북방항로 통행 문제를 규제하기 시작했다. 2022년 11월 30

---

40) Text in the Russian language: http://prawitielstwo/ff/docs/22846. (검색일, 2022. 1. 8.)

일 러시아 연방 상원 연방평의회는 하원인 국가두마가 통과시킨 러시아 연방 헌법 제 104조에 따라 러시아 국방부에 의해 준비된 "러시아 연방 내수, 영해 및 접속수역에 관한(О внутренних морских водах, территориальном море и прилежащей зоне Российской Федерации)" 연방법 개정안을 통과시켰다.[41] 이 개정안의 핵심 내용은 러시아 연방의 내수에서 비상업적 목적으로 운영되는 외국 선박(군함) 및 기타 해상 선박(정부 선박)의 통과 절차(허가증 발급)에 관한 것이다. 즉, 외국 군함 또는 정부 선박의 기국은 예상 통과일 90일 전까지 외교 경로를 통해 NSR 해역의 내수 통과 허가 요청서를 제출하게 하는 것이다. 또한, 러시아 연방 정부는 항해 경보를 발신하여 영해 및 내수에서 외국 군함 및 기타 정부 선박의 항행을 즉시 중단시킬 수 있는 조항을 추가했다.[42]

4. 북서항로의 법적 지위에 대한 논쟁

북서항로(Northwest Passage)는 캐나다 북극 아치펠라고를 통과하는 여러 해로를 포함한다. 이 항로는 대서양과 태평양을 연결하여 파나마 운하를 통과하는 항로나 남아프리카공화국의 케이프 혼(Cape Horn)을 돌아가는 항로에 비해 경로를 단축할 수 있다.

문헌에 기록된 최초의 통행은 1905년에 이루어졌고, 3년 동안 북서항로를

---

41) Постановление О Федеральном законе ≪О внесении изменений в Федеральный закон„ О внутренних морских водах, территориальном море и прилежащей зоне Российской Федерации" Председатель Совета Федерации Федерального Собрания Российской Федерации В.И. МАТВИЕНКО. №. 563-СФ. 30 ноября 2022 года. http://www.council.gov.ru/activity/documents/140461/ (검색일, 2023.6.11.)

42) Draft law on NSR passage regulations for foreign warships submitted to RF State Duma, 2022 August 5. https://en.portnews.ru/news/333402/ (검색일, 2022.8.31.)

항해한 사람은 노르웨이 탐험가 로알드 아문센[43]이었다. 한 시즌 동안 그리고 양방향으로의 최초의 통과 통행(transit passage)은 20세기 1940년대에 이루어졌다. 그것은 캐나다 선박 RCMPV St. Roch에 의해 달성되었다.

북서항로의 법적 지위는 1970년대 후반과 1980년대에 캐나다와 미국 간의 분쟁의 대상이 되었다. 분쟁의 현재 단계에서 미국은 이 항로를 국제 해협의 통과 통항(transit passage)에 대한 유엔 해양법 협약(UNCLOS)의 조항에 따라 법적 레짐이 있는 국제 해협(an international straits)으로 간주하고, 캐나다는 이 항로가 완전한 캐나다 국가 주권 하의 내수를 구성하며, 이 해로의 이용은 캐나다의 수용 여부에 달려 있다고 강조한다. 미국은 캐나다 북극권 아치펠라고의 섬들에 대한 캐나다의 주권에는 도전하지 않는다. 이 분쟁은 이 해역에 통과 통항을 할 수 있는 권리가 존재하는지의 여부와 캐나다의 허가 없이 그것을 행사할 수 있는지의 여부에 관한 것이다. 1969년 미국의 특수 강화 탱커 SS Manhattan이 석유 수송을 위한 항로의 가능성을 테스트하기 위해 통행을 시도했다. 몇 년 후인 1985년 미국 해안경비대 쇄빙선인 Polar Sea도 통항을 했다.[44]

1985년 캐나다는 영해의 기준선(baseline)을 결정하기 위해 직선 기선(straight lines) 시스템을 적용하여 캐나다 북극권 아치펠라고를 그 내부에 배치하여 이 해역을 내수로 인식하도록 했다.[45] 미국은 이 결정에 대해 항의했

---

43) http://www.fromheim.com/Amundsen/NWP/NWpassage.html (검색일, 2022. 1. 8.)

44) 좀 더 자세한 내용은 다음을 참조. G. Killaby, "Great Game In a Cold Climate: Canada's Arctic Sovereignty in Question", text: http://www.journal.forces.ge.ca/vo6/no4/north-nord-01-eng.asp (검색일, 2022. 1. 8.)

45) 유엔 해양법 협약 제8조는 다음과 같다. 제8조(내수) 1. 제4부에 규정된 경우를 제외하고는 영해 기선의 육지 쪽 수역은 그 국가의 내수의 일부를 구성한다. 2. 제7조에

고, 직선 기선 시스템과 관련된 캐나다의 입장이 국제법과 양립할 수 없다는 것을 인정한 유럽연합 집행위원회의 지원을 받았다. 유럽연합 집행위원회는 군도(archipelago)의 경계 설정과 관련하여 유엔 해양법 협약(UNCLOS)이 허용하는 한도를 초과하는 이러한 직선 기선의 '비정상적인(unusual)' 길이에 특히 주의를 기울였다.[46]

기존 분쟁에도 불구하고, 미국과 캐나다는 1988년 북극 협력에 관한 협정에 서명했다. 이 협약에 따라 캐나다가 내수라고 주장하는 해역 내 미국 쇄빙선의 모든 항해는 캐나다의 동의하에 수행될 것이다. 그럼에도 불구하고, 양 당사국은 이 협정이나 어떠한 관행도 이 또는 다른 해상 지역의 해양법에 관한 미국과 캐나다의 개별적 입장이나 제3자에 대한 각자의 입장에 영향을 미치지 않는다고 선언했다.[47] 즉, 양국은 그들의 입장을 확인하고 북서항로가 국제 항해에 이용되는 국제 해협으로 인정될 수 있는지에 대한 문제로 귀결되는 분쟁을 계속하기로 동의했다.

협약은 제37조에서 통과 통항(transit passage)의 개념은 "… 공해 또는 배타적 경제수역의 한 부분과 공해 또는 배타적 경제수역의 다른 부분 사이의

규정된 방법에 따라 직선기선을 설정함으로써 종전에 내수가 아니었던 수역이 내수에 포함되는 경우, 이 협약에 규정된 무해통항권이 그 수역에서 계속 인정된다.

46) 유엔 해양법 협약 제47조 제2항은 다음과 같다. 이러한 기선의 길이는 100해리를 넘을 수 없다. 다만, 군도를 둘러싼 기선 총 수의 3%까지는 그 길이가 100해리를 넘어 최장 125해리까지 될 수 있다. 영해 기선과 내수 및 영해의 한계를 결정하기 위해 캐나다가 직선 기선 시스템을 적용하는 문제는 유엔 해양법 협약 제5조에 의해 의문이 제기되었다. 유엔 해양법 협약 제5조는 다음과 같다. 제5조(통상기선) 영해의 폭을 측정하기 위한 통상기선은 이 협약에 달리 규정된 경우를 제외하고는 연안국이 공인한 대축척해도에 표시된 해안의 저조선으로 한다.

47) Text: "Canada Treaty Information, Agreement between the Government of Canada and the Government of the United States of America on Arctic cooperation", E 101701 - CTS 19888, No. 29, treaty-accord.gc.ca

국제 항해에 이용되는 해협"[48]이다. 공해의 일부 또는/와 배타적 경제수역을 연결하는 이 조건은 충족되었다. 그러나 이 지리적 기준이 해협을 국제적으로 인정하는 데 충분한지 아닌지 또는 국제 통행의 기능적 일회적 또는 장기적 이용(functional one—long-lasting use)이라는 기준으로 보완되어야 하는지의 여부는 명확하지 않다. 유엔 해양법 협약(UNCLOS)에는 이 문제에 대한 설명이 없다. 이러한 상황에서, 캐나다는 이러한 기능적 기준이 충족되지 않는다고 주장한다.[49] 이 항로를 가끔씩 이용하는 것과 미국 선박의 통항은 장기적인 관행의 증거로 인정될 수 없다.

그러나 명백한 이유로 이러한 조건은 얼어붙은 해협에 의해서 충족될 수 없다. 이제 기후변화의 시대에 현재의 이용과 잠재적인 이용 가능성이 존재한다. 북서항로가 미국의 핵추진 잠수함의 군사적 항해에 이용되어 왔다는 사실을 잊어서는 안 된다. 1957년에 미국 해군 잠수함 USS Nautilius는 이 항로를 통해 잠항 통과를 완료한 최초의 선박이었으며, 유사한 잠항 통과가 2005년에도 있었다는 징후들이 있다.[50]

고려해야 할 또 다른 측면이 있다. 만약 캐나다 북극권 아치펠라고의 섬

---

48) 통과 통항(transit passage)의 개념에 대한 명확한 해석은 H. Caminos, V. Cogliaty-Bantz, The Legal Regime of Straits. Contemporary Challeges and Solutions (Cambridge: Cambridge University Press, 2014) 참조.

49) 캐나다는 국제사법재판소(ICJ)가 해협이 국제 해협임을 인정하는 데 필요한 두 가지 요소인 지리적 및 기능적 상황을 지적한 코르푸 해협에 관한 ICJ 판결을 인용한다. ICJ의 사법적 결정은 법치(rules of law)를 설정하지 않는다는 점에 유의할 가치가 있다. 국제사법재판소 규정 제38조에서 사법적 결정은 법치를 위한 보조 수단일 뿐이다. https://papers.ssrn.com/sol3/papers.cfm?abstract_id=4103818 (검색일, 2023.6.12.)

50) N. Loukacheva, "Legal Challenges in the Arctic", a position paper presented for the 4th NRF Open Meeting in Oulu, Finland and Lulea, Sweden, October 5-8 (2006), 4.

들이 통일된 하나의 군도로 취급된다면, 문제는 그러한 경우 군도 항로 (archipelagic sea lanes) 통행권에 관한 유엔 해양법 협약(UNCLOS)의 조항을 적용해서는 안 되는지의 여부이다. 협약 제53조는 군도 통행권을 다음과 같이 정의한다. ". … 공해 또는 배타적 경제수역의 한 부분과 공해 또는 배타적 경제수역의 다른 부분 사이의 지속적이고 신속하며 방해받지 않는 통과만을 목적으로 하는 정상 모드에서의 항해 및 상공 비행의 권리"

북서항로의 법적 지위에 대한 토론에서, 유엔 해양법 협약 제8조가 캐나다 내수 지위에 관한 토론에 적용된다는 점 또한 기억할 필요가 있다. 제8조 2항에서 다음과 같이 설명한다.

> "제7조에 규정된 방법에 따라 직선기선을 설정함으로써 종전에 내수가 아니었던 수역이 내수에 포함되는 경우, 이 협약에 규정된 무해통항권이 그 수역에서 계속 인정된다."[51]

IV. 북극해 항로의 큰 가능성과 항해의 자유에 대한 제한된 억제

북극해에서 유엔 해양법 협약(UNCLOS)의 존중 문제는 국제법적 분쟁의 주제가 되었다. 논란은 북서항로와 북방항로의 법적 지위뿐만 아니라 영해 기

---

51) 직선 기선 시스템은 20세기 중반에만 캐나다에 의해 적용되었다. 그때까지 북서항로는 내수(internal waters)로 간주되지 않았다. J. Bruce McKinnon, "Arctic Baselines" file:///C:/Users/user/Downloads/1987CanLIIDocs55.pdf (검색일, 2023.6.12.) 북서항로에 대한 내수 적용의 타당성에 대한 국제적 견해를 확신시킬 수 있는 주장 중에는 캐나다의 통항 통제가 테러 공격의 가능성 또는 국제 조직 범죄로부터 국제 공동체를 보호한다는 주장이 있다.

선을 그리는 방법, 해협을 통과하는 레짐, 제234조(결빙지역)의 해석과 배타적 경제수역 내 항해의 자유(freedom of navigation) 제한에 관한 것이다.

모든 북극권 국가들이 '항해의 자유'와 일치하지 않는 것으로 인정될 수 있는 법률을 채택하는 것은 아니다. 특정 규정에 대한 유보들(reservations)은 '항해의 자유'에 대한 제한을 주는 국가에 대해, 주로 캐나다, 그리고 좀 덜한 정도로 러시아를 향해 있다.

북극해에서 '항해의 자유' 원칙을 확고히 옹호하는 국가는 미국이다. 건국 이후 미국은 '해양의 자유(the freedom of the seas)'를 보호하는 것이 핵심적 국익이라 주장해 왔으며, 군대에 이러한 이익을 보호할 것을 촉구해 왔다. 미 해군의 첫 번째 임무 중 하나는 대서양과 지중해에서 미국 상선을 해적과 기타 해양 위협으로부터 방어하는 것이었다. 역사가 보여주듯이, '해양의 자유'를 보존하려는 미국의 국가적 관심은 본질적으로 오랫동안 지속되어 왔으며 그 범위는 전 세계적이다. 항해의 자유에 대한 미국의 집착은 항해(행)의 자유 작전(FONOP, Freedom of Navigation Operation)으로 이어진다. 미국 국방부는 FONOP를 "과도한 해양 (주권, 주권적 권리) 주장에 대한 미국의 저항(항의)을 보여주는" "과도한 해양 주장에 대한 작전적 도전(항의)"으로 정의한다. 미국은 Freedom of Navigation Program이라는 FONOP 프로그램을 제도화했는데, 이 프로그램은 매년 전 세계에서 많은 FONOP를 수행하고 있다. 이 프로그램은 매년 FONOP를 기록하는 연례 보고서와 관련 해외 해양 주장 목록을 발행하고 있다.

다른 북극권 국가인 덴마크, 핀란드, 아이슬란드, 노르웨이 및 스웨덴의 관행과 입장은 유엔 해양법 협약(UNCLOS), 선박으로부터의 오염 방지 국제협약(MARPOL, International Convention for the Prevention of Marine Pollution from Ships) 및 해상 인명 안전 국제협약(SOLAS Convention,

International Convention for the Safety of Life at Sea)의 조항을 따른다.

캘리포니아 대학에서 수행한 연구와 시뮬레이션[52]을 통해 2040년에서 2059년 사이에 두 개의 북방항로뿐만 아니라 북극해 전체 지역이 여름 동안 얼음이 완전히 사라질 수 있다, 즉 다년생 얼음이 사라져 특별한 얼음 보강이 없는 선박도 북극점을 통과하는 항로를 비교적 자유롭게 이용할 수 있다는 명제를 공식화할 수 있다. 따라서 상황은 현재 발트해에 존재하는 것과 유사하다. 오늘날에도 북극점을 경유하는 해로를 이용할 수 있는 가능성은 2012년 중국의 쇄빙선 Xuelong이 극점을 통과하는 항로를 양방향으로 통과함으로써 입증되었다.[53]

북극해 항해와 관련된 문제와 분쟁은 주로 유엔 해양법 협약(UNCLOS) 제234조(결빙지역)의 해석의 차이로 인해 발생한다. 이 조항이 유엔 해양법 협약에서 찾을 수 있는 가장 정확하지 않고 가장 불분명한 조항 중 하나라는 것은 의심의 여지가 없다. 역설적인 것은 아마도 캐나다의 이니셔티브의 수용 결과를 완전히 인식하지 못한 미국의 지원으로 채택되었다는 것이다. 어쨌든, 1970년대와 1980년대 초, 제3차 해양법 회의에서 북극해의 국제 해운에 대한 관점은 현실적으로 보이지도 않았고 심각하게 고려되지도 않았다.

북극해 항해 문제에 대한 모든 북극권 국가와 전체 국제 사회의 입장을 통합하는 중요한 단계는 강제적인 폴라 코드(Polar Code)를 채택하는 것이었다. 북극해 항해의 안전의 관점에서 볼 때, 2011년 이 지역의 수색 및 구조(search

---

52) N. Vanderklippe, "Study Predicts Arctic Shipping Quickly Becoming Reality", Globe and Mail (March 2013)

53) T. Petersen, "Chinese icebreaker concludes Arctic Voyage", Barents Observer (September 2012)

and rescue) 협정을 채택함으로써 상당한 진전이 이루어졌다.[54] 이 협정에 따라 러시아는 2015년까지 시베리아 북쪽 해안을 따라 10개의 구조 센터를 설립했다.[55]

북극해에서의 항해의 발전 전망과 관련하여 제기될 수 있는 질문 중 하나는 선박의 항해가 취약한 북극 환경에 초래할 수 있는 손상 가능성과 관련된 정당한 우려가 항해의 발전을 중단시킬 수 있을까이다. 그러나 북극 환경의 손상 가능성에 대한 우려가 항해의 발전을 막을 가능성은 떨어진다. 북극해를 통과하는 해로는 유럽과 아시아를 연결하는 데 매우 중요하다. 그런 관점에서 북극해 항해의 자유에 대한 찬성과 반대 입장을 대조해보면 일반적으로는 항해의 자유에 대한 찬성에 무게중심이 실린다. 유럽과 아시아 사이의 거리가 크게 단축되고, 수에즈 운하 또는 파나마 운하를 통한 운송에 비해 항해 시간이 짧아지고, 연료가 절약되고, 온실가스 배출량이 적은 경제적 이점이 명백하다.

해양 사고와 오염의 위험은 크지만, 원유 채굴로 인한 위험보다 여전히 낮다. 위험은 주로 재앙과 석유 운송에서 발생한다. 벌크 화물 및 컨테이너 운송은 위협 요인이 상대적으로 낮다. 장비가 더 잘 갖추어지고 보호된 선박은 이미 건조되어 사용 중이다. 새로운 항구와 항구 시설의 수가 늘어나면서 항해

---

54) 북극권 8개 국가가 2011년 5월 12일에 서명한 북극 항공 및 해양 수색 및 구조 협력에 관한 협정(Agreement on Cooperation on Aeronautical and Maritime Search and Rescue in the Arctic). 이 협정은 2013년 1월 19일에 발효되었다. 협약의 수탁국(depositary)은 캐나다이다. 이 협정은 북극 이사회(Arctic Council)가 준비하고 채택한 최초의 국제조약이다. 이 협정은 모든 서명국의 수색 및 구조에 대한 책임 영역을 설정하고 국제 협력 규칙을 설정하고 있다. https://oaarchive.arctic-council.org/handle/11374/531 (검색일, 2023.6.11)

55) T. Pettersen, "Russia to have ten Arctic rescue centers by 2015", Barents Observer (November 2011)

가 더 쉬워졌다. 선장, 극지 파일럿 및 선박 승무원들은 북극해 선박 운송에서 더 많은 경험과 연습을 쌓고 있다.

국제 해운이 북극해의 많은 원주민들의 전통적인 생활 방식에 위협이 되는가? 그들은 북극해의 국제 운송에 강하게 반대하는가? 이 질문들에 대한 답은 그렇게 명확하지 않다. 북극해의 원주민들의 수가 많은 만큼 그들의 관심사도 다르다. 캐나다의 이누이트에게 해운은 의심할 여지없이 중대한 위협으로 간주될 수 있지만, 러시아의 원주민들에게는 항구와 그 기반 시설에서의 고용은 더 나은 삶의 기회를 창출한다. 순록을 키우는 사미에게 북극해 해운은 그들의 삶에 그다지 중요한 영향을 미치지 않는다. 그린란드 원주민들에게 북극해 해운은 경제 발전을 위한 필수 조건이다.

아시아 국가, 특히 중국뿐만 아니라 한국, 일본, 인도의 입장에서 북극해 항로의 이용은 경제적, 전략적 지정학적 이유로 중요해졌다. 아시아 및 태평양 지역의 영토 분쟁 및 긴장과 관련된 가능한 사고 및 충돌로 인해 말라카 해협과 남중국해 남부 노선을 통과하는 통과가 차단될 수 있다. 여기에 수에즈 운하의 제한된 용량과 아프리카 해안 인근의 불법 해적 행위를 추가할 수 있다. 에너지 및 광물자원에 대한 대체 공급 라인을 확보하는 것은 많은 아시아 국가들에게 필요하다. 따라서 북극해를 '(러시아) 국가 내부간(internal)', '북극해 내부 간(infra-arctic)', '북극해 항로 전체(trans-arctic)', '북극해 통과(transit)' 항해에 점진적으로 개방하는 과정은 불가피하다. [56] 결과적으로 북극해에서 항해의 자유 원칙을 유지하는 것은 북극권 국가들의 문제일 뿐만 아니라 국제사회 전체의 주요 글로벌 문제가 되었다. 이런 상황에서 북극해에서의

---

56) 북방항로를 따라 통과 통항을 한 선박의 수가 2010년 4척, 2011년 34척, 2012년 46척, 2013년 71척으로 증가했음을 관찰하면 충분하다.

항해의 자유를 유지하고 보장하는 것에 대한 특히 미국과 같은 해양 강국들의 주장과 압력이 증가할 것이며[57], 항해의 자유를 제한하고자 하는 특히 캐나다 (북서항로의 아치펠라고)와 러시아(빌키츠키 해협, 쇼칼스키 해협, 드미트리 랍체프 해협 및 산니코프 해협)의 정책과 행동은 점점 더 강력해질 수 있어, 북극해 항로에서의 항해의 자유 쟁점은 논쟁과 갈등의 대상이 될 것이라고 예측할 수 있다.

---

57) J. Symonides, M. Symonides, "L'Arctique: région de coopérations ou de conflits?", Annuaire Français des Relations Internationales, vol. XIV (2013): 197-211.

〈참고문헌〉

배규성, "이승만 라인(평화선)의 재고찰 - 해양법 발전에서의 의의와 독도 문제에서의 의미" 일본문화연구 제47집, 2013. pp. 215-240.

Arctic Council, Arctic Marine Shipping Assessment Governance of Arctic Shipping (2009), AMSA Executive Summary and Recommendations, 57.

ATCM Decision 4, "Guidelines for Ships Operating in Arctic and Antarctic Ice-covered Waters" (2004).

Arctic Snow and Ice Data Center, *Arctic Sea Ice News & Analysis, 2010, 2011, 2012*; https://nsidc.org/

Bartenstein, Kristin, "Between the Polar Code and Article 234: The Balance in Canada's Arctic Shipping Safety and Pollution Prevention Regulations" *Ocean Development & International Law* (Volume 50, 2019) Issue 4https://www.tandfonline.com/doi/full/10.1080/00908320.2019.1617932?scroll=top&needAccess=true&role=tab&aria-labelledby=full-article (검색일, 2023.5.25.)

Bennett, M., "New Canadian Arctic Shipping rules may contravene international law", http://arctic.foreignpolicy.blogs.com/2010/07/09/new-canadian-arctic-shipping-rules (검색일, 2022.1.8.)

Caminos, H., V. Cogliaty-Bantz, The Legal Regime of Straits. Contemporary Challeges and Solutions (Cambridge: Cambridge University Press, 2014).

Carnahan, B.K., "The Canadian Arctic Water Pollution Act: An Analysis", Louisiana Law Review, vol. 31, no 4 (June 1971): 631.

European Commission, Legal aspects of Arctic shipping, Summary Report (European Union: Publication Office of the European Union, 2010), 13.

International Maritime Organization, "Guidelines for Ship Operating in Arctic Ice covered Waters", MSC/Cire.1056, MEPC/Cire.399 (December 2002): 23.

Jacobson, Jon L., Alison Rieser, "The Evolution of Ocean Law" *Scientific American Digital Presents*, 1998. pp.100-105.

Jensen, Ø., "The Imo Guidelines For Ships Operating", in Arctic Ice-Covered Waters, From Voluntary To Moderatory Tool For Navigation Safety And Environmental Protection?, FNI Report 2/2007. Lysaker, FNI, 2007.

Killaby, G., "Great Game In a Cold Climate: Canada's Arctic Sovereignty in Question", text: http://www.journal.forces.ge.ca/vo6/no4/north-nord-01-eng.asp (검색일, 2022.1.8.)

Kolodkin, A.L., V.N. Gutsuliak, V. Bobrowa, The World Ocean: International Legal Regime, trans. W.E. Buttler (The Hague: International Publishing Eleven, 2010)

Loukacheva, N., "Legal Challenges in the Arctic", a position paper presented for the 4th NRF Open Meeting in Oulu, Finland and Lulea, Sweden, October 5-8 (2006), 4.

Northern Sea Route, Wikipedia, http://en.wikipedia.org/wiki/Northern_Sea_Route; Northern Sea Route, VisWiki, http://www.viswiki.com/en/Northern_Sea_Route. (검색일, 2022.1.8.)

Northern Sea Route Information Office, "How to Get Permit", http://www.arctic-lio.com/nsr_howtogetpermit (검색일, 2022.1.8.)

Østreng, W., K. Eger, B. Fløistad, A. Jørgensen-Dahl, L. Lothe, M. Mejlæder-Larsen, T. Wergeland, Shipping In Arctic Waters. A Comparison of the Northeast, Northwest and Trans Polar Passages (Berlin/Heidelberg: Springer/Praxis, 2013)

Petersen, T., "Chinese icebreaker concludes Arctic Voyage", Barents Observer (September 2012).

_____, "Russia to have ten Arctic rescue centers by 2015", Barents Observer (November 2011).

Raspotnik, A., "Positive Unilateralism—An Effective Strategy to Protect the Canadian Arctic Environment or a Subtle Approach to Establish Sovereignty?", The Arctic Institute, Center for Circumpolar Security Studies, Friday, December 23 (2011), www.thearcticcircumpolarinstitute.org/2011/12/92743-positive-unilateralism-effective.htm (검색일, 2022.1.8.)

Symonides, J., M. Symonides, "L'Arctique: région de coopérations ou de conflits?", Annuaire Français des Relations Internationales, vol. XIV (2013): 197-211.

The Ilulissat Declaration, Arctic Ocean Conference, Ilulissat, Greenland, 27-29 May, 2008.

"U.S. Opposes Unilateral Extension by Canada of High Seas Jurisdiction", 62 Departament of State Bulletin (1970): 610-611.

Vanderklippe, N., "Study Predicts Arctic Shipping Quickly Becoming Reality", Globe and Mail (March 2013).

"Vessel Traffic Reporting Arctic Canada Traffic Zone" (NORDREG), Canadian Coast Guard, www.ccg-gcc.gc.ca (검색일, 2022.1.8.)

"Vladimir Putin sign law on the Northern Sea Route", arctic info, 30 July 2012, http://www.arctic.info.com/News/Page/vladimirputin-signs-law-on-the-northern-sea-route (검색일, 2022.1.8.)

http://www.arctic-lio.com/nsr_icebreakersassistance

북극항로의 운항위험요인과 해상보험 활용가능성

예병환*

Ⅰ. 서론

북극지역은 빠른 속도로 진행되고 있는 지구온난화와 이상기온에 의해 북극의 해빙현상이 급속하게 진행되고 있다. 과학자들은 북극의 해빙이 100만 평방킬로미터 미만일 때 얼음이 없는 북극의 첫 여름(first ice-free Arctic summer ycar:FIASY)이라고 부른다. 현재의 과학적인 추정치에 따르면, 북극은 2030년에서 2040년 사이에 북극해에서 여름에 얼음이 없을 수 있을 것으로 예측하고 있으며, 2034년을 가장 가능성이 높을 것으로 예측하고 있다.[1] 세계기후위원회와 NASA는 북극해의 해빙현상은 전체적으로 진행속도가 더욱 빨라질 것으로 예상하고 있으며,[2] 북극 위원회의 북극 해상 운송에 대한 영향 연구에 따르면 북해 항로의 항해 기간은 2080년까지 90-100일이 될 것으로 예상하고 있다[3].

※ 이 글은 한국시베리아연구 27권 2호에 게재된 논문을 수정·보완한 것임.
* 배재대학교 한국-시베리아센터 전임연구원.

1) National Oceanic and Atmospheric Administration(NOAA), *National Centers for Environmental Information*, "Predicting the Future of Arctic Ice", FEBRUARY 28, 2020.
   https://www.ncei.noaa.gov/news/arctic-ice-study(검색일:2023년 2월 10일)
2) Rosenkranz, Rolf, "The northern drift of the global economy: the Arctic as an economic area and major traffic route", *World Customs Journal*, No.1, 2010, p. 27.
3) Mahony, Honor, "Arctic shipping routes unlikely to be 'Suez of the north'",

기후변화로 인한 환경의 변화는 인류의 과학적 영역과 생활공간을 크게 변화시키고 있다. 역설적으로, 기후변화와 지구온난화는 글로벌 생태계를 위협하는 재앙인 동시에, 북극지역에서의 새로운 에너지자원개발의 가능성과 함께 북극해를 경유하여 선박운항이 가능한 해상수송로인 북동항로, 북서항로, 북극점 경유 항로, 북극 랜드브리지 항로 등 북극 공간의 지경학적 잠재력을 높여주고 있다. 또 다른 지경학적 가치로 풍부한 에너지자원[4]과 광물자원, 수산자원, 임산자원, 관광자원 및 북극권 유목민의 상징인 순록 등의 경제활동을 들 수 있다. 특히 북극항로를 활용한 국제해상물류루트로서 상용화 가능성과, 러시아 등 북극권 국가들의 크루즈 관광 등의 문화적 공간 확대의 가능성이 높아지고 있어 북극해의 해상운송은 국제해상운송의 혁신을 촉구하게 될 것이다. 북극해의 활용 가능성을 전제로 한 북극항로의 상업화는 전 세계 무역항로의 변화와 함께 물류혁명을 예고하고 있다. [5]

또한 세계경제는 2019년말 코로나19 팬데믹 발생에 따른 세계 경제 침체 및 각국의 국경 봉쇄조치(Lock Down) 등으로 세계 물류망이 일시적으로 중단되면서 세계 해운업계는 수요감소, 공급과잉 지속 등 최악의 위기상황에 직면하였다. 이러한 해운업계의 위기상황은 지구온난화와 함께 활용가능성이 증가하는

EUobserver, July 6. 2011.

4) 2008년 미국 지질조사국(USGS:Unites States Geological Survey)에 따르면, 북극권에 미발견된 세계 석유자원의 13%(900억 배럴)와 천연가스자원의 30%(1,700조㎥의 천연가스와 440억 배럴 상당의 액화가스)가 매장된 것으로 추산된다. 석유 및 천연가스 매장지(세계 매장량의 4분의 1이상)는 북극의 대륙붕 지역이다. 미국과 캐나다의 북극해역에 120억 배럴의 석유와 4.5조㎥의 천연가스가 매장되어 있다. 미국해역 서쪽의 축치 해에 약 70억 배럴의석유가 매장되어 있는 것으로 추정된다. 또 러시아의 서시베리아와 바렌츠 해, 미국 알래스카 등 3개 지역이 전체 탐사 자원량의 65%를 차지한다.

5) 이재영·나희승, "북극권 개발을 위한 시베리아 북극회랑 연구," 『아시아문화연구』, 39(아시아문화연구소, 2015), p.193.

북극해와 북극항로 활성화를 통한 해상운송의 혁신을 촉구하는 계기가 되었다.

유럽에서는 중세 이후 해상운송이 선박의 운항과정에서 나타나는 수 많은 위험요인들을 극복하면서 대항해시대에 비약적으로 발전하여 왔다. 콜롬부스의 신항로 개척과 동인도 교역의 비약적인 증가는 해상운송에는 나타날 수 있는 다양한 위험요인을 회피할 수 있는 합리적인 방안을 모색하면서 가능하였다. 해상운항의 위험을 회피하는 가정 대표적인 방밥으로 모험대차방식이 이용되었으며, 이는 현대사회의 해상보험의 기초가 되었다.

북극해의 극한 환경적요인은 해상운송에서 위험을 더욱 가중시키게 된다. 따라서 본 논문에서는 북극항로의 활성화를 모색하는 과정에서 북극해의 운항과정에서 나타날 수 있는 다양한 위험요인들을 살펴보고 이러한 위험요인을 제거할 수 있는 다양한 수단으로서 북극해 해상운송의 활성화를 위한 효율적인 해상보험제도에 대해서 살펴보고자 한다.

Ⅱ. 주요 국제 해상항로와 북극항로를 이용한 국제 해상운송

2.1 선행연구 분석

북극에 대한 관심과 연구가 본격화 되면서 우리나라 산 · 학 · 연에서 북극항로 및 물류수송에 대한 다양한 연구 결과물이 도출되어 왔다. 대표적인 연구결과물로 홍성원(2010)[6]은 북극항로의 상업적 이용 가능성에 관한 연구에

---

6) 홍성원, "북극항로의 상업적 이용 가능성에 관한 연구," 『국제지역연구』 제13권 4호(국제지역연구센터, 2010), pp. 557-584.

서 북극항로가 아시아와 유럽을 연결하는 최단 해상운송 루트이며, 북극항로의 활성화와 자원개발에 따른 한·러 협력 방안의 필요성을 제시했다. 이성우 외(2011)[7]는 북극항로 개설에 따른 해운항만 여건 변화 및 물동량 전망을 통해 북극항로 상용화를 위한 단계적 접근이 필요하며 북극항로의 선박 운항 가능성과 경제적 타당성을 분석하는 연구결과물을 도출하였다. 또한 류동근·남형식(2014)[8]은 북극항활성화에 대비한 부산지역의 미래성장 유망산업을 분석하고 있으며, 박진희·이민규(2015)[9]는 경쟁력 분석에 따른 국내 북극항로 전진기지 구축 방안에 관한 연구로 우리나라 항만 간 경쟁력 분석을 바탕으로 북극항로에 특성화된 전진기지를 구축하기 위한 전략을 제시하고 있다. 김선래(2015)[10]는 연구결과물에서 한국이 보유하고 있는 세계적 수준의 특수선박 건설 기술과 러시아의 극저온 기술 및 쇄빙기술의 결합, 북극항로 인프라와 항만건설 등 클러스터 건설 사업에 공통 참여로 유라시아 신문명 창조과정에 선도적 역할을 해야 한다고 강조했다. 한종만 외(2016)[11]는 지구온난화 이상기온으로 인한 북극지역의 지정학적, 지경학적, 지문화적 역동성에 관한 연구로 우리나가 북극항로 개발 및 종합적 개발에 대한 가능성을 열

7) 이성우·송주미 외 1명, 「북극항로 개설에 따른 해운항만 여건 변화 및 물동량 전망」(출판: 한국해양수산개발원, 2011), pp.1-159.

8) 류동근·남형식, "북극항로 시대에 대비한 부산지역의 미래성장 유망산업 및 정책 평가에 관한연구,"『한국항만경제학회지』제30권 1호(한국항만경제학회, 2014), pp.175-194.

9) 박진희·이민규, "경쟁력분석에 따른 국내 북극항로 전진기지 구축방안에 관한 연구,"『한국항해항만학회지』제39권 3호(한국항해항만학회, 2015), pp.241-251.

10) 김선래, "북극해 개발과 북극항로: 러시아의 전략적 이익과 한국의 유라시아 이니셔티브,"『한국 시베리아연구』제20권 1호(배재대학교 한국-시베리아센터, 2015), pp.35-64.

11) 한종만, "북극지역의 지정학적, 지경학적, 지문화적 역동성에 관한 연구," 한종만 외, 『북극의 눈물과 미소』(서울: 학연문화사, 2016). pp. 109-149.

어두고 능동적으로 북극 개발에 참여해야 할 필요성을 제시하고 있다.

이 외에도 국내외에 북극항로와 관련하여 다양한 연구결과물들이 도출되어 왔다. 하지만, 지금까지의 우리나라의 북극항로에 관한 연구는 러시아 북극해의 자원개발 및 전략을 중심으로 러시아의 북극항로 및 자원개발에 따른 한·러 협력 및 한국의 러시아 북극개발과정에서의 참여가능성 등에 대한 분석을 중심으로 이루어져 왔다.

본 연구에서는 기존의 연구와는 다른 연구의 방향성을 모색하고자 한다. 북극항로를 이용한 해상운송의 활성화를 모색하기 위해 북극해의 극한적인 자연환경에서 나타날 수 있는 해상운항의 위험요인들을 분석하고 이러한 위험요인을 회피하기 위한 방안으로 합리적인 해상보험의 활용방안에 대해서 분석해 보고자 한다.

2.2 주요 해상항로 현황

해상운송에서 가장 많은 비중을 차지하는 해상운송은 컨테이너선의 운항으로 인한 물동량의 수송이다. 세계 주요 해상루트로서 대표적인 컨테이너선 항로는 [그림 1]에서 나타나는 바와 같이 대서양 항로, 태평양 항로, 아시아-유럽 항로가 있다.

1) 대서양 항로

대서양 항로는 크게 북대서양·아프리카·남아메리카(파나마 운하 경유 포함)의 3개 항로로 구성된다. 서유럽과 북아메리카 동안을 연결하는 북대서양 항로는 1840년경 개항한 세계 최초의 대서양횡단 항로이고, 또 취항 선박 수와 수송 화물량에서 각각 세계 전체의 2/3 이상을 차지하여 세계 제1의 교

[그림 1] 세계 주요 컨테이너선 항로

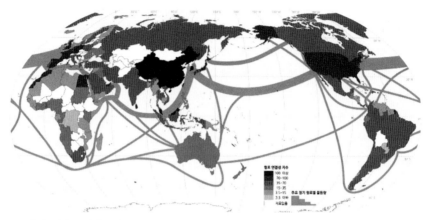

그림 출처: 삼성SDS(주)의 디지털 물류시스템 Cello Square, 주요 컨테이너선 항로와 국제 운하. https://www.cello-square.com/kr-ko/blog/view-76.do

통량을 가지는 항로이다. 남대서양 항로는 서유럽과 남아메리카 동안을 잇는 항로이며, 남아메리카의 밀·육류·양털 등의 농·축산물과 유럽의 공업제품 등이 주로 수송되는 항로이다.

2) 태평양 항로

태평양을 중심으로 동북아시아와 북미, 오세아니아 및 남미대륙을 연결하는 주요 운송항로이다. 남방항로는 1867년 일본의 요코하마[橫濱]에서 샌프란시스코까지 운항하는 항로가 처음으로 개통되었으며, 현재 평균적인 운항시간은 여객선이 9일, 화물선이 13일, 목재나 광석 등을 운반하는 전용선은 11일, 그리고 컨테이너 전용선은 9일 정도 소요된다.

태평양 항로는 크게 북태평양 항로와 남태평양 항로로 구분된다. 북태평양 항로는 알류산 열도에 근접하는 북방항로와 하와이를 경유하는 남방항로로 다시 구분되어 지며, 1867년 일본의 요코하마에서 샌프란시스코를 연결하는 항로가 가장 최초로 개설되었다. 남태평양 항로는 태평양을 경유해서 북아메리카와 오스트레일리아, 뉴질랜드 등을 연결하는 항로이다. 미국경제의 팽창과 더불어 오늘날 중요성이 증가하고 있다.

3) 아시아 · 유럽 항로

유럽에서 인도양을 거쳐 아시아 동부지역을 연결하는 주요 항로이다. 15세기부터 유럽인의 동인도무역을 위해 개척되었다. 이후 18세기부터 제2차 세계대전 때까지 영국의 아시아 식민지 경영을 위한 해상운송의 대동맥이 되었으며, 1869년에 수에즈 운하가 개통되자 시간과 거리가 크게 단축되었다.

4) 북극항로

최근 기후변화로 인해 북극해의 해빙현상이 가속화 되면서 북극해를 경유하는 항로의 이용가능성이 크게 증가하고 있다. 북극항로의 사전적 의미는 북극해를 통하여 아시아와 유럽, 그리고 북미와 유럽을 연결하는 북극 항해로(Actic shipping Routes)와 북극의 극지방의 상공을 이용하는 항공항로를 의미하지만 일반적으로 북극항로라고 하면 선박의 운항에 이용되는 북극항해로를 말한다.

북극해를 경유하는 북극 항해로는 세부적으로 북미지역과 유럽을 연결하는 캐나다 북부 해역의 북서항로(Northwest Passage, NWP)와 동북아시아와 유럽을 잇는 북동항로(Northeast Passage, NEP), 그리고 북극의 얼음이 모두 녹으면 이용가능한 북극점 근처를 횡단하는 북극횡단항로(Transpolar Sea Route, TSR)로 구분되어진다. (그림 2 참조) 이들 북극항로에서 가장 이용가능성이 높은 항로는 대서양에서 태평양까지 러시아 북쪽 해안을 경유하는 북동항로이며, 북동항로는 동북항로로 불리기도 한다.

러시아에서는 북동항로의 러시아 구간을 북부해항로(Northern Sea Route,

[그림 2] 북극항로

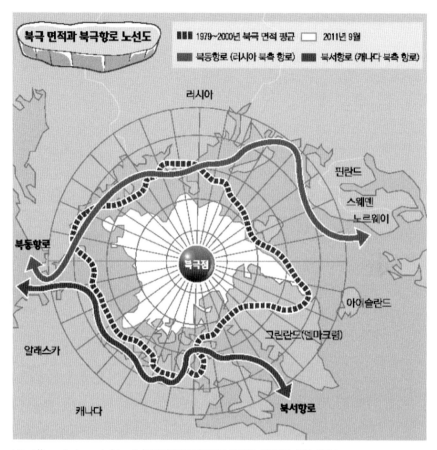

https://img.etoday.co.kr/pto_db/2012/07/20120724102021_213736_500_500.jpg

NSR)라고 명칭한다. 북부해항로는 1991년 처음으로 외국선박에 개방되었다. 러시아는 2차 세계대전 이전부터 북극해 연안도시에 물자공급을 위해 동 항로를 이용하여 왔는데 냉전시절에는 군사안보 차원에서 서방세계에 동 항로의 개방을 전면 금지해 왔다. 그러나 냉전 이후 당시 고르바쵸프 대통령이 개혁개방정책을 추진하면서 1987년 무스만스크에서 북극해를 경유하는 항로에 대한 개방을 언급함에 따라(Murmansk Initiatives) 북부해항로가 국제운송로로 개발이 가능하게 되었다.

북극횡단항로는 북극점 근처를 횡단하기 때문에 북동항로나 북서항로와 달리 특정국의 수역을 통과하지 않아 선박의 자유로운 항해가 가능한 항로이다.

북서항로(Northwest Passage, NWP)는 북아메리카의 서부지역 배링해와 캐나다 북부지역의 북극 군도를 지나 배핀만을 경유하여 북아메리카 동부지역을 연결하는 항로이다. 북서항로는 동아시아와 뉴욕 등 북미 대서양 연안의 항구 사이의 거리를 단축시키게 된다. 부산-뉴욕 항로 기준으로 파나마 운하 경유의 기존 항로에 비해 약 2,500해리의 운항거리가 단축된다. 유엔과 캐나다의 전문가들은 북극지방 기온이 지구상의 다른 지역보다 2배 이상 빠르게 상승하고 있고, 2050년쯤이면 여름에 선박들이 캐나다 북부 해역을 항해할 것이라고 주장하고 있다. 북서항로를 이용한 대서양과 태평양을 오가는 선박 항해는 2012년 20건에서 2017년 33건으로 크게 증가하여 이전의 최고 기록을 갱신하였다.[12] 캐나다 해상운송사인 Fednav는 2014년에 퀘벡 북부 디셉션 베이에 있는 대규모 광산에서 생산된 니켈정광(nickel concentrate)을 북서항로를 통해 중국으로 운송하였으며, 2016년과 2017년에는 네덜란드 선박회사인 Royal Wagenborg가 운영하는 내빙선박이 중국에서 퀘벡으로 북서항로를 통해 알루미늄 양극을 운송하였다. 북서항로를 이용한 물동량은 2018년 캐나다 배핀섬(Baffin Island)에서 유럽 및 아시아로 수송된 철(iron)의 물동량이 처음으로 500만 톤을 넘어섰다.

북동항로(Northeast Pssage, NEP)는 북유럽과 노르웨이의 노스 케이프(North Cape)에서 북부 유라시아 및 시베리아를 연결하는 항로이다. 북극해

---

12) Mooney, Chris, "Scientists came to explore the fabled waters of the Arctic — but their work could also change its future", Washington Post, 21 December 2017.

를 지나는 북극항로는 수에즈 운하를 경유하는 현재 항로보다 거리가 짧아 항해일수와 물류비를 크게 단축할 수 있다는 장점이 있다.(표 1 참조)

북부해항로(Northern Sea Route, NSR)는 북동항로의 러시아 구간인 베링해협(Bering Strait)에서부터 카라관문(Kara Gate)에 이르는 구간으로 구분되어 진다. 러시아 정부는 NSR의 서쪽은 노바야젬랴(Novaya Zemlya, 동경 68도)섬으로부터 동쪽 끝은 베링(Bering)해협 이북(북위 66도)으로 정의하고 있다. 이에 따라 카라해(Kara Sea), 랍테프해(Laptev Sea), 동시베리아해(East Siberian Sea) 그리고 츄코트해(Chukchi Sea)가 NSR에 포함된다.

⟨표 1⟩ 태평양과 대서양 연결 항로의 거리 (단위 : 마일)

구분	Hamburg			
	Vancouver	Yokohama	Hong Kong	Singapore
북극해 항로	6,635	6,920	8,370	9,730
수에즈 운하 경유	15,377	11,073	9,360	8,377
희망봉 경유	18,846	14,542	13,109	11,846
파나마 운하 경유	8,741	12,420	12,920	15,208

출처: 최경식, "북극해 항로의 전망과 기술적 과제", 『해양한국』, 2001년 2월호, p. 61,

노르웨이 북극물류센터(CHNL)의 2021년 북동항로 선박운항 현황에 따르면 전체 운항횟수는 86회에 달하였으며, 외국선박에 의한 운항이 72회 러시아 국적 선박의 운항이 14회로 나타났으며, 태평양으로의 운항을 위한 동쪽으로 항해가 49회 그리고 서쪽 방향인 대서양과 캐나다 북부지역으로 항해가 37회로 나타나고 있다.

[그림 3]에서 나타나는 바와 같이 NSR을 이용한 해상운송 물동량은 꾸준히 증가하고 있다. 러시아의 북극해 물동량은 2010년대 초반 연간 물동량이 약 300만 톤이 운송되었으나, 2010년대 후반 물동량이 꾸준히 증가하기 시작하

[그림 3] NSR의 연간 물동량

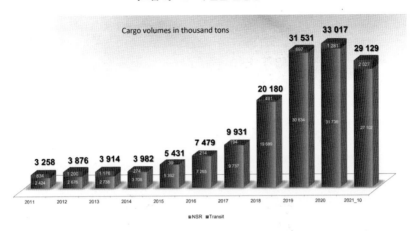

자료출처: Nikolay Monko, "Brief Results of the Navightions in the Water Area of the Northern Sea Route in 2021", The Northern Sea Route Administration.

여 2018년 2,000만 톤을 넘어선 이후 매년 3,000만 톤에 달하고 있다. 선박의 운항도 지속적으로 늘어나고 있다. 2009년 2척, 2010년 4척이던 NSR의 선박 운행이 2011년 34척을 거쳐 2012년 48척으로 늘어나면서 NSR운항에 신기록 이 수립되었다.

북극항로를 이용한 전체 물동량은 2030년까지 1억 톤에 육박할 것으로 전망된다.

III. 북극해의 해상운송과정에서 나타나는 위험요인

3.1 국제 해상운송 사고

주요 해상운송루트를 통한 해상운송은 지속적으로 증가하고 있다. 이러한 해송운송에는 필연적으로 수 많은 운항위험 요인들에 의해서 매년 발생하는 운항사고도 증가하게 된다. 2021년 전 세계적으로 약 3,000건의 해상사고가 발생했다. 해상사고에 따른 피해의 정도가 다소 큰 전손사고는 전체사고의 약 2% 정도인 54건이 발생하였다. 선박 전손사고는 2012년 이후 지속적인 감소

[그림 4] 최근 10년 선박 전손사고 발생 추이 (2012~2021)

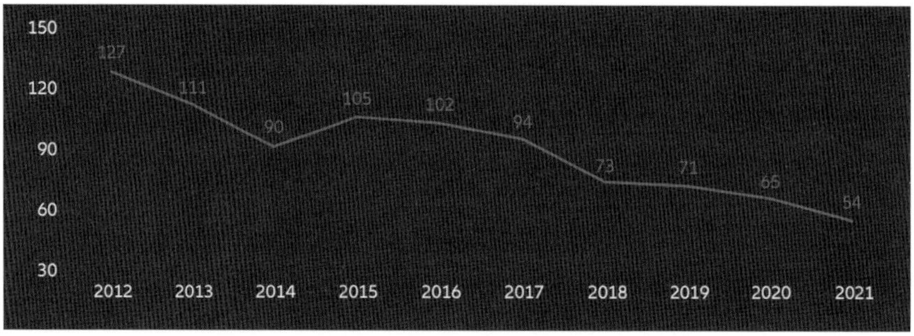

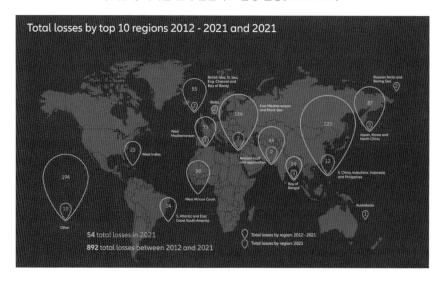

자료: Allianz Global Corporate & Specialty, Safety and Shipping Review 2022.

[그림 5] 지역별 선박 전손사고 발생 현황(2012-2021)

세를 나타내고 있다. 전손사고의 발생 건수는 전년(65건) 대비 11건 감소하였으며, 2012년의 127건에 비해 57% 감소하였다.

2012년 이후 10년 동안 전 세계 선박 전손사고는 총 892건을 기록했다. 지역별로는 남중국해(25%), 흑해 및 동지중해(15%), 일본, 한국 및 중국(9.8%), 영국제도 및 북해(6%), 아라비아만 일대(5%)에서 많이 발생했다.

〈표 2〉 최근 10년 원인별 전손사고 발생 추이 (2012~2021)

	'12	'13	'14	'15	'16	'17	'18	'19	'20	'21	Total
침몰	53	70	50	66	48	56	33	32	25	32	465
난파 및 좌초	29	21	18	19	22	15	18	9	12	1	164
화재 및 폭발	14	15	7	9	13	8	12	20	14	8	120
기관계 고장	15	1	5	2	10	9	3	3	4	6	58
충돌	5	2	2	7	2	1	3	3	3	3	31
선체파손	7	1	5	2	4	5	2	1	1	1	29
접촉	2		1				2	1			6
실종					2			1			3
기타	2	1	2		1			1	6	3	16
Total	127	111	90	105	102	94	73	71	65	54	892

해상사고의 원인으로는 침몰 465건(52%), 난파 및 좌초 164건(18%), 화재 및 폭발 120건(14%), 충돌 31건(6%), 그리고 선체파손 29건(3.5%) 순으로 나타났다.

3.2 북극해 해상운항의 위험요인

북극해를 경유하는 해상운송과정에서 나타나는 위험요인은 크게 안전운항을 저해하는 운항위험요인과 운항과정에서 발생할 수 있는 환경오염과 같은 환경위험요인으로 구분할 수 있다.

북극해의 극한 환경으로 인해 북극해를 운항하는 선주와 해운회사들은 그들이 일반적으로 예상하는 것보다 더 많은 해상사고위험에 직면한다. 북극해를 경유하는 선박의 운항에는 안전운항을 위한 각종 시설과 관련 인프라가 적고, 극한의 기후환경으로 인하여 일반적인 항로를 운항하는 선박들에 비해 사고의 위험 또한 증가하게 된다. 영국의 해상보험사들이 공동으로 설립한 JHC(Joint Hull Committee)에서 밝힌 북극해에서의 선박운항의 위험요인들은 다음과 같다. [13]

- 해빙과의 접촉 (빙하 포함)

- 해빙에 의한 프로펠러, 방향타 및 기타 기계장치의 손상

- 해도에 표시되지 않은 암초에 의한 좌초

- 결빙 (11월~3월)

- 안개 (6~7월이 가장 극심)

---

13) Joint Hull Committee, *JH2012/004*, JHC Navigation Limits Sub-Committee Northern Sea Route Nortes.
file:///C:/Users/OWNER/Downloads/The+Northern+Sea+Route+Information+Paper.pdf

- 충돌
- 멀리 떨어져 있음에서 발생하는 구조의 지연/부족
- 안전한 항구에 대한 정보 부족

이 위험들은 다음과 같은 이차적 요인에 의해 악화될 수 있다.

- 좋지 못한 해도
- 부족한 수로도 및 기상 자료
- 부족한 위성항법 정보 및 통신 문제

　북극해를 운항하는 해운회사들이 직면한 사고위험은 안전한 항해를 위한 해도가 부족하다는 것이다. 북극이사회(Arctic Council)의 '2009년 북극 해상 운송 평가에 관한 보고서(Arctic Marine Shipping Assesment Report 2009)'에 따르면 주요 북극 해상운송로의 상당한 부분에 대한 해도가 부족하다는 것을 강조했다. 이는 캐나다 북극해 제도(Canadian Archipelago) 및 보퍼트해(Beaufort Sea)에서 가장 심하고, NSR상에 있는 카라해(Kara Sea), 랍테프해(Laptev Sea), 동시베리아해(East Siberian Sea)에서도 마찬가지이다. 해도의 부족으로 발생하는 문제들은 해당 지역에서의 부족한 통신 네트워크에 의해 더 악화된다.

　2010년 8월 27일 캐나다 국적의 북극 탐험 크루즈선박인 Clipper Adventurer호가 캐나다 북극지역 '코러내이션만(Coronation Gulf)'에서 해도의 부족으로 인해 암초에 충돌하여 좌초하는 해상사고가 발행하였다.[14] 해빙

---

14) Nunatsiaq Online (4 September 2010). "Clipper Adventurer ran into a charted

관련 문제가 아니었음에도 불구하고, 승객의 구조 및 사고선박의 인양은 북극해의 안전운항을 중대시키고자하는 명확한 도전이었다. 이 사고는 북극에서의 증가하는 다양한 사고위험에 대응하기 위해 크루즈산업 내에서 절차와 전략의 확립이 필요함을 보여준 사례였다. 북극에서의 크루즈 선박들은 선주, 규제당국, 보험회사들에게 특히나 큰 도전으로 다가온다. 특히, 카리브해, 유럽, 지중해에서 오는 큰 크루즈 선박들이 그렇다.

〈표 3〉 북극해 선박사고 현황 2011-2020 (14건의 전손사고 포함)

	2011	2012	2013	2014	2015	2016	2017	2018	2019	2020	Total
기관계 고장	12	13	20	27	44	32	46	23	14	18	249
난파 및 좌초	9	9	10	14	6	11	9	8	6	8	89
화재 및 폭발	6	2	4	2	4	1	3	6	8	8	44
충돌	4	4	2		3	2	4	2	3	6	30
접촉	1	3	6	4	5	1	1		1	1	23
침몰	3	1	1	2		1		1	1	2	12
선체파손	2	1	2	1	1	2	2				11
노동쟁의						1					1
기타	2	6	5	5	6	4	6	4	8	15	61
Total	39	38	50	55	69	55	71	44	41	58	520

자료출처: Allianz Global Corporate & Specialty, Safety and Shipping Review 2021 p. 55

국제 해상보험업체인 AGCS(Allianz Global Corporate & Specialty)의 '2021년 해운안전보고서(*Safety and Shipping Review 2021*'에 따르면 2011년부터 2020년까지 10년간 북극권 해상에서 발생한 해상사고는 선박의 전손사고 14건을 포함해 총 520건의 해상사고가 보고되었다. 사고의 원인으로는 기계파

---

hazard expert says".

손 및 고장 건수(249건)가 절반 가까운 비중을 차지했으며, 그 다음으로 난파 및 좌초에 의한 사고가 89건으로 많았으며, 그 외 다른 사고요인으로는 화재 및 폭발, 충돌, 접촉사고, 그리고 침몰사고 등이 발생했다.

다음으로는 북극해의 선박운항과정에서 나타나는 위험요인으로는 선박의 운항으로 인해 발생할 수 있는 각종 환경위험요인이 있다. 해운사들은 북극항로를 이용한 운항과정에서 선박사고의 위험과 함께 생태계의 파괴와 같은 환경적 위험요인들이 나타나게 된다. 북극이사회는 북극 해양환경에 대한 가장 큰 위험은 우발적이거나 불법적인 방류를 통한 선박의 기름방출이며, 북극해 운항선박에 따라 발생할 수 있는 추가적인 잠재적 환경영향으로는 해양 포유류에 대한 선박 공격, 해양 포유류의 이주 패턴 파괴, 인공 소음 발생 등을 주요 환경적 위험요인으로 제시했다[15].

이런 해양 환경에 대한 영향은 1989년 알라스카의 북위 60° 부근에서 일어난 Exxon Valdez 사례를 통해 알 수 있다. 이 사고로 10.8백만 갤런(257,000배럴)의 기름이 유출되었으며, Prince William Sound 지역의 깨끗했던 자연이 파괴되었고, Exxon은 43억 달러의 복구 및 보상비용을 부담해야 했다.[16]

북극해에서의 높은 물리적 위험과 환경적 위험은 제3자의 사망 혹은 부상, 환경오염과 관련된 책임의 위험이 증가함을 의미하여, 자연스레 관련 비용도 높다는 것을 의미한다. 예를 들어 장거리 운행을 위해 보다 많은 기름을 적재하고, 오염이 심할 수 있는 강한 벙커유를 사용하는 것은 북극 자체의 극악한

---

15) Arctic Council, *Arctic Marine Shipping Assessment 2009 Report*, p. 5.
   file:///C:/Users/OWNER/Downloads/AMSA_2009_Report_2nd_print%20(1).pdf
16) ExxonMobil, The Valdez oil spill.
   https://corporate.exxonmobil.com/Operations/energy-technologies/Risk-management-and-safety/The-Valdez-oil-spill#Overview

[그림 6] Exxon Valdez호 기름 유출 사고

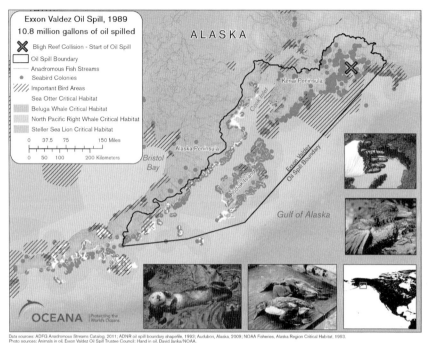

자료출처: https://twitter.com/oceana/status/448180456421212160/photo/1

환경과 더불어 벙커유 유출 사고시 제거를 어렵게 할 수 있는 요인이다. 또한 선원과 승객의 송환비용도 북극에서는 보다 높을 것이다.

IV. 북극해 선박운항의 활성화를 위한 해상보험 활용 방안

4.1 해상보험제도의 발전

해상보험은 해상사업자(선주, 무역업자 등)가 해상사업의 영위과정에서 발생하는 해상위험으로 인한 선박과 화물의 경제적 손해를 보상하는 경제제도로써 고대 그리스 시대와 로마 시대의 콜레기아(collegia)에서 유래한다. 콜레기아는 조합원이 사망하면 유족의 생활비를 위해 장례 지원금을 지급하는 제도였으며, 생명보험이라기보다는 오늘날의 상조회와 같은 상호부조의 성격을 띠고 있었다.

이후 지중해를 중심으로 교역이 활발했던 고대 그리스에서 해상무역의 위험을 덜기 위한 수단으로 '모험대차'가 생겨났다. 모험대차란 선주와 화주가 항해에 앞서 배나 화물을 담보로 일정 기간 돈을 빌린 뒤 무사히 항해를 마치면 원금과 이자를 붙여 상환하고, 선박이 도중에 해난사고나 해적으로 인해서 배가 전손이 된 경우 채무를 면제받는 거래였다. 위험을 채권자에게 넘긴다는 점에서 보험과 유사한 기능을 했지만, 일반 대차거래보다 채권자가 자금회수에 대한 위험이 크기 때문에 이자율은 매우 높았다.

해상보험의 성격을 띤 모험대차는 중세 대항해시대에 빠르게 증가하기 시작하였다. 당시 이탈리아 북부 도시국가들은 해상무역이 활발해 해상보험에 대한 수요가 크게 증가하였고, 피렌체공화국의 메디치(Medici)가문은 해상교역에서 발생할 수 있는 해상위험을 보상하는 모험대차거래를 통해 막대한 수익을 올렸다.

이후 콜럼버스의 신항로 개척으로 해상활동의 규모가 점점 커지며 생명을 담보로 한 사망보험이 15세기에 최초로 등장했다. 그러나 해상무역으로 인한 상인들의 물건에 대한 손해보상은 이뤄지지 않았다. 해상무역을 하는 상인들 사이에서 보험의 필요성이 대두되면서 1688년 런던의 로이즈(Lloyd's) 커피하우스에서 최초의 해상보험이 탄생했다. 이 로이즈 커피하우스가 현재 세계 최대 보험사인 '런던 로이즈'의 전신이며 근대 해상보험의 기원이다.

해상보험은 공동해손(general average)에 관한 세계 각국의 관습과 법이 모두 상이한 경우가 많았으며 또한 공동해손이 발생하였을 경우 각 국가별로 이해관계가 배치되는 경우가 많았다. 따라서 1860년 공동해손에 관한 규칙을 세계적으로 통일하자는 논의가 시작되었으며, 1864년 영국 York에서 처음으로 공동해손에 관한 규칙인 York규칙 11개 조항이 채택되었다. 그리고 1877년 벨기에에서 개최된 엔트워프(Antwerp)회의에서 12개 조항의 공동해손규칙을 제정하였는데, 이것은 York규칙에 기초를 둔 것이므로 York-Antwerp Rules(YAR)라고 부른다.

해상보험에 관한 법은 1906년 영국 해상보험법(Marine Insurance Act, MIA 1906)이 제정되기까지는 거의 대부분이 관습법(common law)으로 산재되어 있었다. 영국 해상보험법이 국제무역거래와 해운운송의 준거법으로 채택되고 있으며, 총 94개조로 구성되어 있다.

4.2 해상보험의 내용

해상보험은 크게 적하보험, 선체보험, 배상책임보험, 운임보험으로 구분된다.

적하보험(Cargo Insurance)은 국제운송(해상, 항공, 육상)중 수반되는 각종 위험으로 인한 화물의 물적 손해, 비용 손해 및 책임손해를 보상한다.

선박보험(Hull insurance) 또는 선체보험(Hull & Machinery Insurance: H&M)은 해상운송 중 발생하는 선박의 물적 손해와 복구비용을 보상한다.

배상책임보험(Liability Insurance)은 법률상의 손해배상책임을 졌을 때 입은 손해를 보상하는 보험으로 선체보험의 일부인 충돌배상책임보험과 선주상호보험(Protection and Indemnity: P&I보험)으로 다시 구분된다. 선체보험에 포함되는 충돌배상책임보험은 선박충돌사고로 인하여 상대선박에게 지급해야 하는 손해배상금을 특정 한도(협정보험가액)까지 보상한다. 해상보험계약이 선박보험증권상, 3/4 충돌배상책임약관(3/4 Collision Liability Clause)에 의하여 체결될 경우, 피보험선박이 상대선박 또는 그 선박에 적재된 화물에 손상을 야기한 경우에 선주의 법률상 배상책임의 3/4 까지 보상된다.

선주상호보험은 통상 P&I보험이라 불린다. P&I보험은 선박보험이 보상하지 않는 비용손해 및 제 3자에 대한 배상책임을 담보받기 위하여 선주들이 운영하는 비영리의 상호보험을 말한다. 따라서 P&I보험은 선주들의 상호보험조합인 P&I Club에 의해 인수된다. P&I 보험은 선박보험증권상 3/4 충돌배상책임약관에서 보상되지 않는 손해를 보상한다.

운임보험(fright insurance)이란 해상운임을 보험목적물로 하는 보험으로서 선박이 해난사고로 인하여 항해를 중단하거나 포기하는 경우에 그 사고가 발생하지 않았더라면 취득하였을 선주의 운임을 보상해 주는 보험이다.

해상보험에서 보험료 산출의 근거가 되는 보험요율(premium rate)은 선박의 상태, 항로, 운송구간, 화물종류 및 보험조건(담보위험과 보상범위) 등에 의하여 산정된다. 해상보험료는 순보험료와 부가보험료로 구성된다.

첫째, 순보험료는 보험료 중에서 보험자가 손해를 보상하기 위한 기금에 해당 한다. 즉 보험자가 특정 보험상품을 운영하면서 일정기간 내에 손해 발생빈도(loss frequency)와 손해 발생규모(loss severity)를 추정하여 기금을 산정하게 된다. 여기서 손해 발생빈도와 손해 발생규모는 과거의 경험자료를 토대로 "대수의 법칙(law of largenumber)"에 의하여 산출된다.

둘째, 부가보험료는 경상경비, 보험자의 적정이윤, 안전적립금 등에 상당하는 보험료이다. 특정 보험상품을 운영하려면 상당한 사업비가 소요될 것이고, 영리보험에서는 보험자의 적정이윤이 보장되어야 한다. 안전적립금은 예측한 사고발생률을 초과하여 보험사고가 발생할 것에 대비한 기금을 말한다. 따라서 순보험료는 보험자가 통제할 수 없는 성격의 보험료이고, 손해 발생률을 근거로 한 것이기 때문에 원칙적으로 보험자 간에 차이가 있을 수 없다.

그러나 부가보험료는 상당부분을 보험자가 통제할 수 있어 보험운영을 어떻게 하느냐에 따라서 보험자 간에 차이가 있을 수 있다. 만약 보험운영을 효율적으로 하여 경상경비를 절감하면 그만큼 부가보험료를 인하시킬 수 있어 다른 보험자에 비해 경쟁력을 가질 수 있게 된다.

4.3 북극항로의 해상운항활성화를 위한 해상보험 도입방안

북극항로 항해 선박은 전통적인 항로를 항해하는 경우에 비해 추가 보험료를 부담하고 있다. 실제 북극항로 항해를 희망하는 선박에 대해 통항허가를 발급하는 러시아 북해항로관리국(NSRA)은 선주상호보험(P&I 보험)에 가입한 선박에 대해 통항허가를 발급한다.[17]

북극항로 통항 선박에 대한 보험을 취급하는 보험사, 재보험사와 중개인들의 공통적인 애로사항은 보험료 책정을 위한 자료가 매우 부족하다는 것이다. 2005년에는 북극권 해역에서 3건의 사고가 있었으며, 2014년에는 55건의 사고가 있었으나 일상적인 엔진고장 같은 사고가 많은 비중을 차지했다.[18] 북극해에서 2020년에는 총 58건의 해상사고가 발생하였으며, 사고 원인별로는 기관계 고장이 18건으로 가장 많았으며, 그 다음으로 난파 및 좌초 8건, 화재로 인한 사고가 8건으로 나타났다. (표 3 참조)

전통적인 항로를 항해하는 선박에 대한 해상보험은 항로에 대한 많은 정보와 사례들을 활용할 수 있으나, 북극항로의 경우에는 기존 항로에 비해 불확

---

17) Kiiski, Tuomas, "Feasibility of Commercial cargo shipping aling the Northern Sa Route", University of Turku, Turku, Finland, 2017.

18) Allianz Global Corporate & Specialty, *Safety and Shipping Review 2015*, p. 28

실성은 높은 반면에 정보와 사례는 오히려 적다. 따라서 북극항로에서의 해상위험을 평가할 수 있는 객관적인 통계자료는 매우 부족하다. 또한 상업적인 이유로 보험사들은 전략과 보험요율을 공식적으로 공개하지 않으며 이는 전통적인 해상항로와 북극항로 모두 동일하다. [19] 이러한 자료의 미공개는 북극항로의 운항에 따른 해상보험의 개발을 모색하는 보험사 입장에서 보험요율의 평가를 더욱 어렵게 하는 요인이다. [20] 보험요율 산정을 위한 상세한 자료가 부족하면 상황별로 보험계약을 체결할 수 밖에 없으며, 이는 높은 수준의 불확실성을 보상하기 위해서 보험사들은 상대적으로 높은 보험요율을 책정하여 왔으며, 경우에 따라서는 보험사가 보험부보를 거절하는 사유가 되기도 한다. [21]

북극항로의 운항과정에서 해상사고가 발생하였을 경우 보험사들이 우려하는 요소는 매우 열악한 환경으로 인하여 나타나는 사고처리의 지연, 막대한 구조비용, 수리와 묘박(Anchoring)을 위한 인프라의 부족 등이 있다. [22] 북극항로를 운항하는 선박을 위한 해상보험의 개발과정에서는 다음의 사항들을 고려하여야 한다.

---

19) Sarrabezoles, A., Lasserre, F., & Hagouagn'rin, Z., "Arctic shipping insurance: Towards a harmonisation of practices and costs?", *Polar Record*, Vol. 52(4), pp. 393-398, 2016.

20) Marsh, "Arctic Shipping: Navigating the Risks and Opportunities", pp. 6-8, 2014.

21) 이영호, 고용기, 나정호, "북극항로(NSR)을 이용한 컨테이너선박 운항비용에 대한 연구-광양항 컨테이너선박 운항을 중심으로-", 『국제상학』, 제30권 제2호, 한국국제상학회, 2015.

22) Sarrabezoles, A., Lasserre, F., & Hagouagn'rin, Z., "Arctic shipping insurance: Towards a harmonisation of practices and costs?", *Polar Record*, Vol. 52(4), pp. 393-398, 2016.

1) H&M 고려사항

Polar Code[23]가 도입되었지만 북극해를 항해하는 선박에 적용되는 선체보험에 대해서는 명확하게 평가되지 않은 영역이 많다. 극한의 기후환경은 운항선박에 다양한 문제들을 유발할 수 있다. 하절기에는 해빙으로 인해 항로상에 유빙이 있을 수 있으며, 이러한 유빙으로 인한 좌초, 설비고장, 해빙충돌에 의한 선체의 손상이 발생할 수 있다. 보험전문가들은 북극해에서의 해상위험은 선박이 빙산에 충돌하는 위험보다 냉해로 장비가 손상돼 오작동 또는 선박 운항이 불가능해지는 경우가 더 많을 것으로 우려하고 있다. 예를 들어 파이프나 펌프 안에 있는 물이 얼어서 설비에 문제를 일으킬 수 있으며 이는 다른 설비에 이상을 발생시킬 수도 있다. 또한 선박의 운항과정에서 짙은 안개와 눈폭풍에 의해 가시범위가 매우 축소되어 충돌에 의한 선체의 손상위험이 증가하게 된다. 북극해에는 GPS와 위성과 같은 항해 지원설비 이용이 가능한 해역이 축소된다. 현재 북극항로의 많은 해역에 대한 현대적인 해도나 정확한 수심정보가 제공되지 않으며 불확실한 정보가 많다.

국제해상보험연맹(International Union of Marine Insurance: IUMI)도 "북극은 매우 새로운 영역이며, 북극해에서의 해양사고, 사상자, 충돌 또는 기름유출에 관한 장기간의 데이터가 없어 위험 예측 모델링이 불가능하다"고 지적했으며, 북극해를 항해하는 선박에 대해 일반적으로 50,000-125,000$의 기본보험료에 최대 40%를 할증한 보험요율을 적용하는 것으로 파악했다.[24] 이러한 북극항로상의 위험성을 고려한 북극해에서 증가할 수 있는 선체 및 설비의

---

23) 폴라코드는 2017년 1월 1일부터 북극과 남극의 해양환경 문제뿐만 아니라 해상 항해 및 운항을 규제하고 있다.

24) IUMI(International Union of Marine Insurance), News, 'Things to ponder for insurers as Arctic routes open up', 29. October 2020.

손상에 따른 선체보험의 개발이 필요하다.

2) P&I 고려사항

P&I보험은 배상책임보험에서 배상하지 않는 침몰, 오염, 구조, 선원 상해와 입원치료 등을 위해 지불하는 비용을 커버한다. 부족한 구조설비와 수색구조 능력 게다가 원거리에 떨어져 있는 시설은 구조에 상당히 많은 비용을 필요로 할 것이다.

북극해에서 오염으로 인한 리스크는 P&I보험에 가장 큰 우려사항이다. 극한 기후에서의 오일유출에 대한 대응은 매우 다르며 어렵다. 비록 화학제품에 대해서는 상대적으로 부담이 적지만, 빙해역으로 유출된 기름을 처리하는 것은 매우 어렵다. 특히 북극해에서는 동절기에 계속 어두운 환경에 처해지는데, 이는 오염물질제거를 매우 어렵게 하는 요소가 된다. 심지어 항공기를 이용하여 제거하는 경우도 역시 어렵다.

북극항로 항해선박의 선원들이 다쳤을 경우의 이송도 매우 어렵다. 특히 북극항로를 항해하는 선원들과 항해에 대한 국제적인 혹은 국가 차원의 표준이 없다는 것도 큰 문제이다. 북극해로 항해가 증가하게 되면 보다 많은 선원들이 북극항로를 항해할 것이다. 어둡고 극한 추위속에서 승선근무할 수 있는 능력배양을 위한 훈련과 경험이 필요하며 이는 추가적인 비용이 될 것이다. 그리고 이 비용은 P&I보험료를 낮추는 효과가 있을 것이다.

3) 적하보험 고려사항

북극항로를 통해 화물을 운송하는 경우, 화주에 대해서 북극항로 통항에 대해 공지하는 것이 필수적이다. 이는 계약된 항로를 벗어난 운송으로 화물의 멸실, 손상, 지연운송으로 인한 클레임을 예방하기 위함이다[25].

북극항로를 통해 운송되는 화물은 침몰과 같은 선박의 손상으로 인한 멸실, 북극의 극한 기후로 인한 화물손상, 그리고 북극해의 기후 상황으로 인한 선박 운항속도의 저하로 인해 기한내 운송을 완료하지 못하는 위험성이 크게 증가할 수 있다. 2019년 일본이 북극항로를 통해 목재를 수입하면서 북극해에서의 컨테이너 내부 온도를 측정하여 화물손상 여부와 가능성을 확인하기도 했다.[26] 북극항로 운송에서는 이러한 화물운송의 위험성을 고려한 적하보험의 개발이 필요하다.

4.4 북극항로별 해상위험과 해상보험

1) 북동항로 (The Northeast Passage)

'국제북극항로프로그램(INSROP, 1993-1999)'이 NSR에서의 보험과 관련된 위험을 파악하려고 한 최초의 시도이며, 뒤이어 '북극해전략플랫폼(ARCOP, 2003-2006)' 연구도 진행되었다. INSROP은 선체보험, 적하보험, 선주상호보험, 그리고 기타 위험들과 관련하여 보험이 필요한 항목들을 인식했다는 점에서 의미가 있다. 이를 통해 위험과 관련된 적절하고 충분한 정보만 보험 회사들에게 제시할 수 있다면, 러시아는 물론 국제 해상 보험사들은 북극항로와 관련된 위험에 대한 보험을 제공할 의지와 능력이 있음이 확인되었다. 하지만

---

25) Kiiski, Tuomas, *Feasibility of Commercial cargo shipping aling the Northern Sea Route*, University of Turku, Turku, Finland, 2017.
26) Otsuka, Natsuhiko, Hideo Ssasaki, Tomomi Kakizaki, Eisaku Nakumuta & Akira Moriki, "Summary of the Northern Sea Route trial shipping of containers", The 35th International Symposium on the Okhotsk Sea & Polar Oceans 2020. Mombetsu, Japan, 2020.2.16.-19. pp. 43-45, 2020.

INSROP의 연구에 따르면 NSR에서의 보험금은 남쪽 해역에서 경험했던 것 보다 높을 것으로 밝혀졌다. 보다 세부적으로는 잔해 제거, 오염 제거 및 견인, 화물, 선원과 관련된 항목들이 보험금 산정의 고려사항이었다. 추정 결과에 의하면 선주들의 보험비용은 매우 비쌌으며, 수에즈 운하를 통한 운송에서 사용되는 통상 보험료의 두 배에 가까웠다.

전반적으로 신뢰할 수 있는 통계자료가 부족하기 때문에 보험사들은 충분한 통계자료가 축적될때까지 보험료를 매우 보수적으로 책정한다. 러시아는 국제북극항로프로그램에서 손해율과 같은 자료의 공유는 공식적으로 회피하였으나, 과거 사고와 관련한 일부 통계자료들은 공유하였다. 공유된 자료에 따르면, 선체 손상의 대부분은 해빙의 상태가 안 좋은 북극항로의 동쪽, 시베리아와 추크치해에서 발생했으며, 해상사고의 약 10%는 단독으로 항행할 때 발생했고, 60%는 쇄빙선을 따라 항행할 때, 나머지 30%는 견인, 좌초 및 다른 운영과정에서 발생했다. 하지만 러시아의 이러한 통계가 어느 정도까지 신뢰성이 있고, 유효한 것인지에 대해서는 아직 불분명하다. 예를 들어, 통계에서는 여름/겨울에 중 어느 계절에 사고가 발생했는지, 구체적으로 사고가 발생한 지역 등에 관해서 밝히고 있지 않다. 보험사들이 NSR과 관련된 적절한 위험분석을 수행하기 위해 보다 신뢰성 있고 광범위한 통계자료가 필요하다. 보험사들은 가정이나 이론적 제안을 바탕으로 보험과 관련된 정보를 제공하는 것을 기피하고 있으나, 북극해의 특수한 상황을 고려하여 정보를 공유하는 협력이 필요하다.

2) 북서항로 (The Northwest Passage)

북서항로를 이용하는 선박의 운항에서 건현의 제한, 좁은 해협, 극심한 해빙, 관련 인프라의 부족이 NWP에서의 보험에 영향을 주는 주요 위험요인들이다. 많은 일반 선박들은 아주 가볍게 적재하지 않는 한 10미터로 제한된 건현 때문에 운항이 제한될 수 있다. Prince of Wales Strait(혹은 M'Clure Strait)을 통하는 보다 깊은 건현의 항로를 채택할 수 있겠지만, 여기는 군도(archipelago)에서 가장 극심한 결빙 상태를 자랑한다. 더욱이 중앙 북극해로부터 캐나다 군도를 향해 남쪽으로 내려오는 빙하 조각들의 흐름을 보았을 때, NWP에서의 항해는 향후에도 열악한 조건일 가능성이 높아 보인다. 또한, 관측에 따르면 NWP에서는 해빙 분포의 연도별 차이가 심한데, 이는 해상보험과 관련해서는 불확실성 요인으로 작용한다.

극심한 해빙의 상태는 잠재적으로 선체에 위험이 될 수 있고, 보다 높은 선체보험 비용으로 연결될 것이다. 선주상호보험 또한 NWP를 항해하고자 하는 선주에게는 매우 높게 책정될 가능성이 크다. 쇄빙선의 이용 측면에서 보더라도 상당히 제한적이다(6-11월). 보험의 관점에서 보면 이는 높은 비용으로 이어질 것이다. 또한, NWP에서의 사고에 관한 공식 통계와 관련해서도 불확실성이 존재한다. 게다가 캐나다 관계당국에 통보하지 않고 NWP를 항해한 선박들도 존재한다. 이로 인해 캐나다 당국에서도 NWP에서의 사고와 관련된 완벽한 통계를 제공하기 어려운 상황이다. NWP에서의 해상보험과 관련된 정보와 연구는 매우 제한적이다. 제시된 위험 요소들로 봤을 때 보험 비용은 높게 유지될 가능성이 높아 보인다.

3) 극지횡단항로 (Transpolar Passage, TPP)

아직까지는 북극해 중앙을 가로지르는 상업적인 항해는 없었다. 하지만 향후에 TPP와 관련해서 가능성을 검토한다면, 보험비용은 해안선을 따르는 다른 항로들에 비해 높을 가능성이 많다. 극저온의 기온에 따른 높은 선체와 화물의 손상 가능성, 관련 인프라의 부족은 등이 TPP에서의 보험비용에 영향을 주는 위험요소 일 것이다.

V. 맺음말

북극은 수색 · 구조 및 비상대응의 관점에서 매우 어려운 환경을 제공해왔
고, 앞으로 그럴 것으로 예상된다. 이는 북극이 지리적으로는 매우 넓은 반
면, 활동 및 구조역량의 밀집정도는 상대적으로 떨어지기 때문이다. 잠재적
인 사건 · 사고로부터 인간의 생명 및 해양환경을 보호하기 위해서는 어떤 사
건들이 일어났었고, 사건들이 가장 빈번하게 발생한 지역을 파악하는 것이
중요하다.

북극항로의 해상보험에 관한 중요 진전은 '국제북극항로프로그램
(INSROP)'으로부터 시작된다. 러시아 법률에 따라 북극항로에서 교역하는 모
든 외국선박은 의무보험에 가입해야 한다. 러시아 북극항로 가이드라인에 따
르면 해양 환경오염 배상책임에 대비하여 의무보험 가입과 재정보증이 요구
되었다. 러시아의 북극항로 운항을 위한 추가적인 비용을 부담할 것을 요구하
는 것은 해상운송업자의 입장에서는 경제적 보상이나 항로에 대한 상세한 정
보가 주어지지 않고서는 북극항로의 운항에 관심을 가질 동기가 별로 없는 요
인으로 인식된다.[27]

북극항로의 운항에는 많은 위험요소들이 존재한다. 독일 회사인 Beluga
Shipping는 2009년 8-9월 두 대의 선박이 한국 울산으로부터 북극항로를 통

---

27) Edgar Gold, "Economy and Commercial Viability". In Østreng, W.(ed.), *The Natural and Societal Challenges of the Northern Sea Route*. A Reference Work. Kluwer Academiv Publishers, Dordrecht, 1999.

해 Novaya Zemlya를 거쳐 Ob 강에 있는 Novy 항구 및 Yamburg에 중량화물을 운반하는 시험운항을 했다. 이 시험운송은 보험사들이 북극해 운송의 위험 분석을 위해 요구하는 신뢰할 만한 자료를 제공하는 실제 사례가 될 수 있다.

해상보험은 국제 운송에 있어서 필수적인 요소이며, 해상보험 없이는 북극해에서의 국제적인 상업운송은 불가능한 것이 일반적인 견해이다.[28] 북극해에서의 해상운송은 다른 부분들과는 다르게 해상보험과 관련해서는 아직 국제적인 협약이 존재하지 않으며, 해상보험과 관련된 관행들은 보험시장에 의해서 주도된다.[29]

해상보험은 선주와 해운회사들이 북극 항해에서 오는 위험과 법규에 따른 책임을 일반적으로 수용할 수 있도록 해준다. 해운사와 수탁인은 그들의 화물 역시 보호하고자 한다. 오늘날 해상운송과 관련한 많은 위험들은 이미 잘 분석되고 있으며, 보험회사들도 이를 잘 인지하고 있지만, 극지 항해와 관련해서는 여전히 확인하고 분석해야 할 위험요소가 많다. 보험사들은 사고의 발생 빈도나 통계와 같은 역사적 자료에 의해서 보험료를 책정하는 것이 일반적이다. 사고 비율에 대한 정보가 있다면 적정보험료 산정에 도움이 된다. 하지만 북극에 관한 실증적인 자료와 통계가 부족하여 보험사들이 북극의 다양한 항로와 관련된 위험분석을 하는 데 어려움이 있다.

INSROP와 ARCOP을 통한 러시아의 NSR 항로에 대한 경험과 지식을 제외하고는 북극 운송과 관련된 보험에 관한 정보가 제한적이다. 북극 운송과 관

---

28) ARCOP(Arctic Operational Platform), *Working Paper D2. 4. 2*, "Marine Insurance Coverage for the Sea Carriage of Oil and Other Energy Materials on the Northern Sea Route: Moving from Theory to Reality". By E. Gold and L. Wright, Fridtjof Nansen Institute. 2006.

29) Davis VanderZwaag, *Governance of Arctic Marine Shipping*. Marine & Environmental Law Institute, Dalhousie University, Halifax, October 2008.

련된 해상보험은 개별 케이스마다 다르고,[30] 비싸며, 자가보험[31]이 요구되는 경향이 있다.

북극 운송에서 가장 중요한 요소 중 하나는 선주상호보험조합(P&I Clubs)을 통해 제공되는 선주상호보험(P&I)이며, 이는 국제선주책임상호보험조합(International Group of Protection and Indemnity Clubs: IPG&I)[32]에 의해 대변된다. 조합은 독립적인 비영리 상호보험 조합으로, 선박의 사용과 운영 과정에서 발생하는 제3자에 대한 배상책임을 선주와 용선 계약자에게 제공하며, 선원·승객·탑승자의 부상, 화물의 손상 및 유실, 기름 유출, 잔해 제거, 항만 손상 등 다양한 책임에 대한 보험을 제공한다.[33] 또한, 해상보험사들은 선체보험(H&M), 화물보험과 관련하여 일반적으로 할증된 추가요율을 요구한다. 그러나 현재까지는 북극항로를 경유한 항해의 희소성과 운영의 특수성으로 인해 정형화된 보험시장이 없는 것으로 보인다.[34]

북극해 운송은 극심한 해빙과 개방수역에서의 항해를 모두 포함하고 있다. 이는 계절적 차이도 있겠지만, 북극에서의 지리적 지역에 따라서도 영향을 받는다. 아직 선박의 내빙등급에 관한 국제적인 규제가 없기 때문에 운항과 관

---

30) Michael Tamvakis, Alexander G. Granberg and Edgar Gold, 'Economy and Commercial Viability', *The Natural and Societal Challenges of the Northern Sea Route*. Kluwer Academiv Publishers, Dordrecht, 1999, pp. 221-280.

31) 자가보험은 향후 발생할 수 있는 손실을 보상하기 위해 계산된 금액을 적립하는 리스크 관리 방식이다.

32) 주요 회원국은 일본, 노르웨이, 스웨덴, 영국, 미국이다.

33) International Group of P&I Clubs: http://www.igpandi.org/

34) ARCOP(2006), Arctic Operational Platform, *Working Paper* D2.4.2, "Marine Insurance Coverage for the Sea Carriage of Oil and Other Energy Materials on the Northern Sea Route: Moving from Theory to Reality", By E. Gold and L. Wright, Fridtjof Nansen Institute.

련된 기본 조건들은 선주가 결정한다. 하지만 보험사들은 운항 지역, 해빙 상태, 선박의 기술적 기준을 종합적으로 고려하여 보험 비용을 산출할 가능성이 크다. 만약 선박이 해빙의 상태를 예측하기 힘든 지역에서 운항한다면, 보험사들은 북극해를 운항하는 선박은 적절한 내빙등급을 갖출 것을 요구하게 될 것이다. 이것은 직접적인 규제 요건은 아니지만, 보험회사들에 의해 요구되는 간접 규제와 같이 작용할 것이다. NSR, NWP 및 TPP에서 일어날 수 있는 북극항로를 경유하는 해상운송과정에서 나타나는 사고 및 사고율에 관한 통계자료는 사고방지를 위한 사전조치를 취하거나 사고로 인한 추가비용을 추정하는데 중요한 자료가 될 뿐만 아니라, 또한 북극해 운항선박의 해상보험의 효율적인 보험요율을 책정하는데 중요한 자료가 될 것이다.

〈참고문헌〉

김선래, "북극해 개발과 북극항로: 러시아의 전략적 이익과 한국의 유라시아 이니셔티브," 『한국 시베리아연구』제20권 1호(배재대학교 한국-시베리아센터, 2015), pp.35-64

류동근 · 남형식, "북극항로 시대에 대비한 부산지역의 미래성장 유망산업 및 정책 평가에 관한연구,"『한국항만경제학회지』제30권 1호(한국항만경제학회, 2014), pp.175-194.

박진희 · 이민규, "경쟁력분석에 따른 국내 북극항로 전진기지 구축방안에 관한 연구,"『한국항해항만학회지』제39권 3호(한국항해항만학회, 2015), pp.241-251.

삼성SDS(주)의 디지털 물류시스템 Cello Square, 주요 컨테이너선 항로와 국제 운하 https://www.cello-square.com/kr-ko/blog/view-76.do

이성우 · 송주미 외 1명, 「북극항로 개설에 따른 해운항만 여건 변화 및 물동량 전망」(출판: 한국해양수산개발원, 2011), pp.1-159.

이영호, 고용기, 나정호, "북극항로(NSR)을 이용한 컨테이너선박 운항비용에 대한 연구-광양항 컨테이너선박 운항을 중심으로-",『국제상학』, 제30권 제2호, 한국국제상학회, 2015.

이재영 · 나희승, "북극권 개발을 위한 시베리아 북극회랑 연구,"『아시아문화연구』, 39(아시아문화연구소, 2015), p.193.

최경식, "북극해 항로의 전망과 기술적 과제",『해양한국』, 2001년 2월호, p. 61,

홍성원, "북극항로의 상업적 이용 가능성에 관한 연구,"『국제지역연구』제13권 4호(국제지역연구센터, 2010), pp.557-584.

한종만, "북극지역의 지정학적, 지경학적, 지문화적 역동성에 관한 연구," 한종만 외,『북극의 눈물과 미소』(서울: 학연문화사, 2016). pp. 109-149.

Allianz Global Corporate & Specialty, *Safety and Shipping Review 2015.*

_____, *Safety and Shipping Review 2021.*

_____, *Safety and Shipping Review 2022.*

ARCOP(Arctic Operational Platform), *Working Paper D2.4.2*, "Marine Insurance Coverage for the Sea Carriage of Oil and Other Energy Materials on the Northern Sea Route: Moving from Theory to Reality", By E. Gold and L.Wright, Fridtjof Nansen Institute. 2006.

Arctic Council, *Arctic Marine Shipping Assessment 2009 Report*,
file:///C:/Users/OWNER/Downloads/AMSA_2009_Report_2nd_print%20(1).pdf

ExxonMobil, "The Valdez oil spill."
https://corporate.exxonmobil.com/Operations/energy-technologies/Risk-management-
and-safety/The-Valdez-oil-spill#Overview

Gold, Edgar, "Economy and Commercial Viability". In Østreng, W. (ed.), *The Natural
and Societal Challenges of the Northern Sea Route*. A Reference Work. Kluwer
Academiv Publishers, Dordrecht, 1999

IUMI(International Union of Marine Insurance), News, "Things to ponder for insurers as
Arctic routes open up", 29. October 2020.

Joint Hull Committee, *JH2012/004*, JHC Navigation Limits Sub-Committee Northern Sea
Route Nortes. file:///C:/Users/OWNER/Downloads/The+Northern+Sea+Route+In
formation+Paper.pdf

Kiiski, Tuomas, *Feasibility of Commercial cargo shipping aling the Northern Sea Route*,
University of Turku, Turku, Finland, 2017.

Mahony, Honor, "Arctic shipping routes unlikely to be 'Suez of the north'", *EUobserver*,
July 6. 2011.

Marsh, "Arctic Shipping: Navigating the Risks and Opportunities", 2014.
https://www.marsh.com/pr/en/industries/marine/insights/arctic-shipping-navigating-
risks-opportunities.html

Monko, Nikolay, "Brief Results of the Navightions in the Water Area of the Northern Sea
Route in 2021", The Northern Sea Route Administration.

Mooney, Chris, "Scientists came to explore the fabled waters of the Arctic — but their
work could also change its future". Washington Post. 21 December 2017.

National Oceanic and Atmospheric Administration(NOAA), *National Centers for
Environmental Information*, "Predicting the Future of Arctic Ice", FEBRUARY 28,
2020.
https://www.ncei.noaa.gov/news/arctic-ice-study(검색일:2023년 2월 10일)

Nunatsiaq Online (4 September 2010). "Clipper Adventurer ran into a charted hazard
expert says".

Otsuka, Natsuhiko, Ssasaki, Hideo, Kakizaki, Tomomi, Nakumuta, Eisaku & Moriki,
Akira, "Summary of the Northern Sea Route trial shipping of containers",

The 35th International Symposium on the Okhotsk Sea & Polar Oceans 2020. Mombetsu, Japan, 2020. 2. 16.-19. 2020.

Sarrabezoles, A., Lasserre, F., & Hagouagn'rin, Z., "Arctic shipping insurance: Towards a harmonisation of practices and costs?", *Polar Record*, Vol. 52(4), 2016.

Tamvakis, Michael, Granberg, Alexander, and Gold, Edgar, 'Economy and Commercial Viability', *The Natural and Societal Challenges of the Northern Sea Route*. Kluwer Academiv Publishers, Dordrecht, 1999.

Rosenkranz, Rolf, "The northern drift of the global economy: the Arctic as an economic area and major traffic route", *World Customs Journal*, No. 1, 2010,

VanderZwaag, David, *Governance of Arctic Marine Shipping*. Marine & Environmental Law Institute, Dalhousie University, Halifax, October 2008.

인도의 북극정책 분석과 함의: 러시아와의 북극협력 가능성과 문제점을 중심으로

김정훈* · 이은선**

I. 서론

기후변화의 가속화, 과학 기술의 발달로 인한 북극권의 접근 가능성 확대, 경제적 기회 부상 및 2022년 발발한 러시아와 우크라이나 전쟁의 지정학적 여파로 북극 정세가 가변하고 있다. 전쟁은 북극이사회 활동을 일시적으로 경색 국면으로 전환시키기는 했으나, 여전히 북극권 국가들과 비북극권 국가들의 전략적 이익 추구가 확대되고 있는 가운데, 북극의 협력 구도는 이전과는 다른 방식과 방법으로 전개되어질 수도 있을 것이라는 분석과 전망들이 나오고 있다.

그 중 눈에 띄는 현상 중 하나가 바로 나토의 러시아 북극 군사력 증강 대응 계획 발표와 러시아의 바렌츠 유로 북극 위원회(Barents Euro-Arctic Region) 탈퇴 과정 속에서 나타나듯이 북극이사회의 서방 7개국과 러시아의 대립 구도가 명확해지고 있다는 것이다.[1]

※ 이 글은 배재대학교 한국-시베리아센터가 발행하는 『한국 시베리아연구』 2023년 제27권 1호에 게재된 논문 "인도의 북극정책: 러시아와의 협력 가능성과 문제점"을 토대로 하여 재구성 및 수정, 보완한 것임
 * 배재대학교 한국-시베리아센터 소장
** 한양대학교 국제학대학원 러시아학과 박사과정

1) 2023년 7월 11일 발표된 빌뉴스 나토 정상회담 성명서(Vilnius Summit Communiqué)

다소 어려운 상황에 직면한 러시아는 그 해결책의 일환으로 비북극권 국가인 중국, 인도와의 협력을 강화하겠다는 확고한 의지를 표명하고 있으며, 이에 따라 러시아-중국, 러시아-인도 협력이 탄력을 받을 것으로 예상된다.[2]

러시아는 우크라이나 전쟁 이전부터 서방과의 관계를 축소하고 중국, 인도와 협력하고자 하는 움직임을 보여 왔다. 우크라이나 전쟁 이후에는 이에 대한 더욱 확고하고 명확한 의지를 표명하고 있다. 러시아의 전략 문서를 살펴보면, 2021년 국가안보전략에서 서방 국가와의 협력에 대한 항을 삭제한 반면 중국, 인도와의 협력 확대 의지를 밝혔다. 2023년 2월 2월 러시아는 공식 북극 전략인 '북극 기본 정책 2035'의 일부분에 수정을 가했는데, 기존의 국제 협력에서 언급되던 다자협력에 관련된 항을 삭제했다. 러시아는 북극 이사회가 지역의 국제 활동을 조율하는 핵심 지역 플랫폼이라는 점을 인정하면서도 양자 및 다자 차원에서 "외국 국가"와의 관계 발전을 해나가겠다는 전략을 밝

에서는 러시아의 북극 군사력 증강을 전략적 도전으로 적시하고 이에 대응하기 위해 나토 동맹국간 협력을 강화할 것이라고 명시했다. "Vilnius Summit Communiqué," https://www.nato.int/cps/en/natohq/official_texts_217320.htm (검색일: 2023.10.20.), 2023년 9월 19일 세르게이 라브로프 러시아 외무장관은 북유럽 이웃 국가들에 주도된 정치적 상황이 북극 원주민들의 장기적 이익에 부합하지 않으며, 협력 와해의 책임이 전적으로 "파트너"들에게 있다고 언급했다. "Russian Foreign Ministry: Russia to withdraw from Barents Euro-Arctic Council," *The Arctic*, September 19 2023, https://arctic.ru/international/20230919/1032339.html (검색일: 2023.10.20.)

2) 니콜라이 코르추노프 러시아 외무부 북극대사는 상트페테르부르크 국제 경제 포럼 (SPIEF)에서 아시아 국가들 중 중국과 인도가 북극의 과학 및 문화 분야에서 주도적인 역할을 하고 있음을 언급하며, 향후 이들과 협력을 강화할 준비가 되어 있다고 밝혔다. "Ministry of Foreign Affairs of the Russian Federation says Moscow is ready to develop cooperation with China and India in the Arctic," Arctic Russia, June 17, 2023, https://arctic-russia.ru/en/news/ministry-of-foreign-affairs-of-the-russian-federation-says-moscow-is-ready-to-develop-cooperation-wi/ (검색일: 2023.11.03.)

했다.[3] 이어 2023년 3월 발표된 대외정책개념에서는 인도와 중국을 러시아의 우선순위 외교 파트너로 지목했다. 이는 서방 국가들(유럽, 미국과 기타 앵글로 색슨 국가들)에 대한 외교적 우선순위를 격화한 것과 대비된다.[4] 여기에서 주목할 것은 이전 문서에 비해 인도에 대한 언급이 대폭 증가했다는 점이다. 이는 러시아가 전통적으로 선린우호관계를 맺어온 인도를 중요한 미래 협력 파트너로 여기고 있음을 의미한다.

러시아가 인도의 전략적 가치에 주목하는 상황에서 인도는 북극에서 입지를 확보하기 위해 러시아와의 파트너쉽을 유지하는 실용주의적 외교 노선을 보이고 있다. 2022년 동방경제포럼(Eastern Economic Forum)에서 인도의 모디 총리는 인도의 극동정책(Act Far-East Policy)이 인도와 러시아의 특별하고 특권적인 전략적 동반자 관계(Special and Privileged Strategic Partnership)를 발전시키는 핵심 요인임을 지적하며 러시아와의 북극 협력을 강화해 나가겠다는 의지를 표명했다.[5]

---

3) 2020년 3월 5일 발표된 러시아의 북극 기본정책 2035의 16.국제협력 항의 하위항목 a)에서 북극 이사회, 북극 5, 바렌츠 유로 위원회와의 다자협력과 함께 북극 연안 국들과의 양자 간 협력을 강화하겠다는 내용을 명시했으나, 2023년 2월 21일 개정판에서는 다자협력내용을 삭제하고 기존의 "отношений с артическими государставами"에서 "отношений с иностранными государствами"로 변경하였다. "Указ Президента Российской Федерации от 05.03.2020 No. 164, Об Основах государственной политики Российской Федерации в Арктике на период до 2035 года," http://publication.pravo. gov.ru/Document/View/0001202003050019?index=1, "О внесении изменений в Основы государственной политики Российской Федерации в Арктике на период до 2035 года, утвержденные Указом Президента Российской Федерации от 5 марта 2020 г. No. 164," http://kremlin.ru/acts/bank/48947 (검색일: 2023.10.20.)

4) 현승수, "2023년 '러시아연방 대외정책개념'의 특징과 시사점," 『온라인시리즈』, 통일연구원, 2023, pp. 2-4.

5) "PM Narendra Modi calls for strengthening of India's partnership with Russia," *The Wire*, September 7, 2022, https://thewire.in/diplomacy/narendra-modi-russia-ties-

옵서버 국가인 인도는 2017년 말 기존의 과학 기반의 북극 접근방식에서 보다 균형 잡힌 관점으로 전환하기 시작했다. 이후 2022년 3월 첫 북극정책인 「인도의 북극 정책: 지속 가능한 발전을 위한 파트너쉽 수립(India's Arctic Policy: Building a Partnership for Sustainable Development)」을 발표해 북극에 대한 적극적인 참여의지를 드러냈다.

인도의 북극 정책은 5대 목표와 6대 기둥으로 압축할 수 있다. 5대 목표는 '북극지역에서의 협력 증진', '북극, 남극, 제3극(히말라야) 연구의 조화', '북극 원주민에 대한 이해와 노력 공헌', '기후변화 및 환경보호 대응을 위한 국제노력 강화', '북극에 대한 이해와 연구 역량강화 증진'이며, 6대 기둥은 '과학연구 활동', '기후와 환경보호', '경제와 인적 자원 개발', '교통 연결성', '거버넌스와 국제 협력', '국력 증진'이다.[6]

북극의 정세가 변화하는 상황에서 인도-러시아의 북극 협력에 주목해야 하는 데에는 몇 가지 이유가 있다. 첫째, 북극권의 후발주자인 인도의 적극적인 북극 정책에 대한 러시아의 우호적인 태도는 인도가 북극 역학 변화에서 주요 수혜자가 될 가능성이 있다는 것을 의미한다. 둘째, 신흥 대국인 인도가 다중연계(multi alignment) 전략 노선을 통해 지속가능성장 분야에서 러시아와 서방 간의 간극을 좁히는 역할을 할 수 있다는 점이다. 셋째, 러시아가 옵서버 국가들과의 양자관계 확대에 이어 인도가 포함되어 있는 국제협력기구인 BRICS, SCO 틀 내에서 협력 외연 확장을 추진하고 있다는 점이다.

본고는 인도의 북극 정책의 특징을 고찰하고 이에 조응하는 인도-러시아의 북극 협력 논의와 사례를 분석해 그 발전 가능성과 문제점을 검토해 보고자 한

eastern-economic-forum-ukraine-conflict(검색일: 2022. 10. 11.)
6) Ministy of Earth Sciences, *India's Arctic Policy: Building a Partnership for Sustainable Development*, Government of India, 2022, pp. 2-25.

다. 인도가 북극에서 추구하는 이익과 접근방식은 무엇이며, 러시아가 인도의 북극 정책에 적극 부응하는 그 동기와 양국의 북극 협력에서의 이해관계가 일치하는 접점이 무엇인지를 밝히고자 한다. 국내에서 부재한 인도의 북극 정책과 인도-러시아 북극 협력 분석을 시도한 본 연구는 한국의 정부와 기업들의 전략 수립 시 비교의 준거로 삼을 수 있는 참고자료가 될 수 있을 것이라 생각된다.

본고의 구성은 다음과 같다. 먼저 제 2장에서 인도의 북극정책과 인도-러시아 간의 북극 협력에 관한 연구를 분석하고 본 연구의 필요성과 연구방향을 제시했다. 제 3장에서는 2022년 3월 발표된 인도의 북극 정책을 중심으로 인도가 북극권에서 추구하는 이익과 목표가 무엇인가를 분석했다. 제 4장에서는 인도-러시아 간의 북극 협력의 동기를 사례 분석을 통해 살펴보고 향후 협력 발전 가능성과 제약 요인을 검토했다. 제 5장은 결론으로 인도-러시아 간의 북극 협력 발전 가능성을 평가하고 한국에의 시사점 도출을 시도했다.

II. 선행연구

기후변화 가속화와 국제무대에서의 인도의 위상이 변화함에 따라 비북극권 국가인 인도의 북극정책에 대한 관심이 증가하고 있다. 아울러 지정학적 여파로 북극내 협력구도가 재편되는 상황에서 인도-러시아 간의 북극 협력 발전 가능성 또한 국제사회의 이목을 끌고 있다. 먼저 인도의 북극정책에 관한 연구는 크게 정책 분석, 인도의 접근방식과 역할, 강대국 갈등 역학의 배경에서 다뤄진다. 자이코프(К. С. Зайков)[7]는 인도의 북극정책을 지정학적, 지경학

---

7) К. С. Зайков and Бхагват Джавахар. "Арктическая политика Индии: исторический

적 측면에서 분석했다. 인도의 북극 정책에 대한 접근 방식이 과학적, 환경적, 상업적, 전략적임을 밝히며 인도의 북극정책이 다면적인 이해관계를 추구하고 있다고 주장했다. 따라서, 그간 과학분야에 집중되어 있던 인도의 북극 참여가 경제적, 전략적인 측면으로 확대될 것이라고 보았다.

아누라그 비센(Anurag Bisen)[8]은 인도의 북극정책을 과학연구, 기후변화 및 환경, 경제 및 인적 자원으로 분류하여 분석했다. 그리고 북극 역량 강화 활동, 북극 이사회 태스크포스 참여, 북극 연감(yearbook) 연구 동향, 주요 국제 협력, 인구 백만명당 연구원 수를 토대로 인도, 중국, 일본, 한국 등 아시아 옵서버 국가들의 북극 활동을 평가하고 북극 역량 강화에 대한 정책 제언을 시도했다.

진진화(Jinjin Hua)[9]는 인도의 북극정책에 대한 국제 담론을 언어적, 구조적, 제도적, 도덕적 차원에서 분석했다. 인도가 국제 담론의 영향력을 인식하고 과학자나 정치인들의 국제무대에서의 언어적 행위가 증가한 반면 구조적, 제도적, 도덕적 차원에서는 역량이 아직 미흡한 것으로 나타났다. 후발주자인 인도가 북극에서 영향력을 확대하기 위해서는 더욱 체계적인 정책 이행이 이루어져야 한다고 보았다.

변화하는 북극 환경에서 발생하는 기회와 과제에 대한 인도의 접근방식을 지속가능개발 차원에서 논의한 연구도 존재한다. 아키타 두타(Akita Dutta)[10]

контекст," *Арктика и Север*, No. 48, 2022, pp. 261-274.

8) Anurag Bisen, "India's Arctic Endeavours: Capacity Building and Capability Enhancement," *MP-IDSA Policy Brief*, Manohar Parrikar Institute for Defence Studies and Analyses, 2023, pp. 1-12.

9) Jinjin Hua. "The Impact of India's International Discourse on Its Arctic Policy," *Arctic and North*, No. 51, 2023, pp. 133-145.

10) Ankita Dutta and Stuti Banerjee. "India's Evolving Strategy for the Arctic," *Defence*

는 상업 활동으로 인한 북극 지역의 우려가 제기되는 상황에서 비북극권인 인도가 과학연구, 혁신, 거버넌스 분야에서 영향력을 확대할 수 있을 것으로 보았다. 경제적 이익과 환경 보존의 균형을 추구하는 인도의 접근방식이 북극 사회 안정에 기여할 수 있다고 주장했다.

마레바(E. Λ. Морева)[11]는 미국, 캐나다, 중국, 인도의 북극 정책 비교를 시도한 연구에서 북극 지속 가능 개발에 대한 인도의 역할을 논의했다. 미국과 캐나다가 주로 국가 이익과 안보에 초점을 맞추고 있는 반면 인도와 중국의 정책이 북극 지역 전체의 안보에 부합하는 성격을 갖고 있다고 보았다.

북극권에서 강대국 경쟁이 고조되는 상황에서 인도가 중재외교 역량을 투사할 수 있다고 보는 시각도 존재한다.

이송, 김정훈은 한국의 옵서버 가입 이후 10년의 성과를 평가하는 과정에서 아시아 옵서버 국가인 인도의 북극정책을 다뤘다. 인도가 '과학'이라는 특정 분야를 강조하고 중립외교노선을 펼치는 외교기조를 고려할 때, 북극에서 고조되는 미중러 경쟁을 중재할 수 있을 가능성이 있다고 보았다. [12]

투이노바(S. S. Tuinova)[13]는 2022년 G20 의장국인 인도가 글로벌 도전 과제 해결과 북극의 안정과 협력에 기여할 수 있다고 주장했다. 인도가 과학연

and Diplomacy Journal, Vol. 12, No. 1 2022, pp. 91-104.

11) E. Λ. Морева and C. P. Бекулова. "Стратегии устойчивого развития североамериканских стран, китая и индии как фактор безопасности артического региона," *Национальная безопасность*, No. 1, 2023, pp. 13-27.

12) 이송, 김정훈. "한국의 북극이사회 옵서버 가입 10년의 평가와 과제,"『한국 시베리아 연구』배재대학교 한국-시베리아센터, 제27권 제3호, 2023. pp. 1-39.

13) S. S. Tuinova and Christopher Baxter. "Growing interest in Arctic affairs on the part of the non-Arctic State India," *Sever i rynok: formirovanie ekonomicheskogo poryadka [The North and the Market: Forming the Economic Order]*, No. 2, 2023. pp. 189-200.

구, 북극 이사회 회의 및 정상회의에 참여하고 북극과 히말라야 지역 간의 우려를 공유하는 등 기후변화에 적극 대응하는 모습을 보여 왔다는 점과 G20 의장국의 지위를 고려해 볼 때, 북극 공동 과학 연구 재개에 일조할 수 있을 것이라고 주장했다.

인도-러시아 간의 북극 협력에 대한 연구는 에너지 자원과 북극항로의 상업적 활용성 등 경제적 측면을 다룬 연구가 주를 이루고 있으며, 비교적 적지만 지속 가능 개발 이슈에서의 협력 가능성에 대한 논의도 존재한다. 주목할 만한 것은 인도와 러시아가 속한 국제기구에서의 협력 발전 가능성에 대한 연구가 최근 들어 진행되고 있다는 점이다.

이를 구체적으로 살펴보면 석유와 천연가스 부문에서의 장기적인 협력 가능성을 제시한 골로바노바(А. Е. Голованова)[14]의 연구가 있다. 인도는 협력 파트너와의 관계에서 유연성을 유지하고 에너지 수입 다각화에 주력함으로써 균형을 유지하고자 하는데, 러시아를 인도의 주요 협력 파트너 중 하나로 지적하고, 향후 에너지 분야에서의 협력이 강화될 것으로 보았다.

데비카 난다(Devikaa Nanda)는 금, 니켈, 쿠퍼, 흑연 및 우라늄을 포함한 신규 광물 자원 개발 협력 가능성을 제시했다. 휴대폰 및 원자력과 같은 첨단 기술 제품 제조에 활용되는 신규 광물이 인도의 '메이크 인 인디아(Make in India)' 프로그램 추진에 도움이 될 수 있고 이에 대한 인도의 관심이 증가함에 따라 향후 러시아와의 협력이 가능할 것으로 보았다.[15]

---

14) А. Е. Голованова, Г. Б. Полаева and Н. В. Коваль. "Основные направления сотрудничества между Россией и Индией в нефтегазовом секторе," *Инновации и инвестиции*, No. 3, 2019, pp. 75-77.

15) Devikaa Nanda. "India's Arctic Potential," *ORF Occasional Paper* No. 186, Observer Research Foundation, 2019, pp. 7-9.

아누라그 비센(Anurag Bisen)[16]은 북극과 러시아 극동 지역에서 향후 인도-러시아 간의 NSR과 연계된 무역 항로의 발전 가능성을 주장했다. 2022년 양국이 외교 75주년을 맞이함에 따라 새로운 협력 분야를 찾는 것이 필요하며 이에 따라 지역적 범위 또한 확장되어야 함을 피력했는데, 협력이 확대될 수 있는 분야로 북극항로와 연계된 무역 항로 발전 가능성을 강조했다.

북극항로와의 연계성을 다룬 연구로는 NSR과 INSTC의 복합운송(Multimodal transport) 경로 개발에 대한 기회요인과 물리적/비물리적으로 도전요인을 분석한 예브게니 비노쿠로프(Evgeny Vinokurov)[17]의 연구가 있다. INSTC가 발전함에 따라 NSR과의 연계성이 높아질 것으로 전망했다.

니베디타 카푸어(Nivedita Kapoor)[18]는 NSR-첸나이-블라디보스토크 회랑의 잠재력과 협력 발전 가능성을 제시했다. 인도의 동부 해안을 통한 수출과 극동지역으로부터 석유 및 가스 수입, 동부 해안에 새로운 원유 정제소 설립 비용, 러시아 LNG를 수입할 수 있는 터미널 용량 그리고 민간기업의 참여 등 핵심적인 이슈들을 다루었다.

지속가능한 북극 개발에서의 협력에 대해서는 과학연구에서의 협력 기회를 주장한 바그와트(Д. Бхагват)[19]의 연구가 있다. 인도 몬순과 북극 기후 연구,

---

16) Anurag Bisen. "Prospects of Maritime Cooperation between India and Russia in Indian Ocean Region, Arctic and Russian Far East," *MP-IDSA Occasional Paper* No. 60, Manohar Parrikar Institute for Defence Studies and Analyses, 2022, pp. 4-50.

17) Evgeny Vinokurov et al. "International North-South Transport Corridor: Investments and Soft Infrastructure," *Reports and Working Papers* No. 22/2. Almaty, Moscow: Eurasian Development Bank, 2022, pp. 4-13.

18) Nivedita Kapoor and Gayathri Iyer. "East Meets East: An Assessment of the Proposed Chennai-Vladivostok Maritime Corridor," *ORF Occasional Paper* No. 286, Observer Research Foundation, 2022, pp. 5-51.

19) Д. Бхагват. "Россия и Индия в Арктике: необходимость большей синергии," *Арктика*

위성 데이터를 활용한 북극의 해빙과 지구 온난화 연구, 북극과 히말라야 동식물군에 대한 비교 연구의 가능성을 제시했다.

비크람은(С. Викрам)[20] 북극 원주민 사회 분야에서 인도와 러시아의 협력 가능성을 주장했다. 인도와 러시아가 북극 개발에 대한 경제적 효율성과 포용성, 사회적 지속가능성에서 유사한 관점을 공유하고 있음을 지적하고 해당 분야에서의 협력이 인도와 러시아의 장기 파트너쉽에 중요한 역할을 할 것이라고 보았다.

국제협력 기구를 활용한 인도-러시아 간의 북극 협력 발전 가능성을 논의한 연구물에는 BRICS와 SCO에서 북극 지역과 관련된 국제 협약을 검토한 바라미드제(Д. Д. Барамидзе)[21]가 있다. 러시아가 BRICS, SCO와 같은 기존 국제조직의 틀 내에서 파트너쉽을 개발하려는 동기와 인도를 포함한 비북극권 국가들의 존재감이 확대되는 상황을 거론하며, 환경 보호 협력이 북극권에서의 협력을 위한 초석이 될 수 있을 것이라고 주장했다. 라심 마마들리(Rasim Mammadli)[22]는 BRICS 회원국 간의 이해관계와 참여 동기를 분석한 연구에서 가장 협력이 유망한 분야로 과학 연구 분야를 꼽았다. 그리고 향후 BRICS의 북극 참여 경로가 회원국들의 정치적 의지에 달려있음을 강조했다.

и Север, No. 38, 2020, pp. 73-90.

20) С. Викрам. "Интересы Индии в российскойАрктике," *Россия: общество, политика, история*, No. 2(2), 2022, pp. 117-132.

21) Д. Д. Барамидзе. "Международное экологическое сотрудничество в артике в уловиях глобальныз вызов и перемне," *Экономика и право*, No. 32(6), 2022, pp. 1056-1063.

22) Rasim Mammadli and Rabia Kalfaoglu. "BRICS in the Arctic: The Member-States' Interests and the Group's Disregard," *Contemporary Chinese Political Economy and Strategic Relations*, Vol. 7, No. 1, 2021, p. 189.

한편 국내의 경우, 인도와 러시아의 북극 협력 뿐 아니라 인도의 북극 정책에 관련한 연구활동은 아직까지는 미흡한 상태이다. 2021년 1월 인도의 '북극 정책 로드맵' 초안이 발표된 이후 국내에서도 관심을 갖기 시작했으나 북극 정책/논의 동향을 제공하는 극지정책아카이브의 북극 국제 동향, 한국해양수산개발원(KMI)의 극지해 소식에서 인도의 정책 소개나 동향 모니터링 수준에 머무르고 있다.[23] 학문적 연구로 강희승의 연구에서 옵서버 국가의 북극정책 분석으로 인도의 정책을 다루고는 있으나 첫 정책문서인 북극정책 발표 이전으로 최근의 동향이 반영되지 않았다.[24]

이송, 김정훈의 연구와 같이 최근의 동향을 반영해 인도를 연구대상 으로 선정하고 분석한 연구물이 존재하기는 하나 글로벌 무대에서 인도의 위상, 향후 북극권에서의 인도의 적극적인 북극 참여를 고려할 때 인도의 북극정책에 대한 국내 연구는 미흡한 실정이다. 아울러 북극 역학 관계 변화로 인도-러시아 북극 협력 발전 가능성이 거론되는 바, 이에 대한 연구의 필요성 또한 제기된다고 하겠다.

이에 본고는 기존의 논의를 바탕으로 인도의 북극정책의 특징을 고찰하고 '에너지', '북극항로'의 경제적 측면과 더불어 '과학 연구', '원주민 사회' 분야에 대한 인도-러시아의 협력 관계를 검토해보고자 한다.

---

23) "극지정책아카이브 - [인도] 북극 정책-지속가능한 발전을 위한 파트너십 수립," https://polararchive.kr/m51.php?mainCate=2&category=002, 김민수 외 "인도와 러시아, 최근 들어 북극 협력 파트너십 강화,"『극지해 소식』제 114호, 한국해양수산개발원, 2022., 김민수 외 "러시아 북극산 원유, 중국과 인도로 계속 수출된다,"『극지해 소식』제 119호, 한국해양수산개발원, 2023. 등이 있다.

24) 강희승.「北極海 環境變化로 인한 韓國의 海洋安保政策 研究」, 韓國海洋大學校 大學院. 국내박사학위논문, 2015, pp. 103-104.

Ⅲ. 인도의 북극정책

인도의 북극 역사는 100년 전인 1920년 2월 스발바르 조약에 서명하며 시작되었지만 적극적인 참여는 2007년 과학 탐사 이후부터 이루어졌다. 기후변화와 북극 환경을 관측하는 히마드리 연구소, 콩스피요르덴 다중 센서 계류 관측소, 그루베바뎃 최북단 대기 연구소 등을 설립하고 국제 북극 과학 위원회(IASC), 니알레순(Ny-Ålesund) 과학 관리자 위원회, 북극 대학 및 아시아 극지 과학 포럼의 회원으로 활동하는 등 북극 과학 연구와 커뮤니티에서 중요한 역할을 하고 있다.

[그림 1] 인도의 북극정책의 5대 목표와 6대 기둥

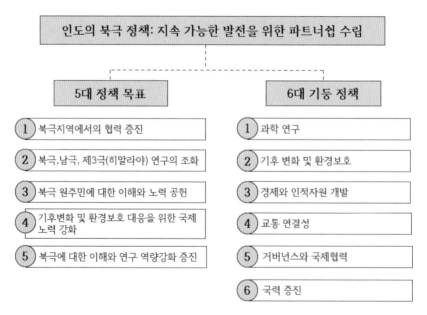

출처: Ministy of Earth Sciences, *India's Arctic Policy: Building a Partnership for Sustainable Development*, Government of Inida, 2022, pp. 2-9.

과학 연구 전문성을 바탕으로 북극 국제협력에 기여하고 있는 인도는 2013년 북극 이사회의 옵서버 국가로 선출된 후, 2019년 재선정됐다. 이는 인도와 북극의 유대가 깊어지고 있음을 시사하며 향후 국제협력에 대한 인도의 역할을 북극권 국가들이 인식한 결과라 할 수 있다.

한편 북극의 중요성을 인식한 나렌드라 모디 정부는 2022년 3월 국가차원의 정책「인도의 북극 정책: 지속 가능한 발전을 위한 파트너쉽 수립(India's Arctic Policy: Building a Partnership for Sustainable Development)」발표했다.

해당 정책에서 인도는 5대 목표와 6대 기둥을 제시하며 인도의 국익과 신흥 대국으로서 글로벌 문제에 대한 접근방식을 명확히 밝히고 있다(그림 1 참조). 인도의 북극 정책은 과학·환경연구, 경제 및 인적 개발, 국제 협력 등 세 가지 범주에 초점을 두고 있다.

1. 과학 · 환경 연구

인도의 북극 정책의 첫 번째 특징은 과학연구 분야의 강조이다. 과학 및 기후변화에 따른 환경 변화 연구의 중요성은 인도 몬순의 변화와 북극, 남극 및 제3극이라고 불리는 히말라야 산맥 간의 연관성에서 기인한다. 기후 변화는 해빙, 만년설의 손실, 해양과 대기의 온난화의 변화를 야기하며 해양의 염분 수준을 낮추고 육지 간 극심한 온도차이, 바다 및 고위도의 강우량을 증가시킬 뿐 아니라 조수 수준의 상승, 해안 침식, 히말라야 빙하의 융해를 가속화한다.

이러한 변화는 몬순 패턴을 포함하여 인도의 기상 조건을 변경시켜 인도의 농업 산업에 막대한 영향을 끼치게 된다. 농업은 인도 국내총생산(GDP)의 약 15%를 차지하는 주요 산업 중 하나일 뿐만 아니라 인도의 식량 안보 및 농촌 지역의 복지와 직결되는 문제이다. 향후 1,300개 이상의 섬 영토의 지속 여부,

13억 인도인의 복지 측면에서 인도에게 과학 및 환경 연구는 중요한 과제라 할 수 있다.[25]

2020년 지구과학부의 보고서 '인도 지역에 대한 기후변화 평가(Assessment of Climate Change over the Indian Region)'의 기후변화 예측 시나리오에 따르면 히말라야의 연간 강수량과 인도의 여름 몬순 강수 변화가 두드러지는 것을 확인할 수 있다. 특히 대표농도경로 RCP(Representative Concentration Pathways, RCP) 8.5에서 거의 2배 수준으로 가깝게 변화한다. 인도의 기후변화 대응은 선택이 아닌 필수인 것이다.[26]

인도는 기후 및 환경보호 연구에서 지구 온난화의 원인 메커니즘에 대한 이해와 결과를 예측하는 것을 목표로 두고 있다. 북극과 인도양의 온난화 연구, 북극의 빙하의 해빙과 히말라야 산맥 간의 연관성에 대한 연구가 그 예이다. 이를 위해 인도는 노르웨이 스발바르 제도에 위치해 있는 히마드리 연구기지를 적극 활용하고 북극 연구를 위한 쇄빙선 획득과 건조 능력을 구축하는 것을 수행 목표로 하고 있다. 현재 인도는 여름철에만 북극 연구를 진행할 수 있는데 이는 1년 중 87일에 불과하다. 이러한 북극 연구의 한계를 극복하기 위해 인도는 쇄빙 연구선 확보를 목표로 하고 있다. 또한 북극 위원회, 국제 북극 과학위원회(IASC), 북극 대학, 니알레순 과학위원회 등과 연계하여 글로벌 차원에서의 과학 연구 협력을 늘려나가고 있다.

과학연구 분야에서 주목할만한 점은 인도의 우주 기술 활용이다. 오늘날 기후 패턴 분석에 있어 가장 어려움을 겪고 있는 사항은 예측 불가한 변수가 증

---

25) Ministry of Earth Sciences, op.cit., pp. 3-4.
26) Krishnan Raghavan, et al. "*Assessment of climate change over the Indian region: A report of the ministry of earth sciences (MoES)*," Government of India, Springer, 2020, pp. 14-15.

가하고 있다는 것이다. 이에 북극 기후 변화를 관측하기 위한 더 정밀하고 실시간 관측의 필요성이 높아지고 있다. 인도는 인도우주연구기구(ISRO)의 전천후 지구 관측 위성 RISAT 시리즈, 북극 해상 항법의 안전 지원을 위한 인도 지역 항법 위성 시스템(IRNSS) 등의 우주 기술을 보유하고 있다.

최근 인도의 우주 기술 협력 사례는 제3회 북극과학장관 회의(ASM3)에서 언급된 NISAR(Nasa-Isro Synthetic Aperture Radar) 인공위성이다. NISAR는 2021년 인도우주연구기구와 미국 항공우주국(NASA)이 공동으로 개발한 인공위성으로 2023년 초 발사될 예정이다.[27] 인도는 NISAR 인공위성이 북극 관측 시스템 구축에 기여 할 수 있으며, 향후 우주기술을 활용해 북극 지역에 대한 참여를 더욱 확대해나갈 것이라고 밝혔다.[28]

인도는 히마드리 연구소를 기반으로 기후변화와 환경보호 연구를 수행하고 다자협의체, 학계 차원에서 지속적인 참여를 해왔다. 더불어 최근 우주기술을 활용하는 등 과학연구의 지평을 넓혀왔다. 기후와 환경 변화 이슈는 인도의 국가 안보 차원의 문제일 뿐 아니라 글로벌 차원의 의제이다. 이를 반영하여 정책을 수립하고 6대 기둥의 첫 번째, 두 번째 우선순위로 제시하였다는 점은 고무적이라 할 수 있다.

2. 경제 및 인적 개발

두 번째 특징은 경제 및 인적 개발이다. 북극 자원 개발 참여와 북극의 소수

---

[27] "India participates in the 3rd arctic science ministerial; shares plans for research and long-term cooperation in the Arctic," *Press Information Bureau*, May 08, 2021, https://pib.gov.in/PressReleasePage.aspx?PRID=1717084 (검색일:2022.11.8.)

[28] Ministry of Earth Sciences, op.cit., pp. 13-14.

민족 사회를 고려한 지속가능한 성장을 목표로 제시하고 있다. 6대 기둥에서 세 번째와 네 번째 영역에 해당한다. 북극 지역은 900억 배럴의 석유, 1,669조 입방피트의 천연 가스, 440억 배럴의 천연 가스 액체가 매장되어 있다.

인도는 세계에서 에너지 소비 3위, 석유수입국 3위, 천연가스 4위 수입국이다. 인도의 에너지 믹스 비율을 보면 석탄 화력의 비중이 72.1%로 압도적으로 높고 가스는 6%에 불과하다. 세계 평균인 24%에 한참 못 미치는 수치다.[29] 에너지 공급망 확보와 에너지 바스켓의 다양화 측면에서 인도는 북극 에너지 개발에 주목하고 있다.

또한 북극 지역에는 전략적 가치가 있는 희토류 광물 뿐만 아니라 코발트, 구리, 리튬, 납, 니켈, 니오븀, 인 등의 중요 금속과 주요 방위 장비 제조에 필요한 다양한 백금족 원소가 매장되어 있다.[30] 신규 자원은 인도의 자국 산업 보호를 위한 제조업 육성 정책인 '메이크 인 인디아(Make in India)' 추진을 위한 중요자원이다.[31] 즉, 에너지 안보, 경제개발을 위한 동력 확보 차원에서 북극권 자원 탐사 및 개발에 대한 인도의 관심이 증대하고 있는 것이다.

더불어 북극항로를 통한 해상교역 확대에도 주목하고 있다. 말라카 해협과 수에즈 운하를 통하는 전통적인 동서 항로의 대안 경로 확보, 국제남북운송회랑과 북극항로가 연계될 수 있다는 점에서 인도는 북극항로에 대한 관심을 직접적으로 드러내고 있다. 더불어 국제남북운송회랑과 북극항로의 연계는 무르만스크와 뭄바이 항구 사이의 직접 연결과 노르웨이 및 핀란드와 같은 북극

29) Anurag Bisen, op. cit., p. 2.
30) Bipandeep Sharma and Uttam Kumar Sinha. "Changing Security Dynamics in the Arctic and India's approach," *New delhi paper* No. 11, Center for air power studies, 2022, p. 9.
31) Devikaa Nanda, op. cit., p. 9.

권 국가와의 접근성 확대 그리고 중국의 말라카 딜레마를 우회할 수 있는 경제적 · 전략적 이점을 가진다.[32]

인도는 자원 탐사와 항로개발 뿐만 아니라 항구, 철도, 정보통신기술(ICT), 공항 등 북극 인프라 건설, 관광 분야 투자에도 관심을 두고 있다. 세계은행 자료에 따르면, 2021년 기준 인도의 구매력 평가지수(Purchasing Power Parity, PPP) 기준 GDP 규모는 약 10조 2,000억 달러로 중국, 미국에 이어 3위를 차지한다. 이는 인도의 높은 대외 구매력을 바탕으로 북극지역에 대한 투자를 확대할 수 있음을 보여준다. 한편 인도는 공공 및 민간 부문의 비즈니스를 촉진시키기 위해 인도 상공회의소를 활용할 계획이며, 민관협력사업(Public Private Partnerships, PPP) 수주, 북극경제위원회(Arctic Economic Council, AEC) 회원 자격 획득과 같은 목표로 하고 있다.[33]

지속가능한 북극을 위해 북극 국가와 옵저버 국가 그리고 기타 경제 주체와 협력하는 방안도 포함되어 있다. 이는 인도가 북극에 있는 경제적 기회에 주목할 뿐만 아니라 경제개발에 따라 대두되는 환경적, 경제적, 사회적 문제를 인식하고 있다는 것으로 해석할 수 있다.

동시에 북극 원주민 사회 위협에 대해 인도는 히말라야 민족의 사회, 생태, 경제와 직면한 문제를 다뤄왔다는 경험과 전문성을 바탕으로 문제 해결에 기여할 수 있음을 제시하고 있다. 교육, 식품공급, 의료 시스템 서비스 제공 등 저비용으로 소셜 네트워크를 구축한 경험이 있다. 대표적인 사례로 의료 서비스 및 기술 솔루션(원격 의료, 로봇 공학, 나노기술, 생명 공학) 분야에서 Ayurevda, Sidha 및 Unani의 활동을 들 수 있다.

---

32) Anurag Bisen, op. cit., p. 7.
33) Ministry of Earth Sciences, op. cit., pp. 15-16.

해당 기둥들은 에너지 자원 수입 다각화와 북극항로 개발을 통한 경제적 이익을 확보함과 동시에 토착 및 지역 전통 사회를 존중하는 지속가능한 경제 활동 참여로 북극 사회에서 책임을 다하는 국가로 발돋움해 나가겠다는 인도의 접근방식을 보여주는 정책이라 할 수 있다.

3. 국제협력

세 번째 특징은 다섯 번째, 여섯 번째 기둥에 해당하는 국제협력이다. 핵심은 기후변화, 인권, 생물 다양성 보존 등의 문제는 북극이라는 지역적 범위를 벗어나는 초국가적 이슈이므로 이에 따라 다양한 수준의 거버넌스와 참여 행위자들 간의 국제협력이 이루어져야 한다는 것이다. "취약한 지역(fragile region)"인 북극에서 일어나고 있는 초국가적 쟁점들은 해양법에 관한 유엔 협약(United Nations Convention on the Law of the Sea, UNCLOS)을 포함한 국제법에 따라 지속 가능하고 책임 있는 방식으로 논의되어야 한다고 명시했다.

인도는 국가 간 협의체 외의 다양한 수준의 거버넌스 제도와 기구들의 역할을 인식하고 함께 협력을 도모해 나갈 것이라고 밝히고 있다. 북극 정책에서 언급하고 있는 거버넌스 수준의 기구와 제도들은 북극권 국가 간의 대표적인 협력기제인 북극이사회(Arctic council)와 기업 간 활동을 촉진하는 북극경제 위원회(Arctic Economic Council), 특정 이슈에 초점을 맞춘 소다자주의 지역협력체인 노르딕방위협력기구(Nordic Defense Cooperation), 북극연안경비대포럼(Arctic Coast Guard Forum), 북극해안규제포럼(Arctic Offshore Regulator Forum) 등이 있다.

제도적으로는 국제적 수준의 유엔해양법협약(UNCLOS), 국제 환경 조약(International enviromental treaty), 석유 및 가스 책임 체제(Oil and gas liability regimes), 국제 인권 문서 등이 포함되어 있으며, 지역적 수준에서는 스발바르 조약, 북극곰 보존에 관한 협정, 항공 및 해양 수색 및 구조 협력에 관한 협정, 해양 오일 오염 대비 및 대응에 관한 협정 등을 명시하고 있다. 국제적, 지역적 수준에 이은 세 번째 수준은 국가 및 하위 국가 수준의 제도이다. 여기에는 캐나다, 러시아, 미국 등의 국내법과 바렌츠 유로 북극 이사회, 북유럽 이사회 등의 지역기구들이 있다.[34]

인도는 북극지역의 지속 가능한 개발, 평화 및 안정을 보장하기 위한 북극권 국가 및 기타 지역 국가, 국제 파트너와의 긴밀한 협력이 인도의 국가 개발 계획과 우선순위를 실현하는데 있어 필수적이라고 밝히고 있다. 즉, 거버넌스 제도와 국제협력에 대한 이해와 참여를 바탕으로 과학 연구, 기후변화 대응 및 환경 보호, 경제 및 인적 개발 분야에서 국가 역량을 강화해나가겠다는 것이다. 이를 위해 부처 간 조정을 도모하고 정부와 학계, 연구 및 비즈니스 기관 내의 제도 및 인적 자원 역량을 강화할 것이라 밝히고 있다.[35] 인도의 북극 정책에 따르면 이러한 인도의 이해관계는 "과학적, 환경적, 경제적 그리고 전략적"이라고 할 수 있다.

기후변화로 인해 북극에서의 탄화수소 및 광물 자원의 가용성이 증가하고 글로벌 운송 경로 개발이 가능해짐에 따라 북극 지역에서 국익을 추구하는 국가들의 경쟁이 심화되고 있다. 특히, 최근 우크라이나 전쟁 이후 북극을 둘러싼 참여국들의 이해관계는 공존과 협력보다 갈등과 경쟁의 국면으로 치닫고 있다. 하지만 북극의 이슈는 경제적 이익, 정치적 진영을 떠나 결국 전세계가 풀어나가야 하는 초국가적 협력 이슈이자 국제법과 거버넌스 측면에서 다양한

---

34) Ibid., pp. 21-22.
35) Ibid., p. 23.

행위자들이 참여하는 다자협의 메커니즘을 통해 논의 되어야 하는 문제이다.

이에 눈에 띄는 대목은 마지막 제 8장에서 언급하고 있는 "바수두하바 쿠텀바캄(Vashdhaiva Kutumbakam, 세계는 한 가족)" 접근 방식이다.[36] 전통적 세계관인 바수두하바 쿠텀바캄 아래 각국의 경쟁으로 만연한 단독주의가 아닌 포용성을 강조하는 인도의 전통적 외교 방식을 북극에서 적용하겠다는 것이다. 국익과 국제협력을 증진하겠다는 '다자적 연계(multi-alignment)' 전략을 통해 북극 이해관계자들의 갈등을 조정하는 '글로벌 중재자'를 지향하는 인도에 주목할 필요가 있다.

IV. 인도-러시아 북극 협력 가능성 및 제약 요인

인도와 러시아의 북극 협력을 논의하기 위해서는 연구의 지역적 범위를 북극 뿐 아니라 극동지역까지 포함해 살펴봐야 한다. 나렌드라 모디 정부의 러시아에 대한 북극 협력 의지가 가시적으로 나타나기 시작한 것은 '극동정책(Act Far East Policy)' 이후이며 러시아 정부가 '극동개발부'를 '극동북극개발부'로 이름을 개편하고 극동지역과 북극을 포괄하는 정책을 펼치고 있기 때문이다.

인도의 극동정책은 2019년 블라디보스토크에서 열린 제5차 동방경제포럼 총회 이후부터 시작됐다. 모디 총리는 극동 개발을 위한 투자 신용 한도를 10억 달러까지 늘리며 자원 개발, 교통 연결성을 중심으로 극동에서 북극까지 러시아와 인도의 경제 외교 협력을 강화하겠다는 의지를 내비쳤다.[37]

---

36) Ibid., p. 24.
37) "Modi russia visit: India extends \$1 billion line of credit for development of Russia's Far East," *The times of India*, September 5, 2019, https://timesofindia.indiatimes.

2022년 3월 발표된 북극정책과 극동정책을 기반으로 한 인도의 전략적 이익은 다음과 같다. 첫째, 과학연구 역량 강화, 둘째, 에너지 자원개발에 대한 투자를 통한 에너지 안보 확립, 셋째, 국제남북운송회랑, 블라디보스토크-첸나이 회랑, 북극항로를 잇는 복합운송망 구축, 넷째, 다양한 수준의 거버넌스 참여를 통한 국제사회와의 공조 강화이다.

러시아는 북극과 극동지역 간 상호 연계성을 강화하는 북극 개발을 추진하고 있다. '2035년 러시아 북극정책 기본원칙', '2035년 북극 개발 및 안보전략'을 토대로 한 러시아의 전략적 이익의 우선순위는 다음과 같다. 첫째, 북극 자원 개발, 둘째, 북극항로 활성화, 셋째, 극동지역을 포함한 북극지역의 지속가능한 발전이다. 즉, 북극 자원 개발 사업의 화물 운송을 기반으로 한 대외무역의 활성화, 인프라 구축을 통한 우호적인 비즈니스 환경 조성, 원주민들의 삶의 질을 개선한 안정적인 경제 발전 등 러시아의 미래 경제발전의 전진기지로 극동 지역과 북극지역을 활용하는 것을 목표로 하고 있다.[38]

종합해보자면 극동과 북극지역에서 인도와 러시아의 전략적 이해관계가 일치하는 분야는 '에너지', '북극항로', '과학연구', '원주민 사회' 이다.

1. 북극 에너지

에너지 부분에 있어 인도와 러시아의 관계는 더욱 밀접해지고 있다. 2022년 3월 기준 인도의 러시아 석유 총수입 비중은 1%에서 5월 18%로 증가했다.

---

com/india/india-extends-1-billion-line-of-credit-for-development-of-russias-far-east/articleshow/70991706.cms (검색일: 2022. 10. 17.)

38) 김민수 외. "러시아 북극개발전략과 연계한 북극진출 방안 연구," 『협동연구총서』, 경제 · 인문사회연구회, 2021, pp. 165-172.

우크라이나 전쟁 이후 러시아산 우랄유를 미국산 브렌트유보다 최대 배럴당 37달러 싸게 구입하면서 수입량이 대폭 증가한 것이다.[39] 이전부터 러시아의 에너지에 지대한 관심을 보여 온 인도가 북극지역으로 그 관심을 확대하는 것은 당연한 수순이다.

러시아는 '러시아 에너지 전략 2035'에서 야말반도와 기단반도 LNG를 중심으로 LNG 생산 수출을 증대해 나갈 것이라고 밝히고 있는데, LNG 수요가 증가하고 있는 인도 태평양 지역의 국가들을 주요 수입처로 보고 있다.

국제에너지지구(IEA)의 'World Energy Outlook 2022'에 따르면 인도는 미국, 중국에 이어 3위로 에너지 수요가 높은 국가이다. 향후 인도의 LNG 수입량은 2021년 66bcm에서 2050년에는 '현정책 시나리오(STEPS)' 기준 170bcm, 목표선언 시나리오(APS) 기준 102bcm 까지 증가할 것으로 예상된다.[40] 즉, 인도는 러시아에게 있어 향후 에너지 수출처 포트폴리오의 다양성을 위한 중요한 파트너인 셈이다.

그동안 인도와 러시아의 북극 에너지 부문에서 눈에 띌만한 협력결과물은 거의 없었다. 그러나 협력 논의 또한 협력의 일부분으로 볼 때, 인도와 러시아의 에너지 협력은 꾸준히 발전되어 왔다. 2017년 3월 Gazprom Neft와 인도석유천연가스공사(ONGC) 간 북극해 대륙붕 매장지 지질탐사에 대한 양해각

---

39) "러시아 원유 수입 25배 늘린 인도…"정부가 '더 사라' 독려"," 「연합뉴스」, 2022년 6월 22일, https://yonhapnewstv.co.kr/news/MYH20220622010000038 (검색일: 2022.11.08.)

40) 현정책 시나리오(Stated Policies Scenario, STEPS)는 기존에 공표된 정책적 수단과 목표를 반영한 시나리오를 뜻하며, 목표선언 시나리오(Announced Pledges Scenario, APS)는 각국 정부가 발표한 국가결정기여(NDC)와 탄소중립 목표를 완전 이행하는 시나리오다. "전 세계 탄소중립 선언 동향 및 평가," 세계에너지시장 인사이트』제21-21호, 에너지경제연구원, 2021, p. 10.

서 체결에 이어 2019년 블라디미르 푸틴 러시아 대통령과 나렌드라 모디 인도 총리 간의 회담에서 Novatek과 Petronet LNG Limited(Petronet LNG) 간의 미래 천연가스 협력에 관한 MOU 체결 등이 그 증거이다.[41] 협력 논의에서 발전되어 수행된 Sakhalin-1, Vankor 및 Taas-Yuryakh 프로젝트를 포함하여 러시아 석유 및 가스 부문에 대한 약 160억 달러의 투자가 이루어졌다. 2021년, 양국 간의 에너지 협력을 강화하기 위해 인도 에너지 센터(Indian Energy Center)가 모스크바에 설립됐다.[42] 그리고 2023년에는 Novatek과 인도의 Deepak이 북극 LNG 공급에 관한 양해각서가 체결됐다.[43]

러시아의 우크라이나 침공 이후 강화된 대러 제제 이후에도 인도와 러시아의 거래는 계속되고 있다. 현재 여러 러시아 및 인도 은행은 자국 통화 결제 시스템인 Mir와 RuPay 이용하고 있으며, 달러와 유로 결제 채널에서 인도 은행과 제재를 받지 않은 러시아 파트너들 간 거래가 진행되고 있다.[44]

---

41) Bipandeep Sharma. "India-russia energy cooperation in Russian Far East, India-Russia Energy Cooperation in Russian Far East," *MP-IDSA Policy Brief*, Manohar Parrikar Institute for Defence Studies and Analyses, 2022, p. 9.

42) 인도 석유천연가스부(Ministry of Petroleum and Natural Gas)의 2021-22 연례보고서에 따르면 인도는 Sakhalin-1, Vankor 및 Taas-Yuryakh와 같은 프로젝트를 포함하여 러시아 석유 및 가스 부문에 약 160억 달러를 투자했다. 인도와 러시아의 에너지 계약은 ONGC Videsh Limited(OVL) 직접 투자로 이루어지고 있다. 인도의 러시아에너지 회사 지분 보유 현황은 OVL - Imperial Energy Corporation(100%), Vankorneft(26%), Oil India Limited, Indian Oil Corporation 및 Bharat PetroResource Limited 컨소시엄 공동 보유 - Vankorneft (23.9%), Taas-Yuryakh(29.9%)이다. Ministry of Petroleum and Natural Gas, *Annual report 2021-22*, Government of India, 2022, pp. 230-231.

43) "Novatek and India's Deepak sign agreement on LNG supplies," *the Arctic*, February 08, 2023, https://arctic.ru/international/20230208/1015082.html (검색일:2023.10.26.)

44) Лидия Кулик, Алексей Калинин. of.cit., p.14

러시아의 북극 개발 사업에 막대한 투자를 하고 있는 중국의 존재감 또한 인도와의 협력을 증진시키는 배경이라 할 수 있다. 러시아는 중국을 필수적인 북극 협력 파트너로 생각하지만 그와 함께 증가하는 중국에 대한 의존도와 영향력 확대에 대한 우려로 균형을 맞추기 위한 파트너로 인도를 고려하고 있다.

인도 또한 북극에서 중국의 경제력과 영향력 확대에 대응하는 견제 세력으로 러시아를 파트너로서 고려하는 전략적인 방식을 취하고 있다. 최근 인도가 국제정치와 북극 국제정치를 분리하여 러시아와의 전통적 유대관계를 공고히 하는 것은 러시아-중국 협력 심화를 견제하기 위함이다.

제약요인으로는 서방의 대러제재로 인한 북극 에너지 개발 사업과 인프라 건설의 지연이 가장 크다.[45] 대러제재에 따른 투자 자금 조달의 어려움과 서방 기업들의 기술 및 설비 등의 수입 불가는 매장지 개발, 사회간접시설, 공급인프라 등의 건설을 지연시킨다. 이는 인프라 미확충에 따른 높은 생산단가의 형성이라는 경제성의 문제로 이어지게 된다.[46] 서방 자본이 빠져나간 부분에 대한 투자를 유치하기 위해 정부 차원의 제도와 법을 마련하고 아시아 국가들과의 협력을 모색하고 있으나 빠른 시간 내에 위기상황을 해소하기는 어려워 보인다.

인도가 이를 보완하기에는 북극 자원 탐사에 대한 기술적 전문성, 자금 지원 불충분이라는 문제가 따른다. 인도는 극지에서 연안 석유 탐사 및 심해 광

---

45) 서방의 대러제재는 더욱 강화되고 있다. 미국은 2023년 9월 Арктическая перевалка LLC를 제재 대상 목록에 올렸으며, 2023년 11월에는 노바텍의 LNG 프로젝트인 Arctic LNG-2 담당 수행기관인 Arctic LNG-2 LLC를 제재 목록에 추가했다. 2023년 11월 24일, 캐나다와 EU는 정상회담 이후 공동성명에서 대러제재를 강화할 것이라고 밝혔다. "《Арктик СПГ-2》: история и значимость проекта," Коммерсантъ, November 9, 2023, https://www.kommersant.ru/doc/6323377 (검색일: 2023.10.26.), Prime minister of Canada. *Canada-European Union Summit 2023 - Joint Statement*, I. Building a more prosperous, secure, and sustainable future, 7.

46) 김민수 외, op.cit., p. 98.

물 탐사를 수행하는 기관, 원격조종수중로봇(ROV), 잠수함 등을 보유하고 있지만 북극 자원 탐사를 위한 기술 전문 지식과 장비는 여전히 부족하다. 또한 에너지 지분 확보를 위한 직접투자를 하고 있지만 투자규모 또한 중국에 비하면 적은 수준이다.

그러나 인도는 세계 GDP 6위, 구매력 3위, 인구 규모에서는 2023년 1위가 된 대국이다. 인도의 국가 경제 성장과 인구 증가 추세는 북극 에너지에 대한 관심이 지속적으로 증가할 것을 의미한다.[47]

그간의 협력 논의와 사례를 살펴볼 때 인도는 증가하는 에너지 수요 충족을 위해 러시아 에너지 프로젝트 투자를 확대해나갈 것이며 국익추구를 위한 독자적인 행보는 서방의 대러 제재 속에서도 계속될 것으로 판단된다.

2. 북극항로

인도의 북극항로 참여 의지 또한 높아지고 있다. 인도의 북극항로에 대한 관심의 증가는 원유 및 LNG 공급, 대외무역 활성화와 관련이 있다. 지난 9월 동방경제포럼에서 모디 총리는 국제남북운송회랑, 첸나이-블라디보스토크 회랑을 북극항로와 연계하여 인도와 러시아 간의 교역을 확대할 것이라고 밝힌 후 해당 사업이 인도-러시아 미래의 관계발전에 중요한 역할을 하게 될 것이라고 평가했다[48]

---

[47] "세계 인구의 날: UN, '2023년엔 인도가 중국 제치고 세계 최다 인구 국가'," 「BBC NEWS 코리아」, 2022년 7월 12일, https://www.bbc.com/korean/international-62131367 (검색일: 2022. 11. 1.)

[48] "Vladimir Putin's speech and Plenary Session Dialogue at the Eastern Economic Forum," *Russia Briefing News*, September 8, 2022. https://www.russia-briefing.com/news/vladimir-putin-s-speech-and-plenary-session-dialogue-at-the-eastern-

러시아는 지난 8월 향후 10년간 북극해항로 개발에 1조 8천억 루블(약 39조여 원)을 투입하는 50개 사업과제로 구성된 '2035 북극해 항로 개발 계획'을 발표했다. 해당 계획에는 상트페테르부르크와 극동 지역 항구를 오가는 정기 항로 개설 등의 내용이 포함되어 있다.[49]

인도와 러시아가 언급해온 INSTC와 NSR의 연계 가능성은 수에즈 운하 에버 기븐호 좌초사고, 코로나 19, 우크라이나 전쟁 이후 높아지기 시작했다. 그간 INSTC는 참여국들의 정치적 문제로 인한 합의 불일치로 개발에 난관을 겪어왔다. 그러나 최근 러시아와 이란, 중앙아시아를 비롯한 연선국가들의 참여 의지가 확대되고 있는바 북극항로와의 연계 발전 가능성 또한 확대되고 있다고 볼 수 있다.

또한 인도의 최대 철도 컨테이너 운송 업체인 CONCOR와 CIS와 발트해 연안국을 통틀어 가장 큰 복합 물류 운영업체인 러시아의 RZD Logistics는 INSTC 복합 화물 운송 서비스 공동 개발 계약 체결로 인도와 러시아의 물동량 확대가 가능해졌다는 점 또한 협력을 가능케 하는 요인이라 할 수 있다.[50]

인도는 제한된 지리적 위치로 북극항로만을 활용 시 한국, 일본, 중국과 같은 국가들에 비하면 경제적 이점이 적을 수밖에 없기에 북극항로와 INSTC를 연계함으로써 해상교역 뿐 아니라 육로를 잇는 복합운송(mutimodal tranport) 경로 활용이 고려된다. 러시아에서 북유럽 및 발트해 연안국까지 이어지는 회랑은 경제적 이점과 더불어 중국의 말라카 딜레마를 우회할 수 있는

economic-forum.html/ (검색일: 2022.11.11.)

49) "러, 2035년까지 39조원 들여 북극해 항로 개발,"「한국경제」, 2022년 8월 4일, https://www.hankyung.com/international/article/202208048107Y (검색일: 2022.11.1.)

50) ""РЖД Логистика" и индийская CONCOR договорились о контейнерах для МТК "Север-Юг","" ТАСС, 26 февраля 2020, https://tass.ru/ekonomika/7838837 (검색일: 2023.11.6.)

전략적 이점을 제공한다.[51]

또 하나의 해운 경로인 블라디보스토크-첸나이 회랑의 발전 가능성도 고려되고 있다. 사르바난다 소노왈 인도 해운항만부 장관은 "첸나이-블라디보스토크 무역항로의 운용이 인도와 러시아 간의 무역 관계를 새로운 시대로 안내할 것"이라고 밝히며 해당 항로에 대한 협력 의지를 표명한 바 있다.[52]

인도와 극동지역을 직접 연결하는 경로는 기존 유럽 경유시 8,675 해리로 40일이 소요된다. 해당 항로를 이용하면 5,647 해리로 24일까지 단축하게 된다. 인도는 LNG를 공급받기 위한 Kakinada, Andhra Pradesh, Dhamra, Odisha 터미널 건설을 추진하고 있으며, 이에 따라 러시아 LNG 수출을 위한 우호적인 여건이 조성되고 있다.[53]

한편 제약요인으로는 NSR 운항의 계절성에 따른 높은 운항 비용, NSR의 대용량 컨테이너 화물 처리능력의 부족, 2035 북극항로 인프라 개발 계획이 자국중심적인 법과 제도라는 국제사회의 인식, 극동·북극 지역이 높은 경제 성장률을 보이고 있지만 내수시장이 협소하다는 점이다. 이를 보완하기 위해 러시아 정부는 무르만스크 지역과 캄차카 지역의 LNG 환적터미널 건설 등 북극해 연안의 주요 항구 및 터미널 확충 사업을 대대적으로 추진하고 있다.

북극항로 인프라 개발 계획과 더불어 선도개발구역, 헥타르 프로그램 등 북

---

51) Evgeny Vinokurov et al., op. cit., p. 12.

52) "India, Russia to set up alternative trade route: Sarbananda Sonowal," *Hindustan Times*, September 14, 2023, https://www.hindustantimes.com/business/india-russia-to-set-up-alternative-trade-route-sarbananda-sonowal-101694592803252.html (검색일:2023.10.26.)

53) "Chennai-Vladivostok Maritime Corridor: A major shift in India's geo-economic imagination with Russia," *Firstpost*, April 24, 2022, https://www.firstpost.com/opinion/chennai-vladivostok-maritime-corridor-a-major-shift-in-indias-geo-economic-imagination-with-russia-10592961.html (검색일: 2022.11.12.)

극과 극동지역 사회 발전과 인구 유입을 확대하는 정책들을 발표하는 등 적극적인 노력을 펼치고 있다.

군사·외교 분야에서의 긴밀한 협력에 비해 불안정한 경제 협력 파트너쉽 또한 제약점으로 지적된다. 상무부의 자료에 따르면 인도와 러시아 간의 무역 규모는 약 83억 달러로 미국과 인도 무역규모인 1,320억 달러에도 훨씬 못 미치는 수준이다. 인도와 러시아의 상호보완적인 경제협력인 아직 이루어지지 않고 있는 것이다. 또한 인도와 러시아의 경제협력은 정부차원에서 진행되어 민간으로부터의 참여가 부족하다.[54]

그러나 기온상승으로 인한 북극항로 개방의 가속화, 정부차원의 인프라 확충과 민간 부문의 참여를 위한 비즈니스 관계 활성화 방안 마련, 해상과 내륙이 연계된 복합 운송망 발전에 대한 적극적인 노력 등을 고려할 때 단기차원에서는 기존의 수에즈 운하의 매력도를 따라잡기는 어려우나 장기차원에서 본다면 충분히 발전 가능성을 고려해볼 수 있으므로 NSR을 통해 경제적, 전략적 이점을 얻고자 하는 두 국가의 협력은 확대될 가능성이 큰 것으로 판단된다.

3. 과학연구

러시아는 '2035년 북극정책 기본원칙'에서 인공위성, 해상빙상 플랫폼, 과학연구선 등을 활용해 기후변화로 인한 북극 내 인프라 피해를 방지와 생물다양성 및 생태계를 보호하기 위해 북극의 기후변화 예측 모델, 피해를 최소화하는 첨단기술을 개발할 것이라고 밝히고 있다. 이어 '2021 국가안보전략'에

---

54) Alekseï Zakharov. "Deux amis dans le besoin: où va le partenariat stratégique russo-indien?" *Russie. Nei. Visions* No. 116, Ifri, 2019, pp. 34-35.

서는 북극지역의 합리적 자원 이용과 상호 호혜적 국제협력을 위해 우주, 세계 대양, 남극과 북극 탐사와 관련된 러시아의 이익을 확보할 것이라고 밝히고 있다.[55] 즉, 러시아는 첨단기술을 활용한 과학연구를 에너지 자원 탐사 개발 및 북극항로, 북극 원주민의 삶의 질 개선을 위해 함께 수행되어야 하는 주요 정책과제로 인식하고 있는 것이다.

이미 인도와 러시아는 남극에서 과학연구를 통해 협력 사업을 전개한 경험이 있다. 남극 수로 위원회(Hydroographic Committee on Antarctica) 회원인 인도와 러시아는 국제 남극 해역 차트를 공동 제작한 사례가 있다. 향후 인도와 러시아가 북극권에서 협력할 수 있는 과학연구 분야는 기상 및 대기 측정, 기후변화 연구, 해빙 및 빙붕 역학, 빙하 연구, 지형 매핑, 지구 물리학 및 지질 연구, 지진학적 기록, 호수 퇴적물을 통한 과거 기후 재현, 환경 모니터링. 야생 동물, 생물학, 해양학, 빙권 연구, 수로 측량, 지구 시스템 모델링 및 기후 모델링을 포함한 지구 과학 분야이다.[56]

그리고 러시아가 기존 국제기관 및 조직을 활용한 파트너쉽 개발 추진 동기가 강해짐에 따라 인도가 회원국인 SCO와 BRICS의 협력 또한 탄력을 받을 것으로 보인다.[57] SCO의 경우, 2002년 SCO 헌장을 통해 정치, 무역, 경제, 국방,

---

55) 金晟鑌, op. cit., p. 197.

56) Викрам Сухаг, op. cit., p. 118.

57) 니콜라이 코르추노프 북극 대사는 "경제 발전에서 선두를 달리는 아시아 국가들이 고위도 지역에 관심을 두고 있고, 이들 중 일부 국가가 BRICS와 SCO에 참여하고 있다. 이러한 국가들과의 협력 동기는 단기적 이익이 아닌 장기적인 협력 전망에 근거한다." 고 언급했으며, 푸틴 대통령은 "러시아는 북극 협력에 개방적이다. 현재 상황에서 러시아 영토 개발에 외부 국가들을 유치하는 것이 필요하다"고 밝혔다. "МИД: азиатские страны БРИКС и ШОС хотят сотрудничать с Россией в Арктике," *Риа новости*, 22 мая 2023, https://ria.ru/20220522/arktika-1789979025.html(검색일: 2023. 11. 03.)

환경 보호 등에서 협력을 강화하겠다고 밝혔다. 2025년까지의 개발 전략에서는 환경 보호와 기후변화 대응을 중요하게 다루고 있는데, 이는 환경보호와 기후 변화 대응이 단순히 생태계 보호를 넘어 전반적인 지역의 안보, 사회 경제적 및 인도주의적 안정을 보장하는 방법 중 하나로 여겨지고 있음을 의미한다. [58]

BRICS의 경우, 2015년 BRICS 회원국들은 과학, 기술 및 혁신 분야에서의 협력을 위한 양해각서(Memorandum of Understanding on Cooperation in Science, Technology, and Innovation)를 체결했는데, 해당 양해각서에서 해양 및 극지 과학 협력을 주요 분야로 언급했다. 이후 BRICS 국가들은 아이슬란드 레이캬비크에서 열린 북극권 총회에서 "북극의 BRICS: 공동 이니셔티브를 위한 새로운 기회"라는 패널 세션을 진행했다. [59] 그리고 2018년 회원국 간의 협력 촉진의 장이라 할 수 있는 BRICS 해양 및 극지 실무그룹 제 1차 회의가 진행됐다. 2021년 BRICS 해양 및 극지 실무그룹 제 4차 회의 공동성명서에서는 BRICS 회원국의 공통 탐험 5개년 계획, BRICS 심해 자원 국제 연구 센터 설립, 공동 연구를 위한 우선 분야 목록이 작성됐다. [60] 최근에는 모스크바에서 Think Arctic - Think Global의 일환으로 진행된 "BRICS와의 협력을 통한 북극 지역의 지속 가능한 발전 전망" 포럼이 개최되어 BRICS 회원국의 북극 전문가들과 과학계 대표들이 참석해 과학 분야 협력을 논의했다. [61]

---

58) Д. Д. Барамидзе. of. cit., pp. 1061-1062.

59) Rasim Mammadli and Rabia Kalfaoglu, of. cit., pp. 213-214..

60) М. Л. Лагутина. "Перспективы научного сотрудничества стран БРИКС в Арктике," *Российско-китайское сотрудничество на пути к глобальному устойчивому развитию*, p. 55.

61) "Формирование общей повестки стран БРИКС в Арктике обсудили на сессии проекта Think Arctic — Think Global," https://forumarctica.ru/news/formirovanie-obschej-povestki-stran-briks-v-arktike-obsudili-na-sessii-proekta-think-arctic-think-global/ (검색일: 2023. 11. 12.)

우주기술 분야에서의 협력 또한 가능하다. 두 국가는 우주기술 분야에서 전문성을 보유한 국가이다. 2021 동방 경제 포럼에서 모디 총리는 "우주에서 인도와 러시아의 관계가 새로운 차원에 도달하고 있다." 라고 언급한 바 있다. 러시아의 북극지역에서 우주기술을 활용은 2021년 2월 북극 기상을 모니터링하기 위한 첫 번째 인공위성 Arctika-M 발사가 대표적이다. 러시아는 우주기술 협력 파트너로 인도를 고려하고 있다. 인도는 2022년 북극 정책에서 언급한 바와 같이 위성 RISAT 시리즈, 인도지역항법위성시스템(IRNSS)등 우주기술 분야의 전문성을 보유하고 있다. 2022년 5월 1일 기준 국가별 운용 인공위성 수를 살펴보면 러시아와 인도는 각각 4위(170개), 8위(59개)를 차지하고 있다.[62]

우주협력 분야에서의 법적근거를 살펴보면, 2021년 러시아와 인도 간의 우주 공간에 대한 협력에 대한 양자 정부 간의 협정 체결 이후 2022년 러시아에서 해당 협정을 비준하는 법률이 발효됐다.[63] 따라서, 인도와 러시아의 우주기술 활용 역량과 협력 현황을 비추어 볼 때 두 국가 간의 우주 기술 분야에서의 협력이 북극에서도 가능할 것으로 판단된다.

북극지역에서 인도의 강점은 과학연구 분야의 기여로 형성된 인도에 대한 국제사회의 긍정적인 이미지이다. 러시아의 북극 협력 파트너인 중국에 대한 국가들의 반감과 대비되는 부분이다.[64] 인도는 2022년 G20 의장국으로 기후

---

62) "UCS Satellite Database - reports & multimedia," www.ucsusa.org/resources/satellite-database (검색일: 2022.10.31.)

63) "Law ratifying Russia-India intergovernmental agreement on cooperation in exploration and use of outer space for peaceful purposes," http://en.kremlin.ru/acts/news/70127 (검색일: 2023.11.06.)

64) Н.А. Николаев. "Индийский интерес к Арктике в контексте арктической политики Китая," *Проблемы постсоветского пространства* No.4(4), 2017, pp. 321-325.

변화 대응을 우선순위로 정했다. G20 포럼의 의제가 기후변화, 지속가능발전, 환경을 포함한다는 점에서 북극과 매우 관련이 깊으며, 인도의 외교적 위치를 고려할 때 북극에서의 과학 교류 재개 또한 추진 할 수 있다. 궁극적으로 러시아는 인도와의 협력을 통해 기후외교 분야에서의 소프트 파워를 확대할 수 할 수 있다.

제약요인으로는 강대국 간의 첨단 기술 경쟁이 심화되고 있다는 점과 인도의 과학연구에 대한 자금지원이 불충분 하다는 것이다. 현재 인도의 극지방 연구는 지구과학부의 PACER(Polar Scienece and Cryospher) 프로그램에 따라 예산이 책정되고 있는데, 현재 북극에 할당되는 예산은 연간 10-1,500만 루피에 가까운 것으로 추산된다. 남극에 책정된 예산보다 5배 적은 수치이다.[65] 인도는 우주기술 뿐만 아니라 기초과학연구에 대한 예산을 충분히 확보해야 한다. 그러나 인도가 북극정책에서 과학연구를 우선순위로 두고 있고 기후변화에 대응하고자 하는 의지가 크기 때문에 예산 확보의 문제는 점차 해결될 가능성이 다분하다.

북극 과학협력은 전인류 차원의 문제 해결에 일조할 수 있으므로 북극의 지정학적 긴장 속에서도 큰 저항을 받지 않는 선에서 협력이 가능한 이슈이다. 제한적인 상황에서도 일부 협력은 지속되고 있는데, 러시아와 서방 간 기상 데이터의 공유 그리고 NASA, ESA와 러시아의 Rockosmos 간의 우주협력이 그 사례이다.[66] 예외가 적용될 수 있는 분야 중 하나인 과학 분야에서의 협력은 인도의 2022년 G20 의장국 지위, 2023년 BRICS의 의장국이 되는 러시아

---

65) Anurag Bisen, op. cit., pp. 5-9.
66) Lin Alexandra Mortensgaard. "Arctic climate science is caught in the middle of geopolitical tension," *DIIS Policy Brief*, Dansk Institut for Internationale Studier, 2023, p. 4.

그리고 2024-25년 G20 의장국이 브라질, 남아프리카 공화국이라는 점을 고려할 때, 양자 협력 뿐만 아니라 국제 협력의 틀 내에서 발전될 수 있다.

과학기술 역량을 보유한 인도와 러시아는 북극 기후변화에 대응하는 명분을 취하고 국익추구와 국제사회에서 책임있는 역할을 다하는 국가의 이미지를 쌓기 위해 노력할 것이다.

4. 북극 원주민 사회

북극의 경제개발과 함께 북극 원주민의 사회안보 문제가 거론되기 시작했고 이들의 전통적 사회와 환경을 보호하기 위해 지속가능한 방식으로 북극권을 개발해야 한다는 의견이 국제사회에서 확대되고 있다.

북극 원주민의 50%는 러시아의 관할 아래 속하며 46개의 원주민 민족이 거주중이다. 러시아 북극 지역의 기후조건으로 인한 농업 부문 개발과 경제적 접근성 보장의 어려움과 사회 기반 시설 부족, 노동생산가능인구의 감소 ,산업 및 광물 자원 추출로 인한 순록 사육, 어업, 야생 식물 수집 지역의 박탈, 북극 원주민의 민족적 특성 상실 위기 등은 SDGs 달성에 부정적인 요소가 되고 있다.[67]

러시아의 지속 가능한 북극 원주민 사회를 위한 노력을 전략문서를 통해 살펴보자면, '2035년 북극정책 기본원칙'에서 이전 2020년 북극정책 기본원칙과

---

67) 러시아연방통계청에서는 2017년 UN 총회 결의안 A/RES/71/313에 따라 17개의 SDGs 목표를 반영한 160개의 지표를 제공한다. Natalia E.B 연구에서는 러시아의 북극 지역의 SDGs 이행 현황이 64개의 지표를 통해 파악이 가능하다고 밝혔다. Natalia E.B et al. "Features of sustainable development of the Arctic zone of Russia," *International Scientific and Practical Conference Strategy of Development of Regional Ecosystems "Education-Science-Industry"(ISPCR 2021)*, 2022, p. 3

달리 소수민족인 북극 원주민의 삶과 환경 보존이라는 목표를 강조하고 있음을 알 수 있다. '2021-2024 북극지역의 사회경제 개발 프로그램' 에서는 원주민들의 삶의 질을 개선해 안정적인 경제 및 사회발전에 주력하겠다고 밝혔다.[68]

인도는 앞선 장에서 언급했던 바와 같이 북극 원주민들을 고려한 지속가능한 방식의 경제 개발활동과 저비용 소셜 네트워크 구축 노하우를 공유하여 국제사회의 책임 있는 국가로써의 역할을 다하고자 한다. 인도 히말라야의 원주민과 북극의 원주민이 기후변화와 경제 개발로 인해 사회적 곤경을 겪고 있다는 면에서 그 공통점이 유사하다. 그간 히말라야 민족의 사회, 생태, 경제적 문제를 다루면서 쌓인 경험과 전문성을 바탕으로 북극 원주민 공동체 사회 보존을 위한 부분에서 협력할 수 있다.[69]

2017년 인도 국가개조위원회(NITI Aayog)는 히말라야 지역의 지속 가능한 개발에 기여하는 5개의 주제별 영역을 설정하고 비전을 제시했다. 물 안보를 위한 샘물 개발, 책임감 있는 산악 관광, 숙련된 노동력 제고, 생태계 및 식량 안보를 보장하기 위한 경작, 과학기술을 바탕으로 신뢰할 수 있는 데이터 구축 등 경제성장 외에 환경적, 사회문화적, 정신적 요소를 고려한 5개 주제에 대한 로드맵을 마련했다. 해당 목표는 인도 수자원부, 농업부, 직업능력개발창업부, 고빈드 발라브흐 판트 히말라야 환경개발연구소에서 관장하고 있다.

주목할 사항은 해당 로드맵이 UN에서 제시한 지속가능 개발 목표(SDGs) 17개중 12개, 세부목표 168개 중 45개, 각 목표별 수행 부처와 기관을 두고 있다는 점이다. 정부 차원에서 보다 체계적인 계획 수립이 이루어지고 있다.[70]

---

68) 김민수 외, op. cit., p. 8.
69) Ministry of Earth Sciences, op. cit., p. 17.
70) NITI Aayog. *Contributing to Sustainable Development in the Indian Himalayan Region*. Government of India, 2018, pp. 17-18.

글로벌 트렌드의 지속가능 개발 목표 트렌드를 따라 세부적인 계획 플랜을 제시하였다는 것은 인도가 국제사회에서 책임 있는 국가로 발돋움 하고자 하는 목표와 맥을 같이 한다. 따라서, 이러한 인도의 히말라야 원주민 사회 문제를 해결하고자 하는 정부 차원의 마스터 플랜 구축 경험과 수행 방식은 러시아의 북극 원주민 사회 문제 해결에 있어 협력할 수 있는 역량을 갖고 있다고 할 수 있다.

그러나 두 국가가 북극 원주민 문제 해결을 국가차원의 전략으로 내세우고 적극적인 정책 수행 목표를 밝힌 것은 러시아의 경우 2021년 '2035년 북극정책 기본원칙', 인도의 경우는 2022년이다. 아직 북극 원주민 사회 문제 해결을 위한 방식이 체계적이지 못하고 미성숙할 수밖에 없다. 특히, 러시아는 원주민 사회의 보존을 위해 국가적 차원의 방안을 발표하고 있지만 근본적으로 법과 제도가 불안정하다.

러시아의 환경 관련 법률과 토지에 대한 원주민의 권리를 보장하는 법률 등의 집행력이 약하다.[71] 경제 개발을 우선적으로 두고 있기 때문에 효과적인 환경 관련 규제 마련, 개발자와 원주민 공동체 간 소통 채널 메커니즘 형성이 이루어지기 어려운 구조를 갖고 있다. 또한 인도의 히말라야 원주민 사회와 러시아의 북극 원주민 사회는 기후변화에 따라 위협받고 있다는 점에서 비슷하나 사회·문화적 구조가 상이하다는 점이 고려되어야 한다.

그럼에도 불구하고 앞서 밝힌 바와 같이 두 국가 간의 북극 원주민 문제해결을 위한 협력의 여지는 존재한다. 만약 인도의 히말라야 원주민 사회 문제 해결방식을 북극 원주민 사회에 적용하는 방안을 모색한다면 북극 원주민들

---

71) 金炫進, 諸成勳. "러시아 북극 원주민의 사회안보와 위협의 안보화 과정,"『중소연구』 제44권 제2호, 한양대학교 아태지역연구센터, 2020, p. 198.

의 완전한 합의와 참여를 확대시킬 수 있을 것이다. 지속가능한 북극 원주민 사회는 북극의 평화와 안정을 도모하기 위해 북극 사회가 함께 해결해야 할 국제협력 영역 중 하나이다. 인도와 러시아의 북극 원주민 문제 협력은 국제사회의 이해와 지지를 확보하고 나아가 향후 국제협력의 토대를 마련하는데 기여할 수 있을 것이다.

V. 결론

본고는 최근 국제사회가 주목하고 있는 북극 신흥 참여국 인도의 북극 정책의 특징을 고찰하고 러시아와의 협력이 가능한 분야로 '에너지', '북극항로', '과학연구', '원주민 사회'를 제시하며 향후 협력 발전의 가능성과 이를 제약하는 요인들에 대한 분석을 시도했다.

먼저, 인도와 러시아는 북극개발로 창출되는 경제적 이점과 에너지 안보, 경제 안보 확립을 위해 '에너지', '북극항로' 분야에서의 협력을 확대해 나갈 것으로 예상된다. 인도는 향후 에너지 수요 증가분의 충족과 에너지 수입처 다각화를 위해, 러시아는 대러 제재로 인한 기술 및 자금 조달 부분에서의 손실 부분을 상쇄하고 안정적인 에너지 협력 파트너 확보를 위해 협력할 것이다. 또한 에너지 자원을 기반으로 한 대외무역 활성화를 위해 북극항로, 국제남북 운송회랑, 첸나이-블라디보스토크 회랑을 연계하는 복합 운송망 구축을 확대하기 위한 노력을 경주할 것으로 보인다.

해당 분야에서의 협력을 가능케 하는 요인으로는 두 국가의 적극적인 정책 마련, 서방의 강경한 대러 제재에도 유라시아 국제정치와 북극 국제정치를 분리하여 러시아와의 협력을 추진하는 인도의 외교 기조, 중국의 북극 영향력 확대를 억지할 수 있는 협력 파트너라는 이해관계의 일치를 둘 수 있다.

한편 협력을 제약하는 요인으로는 서방의 대러 제재로 인한 첨단 기술 및 전문 장비, 자금 부족의 문제에 따른 개발 지연 등의 리스크, 막대한 투자 자금을 투입하며 북극지역에서 존재감을 과시하고 있는 중국, 군사 · 외교 분야에서의 긴밀한 협력에 비해 저조한 경제협력 성과, 민간부문의 참여 저조, 혹독한 북극의 기후 등이 있다.

더불어 '과학연구', '북극 원주민 사회'와 같은 의제에서의 협력도 유망할 것으로 판단된다. 인도와 러시아는 기후변화로 인한 국가안보 문제 해결, 북극이사회의 지위 및 국제사회에서의 입지 강화를 위해 해당 분야에서의 협력을 확대할 것이다. 상기 의제에서의 협력은 전인류 차원의 문제 해결에 일조할수 있으므로 북극의 지정학적 긴장 속에서도 큰 저항을 받지 않는 선에서 추진할 수 있다. 두 국가는 북극 기후변화 대응과 북극 원주민 사회 보존이라는 명분을 취하면서 국익 확보와 국제사회에서 책임 있는 국가의 이미지를 확립할 수 있는 실리 추구 전략을 펼칠 것이다.

해당 분야에서의 협력을 가능케 하는 요인으로는 글로벌 협력 메커니즘 동결에 따른 국제사회의 우려, 기후외교 분야에서의 리더십을 바탕으로 형성된 인도의 긍정적인 이미지, 두 국가의 우주기술 분야에서의 역량, 히말라야 원주민 사회와 북극 원주민 사회에 대한 전통지식과 정부 차원의 정책 마련, SCO와 BRICS 틀 내에서의 협력 가능성, G20의 지위 활용 등이 있다.

협력을 제약하는 요인은 뉴스페이스 시대 도래에 따른 강대국 간의 첨단 기술 경쟁 심화, 인도의 과학연구 자금 지원 불충분, 히말라야 원주민과 북극 원주민의 상이한 사회 · 문화적 구조, 러시아의 경제개발 우선주의, 북극 원주민 사회 문제 해결에 대한 미성숙한 접근 방식, 개발자와 북극 원주민 사회의 소통 메커니즘 부재, 불안정한 법과 제도 등이 있다.

조심스럽기는 하지만 연구 내용을 종합해 보면, 본고에서 제시한 분야에서의 향후 인도-러시아 간의 북극 협력은 발전될 가능성이 크다. 두 국가의 협력을 제약하는 요인들이 분명히 존재하지만 기후변화의 가속화와 국제정세의 변화에 따른 두 국가의 이해관계가 일치하는 접점이 더욱 확대되고 있다는 점으로 미루어 보아 향후 협력이 발전될 가능성이 크다고 예측할 수 있다.

인도의 북극정책과 그에 기인한 러시아와의 북극협력 관계 발전이 한국에 주는 시사점은 다음과 같다. 첫째, 인도는 유라시아 국제정치와 북극 국제정치를 분리하는 전략적인 접근 방식을 취한다는 것이다. 이는 특히 경제 협력 분야에서의 국익추구와 관련된 것이다. 인도는 대러 제재에 가담하지 않는 국가라는 점에서 한국과 그 배경이 다르나 프랑스, 일본, 중국 등의 에너지 부문의 현상유지 사례를 볼 때 한국 또한 러시아를 완전히 적대시하기 보다는 대화의 가능성을 열어두어 장기적인 에너지 안보확립을 꾀해야 한다.

둘째, 인도와 러시아가 추진하는 북유럽, 극동, 북극을 연계하는 복합운송망에 대한 관심과 활용 가능성에 대해 면밀히 검토해야 한다. 한국은 이미 수에즈 운하 에버 기븐호 좌초사고, 코로나 19, 우크라이나 전쟁으로 글로벌 물류망의 불안정을 경험한 바 있다. 경제 안보가 국가 안보로 중시되고 있는 상황에서 공급망 탄력성(resilience)확보를 위해 해당 항로에 대한 지속적인 관심이 요구된다.

아울러, 물류 및 항구 인프라 구축 및 현대화, 물류 시스템 개발에서 디지털 및 친환경 기술을 갖고 있는 한국기업에게 기회가 올 수 있음을 대비하여 해당 항로에 대한 민간기업의 지속적인 관심을 유도해야 한다. 이를 뒷받침하기 위해서는 민간영역의 전문가들이 참여하는 정책 협의체, 변화 대응 시스템 구축 등 민간 기업의 참여를 촉진하는 지원 방안이 강구되어야 할 것이다.

셋째, '과학연구', '북극 원주민 사회' 분야와 같은 국제현안에서 인도, 러시아와 협력할 수 있음을 인지하고 현재 유지되고 있는 협력의 틀에서 미래 관계 형성을 위한 발판을 마련해야 한다. 과학 및 첨단기술, 북극 원주민 사회를 고려한 지속가능개발 이슈는 복잡다단해진 북극질서에서 한국이 인도, 러시아와 함께 실질적으로 협력이 가능한 분야이다. 제한적이지만 서방과 러시아의 과학연구 및 우주 기술 분야에서의 협력이 지속되어왔고, 의료품과 같은 일부 필수 품목 또한 거래되어왔다. 냉전시기 과학 데탕트의 협력적 유산, 기후 변화 가속화에 따른 우려, 2030년까지의 SDGs 이행 노력 촉구 등은 해당 분야에 대한 협력 재개를 가능케 하는 배경이다. 아울러 신흥 대국인 인도의 다중연계전략이 지속가능성장 분야에서 러시아와 서방 간의 간극을 좁히는 역할을 할 수 있다는 점에서 주목해야 하는 사안이기도 하다.

상기한 바를 실현하기 위해 한국은 기존의 다자협의체 및 국제기구를 적극 활용해 기회를 포착해야 한다. 한국은 북극협력주간, 한국북극연구컨소시엄, 북극아카데미의 국내 프로그램과 국제북극과학위원회, SDGs 정상회담, G20 정상회담, UN, WTO 등을 활용해 인도, 러시아와의 협력 기반을 마련함과 동시에 국제사회에 기여하는 이미지를 확립해 나가야 한다.

한국은 2021년 북극권과 직간접적으로 연결된 '기후변화 대응', '포용적 녹색성장', '지속가능발전'과 같은 글로벌 주요 의제를 논의한 첫 환경분야의 다자 정상회의인 "P4G 서울 정상회의"를 성공적으로 개최한 바 있다. 동 회의를 통해 P4G 회원국인 덴마크와 북극협력 강화 방안을 합의하는 데 성공한 경험도 가지고 있다. 또한 남극연구과학위원회(SCAR) 아시아의 최초 의장국이라는 중직을 맡고 있기도 하다. 현재까지의 환경과 성장이라는 새로운 패러다임을 제시한 한국의 성과, 국제적 경험과 역량을 잘 활용한다면, 인도 및 러시아와의 북극협력 관계 발전뿐 아니라 향후 지속가능한 북극 개발을 위한 협력에서 충분히 "선도국가"로써 자리매김을 해 나갈 수 있을 것이다.

북극을 둘러싼 국제정세와 기후변화는 북극의 기회이자 도전 요인이다. 새로운 전략 수립이 필요한 시점에서 신흥 참여국인 인도의 북극정책과 북극의 새로운 협력 구도인 인도-러시아를 대상으로 다룬 본 연구는 인도, 러시아와 함께 협력을 모색해 나갈 수 있는 부분과 한국의 북극전략 수립을 위한 자료를 제시했으며, 이는 국내에서 관련 연구의 초기 단계에서 디딤돌을 제공했다는 점에서 의의가 있을 것이라 생각한다. 그러나 연구 상의 여러 요인에 의한 한계점도 내포하고 있음을 인지하고 있다. 이는 향후 연구 활동을 통해 충족해 나가고자 한다.

〈참고문헌〉

[보고서 및 논문]

강희승. 「北極海 環境變化로 인한 韓國의 海洋安保政策 硏究」, 韓國海洋大學校 大學院. 국내 박사학위논문, 2015.

김민수 외. "러시아 북극개발전략과 연계한 북극진출 방안 연구," 『협동연구총서』경제·인문사회연구회, 2021.

金炫進, 諸成勳. "러시아 북극 원주민의 사회안보와 위협의 안보화 과정," 『중소연구』제44권 제2호, 한양대학교 아태지역연구센터, 2020.

김민주, 김수린, 김창훈. "전 세계 탄소중립 선언 동향 및 평가," 『세계에너지시장 인사이트』 제 21-21호, 에너지경제연구원, 2021.

이송, 김정훈. "한국의 북극이사회 옵서버 가입 10년의 평가와 과제," 『한국 시베리아연구』, 배재대학교 한국-시베리아센터, 제27권 제3호, 2023.

현승수. "2023년 '러시아연방 대외정책개념'의 특징과 시사점," 『온라인시리즈』통일연구원, 2023.

Bisen, Anurag. "India's Arctic Endeavours: Capacity Building and Capability Enhancement," *MP-IDSA Policy Brief*, Manohar Parrikar Institute for Defence Studies and Analyses, 2023.

Buletova, Natalia E., et al. "Features of sustainable development of the Arctic zone of Russia," *International Scientific and Practical Conference Strategy of Development of Regional Ecosystems "Education-Science-Industry"(ISPCR 2021)*, 2022.

Dutta, Ankita and Banerjee, Stuti. "India's Evolving Strategy for the Arctic," *Defence and Diplomacy Journal*, Vol. 12, No. 1, 2022.

Hua, Jinjin. "The Impact of India's International Discourse on Its Arctic Policy," *Arctic and North*, Vol. 51, 2023.

Kapoor, Nivedita and Iyer, Gayathri. "East Meets East: An Assessment of the Proposed Chennai-Vladivostok Maritime Corridor," *ORF Occasional Paper* No. 286, Observer Research Foundation, 2022.

Mammadli, Rasim and Kalfaoglu, Rabia. "BRICS in the Arctic: The Member-States' Interests and the Group's Disregard," *Contemporary Chinese Political Economy and Strategic Relations*, Vol. 7, No. 1, 2023.

Ministry of Petroleum and Natural Gas. *ANNUAL REPORT* 2021-22, Government of India, 2022.

Ministy of Earth Sciences. *India's Arctic Policy: Building a Partnership for Sustainable Development*, Government of India, 2022.

Mortensgaard, Lin Alexandra. "Arctic climate science is caught in the middle of geopolitical tension," *DIIS Policy Brief*, Dansk Institut for Internationale Studier, 2023.

Nanda, Devikaa. "India's Arctic Potential," *ORF Occasional Paper* No. 186, Observer Research Foundation, 2019.

NITI Aayog. *Contributing to Sustainable Development in the Indian Himalayan Region*. Government of India, 2018.

Prime minister of Canada. *Canada-European Union Summit 2023 - Joint Statement*. https://www.pm.gc.ca/en/news/statements/2023/11/24/canada-european-union-summit-2023-leaders-joint-statemen

Raghavan, Krishnan et al. "*Assessment of climate change over the Indian region: A report of the ministry of earth sciences(MoES)*," Government of India, Springer, 2020.

Sharma, Bipandeep. "India-Russia Energy Cooperation in Russian Far East," *MP-IDSA Policy Brief*, Manohar Parrikar Institute for Defence Studies and Analyses, 2022.

Sharma, Bipandeep and Sinha, Uttam Kumar. "Changing Security Dynamics in the Arctic and India's approach," *New delhi paper* No. 11, Center for air power studies, 2022.

Tuinova, Svetlana and Baxter, Christopher. "Growing interest in Arctic affairs on the part of the non-Arctic State India," *Sever i rynok: formirovanie ekonomicheskogo poryadka [The North and the Market: Forming the Economic Order]*, No. 2, 2023.

Vinokurov, Evgeny et al. "International North-South Transport Corridor: Investments and Soft Infrastructure," *Reports and Working Papers* No. 22/2. Almaty, Moscow: Eurasian Development Bank, 2022.

Zakharov, Alekseï. "Deux amis dans le besoin : où va le partenariat stratégique russo-indien ?" *Russie. Nei. Visions* No. 116, Ifri, 2019.

Барамидзе, Д. Д. "Международное экологическое сотрудничество в артике в уловиях глобальныз вызов и перемне," *Экономика и право*, No. 32(6), 2022.

Бхагват, Д. "Россия и Индия в Арктике: необходимость большей синергии," *Арктика и Север* No. 38, 2020.

Викрам, С. "Интересы Индии в российскойАрктике," *Россия: общество, политика, история* No. 2(2), 2022.

Голованова, А. Е., Полаева, Г. Б. and Коваль, Н. В. "Основные направления сотрудничества между Россией и Индией в нефтегазовом секторе," *Инновации и инвестиции*, No. 3, 2019.

Зайков, К. С., and Джавахар, Б. "Арктическая политика Индии: исторический контекст." *Арктика и Север*, No. 48, 2022.

Лагутина, М. Л. "Перспективы научного сотрудничества стран БРИКС в Арктике," *Российско-китайское сотрудничество на пути к глобальному устойчивому развитию,* 2022.

Морева, Е. Л. and Бекулов, С. Р. "Стратегии устойчивого развития североамериканских стран, китая и индии как фактор безопасности артического региона," *Национальная безопасность*, No. 1, 2023.

Николаев, Н. А. "Индиский интерес к Арктике в контексте арктической политики Китая," *Проблемы постсоветского пространства*, No. 4(4), 2017.

[언론자료]

"러, 2035년까지 39조원 들여 북극해 항로 개발," 「한국경제」, 2022년 8월 4일, https://www.hankyung.com/international/article/202208048107Y (검색일: 2022. 11. 1.)

"러시아 원유 수입 25배 늘린 인도…'정부가 '더 사라' 독려'," 「연합뉴스」, 2022년 6월 22일, https://yonhapnewstv.co.kr/news/MYH20220622010000038 (검색일: 2022. 11. 8.)

"세계 인구의 날: UN, '2023년엔 인도가 중국 제치고 세계 최다 인구 국가'," 「BBC NEWS 코리아」, 2022년 7월 12일, https://www.bbc.com/korean/international-62131367 (검색일: 2022. 11. 1.)

"Chennai-Vladivostok Maritime Corridor: A major shift in India's geo-economic imagination with Russia," *Firstpost*, April 24, 2022, https://www.firstpost.com/opinion/chennai-vladivostok-maritime-corridor-a-major-shift-in-indias-geo-economic-imagination-with-russia-10592961.html (검색일: 2022. 11. 12.)

"India participates in the 3rd arctic science ministerial: shares plans for research and long-term cooperation in the Arctic," *Press Information Bureau*, May 08, 2021, https://pib.gov.in/PressReleasePage.aspx?PRID=1717084 (검색일: 2022.11.8.)

"India, Russia to set up alternative trade route: Sarbananda Sonowal," *Hindustan Times*, September 14, 2023. https://www.hindustantimes.com/business/india-russia-to-set-up-alternative-trade-route-sarbananda-sonowal-101694592803252.html (검색일: 2023.10.26.)

"Modi russia visit: India extends $1 billion line of credit for development of Russia's Far East," *The times of India*, September 5, 2019, https://timesofindia.indiatimes.com/india/india-extends-1-billion-line-of-credit-for-development-of-russias-far-east/articleshow/70991706.cms (검색일: 2022.10.17.)

"OVL in talks to buy stake in Russia's Vostok, Arctic LNG-2 Project," *The Times of India*, September 6, 2021, https://timesofindia.indiatimes.com/business/india-business/ovl-in-talks-to-buy-stake-in-russias-vostok-arctic-lng-2-project/articleshow/85978925.cms (검색일: 2022.10.31.)

"PM Narendra Modi calls for strengthening of India's partnership with Russia," *The Wire*, September 7, 2022, https://thewire.in/diplomacy/narendra-modi-russia-ties-eastern-economic-forum-ukraine-conflict (검색일: 2022.10.11.)

"Russian Foreign Ministry: Russia to withdraw from Barents Euro-Arctic Council," *The Arctic*, September 19 2023, https://arctic.ru/international/20230919/1032339.html (검색일: 2023.10.20.)

"Vladimir Putin's speech and Plenary Session Dialogue at the Eastern Economic Forum," *Russia Briefing News*, September 8, 2022, https://www.russia-briefing.com/news/vladimir-putin-s-speech-and-plenary-session-dialogue-at-the-eastern-economic-forum.html/ (검색일: 2022.11.11.)

"≪Арктик СПГ-2≫: история и значимость проекта," *Коммерсантъ*, 9 ноября 2023, https://www.kommersant.ru/doc/6323377 (검색일: 2023.10.26.)

"МИД: азиатские страны БРИКС и ШОС хотят сотрудничать с Россией в Арктике," *Риа новости*, 22 мая 2023, https://ria.ru/20220522/arktika-1789979025.html, (검색일: 2023.11.03.)

""РЖД Логистика" и индийская CONCOR договорились о контейнерах для МТК "Север-Юг"," *ТАСС*, 26 февраля 2020, https://tass.ru/ekonomika/7838837, (검색일: 2023.11.6.)

[인터넷 자료]

"극지정책아카이브-북극 국제동향," https://polararchive.kr/m51.php?mainCate=2&category=002 (검색일: 2022.11.11.)

"Law ratifying Russia-India intergovernmental agreement on cooperation in exploration and use of outer space for peaceful purposes," http://en.kremlin.ru/acts/news/70127 (검색일: 2023.11.06.)

"UCS Satellite Database-reports & multimedia," www.ucsusa.org/resources/satellite-database (검색일: 2022.10.31.)

"Vilnius Summit Communiqué," https://www.nato.int/cps/en/natohq/official_texts_217320.htm (검색일: 2023.10.20.)

"О внесении измененийв Основы государственной политики Российской Федерации в Арктике на период до 2035 года, утвержденные Указом Президента РоссийскойФедерации от 5 марта 2020 г. № 164," http://kremlin.ru/acts/bank/48947 (검색일: 2023.10.20.)

"Указ Президента РоссийскойФедерации от 05.03.2020 № 164, Об Основах государственнойполитики РоссийскойФедерации в Арктике на период до 2035 года," http://publication.pravo.gov.ru/Document/View/0001202003050019?index=1 (검색일: 2023.10.20.)

"Формирование общей повестки стран БРИКС в Арктике обсудили на сессии проекта Think Arctic — Think Global," https://forumarctica.ru/news/formirovanie-obschej-povestki-stran-briks-v-arktike-obsudili-na-sessii-proekta-think-arctic-think-global/ (검색일: 2023.11.12.)

러시아 및 미국 언론의 북극에 관한 보도 경향 비교분석

계용택*

I. 들어가는 말

세계적 이상기온으로 시베리아-북극권의 석유, 가스등의 자원개발과 북극 항로 개척의 중요성이 증대되고 있다. 또한 국제정치경제의 중심지가 아시아-태평양으로 이동되면서 시베리아-북극권을 둘러싼 국가 간 경쟁 및 협력, 개발, 보존 문제가 대두되고 있다. 이에 따라 북극 지역 영토 소유권 확장 경쟁 및 이 과정에서 파생되는 군사적 갈등은 점차 심화할 것으로 보인다. 특히 강대국을 대표하는 러시아와 미국의 북극에 대한 늘어나는 관심은 양국 간 새로운 갈등이 야기될 가능성을 상승시킨다.

기후 온난화로 러시아의 북극항로 상용화 및 북극 자원개발 가능성이 커지고 있다. 러시아는 이러한 배경에서 2000년대의 급속한 경제성장을 지렛대 삼아 북극개발에 역량을 집중하기 시작했다. 러시아 정부의 북극정책의 기반은 2013년 2월 푸틴 대통령이 「러시아 연방 북극권 개발 전략」을 공포하며 시작된다. 또한 「북극 정책 2020」을 기반으로 한 분야별 실천 과제를 제시함으로써, 러시아 정부의 북극 정책 추진 체계는 완성되어 진다[1]. 이후 2020년

※ 이 글은 배재대학교 한국-시베리아센터가 발간하는 『한국 시베리아연구』 제27권 3호에 게재된 논문을 수정 보완한 것임.
 * 러시아리서치센터 대표

에 기존 북극정책 기한의 만료로 블라디미르 푸틴 러시아 대통령은 2020년에 「2035 러시아 북극정책 기본원칙」을 발표하였다. 이번 기본원칙에는 2020년부터 2035년까지 북극 자원개발 촉진과 더불어 북극지역 인구 생활환경 개선계획이 수립되었다.

이 전략은 러시아 북극의 사회개발, 경제발전, 인프라 개발, 과학기술 개발, 공공안전 확보, 환경보호, 국제협력 강화, 국경보호, 군사안보 보장 등이 포함된다. 또한 장기적으로 북극항로 건설과 영토 보호를 위한 군사력 재건과 보존을 위한 계획을 제시하고 있다[2].

미국은 1867년 러시아로부터 알래스카를 매입하여 북극권 국가가 되었다. 이후, 이 지역을 군사 및 안보구역으로 지정 및 관할하였다. 정식 주(州)로 지정받은 후 미국 대통령은 알래스카의 안보, 경제개발, 환경보호, 국제협력 등을 포괄하는 북극전략을 대통령 강령으로 발표하였다[3]. 리차드 닉슨 대통령은 1971년 NSDM-144 강령, 로널드 레이건 대통령(Ronald Reagan)은 1983년 NSDD-90 강령, 빌 클린턴 대통령(Bill Clinton)은 1994년 PDD/NSC-26 강령을 각각 발표하였다[4].

미국 버락 오바마 대통령은 2013년 '북극지역 국가전략'으로 북극정책을 발표하였는데 여기에는 3개의 기본전략 및 4대 실행원칙이 담겨 있다[5]. 기

---

1) 이주리, "러시아의 북극지역 자원개발 동향과 전망." 『세계 에너지시장 인사이트』. 제16-7호, (울산: 에너지경제연구원, 2016), pp. 17-18.
2) 김민수, "러시아 북극개발전략과 연계한 북극진출 방안 연구". (서울: 국무총리(국무조정실) 경제·인문사회연구회, 2021), p. 23.
3) 서현교, "미국의 북극정책 역사 고찰과 한국의 북극정책 방향", 『한국 시베리아연구』, 제20권 1호, (대전: 배재대학교 한국-시베리아센터, 2016), pp. 149-154.
4) Ibid.
5) Barack Obama(White House), "National Strategy for the Arctic Region", 2013, pp. 2-3.

본전략으로 안보이익 증진, 책임 있는 북극지역 관리, 국제협력 강화 등이 있다. 실행원칙에는 평화와 안정성 수호, 최고의 이용 가능한 정보에 기반을 둔 의사결정, 혁신적인 자세 추구, 알래스카 원주민과의 협의 및 조율 등이 있다[6].

미국의 북극정책은 '국가안보', '국제협력', '지속가능한 환경 관리'라는 3개 기본전략을 기반으로 세부정책이나 실행계획을 추진해 왔으며 최근에는 2022-2032년까지 10년간 추진할 미국의 북극 전략을 발표하였다[7]. 이번 전략은 2013년에 발간되었던 북극지역 국가전략의 개정본으로 심화된 기후위기, 북극 거주민 생활수준 향상 및 지속가능한 개발 등에 대한 신규투자를 유도하는 내용 등이 담겼다[8].

미국의 북극지역 주요 전략은 다음과 같다. 첫째, 안보와 관련하여 미국 국민 보호 및 영토 수호의 필요에 따라 북극 지역 내 미군 주둔을 염두에 둔다. 둘째 '기후변화 및 환경보호'로 알래스카 지역사회 및 알래스카주와 협력하여 기후변화 복원력 구축 및 탄소 배출량 감소, 과학적 이해 증진 등을 통해 북극 생태계 보존을 추구한다. 셋째 '알래스카 인프라 투자 및 서비스 접근성 향상, 경제지원'으로 알래스카 원주민을 포함한 거주민의 생활수준 향상을 추구하고 높은 수준의 투자와 지속가능한 개발 확대를 도모한다.

마지막으로 북극 이사회를 비롯한 북극 협력 기관을 지원하고, 북극에서 국제법 및 규칙 등을 지키기 위해 노력한다[9].

---

6) Ibid.
7) Joe Biden (White House), "National Strategy for the Arctic Region", 2022, p.7-8
8) Ibid.
9) Ibid. pp. 10-14.

[그림 1] 알래스카 지도(사진: worldatlas.com)

이처럼 러시아와 미국은 북극에 대한 서로 다른 전략과 인식의 차이를 보여
주고 있다. 이러한 배경을 바탕으로 러시아 및 미국의 북극에 대한 언론 보도
경향을 분석함으로써 북극에 대한 국가정책의 실현과정 및 북극에 대한 국민
의 인식을 추론할 수 있다. 또한 분석의 결과에 따라 북극 관련 국제적인 자원
개발, 기후변화, 생태환경 보존 등에 관한 국내 연구의 방향성을 효율성 있도

록 재조정할 필요가 발생할 수 있을 것이다.

이러한 학문적 연구 필요성이 요구됨에 불구하고 러시아 및 미국의 북극에 대한 언론 보도 분석 논문은 매우 적은 편이다. 러시아 언론의 북극에 대한 보도 분석에는 '북극에 관한 러시아 언론 분석 및 한국의 대응전략'[10], '러시아 언론의 북극에 관한 보도내용 및 성향 분석'[11]등의 연구 논문이 있으며 미국 언론의 북극에 대한 보도 분석 관련 국내 논문은 아직 발표되지 않고 있다. 이를 반영하여 본 연구는 최근까지의 북극에 관한 러시아 언론의 보도를 분석하고, 이와 더불어 북극에 관한 미국 언론의 보도를 추가로 분석할 것이다. 또한 이를 바탕으로 북극에 관한 러시아 및 미국의 언론 보도를 비교 분석하여 차이점을 추론할 것이다.

매년 기하급수적으로 증가하는 뉴스 데이터는 빅데이터뿐 아니라 롱데이터(long data)로서 활용되고 있다[12]. 이러한 뉴스 데이터를 활용하여 본 연구는 미국의 '뉴욕 타임스'와 러시아의 '인테르팍스 통신' 뉴스 텍스트 분석을 통해 사건들 상호 간의 관련성을 판단하여 네트워크를 형성함으로써 요약된 사건 정보를 제공할 것이다. 이를 위해 텍스트 분석기법 및 연관분석 기법을 활용하여 언론에서 제기되는 현안들을 구조적인 측면에서 분석할 것이다.

---

10) 계용택, "북극에 관한 러시아 언론분석 및 한국의 대응전략",『한국 시베리아연구』, 제19권 2호, (대전: 배재대학교 한국-시베리아센터, 2015), pp. 35-72.

11) 계용택, "러시아 언론의 '북극'에 관한 보도내용 및 성향 분석: '타스 통신사'의 뉴스 기사 텍스트를 중심으로",『한국 시베리아연구』, 제24권 4호, (대전: 배재대학교 한국-시베리아센터, 2020), pp. 31-60.

12) 김일환, "인문학을 위한 신문 빅 데이터와 텍스트 마이닝."『어문론집』, 제78권, (전북: 중앙어문학회, 2019), pp. 43.

Ⅱ. 자료수집 및 연구방법

1. 자료수집

1) 러시아 언론 텍스트 자료수집

뉴스 기사 제목이란 기사 내용을 요약 대표한다. 또한 독립적인 의미와 기능을 갖춘 독특한 표현 양식으로 볼 수 있다. 그밖에 전체 기사의 요약 및 정확하고 구체적인 단어로 이해하기 쉽게 쓴 완전한 문장의 역할을 한다. 제목의 기능으로 기사의 광고 및 색인 기능, 기사의 가치 판단 기능, 내용의 압축·전달 기능 및 지면의 미적 균형 기능 등이 있다[13].

본 연구에서는 뉴스 기사 제목이 기사 본문 전체 내용을 압축한다고 전제한다. 그에 따라 기사 제목이 기사의 내용을 완전하게 반영하지 못하고 기사 내용 중 일부를 왜곡할 수 있다. 그럼에도 불구하고 기사 제목이 기사 내용을 대표하는 기본적인 기능에 충실하다는 전제로 분석 대상으로 정하였다.

뉴스를 신문사와 방송국에 공급하는 회사는 '뉴스 통신사'이다. 러시아의 3대 통신사에는 '인테르팍스 통신', '타스 통신', '리아노보스티 통신' 등이 있다. 인테르팍스(러시아어: Интерфакс, 영어: Interfax) 통신은 러시아 최대의 비정부 정보그룹으로 세계에서 많이 인용되는 선도적인 러시아 통신사 가운데 하나이다. 이 통신사는 1989년에 출범되었으며 모스크바에 본사를, 유럽과 아시아에 지사를 두고 있다.

---

13) Baskette, F. K., Sissors, J. Z., and Brooks, B.S., *The Art of Editing* (New York: Macmillan, 1986).

러시아 통신사 타스(Информационное агентство России 'ТАСС')는 러시아의 국영 통신사로 전신은 소련의 국영 통신사인 타스(Телеграфное Агентство Советского Союза)이며 본사는 모스크바에 있다. 리아 노보스티(Российское агентство международных новостей)는 1941년에 창설된 러시아의 국영 통신사이다. 모스크바에 본부를 두고 있다.

본 연구는 2017년 1월 1일부터 2022년 12월 31일까지 '인테르팍스 통신'의 뉴스 기사 텍스트 가운데 '북극(арктика)'으로 검색된 뉴스제목 918건을 분석의 대상으로 삼았다. 검색된 자료를 A그룹 (2017년, 2018년, 2019년 419건) 및 B그룹 (2020년, 2021년, 2022년 499건)으로 나누어 개별그룹 분석 및 그룹 간 비교분석을 하였다.

〈표 1〉 인테르팍스 통신에서 'Арктика'로 검색된 뉴스제목 및 출처 예시.

"Совкомфлот" принял в эксплуатацию танкер класса "Афрамакс" от судоверфи "Звезда" (https://www.interfax.ru/russia/879105)
Власти РФ отклонили идею Минтранса субсидировать авиаперевозки в ДФО и Арктической зоне (https://www.interfax.ru/russia/868812)
Северный флот РФ провел учение с ракетными комплексами "Бастион" на острове в Арктике (https://www.interfax.ru/russia/861772)
Роснефть начала эксплуатационное бурение на Пайяхском месторождении на Таймыре (https://www.interfax.ru/business/853808)
Расходы на адаптацию соцсферы в Арктике к изменениям климата оценили в 50 млрд руб. в год (https://www.interfax.ru/russia/850958)
Медведев назвал "междусобойчиком" возобновление работы Арктического совета без РФ (https://www.interfax.ru/russia/846233)
Россия поддержит вхождение китайских компаний в новые проекты в Арктике (https://www.interfax.ru/business/841903)
Замглавы МИД РФ заявил о рисках милитаризации Арктики с учетом курса НАТО (https://www.interfax.ru/russia/840811)
Минприроды сообщило о запуске добровольных судовых метеонаблюдений в Арктике (https://www.interfax.ru/russia/834724)

МИД осудил решение семи стран приостановить участие в Арктическом совете (https://www.interfax.ru/world/826458)
TotalEnergies выведет своих представителей из совета директоров "НОВАТЭКа" (https://www.interfax.ru/business/876108)
Порт Сабетта ввел обязательную ледокольную проводку судов Ice3 (https://www.interfax.ru/world/874982)
Мишустин утвердил меры по снижению выбросов в Арктической зоне РФ (https://www.interfax.ru/russia/870200)
Роснедра 5 декабря проведут аукционы на 4 углеводородных участка на Таймыре (https://www.interfax.ru/business/868343)
Суд решил взыскать в доход государства 100% акций Мурманского рыбпорта (https://www.interfax.ru/russia/866344)

2) 미국 언론 텍스트 자료수집

미국《뉴욕 타임스》는 1851년 창간된 미국 뉴욕시의 일간지이다.《워싱턴 포스트》및《월 스트리트 저널》과 대등한 고급지의 지위를 확립하였으며 미국을 대표하는 신문으로 알려져 있다. 중요한 연설이나 논의 등이 있으면 기사의 세세한 부분을 하나도 빠짐없이 모두 게재하는 것으로 유명하다. 뉴욕 타임스는, 주로 미국 내의 기사가 선정 대상이 되는 퓰리처상을 다수 수상하는 등 그 가치가 높게 평가되어 왔다.

본 연구는 2017년 1월 1일부터 2022년 12월 31일까지 뉴욕 타임스 신문 뉴스 기사 텍스트 가운데 '북극(arctic)'으로 검색된 뉴스제목 1,806건을 분석의 대상으로 삼았다. 검색된 자료를 A그룹 (2017년, 2018년, 2019년 956건) 및 B그룹 (2020년, 2021년, 2022년 850건)으로 나누어 개별그룹 분석 및 그룹 간 비교분석을 하였다.

〈표 2〉 뉴욕 타임스 신문에서 'arctic'로 검색된 뉴스제목 및 출처 예시.

The Arctic Is Becoming Wetter and Stormier, Scientists Warn. (https://www.nytimes.com/2022/12/13/climate/arctic-climate-change.html?searchResultPosition=60)
With Eyes on Russia, the U.S. Military Prepares for an Arctic Future. (https://www.nytimes.com/2022/03/27/us/army-alaska-arctic-russia.html?searchResultPosition=2)
They're Arctic Survivors. How Will They Adapt to Climate Change? (https://www.nytimes.com/interactive/2021/02/11/climate/wolverines-climate-change.html?searchResultPosition=21)
Arctic Security Concerns Resurface in Canada Territories Amid Russian War. (https://www.nytimes.com/2022/03/12/world/canada/arctic-canada-territories-russian-war.html?searchResultPosition=1)
Arctic Sea Ice Reaches a Low, Just Missing Record. (https://www.nytimes.com/2020/09/21/climate/arctic-sea-ice-climate-change.html?searchResultPosition=19)
Arctic air hits New York State, along with some flooding. (https://www.nytimes.com/2022/12/23/nyregion/new-york-flooding-winter-storm.html?searchResultPosition=1)
Can eyeballs really freeze? People suddenly in the grip of Arctic temperatures want to know. (https://www.nytimes.com/live/2022/12/23/us/winter-storm-snow-weather?searchResultPosition=19#can-eyeballs-really-freeze-people-suddenly-in-the-grip-of-arctic-temperatures-want-to-know)
Arctics 'Last Ice Area' May Be Less Resistant to Global Warming. (https://www.nytimes.com/2021/07/01/climate/arctic-sea-ice-climate-change.html?searchResultPosition=4)
Arctic Warming Is Happening Faster Than Described, Analysis Shows. (https://www.nytimes.com/2022/08/11/climate/arctic-global-warming.html?searchResultPosition=1)
The warming Arctic plays a role in storms like the one hitting the Northeast. (https://www.nytimes.com/2021/02/01/us/the-warming-arctic-plays-a-role-in-storms-like-the-one-hitting-the-northeast.html?searchResultPosition=1)
What Is the Polar Vortex? And Other Cold-Weather Climate Questions. (https://www.nytimes.com/2022/12/22/climate/polar-vortex-winter-cold-weather.html)
Canada and Denmark End Their Arctic Whisky War. (https://www.nytimes.com/2022/06/14/world/canada/hans-island-ownership-canada-denmark.html)
TotalEnergies, a French oil company, will limit its investment in Russia. (https://www.nytimes.com/2022/03/01/business/totalenergies-oil-russia.html)
Carbon Dioxide Emissions Rebounded Sharply After Pandemic Dip. (https://www.nytimes.com/2021/11/03/climate/carbon-dioxide-emissions-global-warming.html)
A Warming Siberia, Wracked by Wildfires, Nears a Crucial Threshold. (https://www.nytimes.com/2022/11/03/climate/siberia-fires-climate-change.html?searchResultPosition=31)

2. 연구 방법

1) 텍스트 데이터 분석 방법

데이터 정제 과정기법 중의 하나인 텍스트마이닝은 자연어처리 기술을 이용하여 비정형 혹은 반정형 텍스트 데이터로부터 유용한 정보를 추출 및 가공을 목적으로 하는 기술이다[14].

텍스트마이닝 기술을 통해 방대한 텍스트 뭉치에서 유의미한 정보를 추출하고, 다른 정보와의 연계성을 파악하거나 텍스트가 가진 범주를 찾아내는 등 단순한 정보검색 그 이상의 결과를 얻어낼 수 있다[15].

단어들 사이의 의미상의 관계성을 파악하기 위해 동시출현 단어 분석법을 사용하는데, 일정한 문맥 내에서 두 단어가 동시 출현하는 빈도를 구한다. 그리고 다양한 통계적 방법을 활용하여 유의미한 단어 쌍을 추출할 수 있다. 즉 동시 출현한 단어 개수 및 관계를 파악하여 단어 간의 관계를 파악하고 키워드의 동시출현 패턴을 발견해내는 것이다. 이는 뉴스 텍스트의 단어 간 동시출현 행렬을 생성하여 네트워크 형태로 표현하는 방법이다. 이를 통해 네트워크의 전체 형태와 개별 단어 간의 역할 설명을 가능하게 한다.

텍스트 데이터 분석에 주로 쓰이는 문자열 분석은 한국어의 글자 또는 영어의 음운 개수(n-gram)를 지정하여 전체 텍스트 코퍼스를 분석함으로써 해당 문자열이 나왔을 때 그다음에 어떤 글자가 나올지를 확률분포를 통해 예측하는 N-gram[16] 알고리즘을 사용한다.

---

14) 전채남 · 서일원. "빅데이터 분석의 기술마케팅 활용에 관한 연구: 잠재 수요기업 발굴을 중심으로." 『마케팅논집』. 제21권. 2호, (경북: 한국전략마케팅학회, 2013), pp. 181-203.

15) 박만희 "동시단어분석을 이용한 품질경영분야 지식구조 분석." 『품질경영학회지』. 제44권. 2호, (서울: 한국품질경영학회, 2016), pp. 389-408.

머신러닝 등에서 사용되는 벡터 공간 모델은 솔튼(Salton) 등에 의해 1970년대에 주창되었고, 지금도 활발히 활용되는 방법이다[17]. 벡터 공간 모델에서는 문서(document)와 단어(term)를 각각의 벡터(vector)와 차원(dimension)에 대응시켜 통계적 가중치를 구한다. TF-IDF(Term Frequency - Inverse Document Frequency), 코사인 유사도, 카이제곱 검정 등을 통해 중요하지 않은 단어를 제거하고 문서의 유사도를 구한다.

이 모델을 적용한 기법으로 의미 연결망 분석이 있으며 키워드 동시출현 분석 기법에 기반한다. 이러한 분석기법은 단어 간의 의미 혹은 맥락상의 연결 관계를 정의하고, 해당 연결 관계를 시각화하거나 중요한 컨셉을 네트워크 속의 위상(centrality)에 따라 추출하는 방법이다[18].

의미 연결망 분석은 단어출현 빈도수 및 하나의 문장에서 동시 출현하는 단어들의 관계로 텍스트의 의미화 패턴을 분석한다. 이때, 정보단위가 되는 단어나 구를, 각각의 노드(node)를 형성하는 개념으로 놓고 개념 간의 연결 상태를 링크(link)로 나타낸다[19]. 여기서 링크로 드러나는 단어들의 공동출현 관계를 통해 의미를 해석한다.

의미 연결망 분석에서는 어휘가 동시에 등장하면 서로 연결된 것으로 간주하여 분석한다. 단어의 사용 빈도와 상호관계는 텍스트의 상징성을 보여주고 단어들의 결합에서 문장 속에 숨어있는 의미를 파악한다.

---

16) n-gram은 n개의 연속적인 단어 나열을 의미한다. n값이 1이면 유니그램(unigram), 2이면 바이그램(bigram), 3이면 트라이그램(trigram)이다.

17) Salton, G., *Automatic text processing*. MA: Addison-Wesley. 1989.

18) Wasserman, S. and Faust. K., *Social network analysis: method and applications*. New York: Cambridge University Press. 1994.

19) Wang, W. and R. Rada., "Structured hypertext with Domain Semantics." *ACM Train Inform System*. Vol. 16, pp. 372-412. 1998.

동시 출현의 관계는 개별 문서, 혹은 문서 집합으로부터 어느 정도 추상화된 정보를 얻을 수 있게 한다[20]. 추상화된 정보란 문서로부터 추출 가능한 개념, 의미, 지식을 의미한다[21].

토픽 모델링은 대량의 텍스트로부터 숨겨져 있는 주제 구조를 발견하고 카테고리화를 위한 통계적 추론 알고리즘으로, 잠재 디리클레 할당 LDA(Latent Dirichlet Allocation, LDA) 모델이 주로 활용된다[22].

잠재 디리클레 할당은 주어진 문서에 대하여 각 문서에 어떤 주제들이 존재하는지를 서술하는 확률적 토픽 모델 기법 중 하나이다. 미리 알고 있는 주제별 단어수 분포를 바탕으로, 주어진 문서에서 발견된 단어수 분포를 분석함으로써 해당 문서가 어떤 주제들을 함께 다루고 있을지를 예측할 수 있다.

2) 본 연구에서 사용한 방법

본 연구는 동시 출현 단어 빈도수 분석 기법을 이용하여 키워드의 의미 연결망 모델과 바이그램 모델을 사용하여 텍스트 의미를 가시화 하였다. 이를 바탕으로 뉴스 기사 텍스트 내용 및 키워드 간의 의미 연결망 구조를 파악할 것이다. 본 연구에서 수행한 주요 연구 절차, 연구 방법, 연구내용을 개략적으로 설명하면 다음과 같다.

본 연구에서는 텍스트마이닝을 위해 R(Rstudio)의 TM 패키지를 이용하였다.

---

20) 계용택, "러시아 언론의 '북극'에 관한 보도내용 및 성향 분석: '타스 통신사'의 뉴스 기사 텍스트를 중심으로", 『한국 시베리아연구』, 제24권 4호, (대전: 배재대학교 한국-시베리아센터, 2020), p. 43.
21) Ibid.
22) Blei, D. M., A. Y. Ng and M. I. Jordan. "Latent Dirichlet allocation" Journal of machine Learning research. Vol. 3. No. 1, pp. 993-1022, 2003.

R(Rstudio)프로그램은 통계 계산과 그래픽을 위한 프로그래밍 언어이 자 소프트웨어 환경이다. 뉴질랜드 오클랜드 대학의 로버트 젠틀맨(Robert Gentleman)과 로스 이하카(Ross Ihaka)에 의해 시작되어 현재는 R 코어 팀이 개발하고 있다. R은 통계 소프트웨어 개발과 자료 분석에 널리 사용되고 있으며, 패키지 개발이 용이해 통계 소프트웨어 개발에 많이 쓰이고 있으며 빅데이터 분석 도구로 방대한 데이터를 기반으로 수행되는 연구에서 주로 사용된다.

R(Rstudio)의 적용분야는 주로 통계 분석, 머신러닝 모델링, 데이터 마이닝, 소셜 네트워크 분석, 지도 시각화, 주식분석, 사운드 분석, 웹 앱 제작 등이다. R 은 오픈소스(다른 유명 통계프로그램인 SAP와 SASS는 유료임)이고 많은 기능을 지원과 함께 파이썬(python)처럼 다양한 통계-분석패키지를 제공하고 있다.

연구 작업 순서로, 먼저 뉴스 기사를 수집한 다음 데이터베이스에 저장한다. 이후 데이터베이스에 저장된 텍스트를 불러와 텍스트 정제를 위해 텍스트의 공백 제거, 마침표 제거, 대소문자 변환, 불용어 처리, 단어 형태소 변환 등을 실시한다. 그리고 정제된 텍스트를 데이터베이스에 저장한다.

단어 간의 관계를 파악하기 위해 단어문서행렬(Term document matrix, DTM)을 생성하는 기법을 사용하고, 결과 도출 시각화를 위해서는 바이그램(bigram) 및 의미 연결망 모델을 사용하였다.

단어문서행렬(Document-Term Maxtrix, DTM)은 다수의 문서 데이터(=Corpus)에서 등장한 모든 단어의 출현 빈도수(frequency)를 행렬로 표현한 것으로, 다수의 문서 데이터에 대한 Bag of Words(BoW)를 행렬로 표현한 것이다. DTM은 국소 표현(Local Representation) 또는 이산 표현(Discrete Representation)의 일종으로 카운트 기반의 단어 표현방법이다.

구체적인 작업 환경은 다음과 같다. 먼저 러시아어 및 영어 텍스트에서 불용단어 삭제 등과 같은 텍스트 정제작업에는 파이썬(Python)을 기반으로 영어, 러시아어 정제 패키지 모듈(module)을 사용하였다.

파이썬(Python)은 네덜란드 출신의 프로그래머인 귀도 반 로섬(Guido van Rossum)이 1989년에 개발한 프로그래밍 언어이다. 파이썬은 문법이 어렵지 않아서 코드를 쉽게 작성하고 읽을 수 있으며, 인터프리터에서 바로 실행하여 그 결과를 빠르게 확인할 수 있다. 또한 다양한 라이브러리가 많이 존재하므로, 이를 활용하여 원하는 프로그램을 빠르게 개발할 수 있다. 파이썬은 교육적인 목적뿐만 아니라 실무에서도 많이 사용되고 있는데, 응용 프로그램과 웹, 서버 사이드 영역까지 다양한 분야에서 활용되고 있다. 파이썬은전 세계에서 가장 인기 있는 프로그래밍 언어 중 하나이다.

또한 의미 연결망 및 바이그램 분석에는 R(Rstudio) 및 관련 분석 패키지 모듈을 활용하였다. 데이터 정리 및 처리를 위한 기본 데이터베이스(DataBase)로는 마이크로소프트 엑세스(Microsoft Access) 및 마이크로소프트 윈도우 서버(MS Window Server), 마이크로소프트 에스큐엘 서버(MS SQL Server) 등을 사용하였다.

마이크로소프트 엑세스는 마이크로소프트 사에서 만든 데이터베이스 관리 프로그램으로, 대표적인 기능은 DB 테이블 관리부터 입력을 위한 폼(Form) 기능, 출력을 위한 보고서(Report) 기능이 있다. 엑세스는 데이터 베이스를 구축하여 원하는 형태로 데이터를 분류하거나 검색할 수 있는 기능도 있다. Access는 프로그래밍 언어를 모르는 사용자들도 쉽게 데이터 베이스를 구축할 수 있도록 하며,

다른 응용 프로그램들과 자유롭게 자료를 공유할 수 있는 기능을 가지고 있다.

　마이크로 소프트 에스큐엘 서버는 Microsoft에서 개발 및 판매한 관계형 데이터베이스 관리 시스템(RDBMS) 이다. 다른 관계형 데이터베이스 관리 시스템과 마찬가지로 SQL Server는 데이터베이스 작업을 위한 공통 프로그래밍 언어인 SQL을 기반으로 한다. MSSQL은 표준 SQL 언어인 ANSI SQL을 지원하며, 자체적으로 구현한 T-SQL도 지원하고 있다. 일반적으로 MSSQL를 사용하기 위한 인터페이스 프로그램으로 SSMS(SQL Server Management Studio)가 있으며, SSMS는 Azure SQL Database, Azure SQL Managed Instance, Azure Synapse Analytics와 연동하여 사용할 수 있다는 것이 큰 장점이다.

　그밖에 스크립트 코딩 작업에는 비주얼 스튜디오(Visual Studio)를 사용한다.

　마이크로소프트 비주얼 스튜디오(Microsoft Visual Studio)는 마이크로소프트 윈도우, macOS에서 작동하며 다양한 언어로 프로그래밍할 수 있는 마이크로소프트의 통합 개발 환경으로, 응용 프로그램, 웹 사이트, 웹 프로그램 등 제작에 활동된다.

　그래픽 처리작업에는 일반적으로 많이 쓰이는 아도브 포토샵(Adobe Photoshop) 및 일러스트레이터(Illustrator)를 사용하였다. 전반적인 작업 수행 도구로, 웹 브라우저에서 파이썬 코드를 작성하고 실행까지 해볼 수 있는 아나콘다(Anaconda)의 주피터 노트북(Jupyter Notebook)을 사용하였다. 주피터 노트북은 오픈소스 웹 어플리케이션으로, 코드 작성, 시각화 및 문서 작성이 가능한 대화형 환경을 제공하는 도구이다. 주피터 노트북은 프로그래밍 언어인 파이썬뿐 아니라 R, Julia 등 다양한 언어를 지원한다.

III. 연구내용 및 결과

1. 러시아 언론(인테르팍스 뉴스) 분석

1) A그룹 (2017년, 2018년, 2019년) 모두 419건

가) 뉴스제목 네트워크 분석

[그림 2] 인테르팍스 뉴스제목(2017년, 2018년, 2019년) 텍스트 네트워크 분석

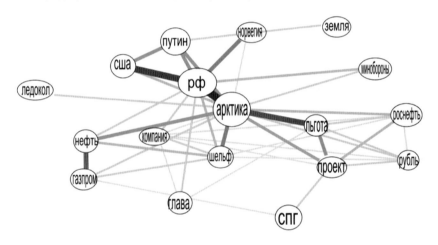

키워드 의미 연결망 분석은 동시출현 키워드 간의 관계를 파악한다. 여기서 동시 출현빈도가 높을수록 두 키워드 간의 연관성이 높은 것을 의미한다. [그림 2]과 같이 키워드 간의 연결선이 진하고 굵을수록 연결된 키워드 간의 연관성이 높은 것을 의미한다.

[그림 2]에서 러시아는 북극 영토에 강한 소유의식을 가지고 있다는 것을 보여주고 있다. 그것을 뒷받침하기 위한 행동으로 자원개발 및 국가안보 기지로서 북극지역 개발에 많은 심혈을 기울이고 있다. 북극 자원개발에 있어 북

극사주 등의 자원매장지 개발 및 점유에 경제적 및 외교적 측면에서 지원이 이루어진다. 특히 경제적 차원에서 북극 지원개발에 특혜를 주면서 '가스프롬' 및 '로스네프치'의 석유 및 액화천연가스 생산을 독려하고 있으며 쇄빙선 건조로 북극항해에 대한 발전을 보여주고 있다. 외교적 차원에서 노르웨이와의 영토 갈등을 비롯하여 북극지역 영토확장에 노력을 기울이는 모습도 보인다.

러시아는 푸틴과 러시아 국방부의 적극적인 주도로 북극에서의 안보전략을 강화하면서 전초기지 건설 및 군사훈련을 하고 있어 나토 및 미국과의 군사적 긴장관계를 조성하고 있다.

나) 뉴스 바이그램 분석

[그림 3] 인테르팍스 뉴스제목(2017년, 2018년, 2019년) 텍스트 바이그램 분석

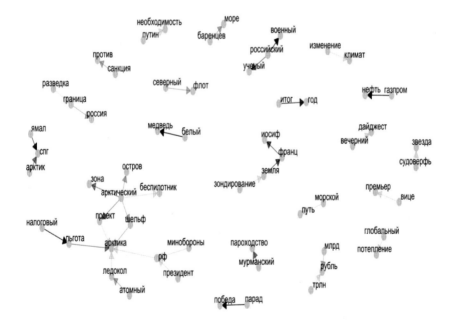

바이그램 분석은 텍스트에서 2개의 연속된 단어를 추출한다. 추출된 단어 가운데 가장 많이 나온 연속된 2단어를 [그림 3]처럼 표시하여 시각적 분석이 가능하게 한다. 분석결과를 의미가 연결되는 단어 쌍으로 보여줄 수 있어 시각적 분석이 가능하게 한다. 그러므로 바이그램은 텍스트의 구체적인 의미를 파악하는데 높은 효용성을 가진다[23]. 바이그램 분석에서 북극에 대한 러시아의 관심 대상이 구체적으로 표현되고 있다.

북극개발에 세금특혜를 주거나 원자력 쇄빙선 개발, 북극 사주, 북극 섬들 개발과 이에 필요한 드론 개발에도 관심을 기울이고 있다. 또한 야말 '액화천연가스 개발', '북방 함대', '프란츠이오시프 군도 탐사', '유조선', 'LNG 운반선', '쇄빙선 건조하는 즈베즈다 조선소' 등에 관한 기사들이 보도 된다. 그밖에 군사적으로 민감한 북극 영토에서 러시아 국방부의 첩보행위 감시 및 북방함대 운영 등에 대해 깊은 관심을 보여주고 있다. 기후변화와 이에 따른 북극곰의 생태환경에는 적은 관심을 보인다.

2) B그룹 (2020년, 2021년, 2022년) 모두 499건

가) 뉴스제목 네트워크 분석

러시아의 북극영토에 대한 소유 및 확장 시도가 푸틴 대통령의 의지와 러시아 국방부의 적극적인 군사적 행동으로 끊임없이 진행되고 있다. 국가 안보적 측면에서 북극에 북방함대를 운영하고 있으며 이에 따른 미국과의 긴장관계를 이어가고 있다. 경제적 측면에서 북극에서의 자원개발 및 북극항로 개척이 대규모로 진행되어 '노바텍'의 액화천연가스 산업의 중요성이 떠오르고 있다.

---

23) 계용택, "북극 소수민족에 대한 러시아 언론의 보도내용 및 성향 분석: '타스 통신사'의 뉴스 기사 텍스트를 중심으로", 『아태연구』, 제29권 제2호, (경기: 경희대학교(국제캠퍼스) 국제지역연구원, 2022), p. 95.

[그림 4] 인테르팍스 뉴스제목(2020년, 2021년, 2022년) 텍스트 네트워크 분석

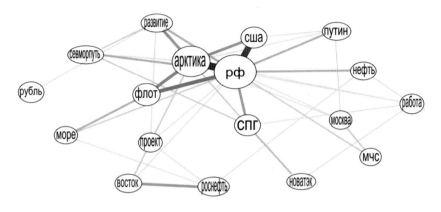

그밖에 '로스네프치의 극동 석유프로젝트'에 투자증가 및 러시아 '비상사태부 북극권 재난 대비 훈련' 등이 관심을 받고 있다.

나) 뉴스제목 바이그램 분석

[그림 5] 인테르팍스 뉴스제목(2020년, 2021년, 2022년) 텍스트 바이그램 분석

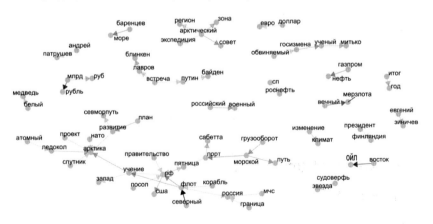

북극개발과 관련하여 '북극지역 탐색', '극동 석유개발', '로스네프치 액화천

연가스', '즈베즈다 조선소' 등의 키워드가 출현한다. 군사적 전략과 관련하여 '북방함대', '바렌츠해 군사훈련', '북극 군대주둔' 등의 키워드가 있으며 북극 운송환경 관련하여 '북극 환적 항로', '원자력 쇄빙선', '사베타 항구' 등이 나타 난다. 그밖에 '기후변화', '북극 곰', '예브게니 지니체프' 러시아 비상사태부 장 관사망, 저명한 북극학자 '미트코 발레리(Митько, Валерий Брониславович)' 에 대한 국가반역죄 체포 관련 키워드가 등장한다.

3) A그룹(2017년, 2018년, 2019년)과 B그룹(2020년, 2021년, 2022년)의 비교분석

러시아는 2017년 이후 2022년까지 전체기간에 걸쳐 북극 영토에 강한 소 유권을 지속적으로 주장하고 있으며 이를 위해 북극 석유가스 개발, 북극항 로 개척 등 북극영토 활용에 적극적이다. 또한 북극영토를 지키기 위해 북극 에서의 군사훈련을 지속적으로 실시하고 있으며 미국과 나토의 반응에 항상 관심을 기울이고 있다. 그밖에 기후변화 및 이에 따른 자연재해, 북극 야생 동물 생존문제 등에 관해서는 관심이 적다. 2020년대에 들어서 전년도와 비 교되는 점은 북방함대 훈련에 더욱더 적극적이며 경제적 측면에서 북극 해 운항로 개척 및 사베타 항구 개발 등 북극 물류산업에 많은 관심을 보인다는 점이다.

2. 미국 언론(The New York Times 뉴스) 분석

1) A그룹(2017년, 2018년, 2019년 뉴스) 분석

가) 뉴스제목 키워드 네트워크 분석

[그림 6]에서 뉴욕 타임스의 북극 관련 기사의 핵심 의미 연결 키워드는 '기 후 변화'임을 알 수 있다.

[그림 6] The New York Times (2017년, 2018년, 2019년) 뉴스제목 텍스트 네트워크 분석

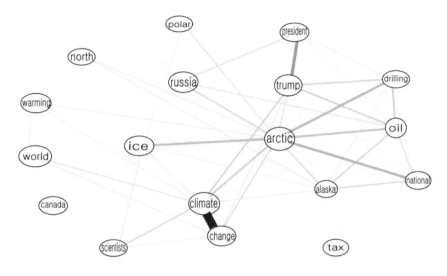

　다른 키워드와 비교해 압도적으로 큰 비중을 차지한다. 이와 관련하여 '과학자들의 기후변화 경고', '북극 얼음' 등의 키워드가 나오고 있다.

　다음으로 '트럼프 대통령'을 들 수 있다. 미국 도널드 트럼프 행정부가 알래스카에 있는 미국 최대 야생 보호구역인 '북극국립야생보호구역(ANWR)' 일부 지역에서 석유 및 가스 개발을 할 수 있도록 허용하기로 하면서 북극 관련 이슈로 등장하게 되었다. 이 지역은 1980년대 로널드 레이건 행정부 때부터 환경보호적 중요성 때문에 개발이 금지되었다. 이와 연결된 키워드로 '북극 석유', '북극 채굴', '북극 국립공원' 등이 나타나고 있다. 그밖에 북극 관련 뉴스에서는 지속적으로 '북극 곰', '북극 러시아' 키워드가 등장한다.

나) 뉴스제목 키워드 바이그램 분석
　'북극' 키워드를 중심으로 '북극해'. '북극 국립공원', '북극 얼음', '북극 야생동물 피난처', '북극 시추' 등이 연관단어로 나타나고 있다. '북극 시추'를 중심

[그림 7] The New York Times (2017년, 2018년, 2019년) 뉴스제목 텍스트 바이그램 분석

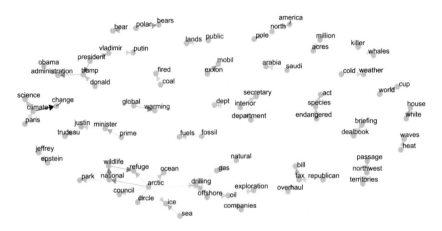

으로 '트럼프 대통령', '엑손 모빌', '가스 개발', '연안석유 시추', '석유 탐사' 등
이 연결되어 있다. 기후변화 관련 키워드로 '기후변화 세계에 대한 경고', '화석
연료 발전', '북극 얼음', 대서양과 태평양을 연결하는 '북미 북서 항로' 등이 주
요 키워드로 등장하고 있다.

2) B그룹(2020년, 2021년, 2022년 뉴스) 분석

가) 뉴스제목 키워드 네트워크 분석

[그림 8]에서 뉴욕 타임스의 북극 관련 기사의 핵심적인 의미 연결 키워드
는 '기후 변화'임을 알 수 있다. 다른 키워드와 비교하여 압도적으로 큰 비중을
차지한다. '기후 변화'와 관련하여 '북극 얼음'도 주요 키워드로 등장한다. 다음
으로 '바이든 대통령'이 주요 키워드로 출현하는데, 이는 트럼프 행정부와 달
라진 바이든 행정부의 북극정책 때문이다. 이와 관련하여 바이든 행정부는 알
래스카 석유개발을 축소하고 기후변화에 대응하여 북극 자연 및 생태환경 보
존에 많은 노력을 기울였다. 바이든 행정부의 이러한 노력은 주요 키워드로

[그림 8] The New York Times (2020년, 2021년, 2022년) 뉴스제목 텍스트 네트워크 분석

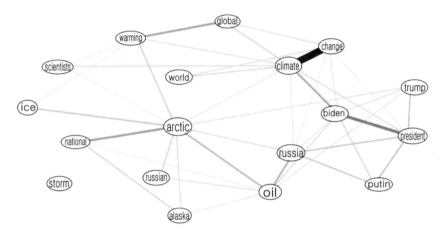

나타나는 '알래스카의 국립 자연공원'의 보존 정책으로 구체화하였다. 또한 석유개발을 둘러싼 러시아와 갈등 상황도 주요 키워드로 출현한다. 그밖에 주요 키워드로 '북극 국립공원', '과학자들의 세계 경고', '북극 석유', '러시아 석유', '북극 얼음', '북극 알래스카' 등이 나타나고 있다.

나) 뉴스제목 키워드 바이그램 분석

'북극'을 중심으로 '북극 바다', '북극 석유 시추', '북극 국립공원', '야생동물 피난처' 등의 키워드가 연결되어 있다. 자원 개발과 관련하여 '석유 시추'와 함께 '연안 천연가스 시추', '엑손 모빌' 등도 출현하고 있다. 그밖에 북극 정책에 강력한 영향을 주는 '트럼프' 및 '바이든', '대통령 선거'도 주요 키워드로 등장한다. 기후 변화와 관련하여 '기후변화 정상회담', '과학자 온난화 경고', '텍사스주 오스틴 북극한파', '탄소 배출', '화석 연료', '그린란드 바다 얼음', '겨울 폭풍', '브리티시 컬럼비아주 북극한파' 등의 키워드가 있다. 북극 생태 관련 키워드로 '북극 국립 자연공원', '야생동물 피난처', '북극 곰' 등이 있다.

[그림 9] The New York Times (2020년, 2021년, 2022년) 뉴스제목 텍스트 바이그램 분석

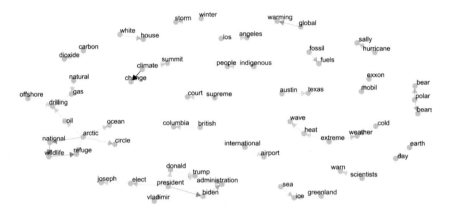

3) A그룹(2017년, 2018년, 2019년)과 B그룹(2020년, 2021년, 2022년)의 비교분석

2017년부터 2022년까지 북극에 대한 미국 언론은 '기후 변화', '야생동물 보호구역', '북극 곰', '북극 얼음' 등이 주요 키워드로 등장하고 있다. 이는 북극 생태환경 보존에 대해 지속적인 관심이 있다는 것을 보여주고 있다. 그러나 트럼프 행정부 시기인 2017년, 2018년, 2019년도에는 북극 영토 알래스카에서의 석유가스 채굴에 관심을 기울여 자원개발 이슈가 등장하기도 하였다.

2020년대 들어와 바이든 행정부에서 북극지역 천연자원 개발에 대한 관심이 줄어들고 기후변화에 대한 세계적인 경고를 이전보다 더욱 강력하게 인식하게 되었다. 이것과 관련하여 탄소 배출 및 화석연료 사용 감소정책과 관련된 이슈들이 등장하였으며 러시아의 북극지역 석유개발 활동에 관심을 주목하는 뉴스들이 보이기 시작했다.

Ⅳ. 결언

　본 연구는 러시아 정부와 미국 정부의 북극에 대한 기본정책을 비교하고 이러한 정책들이 자국 언론에 어떻게 반영되는가에 초점을 두었다.

　먼저 러시아 정부의 북극정책은 북극영토 자원개발 및 확장, 전략요충지화, 기후변화 대응 북극항로 개발 등 자국 이익 실현에 중점을 두고 있다. 이것은 「러시아 연방 북극권 개발 전략」, 「북극 정책 2020」, 「2035 러시아 북극정책 기본원칙」등에 잘 나타나고 있다. 러시아는 인접국과 영토분쟁을 일으키면서도 북극영토 자원개발 및 확장에 지속적으로 많은 노력을 기울이고 있다. 또한 북극 안보전략을 강화하면서 군사기지 건설 및 군사훈련으로 군사적 긴장관

[그림 10] 러시아가 공개한 북극 프란차요시파 제도 알렉산드라랜드 섬의 사상 최대 규모의 새 군사기지 (사진: 러시아 국방부)

계를 조성하고 있다. 한마디로 러시아 정부는 북극을 세계적인 자연환경 보호 대상이 아닌 러시아만의 이익 추구를 위해 자국의 영토로서 자원개발의 대상으로 보고 있다.

러시아 언론의 북극에 대한 보도는 적극적으로 러시아 정부의 정책에 따라가는 모습을 보인다. 북극에 관한 국제사회와의 협력을 중요하게 다루지 않으며, 최우선으로 북극영토에 대한 러시아 국민의 소유의식을 강조하고 있다. '러시아의 북극'이라는 국민의식을 바탕으로 자연환경 파괴 우려에도 불구하고 북극 자원개발에 동조하는 모습을 보인다. 이것은 러시아 언론에서 자연환경 파괴에 따른 자연재해 발생 및 북극 야생동물 생존문제와 관련된 자연환경 뉴스가 드문 이유이다. 또한 기후 온난화로 북극항해에 대비한 쇄빙선 건조에 적극적이면서도 기후변화에 대한 지구차원 위기경고에 관련된 보도는 찾아보기 힘들다. 그밖에 '가스프롬' 및 '로스네프치', '노바텍'과 관련된 액화천연가스 산업의 중요성을 큰 비중으로 기사에 반영하면서 러시아 국내 산업의 성장을 강조하고 있다. 이외에도 노르웨이와의 북극 영토 갈등, 북극에서의 전초기지 건설 및 군사훈련에 의한 나토 및 미국과의 군사적 긴장관계 발생에도 러시아 언론은 국제사회의 우려에 관한 보도를 내놓지 않고 있다.

미국 정부는 2013년 '북극지역 국가 전략'과 최근의 '2022-2032년까지의 미국의 북극 전략'에서 북극정책의 기본전략을 발표하였다. 세부 사항으로 국민보호 및 영토 수호를 위한 북극지역 미군주둔, 알래스카 지역사회 및 알래스카주와 협력하여 기후변화 복원력 구축 및 북극 생태계 보존 추구 등이 있다. 미국 정부의 북극에 대한 정책은 북극을 자원개발 대상이 아닌 지구적 차원의 환경보호 대상으로 설정한다고 볼 수 있다. 비록 트럼프 행정부 시절 알래스카 야생보호구역에서의 자원개발 시도가 있었으나 북극지역에서의 석유 및 가스채굴은 소극적이었다.

[그림 11] 북극 국립 야생동물 보호구역(Arctic National Wildlife Refuge)의 갈색 곰 (사진: College of Natural Resources Home, August 26, 2020)

미국 정부의 북극 관련 정책에 대한 미국 언론의 반응은 대체로 정부 정책을 반영한다고 볼 수 있다. 미국 언론에 반영된 북극에 관한 핵심 이슈는 기후변화 대비 탄소 절감, 북극 생태계 보존, 북극 국제법 및 규칙 준수 등으로 떠오르고 있다. 이에 반해 북극 자원개발 관련 이슈는 비교적 적으며 특히 북극지역에서의 미군 주둔 같은 안보적 이슈는 매우 관심이 적다. 미국의 언론에서 북극 안보 이슈가 적은 이유는 러시아와 달리 알래스카를 제외한 미국 본토가 북극과 접해 있지 않기 때문에 북극 영토에 대한 실질적인 점유 의식이 크지 않기 때문으로 보인다.

미국 언론에서 '기후 변화', '탄소 배출', '북극 야생동물 보호' 등과 같은 북극 생태환경 보호이슈가 다른 이슈들과 비교가 되지 않을 정도로 매우 관심이 높다. 기후변화와 관련하여 '그린란드 바다 얼음', '겨울 폭풍', '브리티시 컬럼비아주 북극한파' 등의 이슈가 대두되었다. 기후변화에 대한 대응으로 '기후변화 정상회담'이 이슈로 등장하면서 국제적 협력문제에 많은 관심을 보인다.

위와 같이 러시아 및 미국의 북극에 대한 정부 정책, 언론의 북극에 대한 보도경향은 상당히 다른 양상을 보여주고 있다. 이러한 점을 반영하여 한국과 러시아 연구자들의 북극 연구에 대한 공동 프로젝트에서 자원개발 및 북극 물류 등 산업적 측면에서의 접근이 매우 유용할 수 있다. 반면에 한국과 미국 연구자들과의 공동 북극 프로젝트에서 자원개발 이슈보다는 생태환경 보존 및 기후변화 이슈로 접근하는 것이 더욱 효율적일 수 있다.

〈참고문헌〉

계용택, "북극에 관한 러시아 언론분석 및 한국의 대응전략", 『한국 시베리아연구』, 배재대학
교 한국-시베리아센터, 제19권 2호, 2015.

계용택, "러시아 언론의 '북극'에 관한 보도내용 및 성향 분석: '타스 통신사'의 뉴스 기사 텍스
트를 중심으로", 『한국 시베리아연구』, 배재대학교 한국-시베리아센터, 제24권 4호,
2020.

계용택, "북극 소수민족에 대한 러시아 언론의 보도내용 및 성향 분석: '타스 통신사'의 뉴스
기사 텍스트를 중심으로", 『아태연구』, 경희대학교(국제캠퍼스) 국제지역연구원, 제
29권 제2호, 2022.

김민수, "러시아 북극개발전략과 연계한 북극진출 방안 연구". 경제·인문사회연구회, 2021.

김일환, "인문학을 위한 신문 빅 데이터와 텍스트 마이닝." 『어문론집』. 중앙어문학회, 제78
권, 2019.

박만희 "동시단어분석을 이용한 품질경영분야 지식구조 분석." 『품질경영학회지』, 한국품질
경영학회, 제44권. 2호, 2016.

서현교, "미국의 북극정책 역사 고찰과 한국의 북극정책 방향", 『한국 시베리아연구』, 배재대
학교 한국-시베리아센터, 제20권 1호, 2016.

이주리, "러시아의 북극지역 자원개발 동향과 전망." 『세계 에너지시장 인사이트』, 에너지경
제연구원, 제16-7호, 2016.

전채남·서일원. "빅데이터 분석의 기술마케팅 활용에 관한 연구: 잠재 수요기업 발굴을 중
심으로." 『마케팅논집』. 한국전략마케팅학회, 제21권. 2호, 2013.

Barack Obama(White House), "National Strategy for the Arctic Region", 2013.

Baskette, F. K., Sissors, J. Z., and Brooks, B.S., *The Art of Editing*, New York:
Macmillan, 1986.

Blei, D. M., A. Y. Ng and M. I. Jordan (2003). "Latent Dirichlet allocation" *Journal of
machine Learning research*. Vol. 3. No. 1, 2003.

Joe Biden Obama(White House), "National Strategy for the Arctic Region", 2022.

Salton, G.. *Automatic text processing*. MA: Addison-Wesley, 1989.

Wang, W. and R. Rada, "Structured hypertext with Domain Semantics." *ACM Train
Inform System*. Vol. 16, 1998.

Wasserman, S. and Faust. K., *Social network analysis: method and applications*. New York: Cambridge University Press. 1994.

〈인터넷 자료〉

러시아 인테르팍스 통신 https://www.interfax.ru/ (검색일: 2023. 03. 10.)

미국 뉴욕 타임스 https://www.nytimes.com/ (검색일: 2023. 03. 10.)

세계 원주민 - 인류 공동의 문화자산
: 원주민의 명명문제와 북방 원주민 툰드라 네네츠인의 여행문화

김자영*

서언을 대신하여

지구상에는 북극에서 남태평양에 이르기까지 세계 90개국에 걸쳐 4억7천600만 명의 원주민이 7천여 개의 언어를 사용하면서 살아가고 있다. 이들 '원주민'의 삶은 치열하다. 과거 제국주의 시대 서구열강의 침략과 수탈로 고유의 언어와 문화가 파괴되고 오랜 전통적 터전을 잃어버리는 아픔을 겪는 공통의 경험을 한 종족들이 대부분이다. 제국주의 시대가 끝나고 21세기가 도래하면서 원주민의 땅에 새로운 국가를 세웠던 캐나다나 호주와 같은 국가들, 그리고 UN과 같은 국제기구들이 과거의 제국주의적 행보에 대해 사과하고, 원주민과의 화해, 그들에 대한 지원정책의 확대를 추진하고 있다. 이들 국가들은 자국 내 원주민들의 사회경제적 환경을 제고하고 전통문화를 유지·보존할 수 있도록 정책적인 지원을 펼치는 외면적인 모습을 보이고 있는 것이 사실이다. 그렇다고 해서 하루아침에 정서와 제도 속에 녹아 있는 원주민에 대한 오랜 차별이 사라지는 것은 아니며, 원주민들의 삶의 질이 수직상승하는 것도 아닌 것이 현실이다. 전 세계 빈곤층에서 원주민이 차지하는 비율이

※ 이 글은 2023년 배재대학교 한국-시베리아센터 전자저널인 『북극연구』에 게재된 원고를 수정·보완하여 재구성한 것이다.
 * 원광대학교 한중관계연구원 HK+동북아시아인문사회연구소 연구교수

15%나 된다는 조사결과는 이러한 냉정한 현실을 깨닫게 해준다. 그러나 각국의 원주민들은 스스로도 종족의 전통문화와 정체성을 보존하고자 노력하며 살아가고 있다.

　다행인 것은 21세기 들어 원주민과 그들의 문화가 생물다양성만큼이나 인류에게 중요한 문화적·인류학적 다양성이라는 측면에서 인류 공동의 문화자산으로써의 중요성을 인정받고 있다는 점이다. 이와 관련 원주민들의 전통문화를 보존하고 되살리는 문제에 대한 연구가 진행되고 있다. 다양한 원주민들이 분포하고 있는 북극 지역의 대표적인 거버넌스인 북극이사회 역시 '원주민의 삶 지속과 지속가능한 개발'을 주요 정책 중 하나로 정하고 있으며, UN과 ILO와 같은 국제기구들도 원주민 문제에 관심을 기울이고 있다.

〈그림 1〉 호주 원주민(출처: https://www.britannica.com/topic/Australian-Aboriginal)

그러나 원주민의 사회경제적 환경을 개선하고, 과거사와 화해하며, 원주민 지위를 향상시키는 등 여러 정책들이 연구되고 있지만, 모든 정책 방향이나 현실이 원주민이 원하는 방향과 동일한 것은 아닌 것으로 보인다. 복잡한 국제 정세 속에서 가치판단과 각국의 정치적·경제적 이익의 충돌이라는 부분이 존재하기 때문이다.

이와 관련, 대표적 원주민 이슈 중 하나인 원주민에 대한 '보편적 명명'과 '보편적 정의'의 문제를 짚어보고자 한다. 또한 다양한 원주민들 중 북극권 유목민으로 표면적으로는 '원주민 문화의 보존'을 위한 정책과 달리 실질적으로는 동화정책을 펴고 있는 소련/러시아에서 전통문화와 정체성을 보존하기 위해 노력해 온 대표적 종족 중 하나인 툰드라 네네츠인의 삶을 조명해 볼 것이다.

본 글에서는 제1장에서 원주민의 보편적 명명문제를 고찰하고, 제2장에서 러시아 북방 원주민 중 대표적 유목민인 툰드라 네네츠인의 전통적인 여행문화를 소개할 것이다.

제1장 원주민 명명의 문제

1. 문제 제기

2022년 〈국제 원주민의 날〉을 맞아 WHO가 발표한 바에 따르면 지구상에는 북극에서 남태평양에 이르기까지 세계 90개국에 걸쳐 4억7천600만 명의 원주민이 7천여 개의 언어를 사용하면서 살고 있다. 이들은 전 세계 인구의 5% 남짓이지만 가장 가난한 사람들로 분류된 인구 가운데에서는 15%의 비중을 차지한다고 밝혔다. (WHO, 2022) 원주민에 관한 이슈 중에서 꽤 오랫동안 진행되고 있으나 하나의 결론에 도달하지 못하고 있는 문제 가운데 한 가지가 바로 '원주민'을 부르는 용어의 문제이다. 여기서 '원주민'이란 개척지 혹은 이주지가 된 땅에 새로운 민족이 들어오기 그 이전부터 그 땅에 살았던 사람들을 통틀어 가리키는 말이다.

미셸 푸코의 담론이론이 일갈하는 것처럼, 언어는 지식과 권력의 구조 속에서 이해될 수 있다. 이것은 언어가 사회에서 가장 강력한 사람들에게 이익이 되는 지식과 진실을 구성하는데 사용된다는 뜻으로, 이는 기본적인 용어의 사용에 있어서도 다르지 않다. 푸코에 따르면 사람의 지각에 영향을 미치는 요소는 사회 경제적 지위 즉, 부와 계급, 교육수준, 성별, 민족과 인종 등이 있다. 백인 남성 의사가 흑인 여성 간호사보다 더 많은 영향력을 행사할 수 있는 것은 꼭 그가 말하는 것이 더 '사실'이라는 보장이 있어서라기보다는 성별, 인종, 직업이 그에게 권력을 부여하는 역할을 하고 다른 사람들이 그의 말을 인식하는 방식에 직접적인 영향을 미치기 때문이다. (신동일, 2018) '원주민'이라는 집합명사를 통해 이들을 명명하는 것이 19세기의 식민지적 이데올로기성을 벗어나지 못한다는 점, 피식민자들을 타자화하고 원주민이라는 명칭으로 한데 묶음으로써 식민주의자들과 피식민주의자들의 각각의 동질성을 확고히 하려고 했던 제국주의자들의 명맥을 잇고 있다는 점, 수탈과 차별의 경험을 내포하고 여전히 부정적 이미지를 가지고 있다는 점 등을 이유로 세계 원주민 집단은 용어의 사용에 반대하고 있다. 유엔을 비롯하여 각국 역시 이를 대체할 수 있는 '정치적으로 올바른(politically correct)' 용어가 과연 무엇인가, 그리고 그 용어 속에 담을 수 있는 '원주민'에 대한 정의는 무엇인가에 대한 논의가 진행되고 있다.

본 장에서는 '원주민' 관련 용어사용에 대한 서구 및 러시아의 현황과, 현재 국내에서 일반적으로 통용되고 있는 명칭들을 살펴볼 것이다.

2. 용어 사용의 역사와 현황

〈서구〉

과거 세계 식민지화 과정에서 원주민에 대한 이해는 그 지역 땅에서의 자생성(autochthon), 토박이(native), 기원(aborigine), 출생(indigena – locally born)의 개념과 연관되어 생겨났다. 1492년 콜롬부스가 아메리카대륙에 도착했을 때 사용하기 시작한 인디언(indian)이라는 용어도 있으며 이 용어의 사용에 부정적인 사람들의 목소리에도 불구하고 북미에서 아직 그 용도가 완전히 폐기된 것은 아니다.

17세기 이후로 알려진 원주민을 가리키는 용어들 중 현재 가장 일반적이며 공식적으로 사용되는 것은 indigenous(peoples)이다. 이 단어는 1930년대 국제노동기구(ILO)의 〈원주민 모집 협약 (Recruiting of Indigenous Workers Convention, No. 50)〉에서 그 기록을 찾아볼 수 있으며, 다른 지역에서 강제 이주된 노예나 노동자가 아닌 현지인만을 의미했다. 이 명칭은 유엔이 2002년 개최한 지속가능한 개발에 관한 세계 정상회의에서 공식적으로 사용하기 시작했다. (Головнёв, 2022)

그러나 문제는 어떤 용어를 사용하든지 간에 '원주민'을 가리키는 용어가 그 역사와 함께 인류에게 전달하는 부정적이고 차별적이며 식민지적인 이미지이다. 과거 제국주의의 선봉장 역할을 했던 인류학에서 파생한 문화진화론에 따라 문화가 '야만(수렵)-미개(유목)-문명'의 단계를 거친다는 '자민족중심주의'를 중심으로 서구인들이 식민국가에서 만난 모든 비유럽인들을 '원주민'으로 묶고 철저하게 타자화한 역사적 경험 속에서 만들어진 용어이기 때문이다. 근원적으로 경멸적이고 서구의 우월성에 대한 가정을 토대로 하고 있으며, 수많은 다양한 민족 집단의 사람들을 하나로 묶어버리는 개념의 포괄성 혹은 부정확성 때문에도 오늘날 '원주민'들은 이 용어로 자신들을 정의하는 것을 반대한다.

　　문화상대주의와 다선형 진화론의 영향을 받아 개발 수준과 관계없이 다양한 민족의 가치와 권리에 관심을 가진 전후 시대가 되면서 1950년대 ILO 협약 제107호 〈독립국가의 원주민 및 기타 부족 및 준부족 주민의 보호 및 통합〉이 채택되었고, 이후 1990년대까지 ILO는 전 세계 원주민의 전체를 아우를 수 있는 보편적 개념을 정의하고자 노력했다. 시대적 흐름에 따라 몇 번의 수정 과정을 거쳐 발표된 2007년 유엔의 원주민 권리 선언 〈원주민은 누구인가〉에 대한 이해는 다음과 같다:

　　Ⅴ 자신이 원주민이라는 개인의 정체성 및 원주민 공동체에서 구성원으로
　　　 인정하는 자

　　Ⅴ 식민지 이전 정착민 사회와의 역사적 연속성

　　Ⅴ 해당 지역의 영토 및 주변 천연자원과의 강력한 연결성

　　Ⅴ 해당 국가의 지배적인 주류가 아니며 개발의 단계가 낮은 집단

　　Ⅴ 다른 집단과 구별되는 특유의 뚜렷한 사회적, 경제적, 정치적, 문화적 차이

　　Ⅴ 조상의 환경과 체제, 민족적 정체성을 보존하려는 열망

　　2014년 〈세계 원주민 회의(The World Conference of Indigenous Peoples)〉를 비롯하여 미국, 캐나다, 뉴질랜드, 호주 등의 원주민 단체는 거의 유사한 의미를 가지고 있는 '원주민'을 지칭하는 여러 단어들이 기본적으로 내포하고 있는 차별과 경멸적 시선 때문에 스스로를 원주민 출신이라고 밝히기를 꺼려하는 사람들이 여전히 존재하는 것이 현실이라고 전하고 있다. (Винокурова, 2022) 또한 '원주민'이라는 하나의 용어에 너무도 다양한 특성을 가진 집단들을 포괄하려는 시도 역시 서구 중심의 '제국주의적' 발상의 연속선이므로 보편적 용어와 보편적 정의에 반대한다고 주장했다. (Малые народы России, 인터넷 판)

호주에서는 aborigine이 주로 사용되고 있고, 캐나다의 경우 법적으로 인디언(First Nation), 이누이트, 메티스[1] 세 그룹의 원주민을 인정하고 있다. 그러나 인디언을 퍼스트 네이션으로 대체하려는 움직임이 진행 중이며 퍼스트 네이션은 점차 캐나다의 법적 담론에서 더 많이 활용되고 있는 것으로 나타나고 있다. 그러나 일부 학자들과 원주민 단체들에 의해 한 가지 집합명사보다는 마오리, Anishinabek Nation 등 각 종족의 이름으로 기존의 '원주민'을 명명해야 한다는 주장이 제기되고 있다.

서구에서 원주민을 명명하는 여러 용어들로는 Aborigine, indigenous

〈그림 2〉 캐나다 원주민 (출처:https://www.thecanadianencyclopedia.ca/en/article/indigenous-peoples-in-canada-plain-language-summary)

---

1) First nation(선주민(족))은 광의의 의미일 때는 인디언과 이누이트, 메티스(유럽인과의 혼혈인)를 모두 포함하지만 일반적으로는 이누이트, 메티스와 구분한다. 과거 북극권 원주민을 통틀어 에스키모라고 부르기도 했으나 이는 특히 캐나다와 그린란드에서 멸시의 의미를 가지고 있고, 실제 명확한 용어도 아니라는 점에서 서구권에서는 퇴출되었다고 보는 것이 옳다.

(peoples), native, first nation(first peoples) 등이 있고, 한국어로는 '원주민/토착민(족)', '선주민(족)'이라는 용어로 사용되고 있다.

〈러시아〉

소련은 자국 내 식민지의 존재를 부정하고 소련이라는 국가 자체가 다민족의 통합을 기반으로 형성된 국가라고 생각했기 때문에 국가 창설 초기 ILO의 국제 협약에 동의하지 않았다. 소련은 1920년대 소련 내 비 러시아민족(русский народ)에 대해 Малые народы 란 용어를 사용했고, 1980년대까지 Коренные народы 란 용어는 익숙하지 않았다[3]. 러시아 사회학백과사전과 오제고프(Ожегов С.И.) 사전에 따르면 단어 малый는 '작은/적은'의 뜻을 가지고 있고 народ(nation/people) 라는 단어가 малочисленный(small)와 결합할 때 Малые народы와 동의어로 볼 수 있다.

1980년대 이후 소련은 원주민들에 대한 명칭을 коренные (малочисленные) народы로 바꾸어 나가게 된다. 단어 коренной는 корень(뿌리)에서 파생한 단어로 native/aborigine/indigenous의 의미를 가지고 있다. 소련 정부는 이들 민족들을 국가공동체에 통합하기 위한 〈북방인민지원위원회〉를 조직하여 소민족의 사회경제적 발전을 꾀함으로써 '문화적 후진성을 극복할 수 있도록' 노력했다. 소련 정부는 유럽식, 제정러시아식 제국주의와는 선을 그었지만 서구인들이 원주민을 바라보는 일반적 시선2)에서 벗어나지 못했음을 알 수 있다.

---

2) ILO 협약 〈독립 국가의 부족 및 준 부족 생활 방식을 이끄는 원주민 및 기타 인구의 보호 및 통합(No. 107, 1959)〉의 내용을 보면, 원주민이란 '독립 국가에서 부족 및 준 부족 생활 방식을 주도하는 주민의 일부로, 나머지 국가 공동체보다 사회 경제적 발전이 낮은 단계에 있으며 법적 지위가 부분적으로 또는 완전히 그들 자신의 다른 관습, 전통 또는 특별법에 의해 규제됨'으로 되어 있다. 원주민이 기본적으로 서구인보다 미개하며 서구인들에 의해 문명화되어야 한다는 차별적, 우월적 시선을 가지고 있다는 점이 드러난다.

1989년 ILO가 발표한 〈독립국가의 원주민 및 부족에 관한 협약 169호〉에 따라 1980-1990년대에 소련 및 러시아에서도 원주민이라는 용어의 개념이 조금씩 달라지기 시작했으며, 1996년 발표된 대통령령 제909호 〈коренные малочисленные народы(indigenous minority peoples)의 권리 보장에 관한 법률 No. 82-FZ〉에 따라 소수민족에 대한 정의와 지원정책을 정리하였다. 이후 러시아에서 коренные народы(KH indigenous peoples)과 коренные малочисленные народы(KMH indigenous minority peoples)의 개념은 분리되었다.(Головнёв, 2022)

KH은 식민화 기간 동안 특정 영토에 거주하거나 기존 국경이 설정될 당시 특정 영토에 거주했던 민족 공동체를 말한다. 국가 내 다른 집단보다 사회 경제적 발전 단계가 낮고 법적 지위가 전체 또는 부분적으로 자체 관습, 전통, 특별법에 의해 규제되는 사람들이라는 개념이 포함된다. 그 외 국제기구가 정하고 있는 원주민의 정의와 동일하다고 볼 수 있다. KMH은 KH과 같이 조상의 전통적인 정착지 영토에 살고 있는 민족 공동체로, 러시아 연방에서는 최대 5만 명의 사람들로 구성되어 전통적인 생활방식, 경제활동 등을 보존하며 스스로를 독립적인 민족공동체로서 인식한다. 또한 러시아에서 KMH은 주로 러시아의 북부지역, 시베리아, 극동지역의 원주민을 가리킨다.

골로브뇨프(Головнёв)나 비노쿠로바(Винокурова) 등 일부 전문가들은 KH와 KMH를 5만의 숫자로 구분하고 그에 대한 정부 지원정책을 나누는 것이 결과적으로 과거 소련정부에 사슴을 빼앗기지 않기 위해 원주민들이 사슴의 두수를 속였던 것처럼, 사람의 숫자가 늘어나도 항상 5만 명 미만으로 신고하는 일이 벌어지게 하고 있다고 주장한다. 전문가들은 아마도 네네츠인의 숫자는 공식적으로 밝혀진 4만 여명보다 더 많을 것이라고 추측하며 국가 지원정책에 포함되는 원주민의 기준에서 숫자 제한을 없애야 한다고 주장한다. 예를 들어, 러시아에 살고 있는 사미인의 숫자는 2천명이지만 북유럽에서 집계된 숫자는 5만 명이 넘는데 그렇다면 이 민족은 소수민족 육성을 위한 정부의 집중적 지원을 받을 자격이 되는 진정한 의미의 '소수민족'인가 하는 문제가 생긴다. 또한 야쿠트인이나 카렐리야인, 코미인들은 KMH의 정의와 맞아 떨어지지만 숫자라는 요건 때문에 조상 대대로 살아온 영토와 천연자원의 활용부분에서 불공정한 대우를 받고 있다고 불만을 제기하며, 연방정부가 신속히 KH과 KMH의 구분을 없애거나 보다 포괄적인 '원주민'에 대한 개념을 새로이 정립할 것을 요구하고 있다. (Винокурова, 2022) 한국어로는 원주민/토착민/토착민족/토착소수민족 으로 주로 사용되고 있다.

정리해 보자면, 현재 서구권에서 통용되고 있는 용어들로는 Aborigine, indigenous(indigenous peoples), native, Indian, first nation 등이 있고, 이 중에서 대표적으로 사용되고 있거나 점차 권장되고 있는 것은 indigenous(indigenous peoples)와 first nation이다. 러시아의 경우 KH와 KMH를 구분해서 사용하고 있으며, 숫자 5만 명을 제외하면 같은 개념으로 KH가 보다 포괄적인 용어이다. 우리나라에서 현재 주로 통용되는 용어는 원주민/토착민/토착민족/토착소수민족/선주민/선주민족이다.

러시아 지역으로 한정하여 본다면 2000년대까지 '시베리아 · 극동 소수민족'이라는 표현을 많이 사용하였으나 점차 토착민/토착민족/토착소수민족을 사용하는 추세이다. 이때 '민족'이란 말은 엄밀히 말하면 종족(부족 tribe)과 조금 다른 개념을 가지고 있고, 근대화 과정에서 국민국가의 산물로 알려진 '민족'이란 단어의 사용과 관련하여 연구자들 개인의 관점 차이가 있을 수 있어 논쟁의 여지가 없는 것은 아니지만, 원주민 보호에 대한 국제협약이 '원주민과 부족, 준부족'을 모두 포함시키는 것처럼 러시아 원주민의 다양한 공동체를 지칭할 때 혼용하여 사용되는 것으로 판단된다.[3] 또한 '소수(민족)'는 종속과 지배를 전제로 하는 역사적 의미를 내포하고 있다는 점에서 가능한 한 그 사용을 지양하는 방향으로 나아가는 것이 더 올바르지 않을까 생각된다.

지금까지 원주민의 명명 문제를 간략하게 정리해 보았다. 푸코의 담론 개념을 다시 떠올리지 않아도 언어 그리고 명명이 내포하고 전달하는 인식과 의미는 결코 사소하지 않다. 또한 언어는 시대의 흐름에 따라 변할 수 있는 유동성을 특징으로 한다. 따라서 보편적 용어의 선별에 대한 논의는 여전히 진행형이며, 어쩌면 서구권 원주민 단체들의 바람대로 공동체 각각의 전통적인 이름대로 불리는 것이 자연스러운 시대를 곧 마주하게 될지도 모르겠다.

제1장에서는 원주민의 보편적 명명의 문제를 살펴보았고, 다음 장에서는 러시아 북방 원주민이자 유목민인 툰드라 네네츠인의 삶의 모습 중에서 여행문화를 다룰 것이다.

제2장 북방 원주민 툰드라 네네츠인의 여행문화

1. 연구 대상

러시아의 극북지역에 살고 있는 토착소수민족 네네츠인. Raipon(Russian Association of Indigenous Peoples of the North) 자료 기준 그 숫자는

---

3) 예를 들어, 네네츠민족, 네네츠인, 네네츠족 등이 모두 혼용되어 동일한 집단을 가리키는 동의어로 사용되고 있다.

41,000명 정도이다. 우랄어족 사모예드어파에 속하는 네네츠인은 북극해와 툰드라가 만나는 혹독한 환경을 가진 곳에서 수세기 이상 살아왔다. 이들은 오늘날 사모예드어를 사용하는 러시아 북극 민족들 중 가장 크고 광범위하게 퍼져있는 민족으로 현재 네네츠 자치구, 야말-네네츠 자치구, 크라스노야르스크 타이미르 반도(돌간-네네츠 자치구), 코미공화국, 한티-만시 자치구 등에 살고 있다.

네네츠인의 영토는 시베리아 서부 메젠 강으로부터 시베리아의 동부지역 퍄시나 강의 왼쪽 지류까지 이어지는 유럽툰드라와 삼림툰드라 지역의 대부분을 장악하고 있을 정도로 광활했다. 네네츠인은 툰드라 네네츠와 포레스트 네네츠로 나뉘는데 네네츠인의 대부분은 툰드라 네네츠 방언을 사용하는 툰드라 네네츠족에 속한다. 포레스트 네네츠는 소수로 포레스트 네네츠 방언을 쓰며 타이가지대에 주로 분포한다.

본 장에서는 네네츠족 중에서도 다수를 차지하는 '툰드라 네네츠인'을 중심으로 이들의 전통적인 여행 문화의 대표적 특색들을 소개할 것이다.

2. 네네츠족

'네네츠'라는 이름은 ненец(네네쯔) - человек(인간)이라는 단어에서 나왔다. 네네츠인이 자민족의 공식 명칭을 '네네츠'라고 정한 것은 20세기 초반 사회주의 혁명으로 소연방이 성립된 이후로 이전에는 네네츠 이외에도 хасава(하싸바) - мужчина(남자), ненэй ненэць(네네이 네네쯔) - настоящий человек(진정한 사람)등의 이름으로 스스로를 불렀다고 전해진다. 극북지역으로 진출하면서 네네츠인을 만나게 된 러시아인들은 소련 혁명 전에는 이들을 사모예드나 유라크(юраки)라고 부르기도 했다. 19세기에 사모예드는 네네츠인 뿐만 아니라 또 다른 북방 토착민족들인 응가나산 족이나 에네츠족을 통틀어 가리키는 말이기도 했으나 관용적으로는 네네츠인을 의미하는 명칭이었다.

19세기 네네츠인과 처음으로 조우한 러시아인은 이 민족을 왜 사모에드(самоед)라고 불렀을까. 명칭의 어원은 само-ед(сам себя едящий 스스로를 먹는 자), сам-один(одиноко живущий 홀로 사는 자), семго-ед(едящий семгу 연어를 먹는 자)등의 의미를 가지고 있다고 추측된다. 교회 슬라브어에서는 이 명칭을 '식인종'이라는 뜻으로 구분하고 있기도 하다. 혹은 '사미족의 땅'이라는 의미에서 그 어원이 출발했을 것이라는 추측까지 다양하지만 이러한 이야기들은 모두 비 학술적인 추론으로 남겨져 있다.

네네츠인은 전통적으로 사냥과 순록을 이용한 유목생활을 해왔고 물고기도 주요 식량공급원이다. 툰드라 네네츠인은 목동의 감독 하에 개의 도움을 받아 연중 내내 순록방목을 하는 것과 계절에 따라 장거리 이동을 하는 것이 특징이고, 애니미즘과 샤머니즘에 영향을 받은 세계관을 가지고 있다.

툰드라 네네츠인에게 있어 1년 내내 지속되는 '여행'은 삶 그 자체라고 볼 수 있다. 전통적인 종교적 세계관, 오랜 세월 혹독한 자연 및 지리적 조건 속에서

〈그림 3〉 순록무리와 목동(출처: https://yandex.ru/images/)

체화된 경험과 지식들이 정교하게 얽혀서 만들어지고 현대에 이르기까지 지켜지고 있는 툰드라 네네츠인의 전통적 여행문화는 어떤 모습을 하고 있을까.

3. 툰드라 네네츠인 여행문화의 대표적 특징

툰드라 네네츠인에게 있어 여행은 일상의 삶이었다. 연중 내내 이어지는 순록의 방목을 위해 계절에 따라 경로를 결정하고 해마다 반복하여 수백에서 수천 킬로미터에 이르는 장거리 이동을 자주 하였다. 툰드라 네네츠인은 춤(Чум)이라고 부르는 천막으로 만든 집에 살며 적은 수의 사람들만이 함께하는 유목생활을 하기 때문에 친척방문이나 생필품 교환, 가게 방문, 사냥, 낚시, 성지순례, 심지어 신부 감을 중매하기 위해서 등 다양한 목적을 가지고 장거리 여행을 계획하곤 했다.

이들에게 가장 중요한 이동수단은 순록 썰매였다. 툰드라 네네츠인의 썰매는 나르타(нарта, хан) 라고 부르는데 썰매의 무게나 타는 사람에 따라 6가지 종류로 나뉘고 가벼운 나르타를 기준으로 2-6마리의 순록이 한 팀을 이루어

〈그림 4〉 네네츠인의 이동방법 (출처: https://yandex.ru/images/)

썰매를 끌었다. 마구의 왼쪽 첫 번째에는 항상 가장 훈련이 잘 된 최고의 순록을 배치한다. 썰매의 크기가 더 작아지면 3-12마리의 개를 반원모양으로 배치한 뒤 썰매를 끌게 하기도 했다. 스키를 이용해 이동하는 것도 툰드라 네네츠인들에게서 자주 볼 수 있는 이동수단이었다. 여름에는 낚시와 바다사냥을 하기 위해 배를 이용하기도 했다.

가혹한 자연조건과 기후조건을 보았을 때 툰드라 네네츠인이 장거리 여행을 떠나기 위한 시기를 적절히 선택하는 것은 매우 중요한 일이었을 것이다. 이들은 매우 세심하게 떠날 수 있는 날짜와 기간을 결정했다. 구체적인 날짜가 정해졌다 해도 출발 하루 이틀 전까지도 이것은 확정적이라고 볼 수 없다. 심지어 출발 당일에도 날씨를 점칠 수 있는 몇 가지 사항들을 고려하면서 출발일을 미룰 것인지 아니면 그대로 진행할 것인지를 생각하곤 했다. 예를 들어, 붉은 석양은 길조이다. 반대로 아침의 밝은 붉은 빛은 악천후를 예고한다. 개가 등을 바닥에 대고 눈 속에서 뒹굴면 눈보라가 몰아칠 것이다. 태양 주위에 나타나는 테두리 역시 몇 시간 후 눈보라의 시작을 알리는 징후이다. 별이 유난히 반짝반짝 빛나는 밤하늘은 아름답지만 바람이 많이 부는 날씨를 예고한다. 순록 무리 중 선두에 있는 순록이 시끄럽게 코에서 공기를 내뿜을 때 역시 뭔가 좋지 않은 일이 일어날 수 있으니 여행을 취소하는 것이 낫다고들 믿었다. 이렇게 특히 겨울에 여행을 떠날지 말지에 대한 결정은 출발 직전에야 가능한 것이다. 툰드라 네네츠인들은 흔히 "혹한에는 모험하지 않는다."라고 얘기하고, 노인들은 "(언제 떠날 것이라는 것을) 미리 말하지 마시오. 날씨란 하루에 세 번도 변할 수 있으니까." 라고 말하곤 한다.

포레스트 네네츠 사이에도 비슷한 믿음이 있다. 무리의 선두에 있는 순록이 바닥에 누워버리면 그날 점심 즈음이나 저녁때쯤 뇌우를 동반한 악천후가 닥쳐올 것이라고 생각했기 때문에 이동은 당연히 취소되었고 춤 역시 해체하지 않고 하루 더 머무르곤 했다.

여행준비를 위해 필요한 것들을 보자. 우선 따뜻한 모피 옷은 필수이다. 길에서 입을 옷과 이동 도중 길에서 밤을 지새울 때 사용할 것으로 따로 준비한다. 툰드라 네네츠인의 겉옷은 안감에만 혹은 안감과 겉 표면을 모두 모피로 채우는 말리차(малица)와 소빅(совик), 야구시카(ягушка)가 대표적이다.

여행 중간에 장작을 모으거나 순록이 지나갈 수 있도록 덤불을 자르거나, 썰매를 수리하거나, 나무에 걸린 순록 뿔을 자르거나, 눈을 파내는 등의 작업이 필요하기 때문에 톱, 도끼, 삽, 활, 로프, 칼, 불을 피울 재료, 냄비 등도 챙긴다.

장거리 여행을 떠나기 전 필요한 모든 물건은 꼼꼼히 챙겨야한다. 집을 떠난 후 중간에 뭔가를 잊어버린 것이 떠올랐다고 해도 되돌아가는 것은 금기시 되기 때문이다. 이것을 지키지 않으면 여행 도중 길에서 불행한 일을 만나게 되거나 잊어버리고 집에 놓고 온 것보다 더 많은 물건을 잃어버리게 될 것

〈그림 5〉 네네츠인의 전통의복(출처: https://vk.com/wall-60394841_227024)

이라는 믿음과 연관되어 있기 때문이다. 툰드라 네네츠인의 금기사항 중 또다른 것으로는 장거리 이동을 앞두고 집 앞을 쓸거나 바느질을 해서는 안 된다는 것이 있다. 다만 비상시에는 이런 금기사항을 피해 바느질을 하되 바느질을 해야 하는 천에 여러 군데 매듭을 만들고 매듭사이를 이은 다음 그 이어진 실을 잘라버리면 여행자의 앞길이 깨끗해진다고 믿었다. 설거지나 세수를 하지 않는 여행자도 있다. 또한 가려는 경로에서 누군가 사망했다는 소식을 들었을 때에도 그 길로는 여행을 떠나지 않는다. 성냥과 숫돌 역시 먼 길을 떠나는 여행자에게 필수적이다. 숫돌은 툰드라 네네츠 남자라면 허리춤에 한 개씩은 반드시 넣고 다니며, 성냥은 여행자가 모닥불이나 담배를 피울 일이 없거나 현대에 와서 라이터가 있더라도 먼 길의 동행자로써 반드시 지참한다. 성냥이 있으면 그는 더 이상 툰드라나 숲 속에서 혼자가 아니라고 생각되어지기 때문이다. 여행 중간에 네네츠인의 성소[4]를 지나치게 된다면 떠나기 전 정화의식을 치르고 떠나야 한다.

순록은 미리 잘 먹이고 잘 쉬게 한 뒤에 가장 강한 순록을 썰매의 맨 앞 왼쪽에 배치하고 여행 도중 교체를 위해 또 다른 강한 순록 한 마리 정도를 예비로 데려가야 한다. 목동이 뛰어날수록 최고의 순록들로만 이루어진 썰매 끄는 무리를 구성할 수 있다고도 얘기한다. 때로 길을 떠나는 초입부에는 약한 순록이 무리를 이끌도록 하고 강한 순록을 예비로 둘 수도 있다. 현대에 들어와서 순록을 대체할 수 있는 스노모빌이 있기는 하나 네네츠인은 여행경비도 상대적으로 저렴하고 중간에 고장 날 일도 없는 순록 썰매로 장거리 여행을 떠나는 것을 여전히 선호한다.

---

4) 네네츠민족을 포함하여 북극 토착민족들은 산, 강, 돌 등 자신들의 종교관과 신화적 세계관에 따라 정해진 성스러운 구역이 있으며 이곳에서 영혼의 돌봄과 건강을 얻을 수 있다고 믿는다.

어떤 음식을 먹지 않을 것인가, 어떤 음식을 싸가지고 갈 것인가도 중요하다. 길을 떠나기 전에는 기름진 음식으로 충분한 식사를 하고 사슴가죽으로 싼 빵과 차, 설탕, 버터 등을 준비하지만 술은 절대 입에 대지 않는 것인 불문율이다. 사람에 따라 순록고기나 생선을 준비하는 경우도 있긴 하지만 대개는 고기가 필요할 때면 여행 도중 순록을 도살하기도 한다.

무엇보다 중요한 것은 여행 경로 계획을 잘 짜야한다는 것인데 이것은 강과 해안, 협곡 등 지형, 도로상태, 적설량, 한 구역을 대표할 수 있는 특유의 지형지물 즉 랜드마크의 존재 여부, 다른 사람들이 살고 있는 춤이나 부락의 존재를 고려해야 한다는 것을 뜻한다. 뭔가 장애물이 있다고 판단되면 그것을 우회하는 경로를 선택하지 반드시 직선거리만을 고집하지 않는다.

툰드라 네네츠인의 전통적인 거리 단위는 순록 한 마리를 타고 다음 휴식 장소까지 갈 수 있는 만큼의 거리를 의미하는 네달라바(Ӈэдалава)를 사용한다. 보통 장거리 여행에서 언제 휴식을 취할 것이냐 하는 것은 순록의 배변과 먹이공급의 필요성에 따라 결정되고 도로 상태, 기상조건, 순록의 체력, 여행자의 습관에 따라 달라지기 때문에 네달라바라는 기준이 상당히 임의적일 수 있지만 보통 10km라고 볼 수 있다. 한 네달라바를 통과할 때마다 순록은 10-15분 정도의 휴식을 취하고 3-4 네달라바 후에는 여행자가 차를 끓이고 사슴이 목줄을 맨 채 풀을 뜯을 수 있을 정도의 휴식시간이 필요하다.

낯선 곳을 통과하거나 중간에 여러 지인을 방문하려는 목적을 가진 여행이라면 매일 저녁 다른 이의 춤을 방문하여 휴식을 취하는 식으로 경로를 짤 수도 있다. 손님에 대한 환대는 네네츠인의 전통에서 매우중요한 부분이지만 여행자 역시 여행 중간에 들른 다른 춤의 주인에게 무례해보이지 않기 위해 제공된 식사가 보잘 것 없더라도 만족해야 하고, 자신이 가지고 있는 음식을 절대 테이블에 꺼내지 말아야 한다. 그러나 대개는 손님을 맞는 주인은 장작이 부족할 경우 심지어 자신의 가장 허름한 썰매를 잘라서 장작으로 쓰고 거위를 잡아 요리했으며, 귀한 손님이나 친척의 방문일 경우 순록을 잡기도 했다. 주인이 손님에게 주는 선물은 거절하지 말고 받아야 한다. 손님이 여행 중인 지역을 낯설어한다면 주인은 기꺼이 그를 안내해야 하고, 어떤 경우 한 춤에서 다른 춤으로 연속해서 인계하는 방식으로 손님의 여행을 도울 수도 있다. 주인은 손님에게 무료식사를 제공하는 것은 물론 망가진 썰매를 고쳐주거나 심지어 지친 순록을 바꿔주기도 한다. 다만 남의 춤에 방문하는 것은 날짜를 잘 따져야 하는데 만일 월말에(네네츠인의 달력에 따라) 남의 춤을 방문하게 될 경우 초승달이 뜰 때까지 그곳에 머물러야 하며 이보다 일찍 출발하는 것은 주인에게 공격적인 행위로 보일수도 있다.

여행 도중 묘지나 대규모 정착지를 방문했거나 지나왔다면 집에 도착하기 전에 연기를 몸에 쐬는 식의 '정화 의식(нибтара, нибтрава)'을 통해 자신과 가족에게 '불순물'이 따라오지 못하도록 해야 한다.

여행 도중 낯선 곳에서 길을 잃었을 경우 툰드라 네네츠 여행자는 묘지에서 잠을 청하는 것이 안전하다고 생각했다. 다만 단일 매장지에서 잠을 청하는 것은 오히려 초자연적인 어떤 것에 의한 위협을 받을 수도 있다는 점은 염두에 두어야 한다. 홀로 있는 영혼이 외로워하기 때문이다. 길을 이동하던 중 왠지 썰매에 무게가 느껴지거나, 눈앞에 뭔가가 흐릿하게 보인다거나 하는 것을 느꼈을 때는 무조건 아무것도 듣지도 보지도 못한 척 반응하지 말아야 하고 무서워하는 기색을 보여서도 안 된다. 무조건 가던 길을 그대로 달려야 어떤 나쁘고 불행한 것으로부터 부정적인 영향을 받지 않고 거대하고 춥고 외로운 북극의 자연 속에서 긴 여행을 무사히 마칠 수 있는 것이다.

광활한 북쪽 땅에서 살아가는 유목민으로서 장거리여행이 필수적인 툰드라 네네츠인. 이들이 살고 있는 가혹한 환경적 조건은 애니미즘과 샤머니즘으로부터 영향을 받은 네네츠민족의 신비주의적 정서와 어우러져 여행의 출발준비와 이동에 있어 특별한 주의를 기울이게 했다는 것을 알 수 있다. 정주민과 달리 적은 수의 사람들끼리 살아가고, 이동이 잦으며, 끝없이 펼쳐진 대지를 달려야 하는 유목민인 툰드라 네네츠인이 지키는 이웃과의 관계, 길에서 초자연적 현상을 느꼈을 때 취해야할 행동규칙, 떠날 수 있는 타이밍을 결정하는 방법, 준비할 물건 등은 모두 네네츠인의 '여행'을 안전하게 만들어주는 요소들이었다.

현대 네네츠인은 석유·가스 기업들로 인한 목축용 토지 부족과 환경오염 등의 위협을 겪으며 전통적 삶을 보존하고 이어나가는데 큰 어려움을 겪고 있다. 인류의 소중한 문화적, 인류학적 자산인 북극 토착민족들의 유산을 보존·유지하기 위해서는 이들의 전통을 고찰하고 기록하는 작업이 중요하지만 용이하지 않은 것이 현실이다. 이번 장에서는 툰드라 네네츠인의 여행과 관련된 대표적인 전통적 모습을 소개하였으며, 앞으로 더 다양한 북방 토착민족들의 전통적 삶의 모습이 보다 구체적이고 다양한 주제로 연구 및 소개될 수 있기를 기대한다.

글을 마치며

지구상에는 북극에서 남태평양에 이르기까지 세계 90개국에 걸쳐 4억7천600만 명의 원주민이 7천여 개의 언어를 사용하면서 각 종족의 전통문화를 보존하고자 노력하며 살아가고 있다. 세계 인구의 약 5% 정도를 차지하는 원주민의 전반적인 상황은 그렇게 좋지 않다고 볼 수 있다. 가장 가난한 것으로 분류되는 사람들의 15% 정도에 원주민이 해당되며, 제국주의 시절 조상 대대로 살아왔던 자신들의 땅에 들어와 새로운 국가를 세운 사람들에 의해 여전히 법적, 사회적 차별을 받고 있는 것이 현실이다. 현대사회의 시스템 안에서 보다 경쟁력을 갖춘다는 것은 종족 공동체나 오랜 전통적 생활양식의 계승과는 공존할 수 없기도 하다.

겨우 최근에야 과거 제국주의적 시절 영토를 점거하고 그 땅에 살고 있던 주민들을 수탈하고 차별했던 사람들이 사과와 화해의 제스츄어를 보이기도 하지만, 여전히 원주민은 사회의 주류 세력에 의해 '타자화'되어, 다양한 종족을 하나의 범주 안에 묶으려는 시도인 '원주민에 대한 보편적 정의와 명칭'에 대한 시도가 계속되고 있다. 그럼에도 불구하고 러시아 북방 네네츠족처럼 순록사육을 기반으로 하는 유목민이라는 전통적 생활양식을 보존함으로써 정체성을 이어나가려는 사람들의 끊임없는 노력도 존재한다.

20세기 후반 북극이사회가 출범하면서 많은 원주민들이 거주하고 있는 북극 인접국들은 원주민들의 삶과 문화 역시 보존되어야 할 인류공동의 문화적 자산임에 동의하였다. 인류가 보다 건강하게 존재하기 위해, 그리고 지속가능한 개발을 위해 생물다양성이 중요한 것처럼, 문화의 다양성을 보호하고 발전시키는 것은 매우 중요하다는 점을 생각하면 이러한 세계적 흐름은 환영할 부분이다. 원주민의 삶을 지속시키고 그 문화를 올바르게 유지·보존할 수 있도록 지원하는 것이 표면적인 정책 발표나 의지의 천명 수준에서 그치지 않고 실제 원주민의 현실적 대안이 될 수 있기를 바란다.

본고에서는 1장에서 인류공동의 문화자산인 원주민들과 관련된 주요 이슈들 중 대표적인 원주민의 명명문제의 문제점이 무엇인지 그 역사와 현황을 통해 고찰하였다. 이어 2장에서 러시아의 북방이라는 가혹한 환경에서 자연과 합일하여 살아가며 전통을 계승하려는 어려운 선택을 한 툰드라 네네츠인의 삶을 조명하며 그 중 특히 여행문화에 대해 소개하였다.

길지 않은 이 글을 통해 어려운 환경을 극복하며 살아가는 놀라울 정도로 용기 있는 전 세계 원주민들에 대한 관심이 조금이나마 더 많이 생겨날 수 있다면 감사할 것이다.

〈참고문헌〉

Адаев В. Н. · Рахимов Р. Х., "Традиционная культура путешествия тундровых ненцев", 〈Вестник археологии, антропологии и этнография〉, No. 2(29), 2015.

Винокурова У. А., "Проблема правового определения коренных народов Арктики", *Развитие территорий* No. 2(2), 2022.

Головнёв А., "Коренные малочисленные народы: ракурсы и статусы", *Этнография* No. 3(17), 2022.

Малые народы России, https://nationality-of-russia.jimdofree.com/

Соколова Ф. Х., "Коренные малочисленные народы Арктики: концепт, современное состояние культуры", *Арктика и Север* No. 12, 2013.

Толковый словарь Ожегова онлайн, https://slovarozhegova.ru/

Толстов С. П., 『Народы Сибири』, Ленинград, 1956.

Энциклопедия социологии, https://nationality-of-russia.jimdofree.com/

Charron Marie-Celine, "No perfect answer: Is it First Nations, Aboriginal or Indigenous?, *NATIONAL*, 2019.
https://www.national.ca/en/perspectives/detail/no-perfect-answer-first-nations-aboriginal-indigenous/#site-pages

Raipon, https://raipon.info/narody/nentsy/

Peters Machael A. · Mika Carl T., "Aborigine, Indian, indigenous or first nations?", *Educational Philosophy and Theory* Volume 49, 2017.
https://www.tandfonline.com/doi/full/10.1080/00131857.2017.1279879

UNDRIP(United Nations Declaration On The Rights Of Indigenous Peoples), UN Department of Economic and Social Affairs Social Inclusion, https://social.desa.un.org/issues/indigenous-peoples/united-nations-declaration-on-the-rights-of-indigenous-peoples

WHO 2022,
https://www.who.int/news-room/events/detail/2022/08/09/default-calendar/international-day-of-the-world-s-indigenous-peoples

신동일, "언어학적 전환, 비판적 언어학 전통, 그리고 비판적 담론연구의 출현", *한국질적탐구학회*, 제4권 제3호, 2018.

탁장한, "빈곤의 군락과 탈식민주의의 접목", *사회과학연구*, 제30권 2호, 2022.